学生创新思维和综合能力培育丛书

杨浦区小学综合实践活动课程

张爱嫣 ◎ 主编

图书在版编目（CIP）数据

杨浦区小学综合实践活动课程探索与实践 / 张爱嫣主编. -- 上海：上海教育出版社，2025.8. -- （学生创新思维和综合能力培育丛书）. -- ISBN 978-7-5720-3767-2

Ⅰ. G622.3

中国国家版本馆CIP数据核字第20258XE787号

责任编辑　张嘉恒
封面设计　周　亚

学生创新思维和综合能力培育丛书

杨浦区小学综合实践活动课程探索与实践
张爱嫣　主编

出版发行	上海教育出版社有限公司
官　　网	www.seph.com.cn
地　　址	上海市闵行区号景路159弄C座
邮　　编	201101
印　　刷	上海华顿书刊印刷有限公司
开　　本	700×1000　1/16　印张32.75
字　　数	516 千字
版　　次	2025年8月第1版
印　　次	2025年8月第1次印刷
书　　号	ISBN 978-7-5720-3767-2/G·3351
定　　价	132.00 元

如发现质量问题，读者可向本社调换　电话：021-64373213

编委会

主编 张爱嫣

编委 丁利民　马燕婷　王　隽　孙燕菁
　　　　李　忠　宋轶珺　杨莉俊　郑小燕
　　　　郑岭梅　姜　谊　徐　芳　蒯峰梅
　　　　楼蓓芳

前　言

　　2024年9月，上海市义务教育迈入新的发展阶段，综合实践活动课程成为教育领域的新焦点。根据2017年版的《中小学综合实践活动课程指导纲要》的指引，综合实践活动课程被定位为国家课程的重要组成部分，旨在培育学生的社会责任感、创新精神与实践能力等核心素养。各学校严格遵循国家课程规范，结合自身办学理念，精心规划综合实践活动课程。

　　早在2022年1月，在杨浦区教育局和杨浦区教育学院的统一规划下，项目组就开始了"指向创新素养培育的小学综合实践活动课程开发与建设"的研究。此研究可分为五个阶段：

　　第一阶段，构建分级研究机制。项目组召集课程专家、学校领导及教师，组建研究团队，明确研究目标与重点，承担各自的职责与任务。

　　第二阶段，解读课程创新素养的行为表现。项目组深入研究《杨浦区创新素养评价框架》，结合小学生的认知规律和综合实践活动课程的具体要求，对创新指标的行为表现进行课程层面的阐释，制定了《杨浦区小学综合实践活动课程创新素养评价框架》。

　　第三阶段，项目组先梳理课程核心目标，随后将其与创新素养指标紧密关联。项目组根据综合实践活动课程目标的本质，细化为17个二级目标，并阐释其内涵，形成了《杨浦区小学综合实践活动课程目标分解与描述》。同时，将创新素养指标与二级目标紧密联结。

　　第四阶段，学校制订课程实施方案，教师设计主题活动方案。学校与教师依据实际情况规划课程内容，构建课程目标体系，制订相应的实施方案，设计主题活动方案，以实现创新素养的培育。

　　第五阶段，学校与教师将各方案付诸实践，进一步修改调整，确保其更贴近学校和学生的实际情况。

　　本书汇集了项目研究的部分成果,主要包括区域、学校以及教师三个层面的设计方案。首先,项目组编撰了《杨浦区小学综合实践活动课程实施指导建议(征询意见稿)》,该指导建议综合各方意见,旨在为区域内学校的课程规划与实施提供参考。其次,14所小学制订了各自的综合实践活动课程实施方案,各具特色。最后,这14所学校又制订了针对低、中、高不同年级段的主题活动设计方案,这些方案明确了研究问题和基于真实情境下的真实任务及任务链,旨在引导学生在完成任务的过程中促进综合素质的提升。

　　在本书汇编过程中,承蒙各方专家、学校及教师的大力支持与精心指导,编委会在此表示衷心的感谢!

目录

杨浦区小学综合实践活动课程实施指导建议 ▶ 1

1. 上海市第二师范学校附属小学 ▶ 17
二师附小综合实践活动课程实施方案 ▶ 18
    案例一   缤纷纸艺小汽车 ▶ 32
    案例二   显微镜下的五彩岩石 ▶ 43

2. 上海师范大学附属杨浦滨江实验小学 ▶ 57
上海师范大学附属杨浦滨江实验小学综合实践活动课程实施方案 ▶ 58
    案例一   春雨成诗 ▶ 72
    案例二   社区改造记 ▶ 82

3. 上海市杨浦区政立路小学 ▶ 95
上海市杨浦区政立路小学综合实践活动课程实施方案 ▶ 95
    案例一   我给书包"减减肥" ▶ 107
    案例二   电子邀请函 ▶ 116

4. 上海市杨浦区二联小学 ▶ 126
上海市杨浦区二联小学综合实践活动课程实施方案 ▶ 127
    案例一   我的课程表 ▶ 138
    案例二   我们毕业啦！ ▶ 146

5. 上海市杨浦区杭州路第一小学 ▶ 154
上海市杨浦区杭州路第一小学综合实践活动课程实施方案 ▶ 154
案例一　会玩小游戏 ▶ 168
案例二　滨江"秀"品 ▶ 179

6. 上海市第二师范学校附属小学杨浦北校 ▶ 192
上海市第二师范学校附属小学杨浦北校综合实践活动课程实施方案 ▶ 193
案例一　"新"打弹子 ▶ 204
案例二　叶子的探秘之旅 ▶ 215

7. 上海市杨浦区教育学院实验小学 ▶ 226
上海市杨浦区教育学院实验小学综合实践活动课程实施方案 ▶ 227
案例一　安全上学去 ▶ 240
案例二　邮友学印刷 ▶ 249

8. 上海市杨浦区杨浦小学 ▶ 258
上海市杨浦区杨浦小学综合实践活动课程实施方案 ▶ 259
案例一　铅笔知多少 ▶ 274
案例二　桥梁模型制作 ▶ 283

9. 上海市杨浦区齐齐哈尔路第一小学 ▶ 297
上海市杨浦区齐齐哈尔路第一小学综合实践活动课程实施方案 ▶ 298
案例一　用影子讲故事 ▶ 310
案例二　"长大了"定格动画 ▶ 321

10. 上海市杨浦区五角场小学 ▶ 336
上海市杨浦区五角场小学综合实践活动课程实施方案 ▶ 337
案例一　我们的校园 ▶ 348
案例二　杯趣 ▶ 360

11. 上海市杨浦区控江二村小学 ▸ 372
上海市杨浦区控江二村小学综合实践活动课程实施方案 ▸ 373
案例一　巧玩层层叠 ▸ 387
案例二　小小电影人 ▸ 396

12. 上海市杨浦区打虎山路第一小学 ▸ 412
上海市杨浦区打虎山路第一小学综合实践活动课程实施方案 ▸ 413
案例一　奇妙的海洋世界 ▸ 429
案例二　我是巧手"小鲁班" ▸ 439

13. 上海理工大学附属小学 ▸ 447
上海理工大学附属小学综合实践活动课程实施方案 ▸ 447
案例一　寻找比恐龙更早出现的动物 ▸ 461
案例二　15分钟美味地图 ▸ 470

14. 上海市杨浦区复旦科技园小学 ▸ 480
上海市杨浦区复旦科技园小学综合实践活动课程实施方案 ▸ 481
案例一　"杏"会有你 ▸ 493
案例二　天然除污剂 ▸ 502

杨浦区小学综合实践活动课程实施指导建议

为全面贯彻落实党的教育方针,落实《义务教育课程方案(2022年版)》要求,充分发挥综合实践活动课程在立德树人中的重要作用,发展学生的综合素质,根据2017年版的《中小学综合实践活动课程指导纲要》《上海市义务教育课程实施办法》,以及《杨浦区创新素养评价指标》,特制订本指导建议。

一、规范课程开设,坚持以综合素质培养为导向

综合实践活动课程是国家规定的必修课程,和学科课程并列设置,是基础教育课程的重要组成部分。各校应当高度重视,组织教师认真学习2017年版的《中小学综合实践活动课程指导纲要》,深刻认识开展综合实践活动课程的重要意义,整体规划综合实践活动课程。

各学校要因地制宜,发挥资源优势,加强学校内部专用活动室和校外实践基地建设。充分利用好校外各类场馆、社会实践活动基地,发挥其对课程实施的支持作用,实现校内外综合实践活动资源的融通。形成有特色的综合实践活动学习内容,整体编制学校综合实践活动课程实施方案(见附件3)。审核自主设计的主题活动,只有通过审核的主题活动才能进入课堂。

各学校要因时制宜,加强综合实践活动课程实施过程管理,开齐开足综合实践活动课程,把握综合性、实践性育人导向。学校可根据具体活动需要,将课时集中或分散使用。

二、明确课程目标,落实创新素养的培育要求

学校在编制校本综合实践活动课程实施方案时,依照综合实践活动课程的基本理念,结合杨浦区创新素养的要求(见附件1),参考区域目标的分解与细化

(见附件2),立足学校办学目标,从"价值体认、责任担当、问题解决、创意物化"四个维度,制订符合学生实际的学校综合实践活动课程目标。

课程目标的制订应符合学校实际,可用可行,尽可能言简意赅,避免面面俱到、求大求全。

综合实践活动课程目标主要落实到跨学科研究性学习和社会实践中。各学校应根据不同年级段的学生特点,进一步细化形成具体清晰的分年段目标,如:低、中、高三个年级段,或低、中高两个年级段,或一至五年级五个年级段。

三、开发课程内容,强调综合性、实践性

(一) 课程内容的选择

课程内容要从学生真实生活中的问题出发,将问题转化为具体可操作的活动任务。任务确定、过程设计时,应遵循自主性、实践性、开放性、整合性、连续性等原则。教师应多与学生沟通,倾听学生的心声、了解学生的兴趣与需求,通过"师生协商共建"赋予学生充分的参与权、决定权,形成"指定任务+自选任务"相结合的综合实践活动课程体系。

课程内容要强调综合性。开发时应把握好综合实践活动课程跨学科特性,既能关注学科知识在综合实践活动中的应用、延伸、综合、重组和提升,又能避免简单从学科知识体系角度出发进行活动设计。

课程内容要强调实践性。要充分尊重学生的兴趣和爱好,给学生提供足够的自主探索的空间,让学生在亲身体验中学习,有更多的机会动手、操作,在实践中获得积极的情感体验。

课程内容要考虑创新性。要考虑发展学生的创新素养,参考区域创新素养评价框架,将发展学生的创新人格、创新思维和创新实践融入课程内容的开发。

(二) 主题活动的准备与设计

活动实施前,教师应设计并编制主题活动设计方案(一主题一设计)。一、二年级每个主题不少于4课时,可以每个月一个主题,包含并不限于学习准备期综合实践活动、小学低年级主题式综合实践活动等成熟经验和内容;三到五年级每个主题不少于8课时,每学期完成2—3个主题。主题方案应包括活动背景、学情分析、活动目标、课时安排、活动过程、活动评价、资源与保障等。设计学生活动手册,细化

分课时(或分阶段/环节)实施细节(教学设计)。根据活动需要开发或遴选相应的教学资源和评估工具,并根据实施效果至少每3年修订一次(见附件4、附件5)。

综合实践活动课程的活动设计,必须考虑活动方式的选择,可以以考察探究、社会服务、设计制作、职业体验等四类活动方式中的一种为主,也可以兼顾其他方式,或整合实施。不同的活动要素彼此渗透、融会贯通,要充分发挥信息技术对活动的支持作用。

在活动方案设计中,每个活动的内容和流程应围绕所选择的主题,以问题为导向,关注多学科知识、技能与方法迁移的应用,以项目方式推进,明晰"准备阶段—执行阶段—收尾阶段"三阶段任务要求。

活动任务应契合学生的年龄特点,设定明确的情境,旨在实现物化的成果。并应具备一定的挑战性、综合性、连贯性、开放性、实用性和操作性,促进学生将所学知识综合应用于解决具体问题、获取直接经验、树立规则意识、提升创新精神与实践能力。

教师设计活动方案时应立足学情,与学校课程实施方案目标和学生年级段及相关学科保持一致,做好幼小、小初衔接。活动过程应给予学生充分的自主探究机会,目标、内容、方式、评价应保持一致。

四、强化课程实施,组织以学生为本的实践学习

综合实践活动的组织方式灵活多样,根据活动任务和学情,以小组合作为主;根据实际情况也可以个人单独进行。要引导学生在合作中分工协作、各尽其职,培养独立思考能力和合作沟通能力。

学校实施综合实践活动时,要关注幼小衔接和小初衔接。依据不同年段学生的特点,采用合适的方法,由"扶"到"放",使这两个阶段的学生从心理、能力等各方面逐渐适应衔接年级的学习。

教师要创设真实的情境,提供学生亲身经历与体验的机会,有效地促进学生积极参与活动,引领学生深入体验与探究。教师的指导应贯穿于综合实践活动实施的全过程,要处理好自主实践与有效指导的关系,要做好各阶段活动的评价与管理工作,以确保活动的有效开展。

在综合实践活动准备阶段,教师要进行文明礼仪和安全提醒等方面的教育。

组织校外活动时,教师要做好与相关场所的联络与统筹,向学生介绍活动场所的基本情况。

五、建立评价体系,全面评估学生的综合素养

(一) 评价形式

教师要运用多种形式进行评价。可通过设计学生活动手册对每个活动的过程、成果、评价等进行较为详细的记录。将过程性评价同结果性评价有机结合,依据学生课堂表现、学习成果等开展全面综合的评价,促进学生综合素质的发展。

(二) 评价工具

教师要运用各种评价工具评价学生的活动,帮助学生开展过程性评价,检测每个活动预期目标的达成情况。教师应鼓励学生乐于表达自己的想法,指导学生客观记录参与活动的具体情况,及时填写活动记录单。活动记录、事实材料要真实、有据可依。

评价量表、活动方案、活动记录(如观察日志、调查表、访谈记录、实验记录等)、研究成果(如研究报告、小论文、口头报告、作品展示等)、档案袋等各种能体现学生能力提升和成长进步的工具,都可以作为评价的工具。

六、完善课程保障,优化课程实施环境

(一) 健全课程管理制度

学校必须将综合实践活动课程按国家课程的要求排进课表,建立健全校长责任制。建立由校长室领导、课程教学管理部门管理(如教导处、课程部等)、综合实践活动课程组组织,执教教师、班主任、副班主任、志愿者主动参与和实施的工作体系。明确各部门及教师的职责范围,并对他们分别进行考核,加强对综合实践活动课程的管理。

(二) 建立课程审核制度

校长室、教导处及课程组建立"凡设必审,凡用必审"的课程审议审核制度,确保课程内容规范健康。

第一,对教师的主题活动方案进行评议,提高教师设计活动方案的能力,充实学校综合实践活动课程资源。

第二,建议学校将审核通过的主题活动方案(含活动手册)、每课时教案、学生成果样例等归档,每学年对档案进行更新。

第三,建议由校长室、教导处、课程组以旁听、验收成果的形式,对照设计文本和课堂评价量表,结合教师上传的学生研究档案,对课程实施进行评价。

(三) 明确教学管理制度

各学校要加强课程教学管理指导,建立健全与课程综合性、实践性相适应的教学管理制度,对课程的实施进行过程性管理。抓好教师备课、上课、评价等环节,确保实施内容与活动方案相符。

(四) 建立健全教研制度

学校应建立健全教研体系,设立教研组长,由教研组具体负责课程计划、执行、管理和维护。教导处组织教研组成员进行课程培训,包括研读课程纲要、了解学校综合实践活动课程方案、明确主题活动设计的要求,定期指导课程组开展教研。教研组制订切实可行的教研计划,组织相关教师按计划定期开展以校为本的教研活动。

(五) 完善考核激励制度

学校应鼓励教师开发优质项目,丰富主题活动和教学资源。对成功开发活动并提交完整活动设计材料的,建议作为校级教学成果,给予相应的奖励,并作为岗位评定的依据之一。

(六) 架构资源支持系统

第一,鼓励校内资源向综合实践活动课程开放,适当引入校外资源,规范校内外资源的使用。

第二,主题活动开发、实施中需要使用经费的,学校应提供保障。

附件1:杨浦区小学综合实践活动课程创新素养评价框架
附件2:杨浦区小学综合实践活动课程目标分解与描述
附件3:杨浦区小学综合实践活动课程实施方案(模板)
附件4:杨浦区小学综合实践活动课程主题活动方案(模板)
附件5:杨浦区小学综合实践活动课程课时活动方案(模板)

附件1：

表1　杨浦区小学综合实践活动课程创新素养评价框架

维度	描述	指标	小学综合实践活动评价行为表征
创新人格【C-1】	具有好奇心、坚持不懈、独立自信、协作意识和反思以及富有想象力等特质	好奇心【C-1-1】	保持对周围事物的好奇，敢于提出问题，乐于围绕问题开展探索（包括旺盛的求知欲和较高的学习热情）
		想象力【C-1-2】	能够在不同事物之间建立联系，提出多种猜测或想法
		独立自信【C-1-3】	在解决问题或物化成果的过程中能独立思考，提出自己的观点，并按照自己的想法进行实践
		分享协作【C-1-4】	在合作中能主动承担并完成任务，当他人有困难时愿意协助，能分享自己的想法，接纳他人的意见
		反思进取【C-1-5】	能在解决问题的过程中及时发现问题并思考解决方法，征询他人意见并持续改进物化的成果
		坚持【C-1-6】	能专注于问题解决或成果物化的过程，面对困难与挑战坚持不懈、不退缩
创新思维【C-2】	具有流畅性、灵活性、独创性、精致性和隐喻性思维特征	流畅性【C-2-1】	能围绕问题进行发散性思考，并能通过分析、归纳提出与众不同的解决方法
		灵活性【C-2-2】	在解决问题或物化成果的过程中，适时地调整自己的想法和解决问题的方法
		独创性【C-2-3】	在解决问题或物化成果的过程中，提出与众不同的想法
		精致性【C-2-4】	能在解决问题的过程中不断调整、补充、改进，使物化的成果趋于完善
		隐喻性【C-2-5】	能够发现事物之间的相似特征，并运用已获取的经验来理解新的事物

（续表）

维度	描述	指标	小学综合实践活动评价行为表征
创新实践【C-3】	参与并投入旨在产生新颖且有价值成果的实践活动	问题分析【C-3-1】	能够分析问题情境，知道问题的条件与要求，并澄清问题
		资源利用【C-3-2】	能够围绕问题，从不同途径收集多种形式的信息与资源，整理、筛选并分析资源，以服务于解决问题
		观念践行【C-3-3】	能够基于问题设计方案，通过分析、评价等各种方式来完善方案并付诸实践，以验证方案的可行性
		方案评价【C-3-4】	能对自己或他人解决问题的方案进行合理的判断和评价，找出优缺点，并能提出改进方案的意见
		问题解决【C-3-5】	能够通过反思和实践，形成符合预期要求的解决问题的成果

附件2：

表2　杨浦区小学综合实践活动课程目标分解与描述

一级目标	二级目标	描述
价值体认（Z-1）	爱党爱国（Z-1-1）	通过体验集体活动、场馆活动和主题教育活动，初步知晓国情历史，认同公民身份，热爱党、热爱祖国，为自己是中国人感到骄傲
	公共观念（Z-1-2）	理解并遵守公共空间的基本行为规范，以及基本的礼仪和习俗
	规则意识（Z-1-3）	通过亲历活动，养成按计划做事的习惯，形成集体意识、组织观念、产权意识，并付诸行动
	科学态度（Z-1-4）	在活动中保持科学严谨的态度，初步培养实证意识；用科学方法去探究、实践、寻求答案；专心致志、耐心细致，有始有终
责任担当（Z-2）	自理自立（Z-2-1）	能自理生活中的基本事务，自己的事情自己做，初步养成自理能力、自立精神
	主动服务（Z-2-2）	关心身边的人和事，有主动帮助的热情
	团队合作（Z-2-3）	在活动中承担责任，协商讨论，悦纳他人意见；互帮互助，开展合作，分享成果和想法
	生活态度（Z-2-4）	热爱生活，对身边事物有好奇心和求知欲；保持积极的态度；胜不骄、败不馁，有战胜困难的勇气
问题解决（Z-3）	提问质疑（Z-3-1）	会从生活中发现、提出问题；说明理由，做出假设；能对资料中的信息质疑，并尝试求证
	计划制订（Z-3-2）	能澄清并分解问题，按要求制订计划
	信息处理（Z-3-3）	能够围绕问题，充分搜集与利用不同来源的信息与资源，尝试自主分析、判断信息、提出观点
	问题解释（Z-3-4）	基于对问题或信息的分析、比较，寻求证据来推理问题产生的原因，形成对问题的初步解释
	监控反思（Z-3-5）	能依据自己的计划主动对解决问题的过程进行批判性反思和反馈，及时发现问题、解决问题

（续表）

一级目标	二级目标	描述
创意物化（Z-4）	创意设计（Z-4-1）	能借助范例，通过对问题和需求的分析和理解，提出创造性构想，制订出简单合理而较有新意的作品设计
	工具选择（Z-4-2）	了解不同工具的优缺点、适用范围和使用难度等，根据活动内容选择并学会使用合适的工具进行创意设计或制作
	物化制作（Z-4-3）	能按要求制作、调试，多次检验并调整设计，将创意设计转化为符合要求的实物或作品
	成果展示（Z-4-4）	能对设计制作成果作简单的展示、汇报

附件3：

杨浦区小学综合实践活动课程实施方案（模板）

一、开发背景

说明：需说明学校的基本情况、培养目标、学校特色等相关资源情况。还需说明学校在综合实践活动课程方面的师资配备情况。

二、课程目标

（一）课程总体目标

1. 价值体认

2. 责任担当

3. 问题解决

4. 创意物化

（二）分年段目标

说明：根据2017年版的《中小学综合实践活动课程指导纲要》《杨浦区创新素养评价指标》《杨浦区小学综合实践活动课程目标分解与描述》以及学校的培养目标制订分年级段的目标。

表3 ××小学综合实践活动课程分年段目标表

Ⅰ目标	Ⅱ目标	Ⅲ目标		对应的创新素养指标
		低年段目标	中高年段目标	
价值体认（Z-1）	爱党爱国（Z-1-1）			
	公共观念（Z-1-2）			
	规则意识（Z-1-3）			

（续表）

Ⅰ目标	Ⅱ目标	Ⅲ目标		对应的创新素养指标
		低年段目标	中高年段目标	
价值体认（Z-1）	科学态度（Z-1-4）			
责任担当（Z-2）	自理自立（Z-2-1）			
	主动服务（Z-2-2）			
	团队合作（Z-2-3）			
	生活态度（Z-2-4）			
问题解决（Z-3）	提问质疑（Z-3-1）			
	计划制订（Z-3-2）			
	信息处理（Z-3-3）			
	问题解释（Z-3-4）			
	监控反思（Z-3-5）			
创意物化（Z-4）	创意设计（Z-4-1）			
	工具选择（Z-4-2）			
	物化制作（Z-4-3）			
	成果展示（Z-4-4）			

三、课程内容

（一）内容选取原则

（二）内容结构

（三）具体内容

说明：遵循2017年版的《中小学综合实践活动课程指导纲要》中要求的内容选取原则。内容上注重研究性学习与社会实践相结合。

四、课程实施

（一）课程设置

（二）课程实施

说明：描述每周课时安排，可根据需要集中或分散使用课时。课程实施一般有准备、实施和总结三大阶段，可用图示表示每个阶段的实施过程，并提出实施的要求和建议。

五、课程评价

（一）评价原则

（二）评价内容及方式

说明：遵循2017年版的《中小学综合实践活动课程指导纲要》中要求的评价原则，阐明对学生、课程、教师的评价内容和方式。

六、管理保障

（一）管理架构

（二）管理流程

（三）保障措施

说明：可用图示表示本课程的管理架构以及管理流程，并作适当的文字说明。罗列活动所需要的各种保障。

附件4：

杨浦区小学综合实践活动课程主题活动方案（模板）

一、主题概述

（一）主题来源

说明：该主题产生的背景。

（二）研究问题

说明：该主题主要研究的问题。

（三）活动任务

1. 任务介绍

说明：该任务的具体情境、具体要求、最终成果。任务的要求应清晰明确，且可操作。

2. 任务分解

说明：任务分解为哪几个子任务，可用图表来呈现，并阐述子任务之间的关系，体现从任务开始到结束的整个过程。

（四）学情分析

说明：学生已有的基础，预设完成该主题活动后可能达到的发展水平，建议用对比的方式呈现。（见表4）

表4 ××主题学情分析表

维度	目标指向	已有基础	发展预期
价值体认	爱党爱国		
……	……	……	……

二、活动目标

（一）任务目标

（二）学习目标

说明：该主题主要任务的最终表现；整个活动对应的学生关键能力的培养目标，学习目标需标注对应的目标维度，与学情分析相匹配。

三、活动内容

说明：每一个子任务的活动名称、活动目标、表现标准及建议课时。活动目标由学习目标分解而来，需标注对应的目标维度。（见表5）

表5 ××主题活动内容一览表

子任务（活动）	活动目标	表现标准	建议课时
……	……	……	……

四、活动实施

（一）实施流程

说明：学生从开始到结束需要完成的所有活动，建议用流程图的方式呈现（具体见案例）。

（二）实施建议

1. 学习对象

说明：学习的对象是××年级第×学期的学生。

2. 预设课时

说明：该主题的总课时，总课时需包含校内学习的课时及校外场馆学习的课时。

3. 实施要求

说明：实施建议以准备阶段、执行阶段、收尾阶段三部分进行阐述。

五、活动评价

说明：评价的维度、规则、方式等内容。

六、学习工具

说明：整个主题活动的任务、要求，以及可记录学习情况的工具。

附件5：

杨浦区小学综合实践活动课程课时活动方案（模板）

【活动目标】

说明：与主题活动目标匹配的课时活动目标。

【活动重难点】

说明：本课时的目标重点及难点。

【活动准备】

说明：本课时所需的课前准备、学习资源……

【活动过程】

说明：以表格的方式，呈现每个活动环节的内容、具体的活动过程以及该环节的设计意图。（见表6）

表6 ××主题活动过程、环节一览表

活动环节	活动过程	设计意图

【板书设计】

说明：本课时的内容要点、方法提点。

1. 上海市第二师范学校附属小学

上海市第二师范学校附属小学(以下简称二师附小)综合实践活动课程以"强生活关联,强过程体验,强创新思维"为特征,从学生真实生活和发展需要出发,在生活情境中发现问题,用"研思"润泽学生,采用"一起做项目"的方式开展跨学科研究性学习活动,让学生在探究、服务、制作、体验等各种创新实践中发展创新人格和创新思维。

该课程由"乐乐爱赏玩""乐乐爱探究""乐乐爱游学"三大系列课程组成。"乐乐爱赏玩"以中华优秀传统文化为切入点,有"显微镜下的五彩岩石"等综合实践活动;"乐乐爱探究"以"日常生活、自然探索、社会实践"为切入点,有"缤纷纸艺小汽车"等综合实践活动;"乐乐爱游学"依托校内外各主题场馆,在行走中,激发好奇,增长智慧。

课程的实施,学生主要按照"问题的萌发(激发好奇心与想象力);小组成立与分工(分享协作);计划制订与落实(分析问题、利用资源、践行观念);制订成果检核标准(践行观念);研究问题、制作作品(反思进取,呈现流畅性、灵活性与独创性);个人与小组成果的自评与互评(评价方案,呈现精致性与隐喻性);成果的展示与改进(独立自信、解决问题)"等七个步骤完成问题解决,不断提升创新素养。

围绕让学生在"做中学,思中悟",在二师附小这片创新沃土中,播撒创新人格的种子,自觉吸收新知识、自主总结先进经验、自信践行观念,让创新思维生根发芽、茁壮成长,使学生快乐求知、健康生活、智慧做人。

二师附小综合实践活动课程实施方案

一、背景分析

二师附小于 1958 年建校，是一所大型公办学校。多年来，秉承"让每一个学生健康、快乐、智慧地成长"的办学理念，围绕人民教育家于漪老师提出的"学会求知、学会生活、学会做人"的育人目标（毕业生形象），不断探索课程改革的创新之路。作为教育部认定的中华优秀传统文化特色校、上海市课程领导力项目校、上海市小学低年级主题式综合活动项目校、上海市第四批信息化标杆校和上海市劳动教育特色校，学校多年来始终走在市、区重点课程开发的第一线，持续完善学校的综合实践活动课程。

截至 2025 年 5 月，学校综合实践课程教研组共 10 名教师，其中高级教师 1 名，中级教师 5 名，初级教师 4 名。他们专兼职探究型课程已有多年，能较好地理解综合实践活动课程，并乐于探究如何建设好这一培养学生综合素质的跨学科研究性学习活动。二师附小学生兴趣广泛、思维活跃，学习基础较好，活动能力较强，对课程内容有较高期待。基于学校课程调研，发现学生喜欢具有传统文化特色的、理念和技术先进的、实践性强的课程；在访谈中，"表达""创新""交往"是学生们提及的"高频关键词"。

因此，在"双新"背景下，学校结合学生的学习期待、教师的能力发展、学校及社会的文化资源进一步优化综合实践活动课程，形成了具有学校育人特色的由"乐乐爱赏玩""乐乐爱探究"和"乐乐爱游学"三大系列组成的综合实践活动课程。学校开发和甄选能促进学生"会审美""会表达""会创新""会交往"的主题活动，采用"大主题""真问题""跨学科""新技术"等方式创新建设，完善学校"五育融合"的课程体系，培养学生"学会求知、学会生活、学会做人"，促使他们全面而有个性地成长。

二、课程目标

（一）总目标

学生能从个体生活、社会生活以及在大自然的接触中获得丰富的实践经验，形成并逐步提升对自然、社会和自我三者内在联系的整体认识，具备价值体认、责任担当、问题解决、创意物化等方面的意识和能力。

1. 价值体认

学生通过亲历少先队活动、场馆活动、主题教育活动和传统文化特色活动，参观爱国主义教育、传统文化实践、生命教育、劳动教育基地，获得有积极意义的价值体验；理解并遵守公共空间基本行为规范，初步形成集体意识、组织观念，培养爱党、爱国、爱社会、爱校、爱家的感情，为自己是中国人自豪；认识社会、融入社会，学会理解、宽容、关爱、感恩他人；传承优秀传统文化，会审美。

2. 责任担当

学生初步养成自理能力、自立精神和热爱生活的态度，养成良好的生活和行为习惯；珍惜生命，热爱生活，拥有阳光心态和健康体魄；围绕日常生活开展服务活动，能通过独立和合作，处理生活中的基本事务；具备保护生态环境意识；具有积极参与学校和社区生活的意愿，会交往。

3. 问题解决

学生具有求知兴趣和自主学习品质，能在教师引导下，结合学校、家庭生活中的现象，运用合适的学习方法，发现并提出自己感兴趣的问题；能通过思考、实践、合作将问题转化为小课题，体验课题研究的过程与方法，提出自己的想法，形成对问题的初步解释，会创新。

4. 创意物化

学生能相对灵活地运用所学的信息技术、手工设计与制作等技术，设计并制作有一定创意的数字或实物作品，进行创意展示；能运用常见、简单的信息技术解决实际问题，服务于学习和生活，会表达。

（二）分年段目标

课程总目标分为低年段和中高年段目标。（见表1）

表1 二师附小综合实践活动课程分年段目标表

Ⅰ一级目标	Ⅱ二级目标	Ⅲ学习目标		创新素养指标
		低年段(一至二年级)	中高年段(三至五年级)	
价值体认 (Z-1)	爱党爱国 (Z-1-1)	通过体验、参与传统文化特色活动、少先队活动、参观爱国主义教育基地等,初步培养对传统文化的喜爱,认识并了解少先队的基本知识,培养对中国共产党的朴素感情,为自己是中国人感到自豪	通过亲身参与传统文化特色活动、少先队活动、主题教育活动,参观爱国主义教育基地等,初步了解党和国家的历史,掌握少先队活动的礼仪要求等,敢于提出问题,并能积极开展相关的活动;爱党、爱国、爱社会、爱校、爱家,乐于弘扬传统文化	
	公共观念 (Z-1-2)	通过参与社会考察、场馆活动和主题教育活动等,知晓在公共空间不奔跑、不喧闹等基本行为规范,初步形成集体意识、组织观念	能在社会考察、场馆和主题教育的参观和体验活动中坚持遵守相关的基本行为规范,并能及时制止伙伴们在公共空间不正确的行为,形成集体意识、组织观念	独立自信 【C-1-3】
	规则意识 (Z-1-3)	在教师提醒下初步学会按计划做事的习惯,体验在合作中完成被分配到的任务,并初步完成简单的任务;学会了解和标注资料的来源,初步形成集体意识、组织观念、产权意识	通过活动,逐步形成设计解决问题的计划的习惯,并能按计划做事;在合作解决问题的过程中,形成集体意识、组织观念、产权意识,并付诸行动	隐喻性 【C-2-5】
	科学态度 (Z-1-4)	在体验活动中初步形成通过简单观察、做小实验、提问题等方法解决问题的习惯,能持续完成每一个主题活动的任务	在活动中保持科学研究的态度,基本树立实证意识;用科学方法去探究、实践,寻求答案;专心、耐心、细心,有始有终	坚持 【C-1-6】

（续表）

Ⅰ一级目标	Ⅱ二级目标	Ⅲ学习目标		创新素养指标
		低年段(一至二年级)	中高年段(三至五年级)	
责任担当 （Z-2）	自理自立 （Z-2-1）	处理生活中的简单事物、完成活动中的简单任务，初步形成自理能力；在问题解决过程中表达自己独特的想法，也能发现事物的相似性	能在处理生活中的基本事物时，灵活调整步骤，或有自己独特的解决方法；能发现事物之间的相似特征，用相似的方法和经验让活动更顺利；遇到困难，能克服困难，坚持完成，提升自立能力	独立自信 【C-1-3】
	主动服务 （Z-2-2）	对参与学校和社区生活感兴趣，能主动参与小组合作的任务	能积极参与学校和社区生活的服务活动，在日常服务的过程中，有自己独特的方法，也能主动承担并完成任务	观念践行 【C-3-3】
	团队合作 （Z-2-3）	能初步完成日常生活和服务活动中的独立任务，在与伙伴的合作中乐于接受他人意见	能在日常生活和服务活动的过程中，有自己独特的方法；能和伙伴一起克服困难、相互补充意见，调整方法，愉快合作，完成任务	协作意识 【C-1-4】
	生活态度 （Z-2-4）	喜欢参与学校、社区生活，初步学会与他人合作交流；在解决问题的过程中初步养成爱生活、爱交往、珍惜生命的态度，初步形成保护生态环境的意识；初步养成基本的劳动习惯，掌握简单的劳动技能	具有积极参与学校和社区生活的意愿；在问题解决的过程中，形成热爱生活、乐于交往的态度；拥有阳光心态和健康体魄；珍爱生命，形成热爱自然、保护生态环境的意识；养成良好的劳动习惯，形成服务意识，初步掌握常见劳动技能	独立自信 【C-1-3】 隐喻性 【C-2-5】

(续表)

Ⅰ一级目标	Ⅱ二级目标	Ⅲ学习目标		创新素养指标
		低年段(一至二年级)	中高年段(三至五年级)	
问题解决(Z-3)	提问质疑(Z-3-1)	能在教师的引导下,结合在学校和家庭生活、自然探索、社会实践中观察到的现象,找到并提出自己感兴趣的问题	具有浓厚求知兴趣和自主学习品质,能在教师引导下,乐于从生活中发现并提出问题,说出自己多种猜测的想法	问题分析【C-3-1】
	计划制订(Z-3-2)	能在教师的引导下,基于问题,经历按计划做事的过程,知晓制订计划的基本因素和环节	能基于问题设计方案,对自己或他人解决问题的方案进行合理的判断和评价,找出优缺点,并能引入新思路和方法提出改进意见	流畅性【C-2-1】
	信息处理(Z-3-3)	能在教师的引导下,初步学会将生活中的现象转化为问题和对问题的解释,并初步体验问题解决的过程与方法	能在教师的引导下,围绕问题,从不同途径收集信息与资源,辨识信息与资源的可靠性,整理、筛选并分析信息,解决问题、习得知识	资源利用【C-3-2】
	问题解释(Z-3-4)	提出自己的想法,形成对问题的初步解释	能分析问题,分解问题的条件和要求,通过反思、实践、合作,解决问题,形成创新成果	问题分析【C-3-1】
	监控反思(Z-3-5)	能在问题解决的过程中,初步体验问题研究的过程与方法,能说出过程中的不足和自己的思考	能基于问题设计方案,通过分析、评价等各种方法来完善方案并付诸行动,以验证方案的可行性	反思进取【C-1-5】

（续表）

Ⅰ一级目标	Ⅱ二级目标	Ⅲ学习目标		创新素养指标
		低年段（一至二年级）	中高年段（三至五年级）	
创意物化（Z-4）	创意设计（Z-4-1）	在父母和教师的帮助下，初步体验用简单文字、手工制作、动作表演、绘画和简单的信息技术等方法表达自己的设计思考；会制作简单的创意作品，服务于学习和生活	设计和制作作品时，能结合生活实际，灵活学习和利用文字、表演、手工、数字技术等多种方法，设计出独特的作品，服务于学习和生活	想象力【C-1-2】独创性【C-2-3】精致性【C-2-4】
	工具选择（Z-4-2）	能通过教师给出的工具类型，选择合适的方法和工具，完成简单的动手操作实践，初步体验和学习简易的信息技术	能针对生活中的问题，合理选择工具；在实践过程中，能及时发现工具是否适宜并进行调整	灵活性【C-2-2】
	物化制作（Z-4-3）	体验和初步运用绘画、手工设计与制作等基本技能；设计并制作出简单的绘画、手工等作品	能基于问题设计方案，通过分析、评价等各种方式来完善方案并付诸实践；能在设计和创作手工或数字作品时，及时调整、补充、改进自己的想法和过程，使物化的成果趋于完善	独创性【C-2-3】精致性【C-2-4】
	成果展示（Z-4-4）	能尝试运用简单的绘画、表演、手工等方法，解释或解决生活中的问题	能通过自创的绘画、手工、表演，解释或解决生活中遇到的问题；在过程中能通过分析、评价等多种方式完善方案，最终完成制作并展示	方案评价【C-3-4】问题解决【C-3-5】

三、课程内容

(一) 内容选取原则

1. 关注真实生活,启发兴趣

综合实践活动的内容要面向学生的完整生活世界,创设真实的情境,引导学生从"学校和家庭生活、社会实践、自然探索"中熟悉且感兴趣的话题出发,发现问题、提出问题、探究问题、解决问题,激发不同学生的活动兴趣。同时,设计的活动须有趣、丰富、灵活,以此满足不同层次学生的学习活动需求。

2. 关注文化传承,综合体验

内容选择要关注学生对中华优秀传统文化和国际社会的认识、理解、传承及表达,注重跨学科活动的开发。问题解决的方式可融合学校特色茶艺与美术、科学与技术、信息技术等多学科知识和技能,并充分利用学校"课程地图"的特色校本平台资源。组织学生拓宽活动时间、空间与交流分享的方式,从而培养学生综合运用各种知识、技术的能力,增强审美和跨文化表达的能力,提高社会责任感,提升综合素养。

3. 关注资源利用,创新实践

综合实践活动应注重让学生主动实践,鼓励学生主动参与并亲身经历实践的过程体验,在"动手做""实验""探究""设计""创作""反思"的过程中"体验""体悟""体认",发展实践创新能力。内容的选择可以灵活利用社会资源,如博物馆、艺术馆、爱国主义场馆资源,以及学校"小智农舍""数码工程师"等技术和人力资源。

(二) 内容结构

学校综合实践活动课程分为"乐乐爱赏玩""乐乐爱探究""乐乐爱游学"三个系列,均为跨学科综合性实践活动。(见图1)

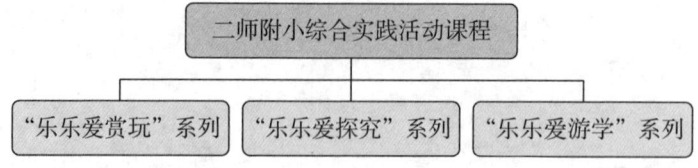

图1 二师附小综合实践活动课程内容结构图

"乐乐爱赏玩"以中华优秀传统文化为切入点，发掘真实问题，让学生在深入品味、欣赏、研习与中华优秀传统文化相关的活动中感悟和传承，继而创新表达和弘扬中华优秀传统文化。

"乐乐爱探究"以"日常生活、自然探索、社会实践"为切入点，创设真实情境，关注学生学习生活习惯的养成、解决问题能力的养成、综合素养的发展和创新素养的提升，设计能实现不同学科知识迁移与应用的跨学科研究性学习活动。

"乐乐爱游学"以"爱党、爱祖国、爱上海、爱杨浦、爱校园"为切入点，依托学校特色场馆、市区博物馆、科学或人文类场馆等资源，开发融学校教育与场馆活动为一体的跨学科社会探索实践活动。倡导"体验式实践"，引导学生在问题解决、行走体验中探索人文与自然科学的奥秘，增强集体感和荣誉感，感受学校、城市、社会的发展、变化和腾飞。

（三）内容安排

见表2。

表2　二师附小综合实践活动课程内容安排表

学期	乐乐爱赏玩	乐乐爱探究	乐乐爱游学
一上	好玩的民间游戏	乐乐安全屋	附小校园十景 ——我是快乐小学生
一下	生活中的小茶叶	小球蹦蹦跳	附小乐乐茶文化馆 ——我是附小小茶人
二上	趣味茶字扇面集	鞋子的学问	深海探索馆 ——我是小小探索者
二下	走进西湖龙井	缤纷纸艺小汽车	国歌展示馆 ——我是中国人
三上	缤纷茶树标识牌	探访昆虫世界	上海自然博物馆 ——中华叶之妙
三下	馥郁芬芳花茶	"护蛋"特工队	豫园茶楼 ——我是沪上小茶人
四上	中华器皿立体展	是是非非一次性用品	上海自然博物馆 ——中华器之韵

(续表)

学期	乐乐爱赏玩	乐乐爱探究	乐乐爱游学
四下	研磨技术谁最强	秀出我身边的黏斗士	大宁茶城——我是小小调研员
五上	显微镜下的五彩岩石	通讯方式的改变	笔墨工坊——中华墨之美
五下	中华文化宣传大使	智慧农舍的数字小博士	院士风采馆——我是未来小院士

说明：综合实践活动课程每学期16—18课时。

"乐乐爱探究"系列每学期8课时左右，中低年级开展2个主题活动，每个主题4课时左右，高年级开展1个主题，每个主题8课时左右。

"乐乐爱赏玩"与"乐乐爱游学"系列为4—8课时，教师可根据学情等自主选择内容开展。

（四）内容与目标关联表

见表3。

表3　二师附小综合实践活动课程内容与目标关联表

学期	学习内容	价值体认			责任担当			问题解决				创意物化		
		爱党爱国	公共观念	规则意识	科学态度	自理自立	主动服务	团队合作	生活态度	提问质疑	计划制订	问题解释	信息处理	监控反思	创意设计	工具选择	物化制作	成果展示
一上	好玩的民间游戏		✓	✓	✓	✓		✓	✓									
	乐乐安全屋		✓	✓				✓					✓					
	我是快乐小学生	✓	✓	✓		✓	✓			✓					✓			
一下	生活中的小茶叶	✓								✓	✓	✓				✓	✓
	小球蹦蹦跳			✓	✓				✓		✓						✓
	我是附小小茶人	✓								✓					✓	✓	✓

（续表）

学期	学习内容	价值体认				责任担当				问题解决					创意物化			
		爱党爱国	公共观念	规则意识	科学态度	自理自立	主动服务	团队合作	生活态度	提问质疑	计划制订	问题解释	信息处理	监控反思	创意设计	工具选择	物化制作	成果展示
二上	趣味茶字扇面集		✓	✓		✓		✓		✓		✓	✓		✓	✓	✓	✓
	鞋子的学问		✓	✓	✓	✓		✓		✓	✓	✓	✓			✓	✓	✓
	我是小小探索者	✓	✓		✓			✓		✓		✓	✓				✓	✓
二下	走进西湖龙井	✓	✓										✓					✓
	缤纷纸艺小汽车		✓	✓		✓		✓		✓			✓		✓		✓	✓
	我是中国人	✓	✓	✓				✓				✓						✓
三上	缤纷茶树标识牌																	
	探访昆虫世界																	
	中华叶之妙	✓	✓			✓		✓			✓	✓						
三下	馥郁芬芳花茶	✓		✓			✓								✓		✓	✓
	"护蛋"特工队																	
	我是沪上小茶人	✓	✓			✓		✓							✓		✓	✓
四上	中华器皿立体展	✓	✓	✓									✓					
	是是非非一次性用品	✓	✓	✓														
	中华器之韵	✓															✓	✓
四下	研磨技术谁最强	✓	✓	✓				✓		✓		✓			✓		✓	✓
	秀出我身边的黏斗士		✓	✓		✓				✓		✓					✓	✓
	我是小小调研员					✓	✓											
五上	显微镜下的五彩岩石	✓		✓		✓		✓					✓	✓			✓	✓
	通讯方式的改变	✓	✓		✓			✓			✓		✓		✓			✓
	中华墨之美	✓		✓	✓								✓				✓	✓
五下	中华文化宣传大使	✓				✓					✓				✓			✓
	智慧农舍的数字小博士		✓	✓				✓		✓			✓		✓		✓	✓
	我是未来小院士	✓	✓	✓				✓					✓		✓		✓	✓

四、课程实施

(一)设计要求

课程实施要关注学生研究兴趣的激发和培养,注重学生在研究过程中综合运用习得的知识与技能解决问题的能力,并形成一定的规则意识,提升学生价值体认、责任担当的意识。建议每个主题的实施步骤如下。(见图2)

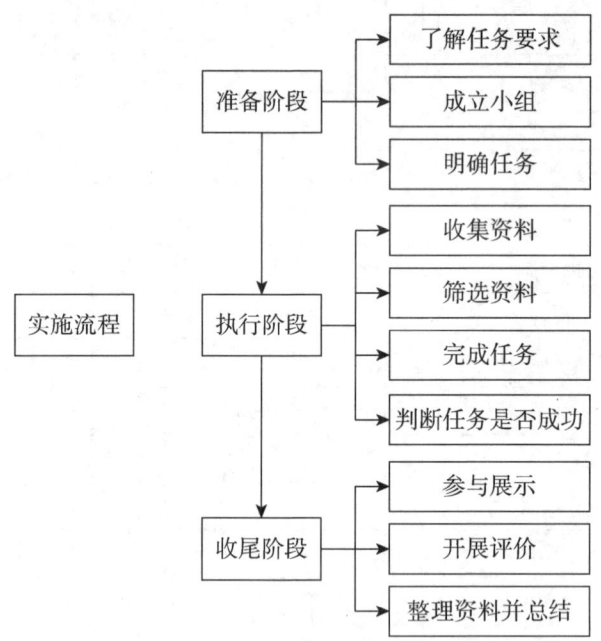

图2 二师附小综合实践活动课程实施步骤图

(二)实施要求

为让实施综合实践活动课程的教师能有效地组织活动,要充分考虑到课程的跨学科性、实践性和学生参与度。以下是一些活动组织方式的建议。

1. "乐乐爱探究"系列活动

基于学生自身兴趣,在教师的指导下,从自然、社会和学生自身生活中选择和确定研究主题,开展研究性学习,在观察、记录和思考中,主动获取知识,分析并解决问题。运用实地观察、访谈、实验等方法,获取材料,形成理性思维、批判质疑和勇于探究的精神。

引导学生运用各种工具、工艺(包括信息技术)进行设计,并动手操作,将自己的创意、方案付诸现实,转化为物品或作品,如茶粉研磨工具、自制茶具等。注重增强学生的技术意识、发展工程思维、提高动手操作能力等。在活动过程中,鼓励学生手脑并用,灵活掌握、融会贯通各类知识和技巧,提高学生的技术操作水平、知识迁移水平,培养工匠精神等。

2."乐乐爱游学"系列活动

在教师的指导下,引导学生走出教室,探索并参与社会活动,服务社会组织或他人,如场馆行走、社区公益活动、敬老院志愿服务等。在服务的过程中,获得自身发展,促进相关知识技能的学习,提升实践能力,成为尽职尽责、敢于担当的人。

3."乐乐爱赏玩"系列活动

作为上海市茶艺特色校、传统文化传承校、劳动教育特色校和国际理解教育特色校,要让学生乐于发现并欣赏生活中与传统文化相关的事物,乐于在游戏和活动中产生对传统文化的兴趣并进一步探索了解。同时,乐于开展与茶艺、民间传统技艺等相关的实践活动,并能在新时代背景下,运用创意表达展现新时代学子的风采。

五、课程评价

(一) 指向教师的活动评价检核

1. 活动目标是否明确

(1) 检核主题活动和任务目标是否明确、具体,是否符合该年段综合实践活动课程的目标。

(2) 确保主题活动和任务目标与学生的学习需求、兴趣和发展方向相契合。

2. 活动方案是否完整

(1) 检核主题活动方案是否完整,包括任务安排、时间管理、资源配置等。

(2) 确保活动计划能支持任务目标的达成,并且具有可操作性。

3. 研究方法指导是否有效

(1) 检核教师在活动过程中是否对学生的研究方法做有效指导。

(2) 确保学生掌握必要的研究方法,能独立完成主题活动的研究任务。

4. 成果展示是否有效多样

(1) 检核学生是否能用有效的方式展示活动成果,如报告、模型、视频等。

（2）鼓励学生采用多样化的展示方式，全面展现活动成果。

5. 活动效果是否可持续改进

（1）检核活动后是否持续改进方式方法。

（2）针对活动中存在的问题和不足进行改进。

学校综合实践活动课程对于教师设计与实施的评价，根据活动的不同阶段，体现不同程度的要求，为后续实践活动进一步提升奠定基础。

（二）指向学生的活动评价检核

1. 团队协作是否有效

（1）检核学生在活动中是否做到共同承担责任、分工合作。

（2）强调团队协作在主题活动中的重要性，提高团队的整体协作能力。

2. 问题解决是否创新

（1）检核学生在活动中是否遇到问题，并尝试用多种且有新意的方法解决。

（2）鼓励学生勇于面对问题，积极寻求解决方案，培养创新精神。

3. 达成标准是否合理

（1）检核任务达成的评价标准是否合理全面，能否真实反映任务达成情况。

（2）制订科学的评价标准，确保评价结果的客观性和公正性。

4. 活动成果是否能体现任务达成的效果

（1）检核活动成果能否切实解决问题。

（2）检核活动成果能否体现任务达标。

（3）检核活动成果能否体现成员在任务中的作用。

（4）检核活动成果能否提升解决问题的能力。

通过上述检核，可灵活组织评价方式，探索运用"自评与互评"相结合、"过程性评价"等不同方式，全面评估学生在综合实践活动的任务达成情况，并对学生不同行为表现或数据表现做辅导，切实发挥评价的功能，促进不同儿童都能获得鼓励、帮助、肯定与提升。

六、管理与保障

（一）组织管理

在学校党支部的领导下，实行"校长室、课程项目部、综合实践活动课程教研组、课程开发与实施教师"四级管理。学生成长部与综合保障部配合支持,确保综合实践活动课程的稳步实施;学生成长部负责协调家长及社会资源,综合保障部落实经费和物资。

(二) 制度管理

1. 完善课程开发与审核制度

(1) 开发审议

鼓励教师申报新开发综合实践活动。新开发课程教师需提交《综合实践活动课程开发申请表》,提交拟开发主题的学习目标、学习内容、实施建议、学习评价、所需资源等,由学校课程项目部给出调整意见,校长室审核其是否能开发实施。坚持"凡设必审""凡用必审"原则,每学期认真审议所有综合实践活动申请。

(2) 活动实施

经学校审核同意开设的综合实践活动课程,在开学前列入本学期课程目录,按年级公布。教师在接到实施任务通知后,应认真做好上课准备。

(3) 活动设计

根据教师自身特长,选择课程内容,精心组织相关课程的教学资源,课前认真撰写主题活动方案和活动设计,准备好实施所需的教具、学具、场地和媒体等资源。活动后能及时总结活动得失,改进已有设计中存在的问题。

2. 健全教研制度

通过专家引领、同伴互助、合作研究,积极开展以校为本的教研活动,及时分析、解决课程实施中遇到的问题,提高课程实施的有效性。

3. 完善考核与激励机制

(1) 完善教师考核机制

明确综合实践活动课程教师考核要求和办法,科学合理地计算教师工作量,将指导学生综合实践活动的工作业绩作为教师职称晋升和岗位聘任的重要依据。

(2) 完善教师激励机制

积极组织各层级综合实践活动课程展示交流活动,激发教师实践创新的潜能和动力。每学期评选二师附小教师"学习之星""育德之星""教学能手"等,对取得显著成效的指导教师给予表彰奖励,激励教师持续从事综合实践活动课程研究和实践探索。

（执笔人：上海市第二师范学校附属小学　蒯峰梅、张　倩、张培菡）

 案例一

缤纷纸艺小汽车

一、主题概述

（一）主题来源

本活动源于一次学生参观汽车博物馆的社会实践活动，他们对车展中各种造型及款式的汽车非常感兴趣。由此，结合我校开展的以汽车为主题的科技节活动，在二年级第二学期综合实践活动课程中，引领学生开启一段设计与制作纸质模型汽车的学习之旅，提升学生对汽车外观特征和结构功能的认知，激发学生在工程技艺方面的创造力和潜能，用自己的才智制作出属于自己的汽车模型。

（二）研究问题

如何设计制作一台自己心仪的纸质小汽车模型？

（三）活动任务

1. 任务

汽车作为一种交通工具，在工程技术与工艺设计方面具有独特的魅力，请学生发挥创意，设计并制作出一款心仪的纸质模型小汽车，参与"缤纷纸艺小汽车"展。

制作要求：

（1）车身外观比例协调，长、宽、高尺寸均不大于 25 cm。

（2）车身材质为各类纸质材料，其余材料自选。

（3）为小汽车配上 50 字以内的文字介绍，可以结合功能特性、创意特色等要素进行描述。

2. 任务分解

见图 1。

子任务一:缤纷车世界。根据生活中的使用场景,引导学生区分不同种类的汽车;结合参观汽车博物馆的经历,发现汽车的实用价值和魅力;了解汽车的分类,主要有:轿车、运动型多功能车、多用途汽车、跑车、大巴、卡车,以及一些特殊车辆。

子任务二:车身设计师。通过观看步骤演示视频,学习制作纸汽车模型的方法,知道适合制作模型的纸质材料类型;确定心仪的汽车款式,再结合自身的创意想法,使用铅笔和橡皮在草稿纸上画出符合尺寸要求的车身侧面样式轮廓,对车身样式进行初步绘图设计。

子任务三:巧手小车匠①。通过班级互动和讨论,对初步绘制的车身轮廓设计图做出合理改进;确定设计图纸之后,结合车型特点,发挥想象力,在车身设计图中画出主要的功能部件造型;使用彩笔给车身及各部件进行上色,完成车身的配色设计与美化完善。

子任务四:巧手小车匠②。将设计图贴在硬纸材料上描出轮廓,完成车身材料的裁剪;在教师的协助下打孔并安装车轴和车轮;通过交流与讨论,从生活中搜集一些可用于美化车身外观的材料,拼贴出更多样、更具创意的纸车模型。

子任务五:纸车模型秀。为自己制作的纸车模型写一段简短的介绍文字,体现出自己的创意和设计亮点。班级同学投票选出最受欢迎的汽车模型,进行作品展示和交流评价。

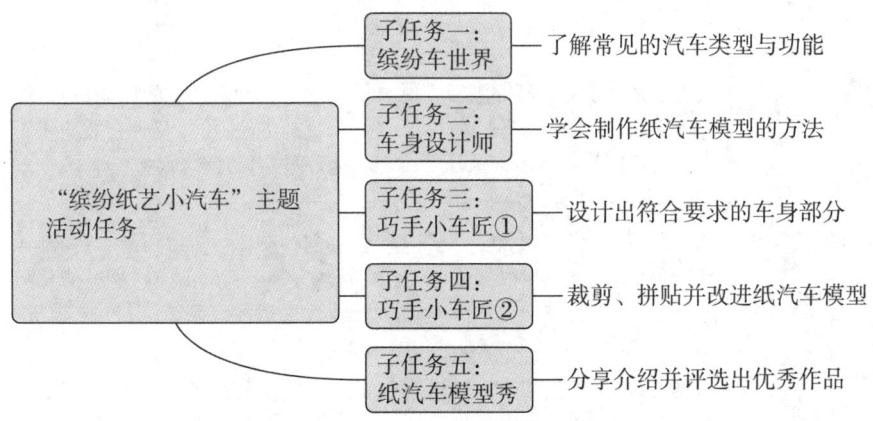

图1 "缤纷纸艺小汽车"主题活动任务分解图

(四) 学情分析

见表1。

表1 "缤纷纸艺小汽车"主题活动学情分析表

维度	目标指向	已有基础	发展预期
价值体认	规则意识	可以有序发言并尊重他人的观点；具备按时完成计划任务的主动意识和学习习惯	有条理地表述观点，在集体思考、互动探讨的过程中，能认真倾听；操作工具时，具有安全规范意识
	科学态度	能够观察事物的外在特征，但对内在原理认知不完整，需要教师及时引导和提示	初步了解汽车外形设计的原理，通过分析思考、设计制作等步骤，培养耐心细致、探索求知的精神
责任担当	自理自立	能够主动记录需要自己完成的任务，可以在教师和家长的协助下准备好各类器材	自主地按照任务要求整理并携带所需器材，在实践操作前后，能够与同学一起保持环境整洁
	生活态度	对生活现象充满好奇；能够描述所观察到的大致现象；可以通过鼓励增强自信	学会主动探索和思考一些来源于生活的问题；在探讨和实践环节，敢于创新和挑战，获得成就感
问题解决	计划制订	通过分析与讨论，能够知道制作过程中所需要的材料与工具，大致了解制作步骤	初步掌握制订计划的方法；记录所需的材料种类及尺寸数据；养成列出步骤、标注要点的习惯
	监控反思	仅在完成作品阶段性的成果之后，才会发现存在问题，需教师协助得以完善不足	主动分析问题产生的原因，自行思考解决的方法，能够及时有效地将不足之处进行阶段性改善
创意物化	创意设计	通过交流分享和范例展示，获得灵感和自信心，进一步根据创意想法绘制出造型	将创新设计与实用相结合；在制作过程中，善于利用不同种材料的优势及特性来实现创意
	工具选择	能够辨认出常用的手工器材，了解其名称和作用；对更多的工具和材料，经验不足	通过交流与讨论，认识更多器材；主动利用课余时间，通过教师或家长的协助，选用更合适的器材

（续表）

维度	目标指向	已有基础	发展预期
创意物化	物化制作	已基本熟悉手工材料和工具的特性及用法，能结合想法开展基本的手工制作	能够按照规格尺寸、计划时间的要求，分阶段形成相应物件；通过及时改进，呈现具有创意的作品
	成果展示	能够结合作品的灵感来源、制作过程、创意价值进行作品介绍	通过教师引导和互动交流环节，有针对性地讲解作品特色、设计理念和制作要点，敢于自信表达

（五）创新素养链接

见表2。

表2 "缤纷纸艺小汽车"主题活动创新素养行为表征表

维度	创新素养指标	行为表征
创新人格【C-1】	想象力【C-1-2】	根据对汽车的了解，设计出有创意的纸汽车模型
	独立自信【C-1-3】	敢于表达自己的设计想法，能够独立绘制设计图
创新思维【C-2】	独创性【C-2-3】	在自己设计与改进的模型作品中，有特色创意
	精致性【C-2-4】	能够精细地完成纸汽车模型的剪裁和拼贴的手工制作
创新实践【C-3】	资源利用【C-3-2】	根据纸汽车模型各部分的结构特点，选用合适的纸材
	问题解决【C-3-5】	通过设计绘画、裁剪拼贴，完成符合要求的纸汽车模型

二、活动目标

（一）任务目标

根据要求，独自设计并制作一款心仪的纸质汽车模型。

(二) 学习目标

1. 通过观察和讨论,能说出不同种类汽车的外观特点和功能。(Z-1-4科学态度、Z-2-4生活态度)【C-1-1好奇心】

2. 能够根据汽车的特点,按要求完成车辆外观设计图。(Z-4-1创意设计、Z-4-2工具选择、Z-4-3物化制作)【C-1-2想象力、C-2-1流畅性、C-2-3独创性】

3. 通过探讨和分析,发现纸汽车模型设计的不足并及时调整。(Z-3-5监控反思)【C-1-5反思进取、C-2-2灵活性、C-2-4精致性、C-3-3观念践行】

4. 能够选择合适的材料并规范使用剪刀、胶水等工具完成纸质小汽车的制作。(Z-1-3规则意识、Z-2-1自理自立、Z-4-2工具选择)【C-3-2资源利用、C-3-5问题解决】

5. 在交流、讨论的过程中,发现他人作品的优点与不足,懂得提出和倾听合理的建议。(Z-2-3团队合作)【C-3-4方案评价】

6. 通过制作并分享纸汽车模型的经历,感受工程技术的魅力和重要性。(Z-2-4生活态度、Z-4-4成果展示)【C-1-4分享协作、C-1-6坚持、C-3-5问题解决】

三、活动内容

见表3。

表3 "缤纷纸艺小汽车"主题活动内容表

子任务(活动)	活动目标	表现标准	建议课时
缤纷车世界	了解汽车可以根据外形特点进行分类(Z-1-4)【C-2-1】 知道生活中常见的汽车类型及功能(Z-2-4)【C-1-1】 了解汽车发展的历史,感受工程技术为人类带来的便利(Z-1-4)【C-2-1】	知道汽车的车型及功能 用直尺连线完成车型匹配图 说出汽车给人们生活带来的帮助	1

（续表）

子任务（活动）	活动目标	表现标准	建议课时
车身设计师	确定纸汽车模型的名称（Z-4-1）【C-2-2、C-2-3】 了解并选择合适的纸材类型（Z-4-2）【C-3-2】	说出选择的小汽车车型 了解不同纸材的特点	1
巧手小车匠①	按要求初步绘制小汽车设计图（Z-4-1）【C-2-3】 交流并改进设计图（Z-3-5）【C-1-5】 细化车身设计图并做美化（Z-4-1）【C-2-3】	完成设计图 改进设计图 美化设计图	1
巧手小车匠②	按要求制作小汽车模型（Z-1-3、Z-2-1、Z-4-3）【C-2-4】 交流并改进小汽车模型（Z-3-5）【C-1-5】 选用生活中的材料美化车身（Z-4-1）【C-2-4】	完成小汽车模型 改进小汽车模型 美化小汽车模型	1
纸车模型秀	按要求收集信息并撰写小汽车简介（Z-3-3）【C-1-3】 展示和鉴赏纸汽车模型作品（Z-4-4）【C-3-5】 分享并交流心得体会（Z-2-3）【C-3-3】	完成小汽车简介 评选制作成果 说出心得体会	1

四、活动实施

（一）实施流程

见图2。

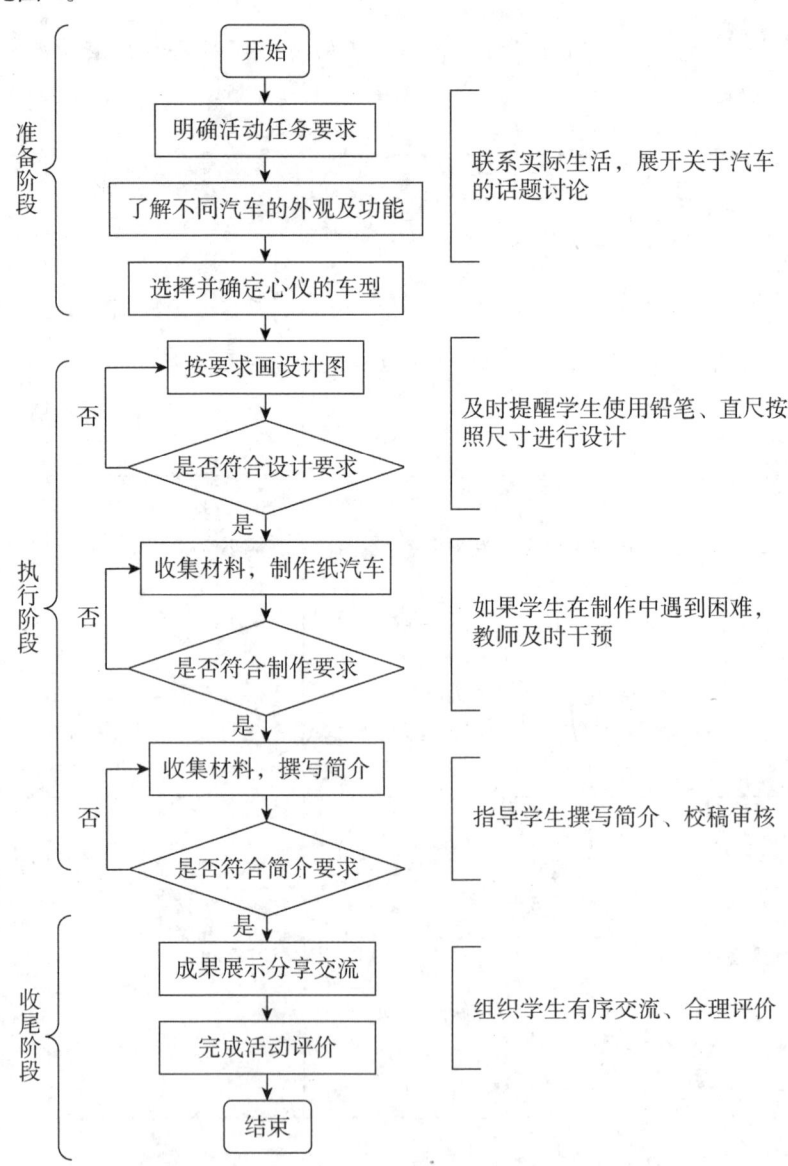

图2 "缤纷纸艺小汽车"主题活动实施流程图

（二）实施建议

1. 活动对象

二年级学生

2. 预设课时

5 课时

3. 实施要求

（1）对学生的要求

① 安全规范操作

遵守教室内使用手工器材的规则，确保操作环境的安静与整洁，能够按照教师指令进行有序操作，节约各类纸制品、双面胶等耗材。

② 及时收纳材料

需在每个制作课时结束后，整理并收纳好各个阶段的组件材料。

③ 自主检核进度

按进度及时完成并完善手工材料成品，准备好下一课时的器材。

（2）对教师的要求

能够根据不同学生的学情，有针对地进行兴趣引导；在开展设计制作活动的过程中，能够全程跟进学生操作，及时指导与鼓励，启发学生的思维，发现具有创新价值的想法；在学生分享交流时，做出积极的评价与反馈；为学生提供充分的时间和场域。

五、活动评价

（一）评价方式

过程性评价：由学生在"自评表"（见表 4）中为自己每个阶段的表现进行打分，每达到一项标准，即可在一颗☆上打钩。称号获得规则：10—15 颗☆的同学获得"卓越汽车设计奖"称号；5—10 颗☆的同学获得"杰出汽车制造者"称号；低于 5 颗☆的同学获得"缤纷车展小观众"称号。所得☆数量同时可兑换相应的"七点半积分"给到每位组员账号中。

成果性评价：由每个班级学生投票选出的最受欢迎的纸质小汽车模型，将在学校科技节期间，统一放置于模型区域展示。

（二）评价内容

见表4。

表4 "缤纷纸艺小汽车"主题活动学生自评表

活动名称	评价标准	学生自评
缤纷车世界	1. 知道汽车可以按照外观特征进行分类	☆
	2. 能够说出三种生活中常见的汽车类型	☆
	3. 说出你喜欢的车型款式，并简述理由	☆
车身设计师	1. 选定自己准备制作的纸汽车模型的类别	☆
	2. 能够画出符合尺寸要求的车身设计图	☆
	3. 为开始制作纸汽车模型准备好纸质材料	☆
巧手小车匠①	1. 通过观看演示，知道制作步骤和方法	☆
	2. 能够自己画出符合尺寸的车身设计图	☆
	3. 改进设计图的不足，为车身均匀涂色	☆
巧手小车匠②	1. 车身轮廓做到精细剪裁并与硬纸粘贴	☆
	2. 能够说出1—2种丰富车身功能的物品	☆
	3. 主动帮助他人解决制作时遇到的困难	☆
纸汽车模型秀	1. 为自己的纸汽车模型撰写一段介绍文字	☆
	2. 积极参与纸汽车模型的分享和展示活动	☆
	3. 被选为最受欢迎的纸汽车模型之一	☆
总评		

说明：达成一点，在☆内打钩表示。

六、学习工具

活动手册，见图 3—图 9。

图 3

图 4

图 5

图 6

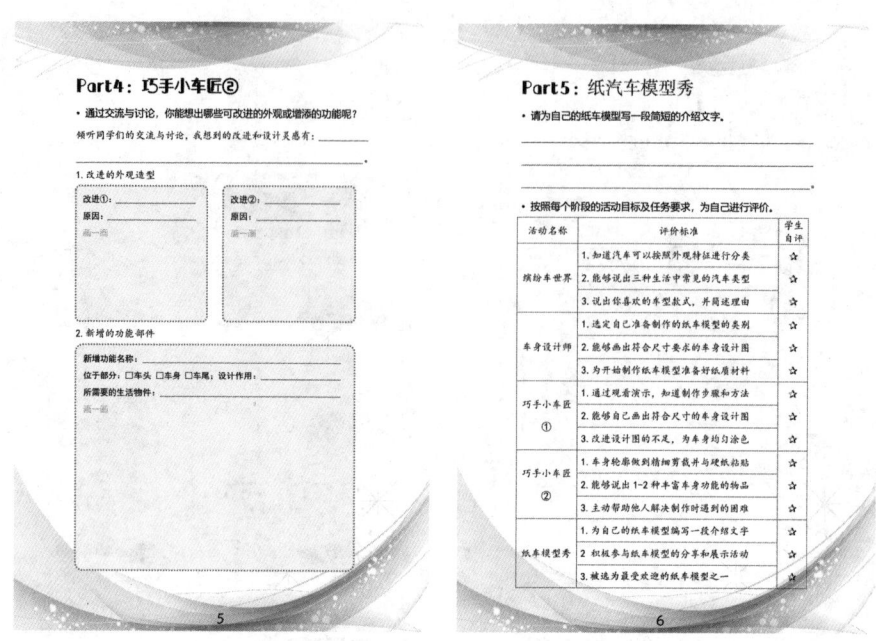

图7　　　　　　　　图8

图9

（执笔人：上海市第二师范学校附属小学　袁　洋）

案例二

显微镜下的五彩岩石

一、主题概述

(一) 主题来源

活动起源于学生与教师的暑期线上交流,有个同学提到他在旅游中捡到了各种有趣的岩石,这个话题引起大家的兴趣,不少同学说他们在海边也捡过岩石,他们对这些岩石特别感兴趣。

学校6楼创智天地有一间显微镜教室,在午间俱乐部的开放时段,同学们会在科技老师带领下用显微镜开展各类观察活动。

结合学生在生活中所遇到的真实情境与学校实际情况,开展"显微镜下的五彩岩石"综合实践活动。

(二) 研究问题

显微镜下的岩石是怎样的?

(三) 活动任务

1. 任务

本学期,学校要举办一年一度的"中华雅韵文化节",五年级的活动是"显微镜下的五彩岩石"电子小报展。请同学们以小组为单位,挑选一种感兴趣的中华岩石,自定主题,生动拍摄,制作一份美观又有创意的电子小报参展。

电子小报制作要求:

(1) 小报尺寸:A3(297 mm×420 mm),建议横向排版。

(2) 主题自定(需与所选岩石相关)。

(3) 至少由四个版块组成,所有插图必须是原创照片。

2. 任务分解(见图1)

子任务一:玩石启航。合理分组并参与"摄影挑战赛"和"排版挑战赛"两个热身活动。"摄影挑战赛"主要检核各组对主要研究工具显微镜的使用是否熟练;"排版挑战赛"主要检核各组是否有独立完成小报的可能性。在激发学习兴

趣的同时,了解各小组实际情况,灵活调整分工。

子任务二:选石探秘。通过讨论做出决策,选定岩石,按要求拍摄岩石信息卡中的图示部分;开展资料收集、筛选,填写岩石信息卡,提高信息处理及问题解决的能力,为完成"拍石艺创"任务打下基础。

子任务三:拍石艺创。根据主题,以选定的岩石为对象,借助显微镜等工具,完成插图及小报的艺术创作活动,提升学生创意物化及问题解决的能力。

子任务四:秀石展彩。各组交流展示"显微镜下的五彩岩石"电子小报,开展评价活动,以此提升表达能力,并感受中华岩石纹理之美。

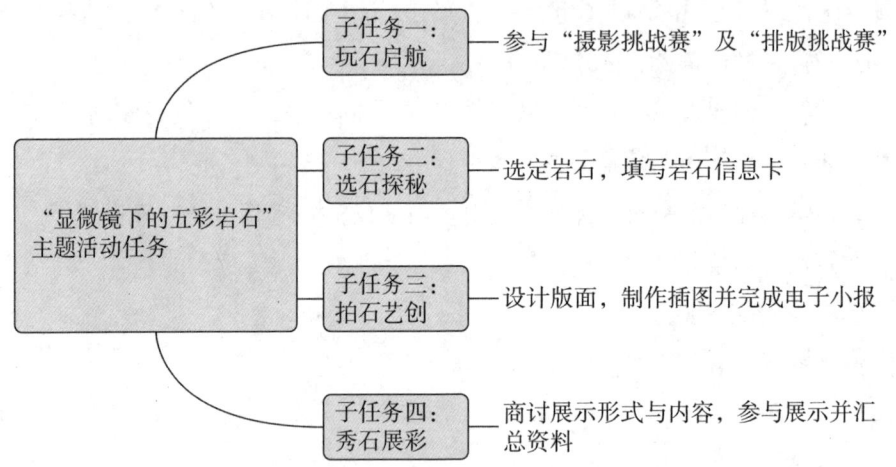

图1 "显微镜下的五彩岩石"主题活动任务分解图

整个主题活动是渐进的,子任务一是热身,子任务二是基石,子任务三是关键,子任务四是收尾,层层递进、环环相扣。

(四) 学情分析

见表1。

表1 "显微镜下的五彩岩石"主题活动学情分析表

维度	目标指向	已有基础	发展预期
价值体认	爱党爱国	对我国不同地域、不同地形有一定的了解	通过感受祖国自然资源之美,增强爱国之情
	规则意识	知道收集信息时要注明信息来源,尊重知识产权	能主动标注关键信息,维护并强化产权意识
	科学态度	能在活动中保持科学严谨的态度,如实记录	能在探究实践中运用科学的方法寻求问题的答案
责任担当	团队合作	能相互合作、分享经验,并按任务分配共同解决遇到的困难和问题	能认真倾听他人意见并做出有利团队的适当决策;能有效地解决合作过程中的困难和冲突
问题解决	问题解释	能根据学习手册进行简单的信息搜集和问题处理,具备一定的信息搜索和筛选能力	能基于对问题或信息的分析、比较、处理,形成自选主题和相关内容
	监控反思	能在每项任务完成后分析判断是否达标并做出相应调整优化	能结合实际判断分析,加强对计划的评估和调整,使流程具有可操作性和实用性
创意物化	物化制作	有一定的想象力,能按要求制作作品,也能根据意见优化作品	能将创意拍摄及研究过程中的资料转化为符合要求的电子小报,按时保质提交作品
	成果展示	能按要求进行展示准备,并开展交流分享	能结合研究成果,制订交流方案,个性化展示交流,提升表达能力

（五）创新素养链接

见表2。

表2 "显微镜下的五彩岩石"主题活动创新素养行为表征表

维度	创新素养指标	行为表征
创新人格 【C-1】	分享协作 【C-1-4】	在小组合作中，主动承担并完成任务；当他人有困难时愿意给予帮助，分享自己的想法，接纳他人意见
	反思进取 【C-1-5】	能够根据要求与他人的建议，思考改进的方法并调整
	坚持 【C-1-6】	能够根据小组制订的计划，按要求完成小报；面对困难时，及时调整并持续开展研究，坚持不懈
创新思维 【C-2】	灵活性 【C-2-2】	能使用网络、显微镜等工具收集、整理信息，适时地调整小报版块内容
	独创性 【C-2-3】	通过版面设计、文字编辑及插图制作，标注关键信息并完成小报原创
	精致性 【C-2-4】	在设计制作小报的过程中不断调整、改进，使小报趋于完善
创新实践 【C-3】	资源利用 【C-3-2】	能够根据所选岩石，借助网络及显微镜收集信息，辨识信息的可靠性，整理、筛选并分析信息；确定小报主题，完成小报的设计制作
	问题解决 【C-3-5】	能够通过制作和改进，形成符合预期要求的小报

二、活动目标

（一）任务目标

以小组为单位，制作一份以中华岩石摄影为插图的个性化电子小报。

（二）学习目标

1. 能借助显微镜、网络等，收集、整理与岩石相关的信息，并做好标注。(Z-1-3规则意识)【C-3-2资源利用】

2. 能按计划完成各项任务，在过程中规范使用各种工具。(Z-1-4科学态度)

3. 能在选石、拍摄、排版、展示等活动中共同商讨，按照任务要求做出适当决策，遵从小组决定。(Z-2-3团队合作、Z-3-4问题解释)【C-1-4分享协作、C-2-2灵活性】

4. 能对检核及交流中有问题的作品加以改进，协商解决遇到的问题。(Z-3-5监控反思)【C-1-5反思进取、C-2-4精致性、C-3-5问题解决】

5. 能选择合适的工具，按要求完成电子小报的制作。(Z-4-3物化制作)【C-1-6坚持、C-2-3独创性】

6. 通过展示交流电子小报，提升表达能力，感受中华岩石纹理之美。(Z-1-1爱党爱国、Z-4-4成果展示)

三、活动内容

见表3。

表3 "显微镜下的五彩岩石"主题活动内容表

子任务（活动）	活动目标	表现标准	课时
玩石启航	能借助显微镜按要求完成摄影挑战赛(Z-1-3、Z-1-4、Z-2-3)【C-1-4】 能对检核及交流中有问题的作品加以改进，协商解决遇到的问题(Z-3-5)【C-1-5】 能在活动中共同商讨，按照任务要求，做出适当决策，遵从小组决定【C-1-4、C-2-2】 选择合适的工具软件，按要求完成排版挑战赛	知道玩石启航任务要求 按要求完成摄影挑战赛 按要求完成排版挑战赛	2

(续表)

子任务(活动)	活动目标	表现标准	课时
选石探秘	共同商讨,选定拍摄对象【C-2-3】 能借助显微镜、网络等,收集、整理与岩石相关的信息,填写信息卡并做好标注(Z-2-3)【C-1-4、C-3-2】 能对检核及交流中有问题的作品加以改进,协商解决遇到的问题(Z-3-5)【C-1-5、C-2-4】	知道选石探秘任务要求 确定研究对象 收集并汇总信息 按要求完成岩石信息卡	2
拍石艺创	在排版活动中共同商讨,确定电子小报的主题(Z-3-4) 能选择合适的工具,按要求完成电子小报的制作,感受中华岩石之美(Z-4-3)【C-1-4、C-1-6、C-2-3、C-2-4】 能对检核及交流中有问题的作品加以改进,协商解决遇到的问题(Z-3-5)【C-1-5】	知道拍石艺创任务要求 确定小报主题 完成版面设计 完成文字编辑 完成插图制作 完成校对审核	3
秀石展彩	共同商讨展示的内容与形式,并参与展示(Z-4-4)【C-2-2、C-2-3、C-3-5】 在展示中提升表达能力,感受中华岩石之美(Z-1-1)	知道秀石展彩任务要求 制订展示方案 个性化展示小报 完成小组评价表	1

四、活动实施

（一）实施流程（见图2）

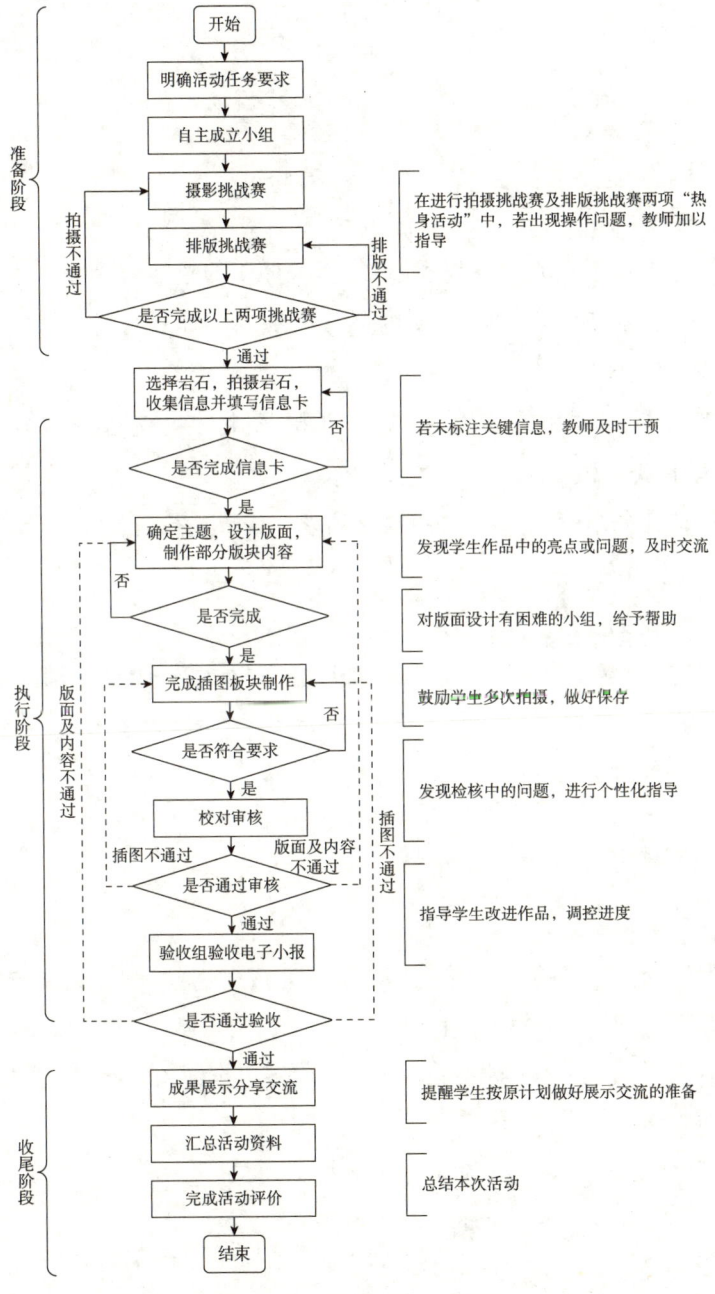

图2 "显微镜下的五彩岩石"主题活动实施流程图

（二）实施建议

1. 学习对象

五年级学生

2. 预设课时

8 课时

3. 实施要求

（1）对学生的要求

① 遵守规章制度

需遵守各专用教室的规章制度，确保实验环境的整洁与安全。在整个活动中，应正确、规范地使用显微镜、计算机等工具，使用后能及时整理归位。

② 按时完成任务

需按时完成各阶段的任务，包括观察、拍摄、资料收集、小报制作等。

③ 主动自我检核

在各阶段任务结束后，应主动对自己的学习成果进行自我检核，判断是否符合要求，做出恰当的决策。

（2）对教师的要求

全程跟进学生活动，及时发现亮点，加以分享；及时发现问题，加以指导。

能关注到学生的差异，适时点拨；能给予学生充分实践的时空；能采用合适的方法激励学生完成任务。

五、活动评价

（一）评价方式

过程性评价：根据各组在每个活动中任务完成的情况及综合表现进行评价，达到一项标准，获得一颗☆。超过20颗☆的小组为卓越制作组；20—10颗☆为杰出制作组；低于10颗☆为优秀制作组。所得☆可兑换相应的"七点半积分"到每位组员的账号中。

成果性评价：在"显微镜下的五彩岩石"电子小报展中，点赞数最多的10幅作品，将在学校微信公众号中展出。

（二）评价内容

见表4—表7。

表4 "玩石启航"活动评价表

评价内容	评价标准	组内自评
拍摄挑战赛	1. 拍摄的岩石种类达到2种，且同一种岩石有3张不同视角的清晰照片	☆
	2. 拍摄的岩石种类超过2种，且同一种岩石有3张不同视角的清晰照片	☆
	3. 按时完成摄影挑战赛	☆
	4. 规范使用显微镜并认真观察	☆
	5. 明确小组分工及各自任务	☆
排版挑战赛	6. 有2个版块且区域划分明显	☆
	7. 使用5个以上美化元素（题花、文字框、艺术字等）	☆
	8. 按时完成排版挑战赛	☆
	9. 明确小组分工及各自任务	☆

表5 "选石探秘"活动评价表

评价内容	评价标准	组内自评
选石探秘	1. 小组讨论选定1种岩石	☆
	2. 查找、筛选并整理出岩石信息卡的资料	☆
	3. 文字信息标注信息来源并签名	☆
	4. 根据资料，结合特征填写岩石信息卡	☆
	5. 按时填写岩石信息卡	☆

表 6 "拍石艺创"活动评价表

评价内容	评价标准	组内自评
版面设计	1. 拟一个合适的主题	☆
	2. 版块达到 4 个	☆
	3. 版块超过 4 个	☆
	4. 开展自我检核并优化	☆
文字编辑	5. 文字内容正确并具有积极意义	☆
	6. 开展自我检核并优化	☆
插图制作	7. 围绕主题	☆
	8. 标注信息	☆
	9. 效果良好	☆
	10. 开展自我检核并优化	☆
校对审核	11. 校对文字、内容审核无误	☆
	12. 按时完成电子小报并上交验收	☆

表 7 "秀石展彩"活动评价表

评价内容	评价标准	组内自评
成果展示	1. 提纲结合内容,语言流利且不超时	☆
	2. 按时参与展示交流	☆
	3. 按时上交资料	☆
	4. 资料齐全无遗漏	☆

六、学习工具

活动手册,见图 3—图 16。

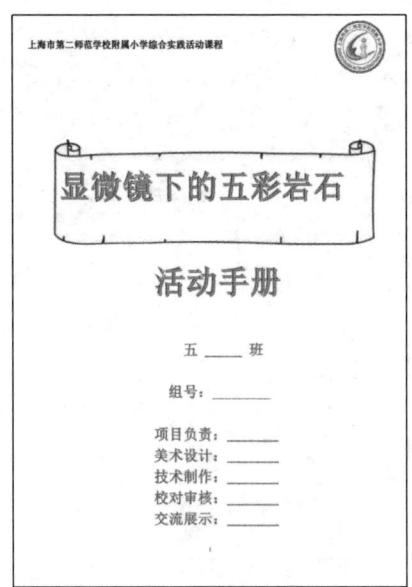

图 3

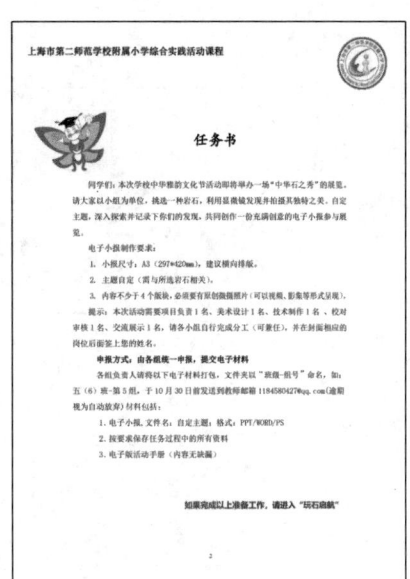

图 4

图 5

图 6

图 7　　　　　　　　　　图 8

图 9　　　　　　　　　　图 10

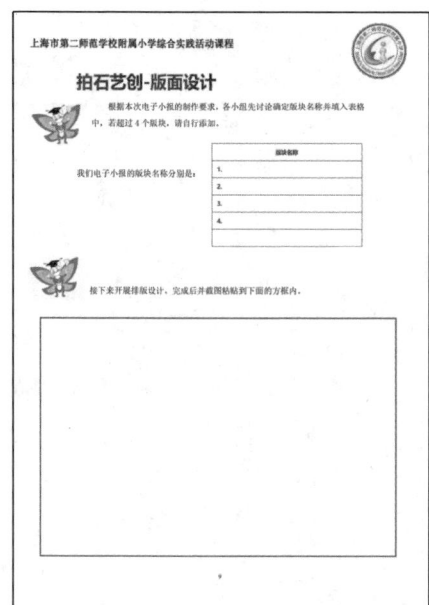

图 11

图 12

图 13

图 14

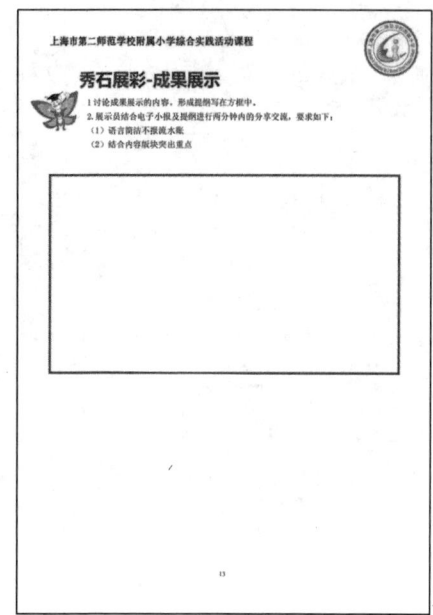
图 15

图 16

（执笔人：上海市第二师范学校附属小学　徐骥盛）

2. 上海师范大学附属杨浦滨江实验小学

SLIC 课程,是上海师范大学附属杨浦滨江实验小学以培养学生综合实践活动课程核心素养并着重培育创新素养为目标,有独特课程体系的综合实践活动课程。SLIC 是四个英文概念的首字母,分别是 Syndrome Leading(素养引领)、Life Correlation(生活关联)、Investigative Learning through Integrated Curriculum Exploration(行走探究学习,通过综合课程探索)、Creative Practice(创意实践)。

SLIC 课程深入挖掘学生生活中可以进行创意实践的资源,充分利用学校所处的杨浦滨江的丰富资源,为学生搭建起了一个宽广而生动的学习实践舞台。课程强调在真实的情境中进行学习,鼓励学生走出教室,行走到杨浦滨江的各个场域,并运用所学知识和技能进行创意实践,来解决实际问题,从而提升学生的创新素养。

课程结构囊括了低、中、高各年段的丰富课程,以"小海诗行探滨江"为主线,通过"小海诗公园行""小海诗工业行""小海诗文化行""小海诗红色行""小海诗生态行"五大学习板块,共 20 个主题活动课程层层推进,阶梯式培养学生的综合实践活动、核心素养,并着重培育创新素养。

低年级学生通过观察春雨中的杨浦滨江,感受自然与人文的交融,实地获得灵感和博物馆知识。创作充满童真与诗意的诗歌集,配以插图,形成"春雨成诗"。中高年级的"社区改造记"课程,让学生团队合作,将社区废弃核酸亭改造为多功能共享空间,宣传年文化,优化社区环境,创造具有社会价值的成果。SLIC 课程让学生在实践中学习,在创新中成长。

上海师范大学附属杨浦滨江实验小学
综合实践活动课程实施方案

一、背景分析

（一）学校情况

围绕"融合・创新・至秀"的办学理念，旨在培养德智兼备、乐于创新的未来英才，学校提出"融会贯通、知行合一、自主发展"的课程理念。依托原有课程基础，整合设计综合实践活动，通过探究、服务、制作、体验等方式，帮助小学生初步形成对自我、对社会和对自然的全面认知。落实"立德树人"的根本目标，为儿童学习和终身发展奠定基础。

（二）课程概述

遵循教育部《中小学综合实践活动课程指导纲要》，结合杨浦滨江地域特色，学校创造性地构建了 SLIC 综合实践活动课程体系。该课程以"小海诗行探滨江"为主线，以学校吉祥物"小海狮"为灵感，打造"小海诗"品牌形象，强调学生立场与主动实践。通过行走、行动，让学生在真实环境中体验、学习；通过探寻、探究，引导学生综合运用知识，创意地进行实践，从而解决实际问题。滨江既指学校所在区域，也寓意学生与学校共同成长，展现独特风采。

（三）教研组情况

学校综合实践活动教研组作为课程实施的核心，汇聚了充满活力与经验的教师。教研组成员不仅学科功底深厚，更具备丰富的教学实践经验与较强的课程开发能力。教研组涵盖多学科，能够促进学科知识的融合与重构，为学生提供综合、全面的学习体验。

（四）班级情况

学校现设有 18 个教学班，覆盖小学各年级阶段。这些班级作为综合实践活动的基本单位，积极参与课程实施。

二、课程目标

（一）总目标

学生能从个体生活、社会生活以及与大自然的接触中获得丰富的实践经验，形成并逐步提升对自然、社会和自我之间内在联系的认识，具有价值体认、责任担当、问题解决、创意物化等方面的意识和能力。

1. 价值体认

通过亲历和参与少先队活动、场馆活动、主题教育活动，以及参观爱国主义教育基地等，获得有积极意义的价值体验。理解并遵守公共空间的基本行为规范，初步形成集体思想、组织观念，培养对中国共产党的朴素感情，为自己是中国人感到自豪。

2. 责任担当

围绕日常生活开展服务活动，能处理生活中的基本事务。初步养成自理能力、自立精神、热爱生活的态度，具有积极参与学校和社区生活的意愿。

3. 问题解决

能在教师的引导下，结合学校、家庭生活中的现象，发现并提出自己感兴趣的问题。能将问题转化为研究小课题，体验课题研究的过程与方法，提出自己的想法，形成对问题的初步解释。

4. 创意物化

通过操作实践，初步掌握设计与手工制作的基本技能。学会运用信息技术，设计并制作有一定创意的数字作品。运用常见、简单的信息技术解决实际问题，服务于学习和生活。

(二) 分年段目标

见表1。

表1 上师大滨江实小综合实践活动课程分年段目标表

一级目标	二级目标	学习目标			创新素养指标
		低年段	中年段	高年段	
价值体认 (Z-1)	爱党爱国 (Z-1-1)	了解活动,初步认识国情	为自己是中国人感到自豪	深入了解国情,展现爱国情怀	分享协作【C-1-4】反思进取【C-1-5】
	公共观念 (Z-1-2)	了解公共空间规范,遵守部分民俗	自觉遵守规范,尊重不同民俗	形成良好公共观念,成为榜样	独立自信【C-1-3】反思进取【C-1-5】
	规则意识 (Z-1-3)	养成按计划做事的习惯,有集体意识	形成产权意识,有序活动	严格遵守规则,带动他人遵守	问题分析【C-3-1】
	科学态度 (Z-1-4)	保持专注,尝试简单科学探究	形成实证意识,深入探究实践	科学严谨态度,全面探究问题	坚持【C-1-6】精致性【C-2-4】问题解决【C-3-5】资源利用【C-3-2】
责任担当 (Z-2)	自理自立 (Z-2-1)	处理简单生活事务,开始自理	处理基本事务,较好自理	完全自理,完成复杂任务	独立自信【C-1-3】
	主动服务 (Z-2-2)	关心他人,偶尔提供帮助	关心他人,主动提供帮助	经常关心他人,积极助人	分享协作【C-1-4】
	团队合作 (Z-2-3)	承担一些责任,学会协商讨论	积极承担责任,协商互助	展现责任感,带领团队完成任务	分享协作【C-1-4】
	生活态度 (Z-2-4)	保持好奇心和求知欲	充满好奇心和求知欲	保持积极态度,有战胜困难的决心	好奇心【C-1-1】坚持【C-1-6】

(续表)

一级目标	二级目标	学习目标			创新素养指标
		低年段	中年段	高年段	
问题解决（Z-3）	提问质疑（Z-3-1）	发现问题,难以说明理由和假设	发现、提出问题,简单说明和假设	敏锐发现问题,明确说明理由和假设	好奇心【C-1-1】流畅性【C-2-1】独创性【C-2-3】
	计划制订（Z-3-2）	了解澄清问题,制订简单计划	准确澄清问题,制订详细计划	准确澄清问题,制订全面详细计划	问题分析【C-3-1】
	信息处理（Z-3-3）	搜集信息,难以自主分析判断	搜集信息,尝试分析判断	全面搜集信息,深入分析判断	资源利用【C-3-2】
	问题解释（Z-3-4）	简单分析问题,难以深入解释	分析问题,尝试推理原因	深入分析问题,揭示问题本质	流畅性【C-2-1】灵活性【C-2-2】隐喻性【C-2-5】
	监控反思（Z-3-5）	初步监控过程,难以主动反思	依据计划监控过程,偶尔反思	主动监控过程,批判性反思优化方案	反思进取【C-1-5】方案评价【C-3-4】问题解决【C-3-5】

(续表)

一级目标	二级目标	学习目标			创新素养指标
		低年段	中年段	高年段	
创意物化（Z-4）	创意设计（Z-4-1）	模仿范例进行简单创意设计	结合问题需求进行新颖设计	独立分析需求，提出富有创意设计	独创性【C-2-3】隐喻性【C-2-5】
	工具选择（Z-4-2）	了解工具优缺点，难以灵活运用	选择合适工具，能基本操作	熟练掌握工具，灵活运用进行创作	问题分析【C-3-1】资源利用【C-3-2】
	物化制作（Z-4-3）	制作简单实物或作品，难以调试	制作实物作品，能基本调试	高质量完成作品，多次检验调整	观念践行【C-3-3】方案评价【C-3-4】问题解决【C-3-5】
	成果展示（Z-4-4）	用多种形式自信表达成果	简单展示介绍设计制作成果	主题形式展示汇报，展现成熟成果	分享协作【C-1-4】

三、课程建设及内容

（一）选取原则

1. 地域特色融合

课程内容应紧密结合杨浦滨江的地域特色，充分利用滨江地区的公园、工业遗迹、文化场所等资源，让学生在了解家乡历史文化的同时，增强对自我、社会和自然的认知。

2. 学生兴趣导向

需考虑学生的兴趣点，确保课程内容能够激发学生的探索欲望，提高参与度和学习积极性。

3. 跨学科整合

鼓励跨学科知识的融合与运用,通过整合不同学科的内容,设计综合性实践活动,提升学生的综合素养和创新能力。

4. 实践性与创新性

课程内容应注重实践性和创新性,让学生在动手操作和创意实践中获得丰富的经验,培养问题解决和创意物化的能力。

(二)课程内容

本课程围绕综合实践活动纲要中提出的"我与自己""我与自然""我与社会"三个维度,在五个年级分别构建小海诗公园行、小海诗工业行、小海诗文化行、小海诗红色行、小海诗生态行五个学习板块,共20个主题,每个课程主题又分别由2—4个活动构成。(见图1)

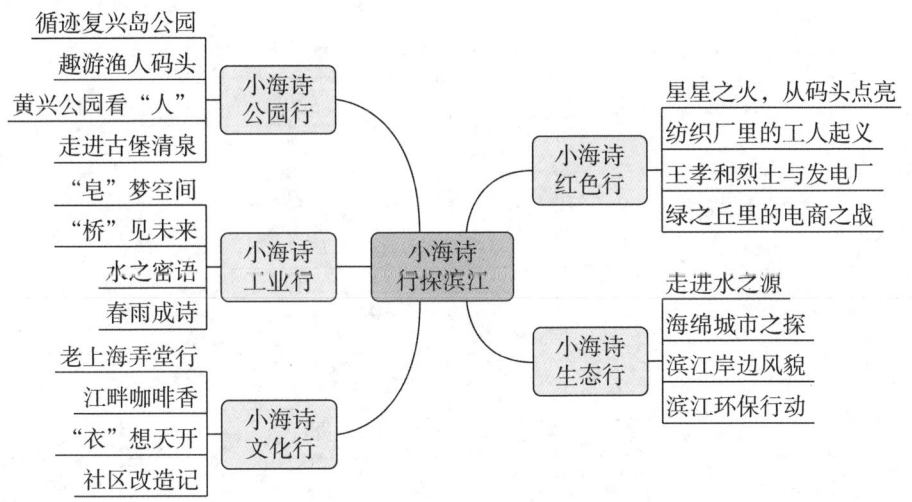

图1　SLIC综合实践活动课程内容图

小海诗公园行:实地考察复兴岛公园等滨江公园,通过徒步、摄影、讨论了解公园的历史、文化及生态。

小海诗工业行:探访滨江工业遗迹,如"皂"梦空间等,通过参观、访谈、实验了解工业的发展。

小海诗文化行:走进老上海弄堂等,体验文化、情景模拟、手工制作,深入了解滨江文化特色与历史传承。

小海诗红色行:参观红色教育基地,以纪念馆参观、故事聆听等形式学习革命历史与英雄事迹。

小海诗生态行:关注滨江生态,参与水质检测和植树等实践活动,了解生态现状,提出保护建议。

（三）内容安排

1. 各年级内容安排

见表2。

表2 上海师范大学附属杨浦滨江实验小学综合实践活动课程各年级内容安排表

年级	板块名称	学期	课程主题	课时安排
一年级	小海诗公园行	上	循迹复兴岛公园	8
			趣游渔人码头	8
		下	黄兴公园看"人"	8
			走进古堡清泉	8
二年级	小海诗工业行	上	"皂"梦空间	8
			"桥"见未来	8
		下	水之密语	8
			春雨成诗	8
三年级	小海诗文化行	上	老上海弄堂行	16
			江畔咖啡香	16
		下	"衣"想天开	16
			社区改造记	16
四年级	小海诗红色行	上	星星之火,从码头点亮	16
			纺织厂里的工人起义	16
		下	王孝和烈士与发电厂	16
			绿之丘里的电商之战	16
五年级	小海诗生态行	上	走进水之源	16
			海绵城市之探	16
		下	滨江岸边风貌	16
			滨江环保行动	16

注:三至五年级学生每学期根据兴趣从2个课程主题中选课、上课。

2. 内容与目标关联

见表3。

表3　上海师范大学附属杨浦滨江实验小学综合实践活动课程内容与目标关联表

学期	学习内容	目标																
		价值体认				责任担当				问题解决					创意物化			
		爱党爱国	公共观念	规则意识	科学态度	自理自立	主动服务	团队合作	生活态度	提问质疑	计划制订	信息处理	问题解释	监控反思	创意设计	工具选择	物化制作	成果展示
一上	循迹复兴岛公园	✓	✓	✓	✓	✓	✓	✓	✓	✓	✓	✓	✓	✓	✓	✓	✓	✓
一上	趣游渔人码头		✓	✓	✓	✓	✓	✓	✓	✓	✓	✓	✓	✓	✓	✓	✓	✓
一下	黄兴公园看"人"		✓	✓	✓	✓	✓	✓	✓	✓	✓	✓	✓	✓	✓	✓	✓	✓
一下	走进古堡清泉		✓	✓	✓	✓	✓	✓	✓	✓	✓	✓	✓	✓	✓	✓	✓	✓
二上	"皂"梦空间		✓	✓	✓	✓	✓	✓	✓	✓	✓	✓	✓	✓	✓	✓	✓	✓
二上	"桥"见未来		✓	✓	✓	✓	✓	✓	✓	✓	✓	✓	✓	✓	✓	✓	✓	✓
二下	水之密语		✓	✓	✓	✓	✓	✓	✓	✓	✓	✓	✓	✓	✓	✓	✓	✓
二下	春雨成诗	✓	✓	✓	✓	✓	✓	✓	✓	✓	✓	✓	✓	✓	✓	✓	✓	✓
三上	老上海弄堂行		✓	✓	✓	✓	✓	✓	✓	✓	✓	✓	✓	✓	✓	✓	✓	✓
三上	江畔咖啡香		✓	✓	✓	✓	✓	✓	✓	✓	✓	✓	✓	✓	✓	✓	✓	✓
三下	"衣"想天开	✓	✓	✓	✓	✓	✓	✓	✓	✓	✓	✓	✓	✓	✓	✓	✓	✓
三下	社区改造记		✓	✓	✓	✓	✓	✓	✓	✓	✓	✓	✓	✓	✓	✓	✓	✓
四上	星星之火,从码头点亮	✓	✓	✓	✓	✓	✓	✓	✓	✓	✓	✓	✓	✓	✓	✓	✓	✓
四上	纺织厂里的工人起义	✓	✓	✓	✓	✓	✓	✓	✓	✓	✓	✓	✓	✓	✓	✓	✓	✓
四下	王孝和烈士与发电厂	✓	✓	✓	✓	✓	✓	✓	✓	✓	✓	✓	✓	✓	✓	✓	✓	✓
四下	绿之丘里的电商之战		✓	✓	✓	✓	✓	✓	✓	✓	✓	✓	✓	✓	✓	✓	✓	✓
五上	走进水之源		✓	✓	✓	✓	✓	✓	✓	✓	✓	✓	✓	✓	✓	✓	✓	✓
五上	海绵城市之探		✓	✓	✓	✓	✓	✓	✓	✓	✓	✓	✓	✓	✓	✓	✓	✓
五下	滨江岸边风貌	✓	✓	✓	✓	✓	✓	✓	✓	✓	✓	✓	✓	✓	✓	✓	✓	✓
五下	滨江环保行动	✓	✓	✓	✓	✓	✓	✓	✓	✓	✓	✓	✓	✓	✓	✓	✓	✓

四、课程实施

(一) 设计要求

1. 素养引领,明确目标

课程设计以培养核心素养和创新素养为目标,结合"融合·创新·至秀"的办学理念,细化各年级目标,确保课程内容针对性与实效性,提升学生价值体认、责任担当、问题解决、创意物化等能力。

2. 生活关联,注重实践

课程内容紧密关联学生生活,利用杨浦滨江资源,设计小海诗公园行等主题活动,强调亲身体验与动手操作,通过"行、观、议、问、思、做"路径,让学生在真实情境中发现问题、解决问题,提升实践与创新能力。

3. 行走探究,综合学习

充分利用滨江场域资源,通过行走探究,让学生更好地认识自己、社会与自然。跨学科融合设计综合性活动,让学生在探究中综合运用知识,提升综合素质。

4. 创意实践,物化成果

鼓励学生发挥创意,开展实践活动,设计挑战性任务,激发创新思维。注重物化成果展示,通过制作实物、撰写报告等形式,转化知识与技能为创新成果,进行广泛展示与交流。

5. 评价多元,持续改进

采用多元化评价方式,结合过程性评价与成果性评价、定性评价与定量评价,全面评价学生学习成果。持续改进课程设计,收集反馈意见,分析评价结果,借鉴成功经验,提升课程质量。

(二) 实施要求

课程设置需遵循年级差异,1—2年级每周至少1课时,3—5年级每周至少2课时。教师应灵活安排时间,整合国家课程与劳动课程。利用课余时间和校内外资源,如,利用学习空间、专用教室、社区等开展活动。设计时融入创新素养,采取考察探究、社会服务等方式,活动应逐步递进,适应学生发展。

（三）实施原则

学校综合实践活动课程的全面实施,使学校课程有了更多自主和创新的空间,同时也是对学校和教师教学管理能力的考验。通过整体规划、流程管理和有序实施,以"问题情境化—情境活动化—活动实践化—评价过程化"的发展步骤来促进学生兴趣、视野和能力的拓展。需遵循以下原则：

1. 开展整体规划,编制课程方案——整体规划性

学校在立德树人理念指引下,综合考虑资源与学生需求,对主题式综合活动进行全面反思,整合各类活动,编制了以"我与自己、我与社会、我与自然"为框架的主题式综合活动方案。

2. 教师自主报名,设计活动方案——教师自主性

学校组织教师学习主题式综合活动设计规律,鼓励开展跨学科综合活动。教师根据个人特长自主报名,结合学生需求设计活动课程,形成符合学校特色的主题式综合活动课程体系。

3. 审核课程方案,优化活动设计——审核优化性

学校课程建设领导小组负责课程实施与资源开发的指导,审核每学期活动课程,提出改进意见,确保课程质量。

4. 明确实施要求,加强过程管理　　过程管理性

学校对活动课程设计提出具体要求,包括背景分析、目标、内容等,并提供设计样表。加强全过程管理,提供资源支持,保障活动正常有序开展。

5. 评价优化改进,积累课程样例——评价改进性

学校对活动设计、实施、效果进行评价,不断调整完善,提升课程品质。活动实施后,教师整理形成课例,为后期活动与二次开发提供参考。

（四）实施流程

见图2。

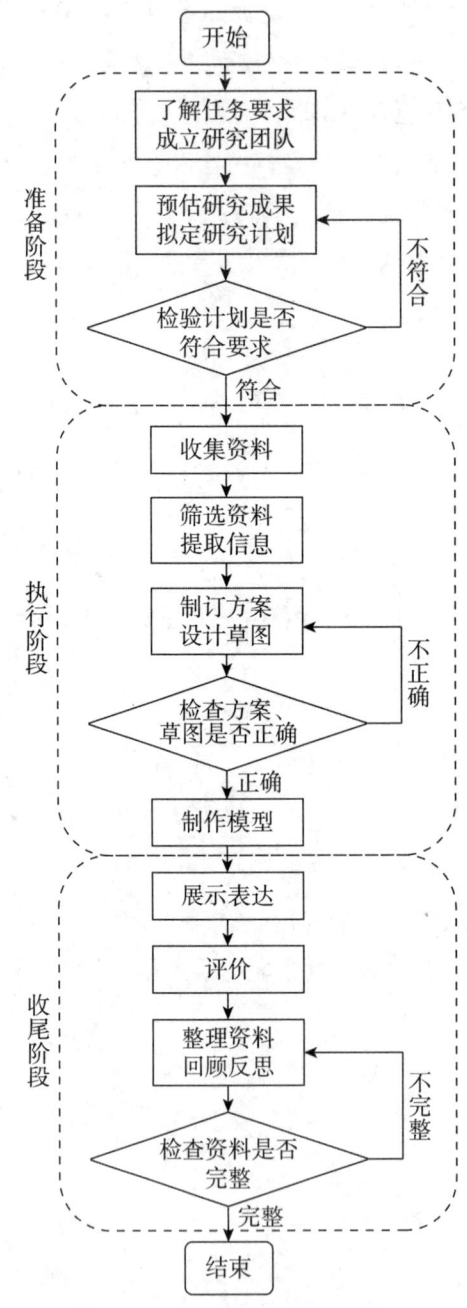

图2　上海师范大学附属杨浦滨江实验小学综合实践活动课程实施流程图

（五）实施方式

本课程注重真实情境与校内外资源的融合，遵循"行、观、议、问、思、做"的学习路径，并以"演、说、话、唱、制作"等形式的创意实践形成学习成果，旨在让学生深入体验滨江文化，展现滨江少年的风采。

1. 学生主体与教师辅助

强调学生的主体性，教师则起辅助作用，激发学生兴趣，引导跨学科融合学习与自主探索，确保活动有序进行。

2. 目标导向与充分准备

以目标为导向，注重活动前的充分准备，包括活动流程、工具、环境等，制订备案，强调知识运用与重构，为学生提供实践创新空间。

3. 内容分层与形式多样

课程内容根据学生的发展需求和个性化差异进行分层设计，形式多样，包括年级、班级、小组课题研究等，确保活动计划的合理性和完善性。

4. 灵活课时与走班实施

课程实施灵活，长短课时结合。采用教师或学生走班方式，教师走班上课，便于积累经验与反思；学生走班，可根据兴趣选择课程，增强学习自主性。

五、课程评价

（一）对学生的评价

1. 评价原则

以促进学生综合素质持续发展为目的，设计与实施评价。坚持评价的方向性、指导性、客观性、公正性等原则。

2. 评价方式

过程性评价与成果性评价相结合。在活动过程中，指导学生客观记录参与活动的具体情况，如，活动主题、持续时间、所承担的角色、任务分工及完成情况等；及时填写活动记录单，并收集活动现场照片、作品、研究报告、实践单位证明等；分类整理、遴选具有代表性的重要活动记录、典型事实材料以及其他有关资料，编排、汇总、归档，形成每一个学生的综合实践活动档案袋，并纳入学生综合素质档案。最终依据课程目标和档案袋，结合平时的观察，对学生综合素质发展水平进行科学分析,撰写综合实践活动课程活动的评语。

（二）对教师的评价

1. 对教师的设计开展评价

教师的活动设计方案要体现方案的完整性、主题的探究性、问题或情境的真实性、任务的合理性、学情发展的适切性、活动内容的连续性、活动实施的可行性、活动评价的多维性等。

2. 对教师的活动实施评价

结合活动过程性资料、行政跟进的活动开展情况、课程结束后学生的投票结果,进行综合评价。

3. 对教师的成果开展评价

关注课程目标的达成度、实践意义,注重学生是否从中获得丰富的实践经验,形成并逐步提升对自然、社会和自我内在联系的认识,提升价值体认、责任担当、问题解决、创意物化等方面的意识和能力。

六、课程保障措施

（一）管理制度

1. 组织架构与职责明确

构建以校长为核心,分管教学副校长、中层团队及综合实践活动课程教研组为网络的管理体系,明确各层级职责,确保课程实施的高效与有序。

2. 教师培训与发展

定期组织教师参加综合实践活动课程的专业培训,提升教师的教学设计与实施能力,鼓励教师进行教学研究与创新。

3. 资源优化配置

合理配置课程资源,包括教学场地、设备、材料等,确保课程实施的物质条件充足。

4. 课程监督与评估

建立课程实施的监督机制,定期对课程进度、教学质量进行评估,及时调整教学策略,确保课程目标有效达成。

（二）审核制度

1. 方案初审与复审

课程方案需经过教研组初审,确保内容符合课程目标与教学要求;再由学校课程建设领导小组复审,提出改进建议,确保方案的科学性与可行性。

2. 实施过程监控

在课程实施过程中,通过听课、学生反馈等方式,对教学活动进行实时监控,确保教学质量。

3. 效果评估与反馈

课程结束后,组织专家团队对课程效果进行全面评估,形成评估报告,为后续课程的优化提供依据。

(三) 教研制度

1. 教研组建立及教研形式

由分管副校长牵头,建立学校综合实践活动课程教研组。采用跨学科教研,实现教师优势互补,将研究的起点前移至活动主题设计层面,围绕课程理念和目标,定期开展研讨。

2. 专家定期指导

定期邀请课程专家来校作浸润式指导,增强教师活动设计、资源开发、活动实施与评价能力。

3. 教研活动开展

每学期、每周开展综合实践活动课程备课组教研活动,通过示范教学、积累典型案例,共享综合实践活动课程的设计与实施经验。

(四) 资源支撑

综合学习空间:打造多功能学习空间,融合校内与校外、实体与虚拟环境。

常态融合环境:改造传统教室,创设真实情境探究区。

信息化环境:利用信息化项目,建设泛在虚拟空间,支撑综合实践活动。

(五) 经费支持

学校提供必要经费,优化市、区专项经费使用,支持课程资源专题研究。

(六) 激励机制

将综合实践活动课程纳入教师考核和专业发展,在评优、评先、晋级中优先考虑。

(执笔人:上海师范大学附属杨浦滨江实验小学　张　颖)

 案例一

春雨成诗

一、主题概述

(一) 主题来源

我校的学生主要生活在上海的杨浦滨江区域,基于"杨浦滨江从锈带到秀带华丽转身"的真实情境,让学生行走于杨浦滨江,观察春雨滋润下的滨江变化,感受自然与人文的交融。学生通过实地参观获得灵感,走进杨浦滨江的中国近现代出版印刷博物馆,搜集诗歌集的相关知识,创作出充满童真与诗意的诗歌,并配以精美的插图,编辑成一本诗歌集并进行发布。学生在实地行走探访春雨下的杨浦滨江后,以诗歌创作表达所见所感,再运用美术知识设计排版,最终编辑成诗歌集,在创意实践中提升了创新素养。

(二) 研究问题

如何编辑一本抒发春雨滋润下杨浦滨江变化的诗歌集?

(三) 活动任务

1. 任务

在杨浦滨江地区,学生将参与一项以"春雨成诗"为主题的综合实践活动。在这一真实情境下,学生将以小组合作的方式,首先进行实地考察,观察滨江自然变化和人文景观,以此为灵感,创作富有童真和诗意的诗歌,并配以精美的插图,最终编辑成一本A5尺寸的诗歌集。这本诗歌集将包含封面、目录、诗歌正文以及与内容相应的插图,要求排版美观、易读。

2. 任务分解

本任务可以分解成五个子任务。(见图1)

子任务一:走进诗歌集。明确任务,收集与分析诗歌信息。

子任务二:创作诗歌和插图。确定创作方向,实地参观,获得灵感,进行诗歌和插图的创作。

子任务三:完善诗歌和插图。交流、改进、完善诗歌和插图。

子任务四：编辑成册。设计版面，进行排版美化，最终定稿成书。

子任务五：发布诗歌集。展示成果，进行评价。

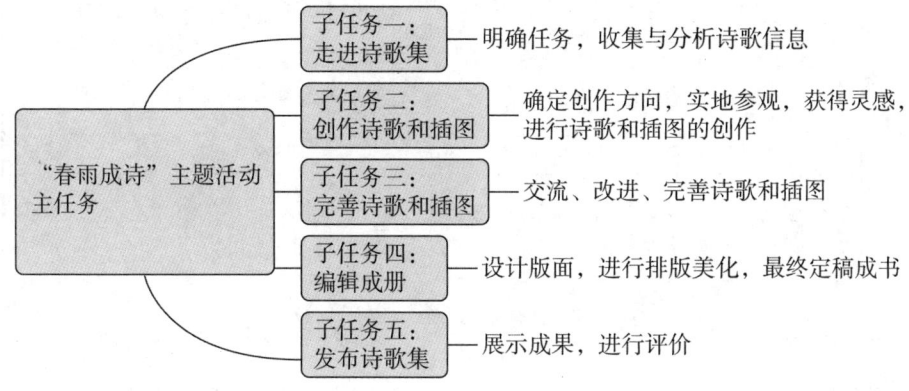

图1 "春雨成诗"主题活动主任务分解图

（四）学情分析

本活动实施对象为二年级学生。以下是学生参与活动前各目标维度已有基础，以及活动后学生的核心素养发展预期。（见表1）

表1 "春雨成诗"主题活动学情分析表

维度	核心素养指标	已有基础	发展预期
价值体认	爱党爱国	初步知晓国情	了解杨浦滨江的变迁，提升民族自尊心、自信心和自豪感
	公共观念	遵守社会基本行为规范	理解并遵守场馆的基本行为规范
	规则意识	发展自我保护技能	学习计划和安排事务，培养集体意识、组织观念
	科学态度	表现出专注和耐心，科学方法运用尚不够熟练	培养科学严谨的态度，学会用科学方法探究和实践

(续表)

维度	核心素养指标	已有基础	发展预期
责任担当	自理自立	发展自理能力、情绪控制能力	逐渐养成良好的自主动手的能力
	主动服务	关注周围的人和事，关心尊重他人	关心组内人和事，初步具有主动提供帮助的热情
	团队合作	能够参与小组的各项研究步骤	尝试与他人合作协商，学会分工、分担劳动，分享成果
	生活态度	养成良好的生活习惯，珍爱生命	以原创诗歌集展现杨浦滨江魅力
问题解决	提问质疑	对周围世界有强烈的好奇心	对方案的信息进行质疑
	计划制订	能制订简单计划，能力有待提高	制订并执行活动计划以完成任务
	信息处理	能发现问题，提问和质疑能力有限	学会澄清并分解问题，制订详细计划
	问题解释	对问题提出自己的想法	提出解决问题的方法
	监控反思	初步依据计划，进行反思	尝试对方案进行批判性反思和反馈
创意物化	创意设计	表达自己的需求、感受、认知和想象	提出创意，展现审美
	工具选择	进行观察和记录等	尝试使用教师推荐的范本进行创作或改进
	物化制作	能根据教师提供的方案进行制作活动	能根据要求设计绘制插图并进行修改
	成果展示	能用图画、语言、文字等表达成果	能对创作的诗歌集作简单的展示和介绍

（五）创新素养链接

本活动着重于学生的创新素养的培育，以下是主要培育的创新素养及行为表征（见表2）。

表2 "春雨成诗"主题活动创新素养行为表征表

维度	创新素养指标	行为表征
创新人格 【C-1】	好奇心 【C-1-1】	学生在收集诗歌及展示时表现出对新知识的好奇和探索欲望
	想象力 【C-1-2】	学生在创作诗歌和插图时能够展现出丰富的想象力，创作出富有创意的作品
	独立自信 【C-1-3】	学生在小组合作中能够独立思考，自信地表达自己的观点和创意
	分享协作 【C-1-4】	学生能够与小组成员分享自己的想法，并协作完成诗歌和插图的创作
	反思进取 【C-1-5】	学生在创作过程中能够反思自己的作品，并根据反馈进行改进
	坚持 【C-1-6】	学生在面对创作挑战时能够坚持不懈，直到完成诗歌集的成书
创新思维 【C-2】	流畅性 【C-2-1】	学生在诗歌创作过程中能够流畅地表达思想，创作出多首诗歌
	灵活性 【C-2-2】	学生在面对创作中的困难时能够灵活调整思路，寻找新的解决方案
	独创性 【C-2-3】	学生在诗歌创作和版面设计中展现出独特的创意和个人风格
	精致性 【C-2-4】	学生在诗歌集的排版和美化中注重细节，追求作品的精致和完美
	隐喻性 【C-2-5】	学生在诗歌创作中能够运用隐喻等修辞手法，增强诗歌的表现力

(续表)

维度	创新素养指标	行为表征
创新实践 【C-3】	问题分析 【C-3-1】	学生能够发现编辑诗歌集过程中的关键问题,并提出解决方案
	资源利用 【C-3-2】	学生能够利用学校和社会资源来支持他们的诗歌创作
	观念践行 【C-3-3】	学生能够将创新思维转化为具体的诗歌创作和版面设计
	方案评价 【C-3-4】	学生能够评价自己的诗歌集设计方案,并提出改进意见
	问题解决 【C-3-5】	学生在诗歌集的编辑过程中能够解决实际问题,如内容选择、版面设计等

二、活动目标

（一）任务目标

小组合作创作诗歌并排版和美化,最终形成一本诗歌集。

（二）活动目标

1. 通过实地参观春雨滋润下的杨浦滨江、参观中国近现代新闻出版博物馆、查找资料等方式,获得创作灵感,收集有效信息,了解诗歌集相关知识。（爱党爱国 Z-1-1、提问质疑 Z-3-1、信息处理 Z-3-3）【好奇心 C-1-1、想象力 C-1-2、分享协作 C-1-4】

2. 分组讨论,分别确定创作方向,并进行诗歌和插图的创作。（科学态度 Z-2-1、规则意识 Z-2-3、团队合作 Z-2-3）【分享协作 C-1-4、反思进取 C-1-5】

3. 小组合作,根据活动要求进行交流、改进、完善诗歌和插图。（计划制订 Z-3-2、工具选择 Z-4-2、信息处理 Z-3-3）【问题分析 C-3-1、资源利用 C-3-2】

4. 小组合作,根据活动要求设计封面和目录,并进行排版美化,最终定稿成书。（工具选择 Z-4-2、物化制作 Z-4-3）【流畅性 C-2-1、灵活性 C-2-2、

独创性C-2-3、观念践行C-3-3】

5. 发布诗歌集并进行评价,加深对杨浦滨江的热爱,培养自信心和自豪感。在创作和美化诗歌集的过程中,养成细致严谨的科学态度。(团队合作Z-2-3、计划制订Z-3-2)【独立自信C-1-3、坚持C-1-6、问题解决C-3-5】

三、活动内容

见表3。

表3 "春雨成诗"主题活动内容表

子任务(活动)	活动目标	表现标准	课时建议
走进诗歌集	了解"春雨成诗"诗歌集的评价标准、内容概要和诗歌集的编辑流程(Z-1-1、Z-3-1、Z-3-3)【C-1-1、C-1-2、C-1-4】	明确任务,收集、分析诗歌集编辑和展示信息	1
创作诗歌和插图	实地考察,获得灵感,讨论选定诗歌主题,交流想法,设计内容及绘画插图,以小组合作形式开始创作(Z-2-1、Z-2-3、Z-3-2)【C-1-4、C-1-5】	明确创作方向,实地参观,获得灵感,进行诗歌和插图的创作	2
完善诗歌和插图	小组讨论设计方案,进行优化。完成诗歌和插图的修订,确定最终版本(Z-4-2、Z-4-3)【C-2-1、C-2-2、C-2-3、C-3-3】	交流、改进、完善诗歌和插图	2
制作诗歌集	分配任务,以小组合作的形式设计封面和目录,选定最佳版面方案,确定版面设计,制作成书(Z-4-2、Z-4-3)【C-2-5、C-3-4、C-3-5】	选择版面,进行排版美化,最终定稿成书	1
发布诗歌集	确定"春雨成诗"发布会形式,布置场地,小组讨论撰写并排练发言稿,举办发布会,进行评价,整理资料并反思(Z-2-3、Z-3-2)【C-1-3、C-1-6、C-3-5】	展示诗歌集成果,进行评价	2

四、活动实施

（一）实施流程

见图2。

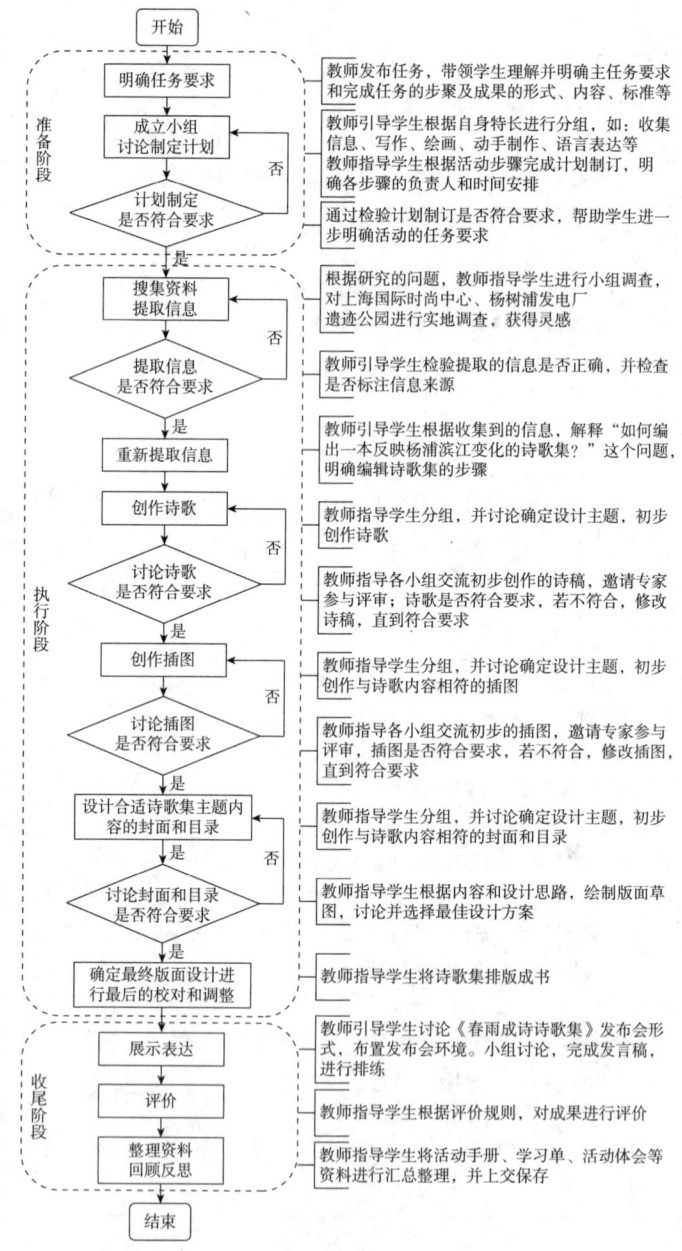

图2 "春雨成诗"活动实施流程图

(二) 实施建议

1. 学习对象

二年级学生。

2. 预设课时

8课时。

3. 实施要求

利用周二下午创新拓展日时段开展活动,活动地点在学校滨江慧课厅创新学习空间、杨浦滨江、中国近现代新闻出版博物馆。

(1) 准备阶段:探索与筹备

学生将被组织成小组,每个小组成员都将根据自己的专长进行明确的分工,确保每个人都能在自己擅长的领域发挥最大的作用。教师将指导学生如何有效地分配任务,并在小组内建立有效的沟通和协作机制。在课内,学生将了解现代诗歌的特点和写作技巧。安排学生参观中国近现代新闻出版博物馆,了解诗歌集信息,激发学生对发布诗歌集的兴趣。教师需准备好活动所需的材料和工具清单,包括诗歌创作工具、排版软件等,确保后续顺利实施。

(2) 实施阶段:设计与实施

学生将围绕"杨浦滨江的变化"这一主题,进行分组讨论,确定诗歌创作的主题与方向,并形成初步的创作方案。学生将实地参观杨浦滨江,获得灵感,并进行诗歌和插图的创作。教师需密切关注学生的创作进度,适时提供技术指导和设计建议。在诗歌创作和插图设计方面,教师要引导学生注重情感表达与艺术美感的结合。通过小组合作的形式,学生将交流、改进并完善诗歌和插图作品。教师须协助学生解决在创作过程中遇到的实际问题,鼓励学生发挥创意,勇于尝试。

(3) 收尾阶段:展示与反思

学生将准备诗歌集的展示,包括排版美化、最终定稿。教师需组织学生开展展示前的准备工作,包括展示材料的准备和展示流程的设计。学生将发布诗歌集,并与观众互动,介绍创作理念和过程。教师要引导学生与观众积极互动,及时收集反馈意见。展示结束后,教师要组织学生进行总结反思,回顾整个活动过程中的收获与不足,并提出改进建议。教师还需对学生的表现进行客观评价,肯定他们的努力与创意,激发他们参与综合实践活动的热情与兴趣。

五、活动评价

本活动的评价分为过程性评价和成果性评价两部分,充分发挥评价的导向性和激励性作用,促进学生发展(见表4—表5)。

表4 "春雨成诗"主题活动过程性评价表

过程性评价表				
小组名		小组LOGO		
小组任务				
小组分工	组长:	组员:		
评价维度	评价标准		自评	互评
价值体认	加深了对杨浦滨江文化的了解		☆☆☆	☆☆☆
责任担当	积极参与活动,主动承担任务,相互支持,共同完成任务		☆☆☆	☆☆☆
问题解决	擅长发现并提出问题,深入探究并解决问题		☆☆☆	☆☆☆
创意实践	动手制作诗歌集,展现创意		☆☆☆	☆☆☆

注:使用方法:自评,小组成员依据各评价维度标准,在活动中自行评估表现,在对应星级处标记;互评,小组成员相互评价,参考评价标准,给出星级评价。

表5 "春雨成诗"主题活动成果性评价表

成果性评价表		
评价维度	评价内容	评价形式
选题	诗歌和插图聚焦春雨滋润下的杨浦滨江的变化	☆☆☆
内容	语言优美,富有诗意	☆☆☆
创意	诗歌的内容选择多样,插图富有特色	☆☆☆
美观	诗歌内容和插图相符、插图美观,蕴含杨浦滨江的特色元素	☆☆☆
表达	诗歌集介绍清晰,内容吸引人	☆☆☆

注:使用方法:由教师根据成果实际情况,对照各评价维度内容,在相应星级处打星评价。

六、学习工具

活动手册,见图3—图8。

图 3

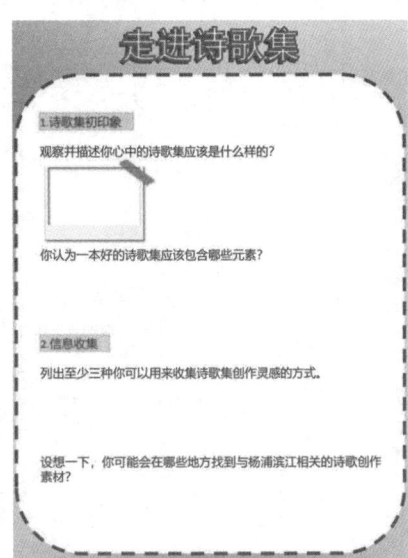

图 4

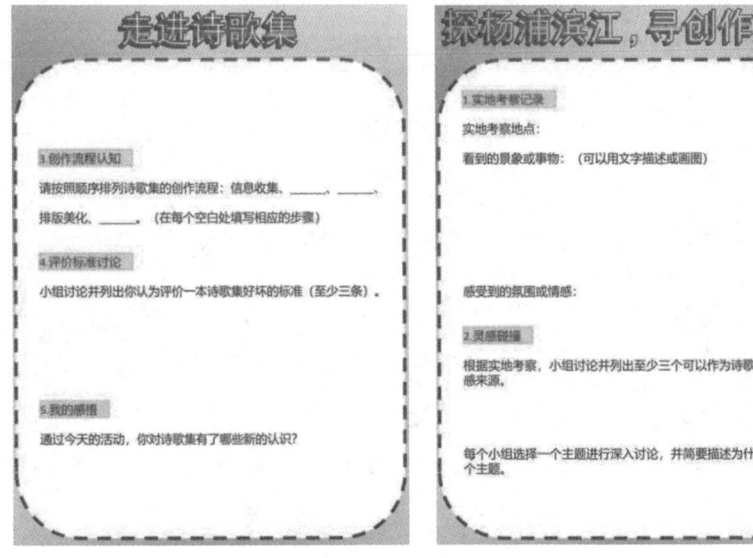

图 5　　　　　　　　　　图 6

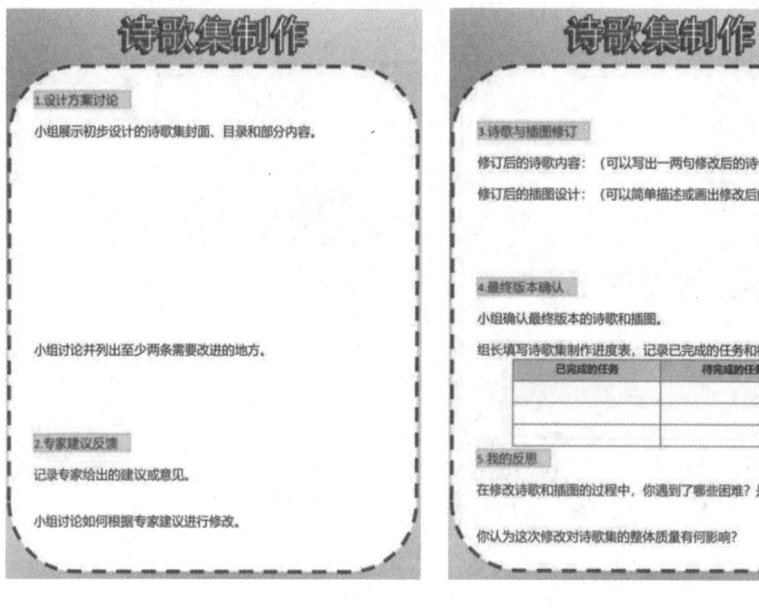

图 7　　　　　　　　　　　　　　图 8

（执笔人：上海师范大学附属杨浦滨江实验小学　周志松）

 案例二

社区改造记

一、主题概述

（一）主题来源

本活动课程围绕社区历史建筑"裕康里"旧址前的围挡空地改造展开，通过改造核酸亭为多功能共享空间，向社区居民宣传中国年文化。学生通过实际参与社区改造，成为"小小主理人"，在真实情境中学习，能够更深入地理解社区文化，增强对社区服务的认识和责任感。此活动课程涉及小学三年级的多学科知识，包括信息技术（资料搜集与整理）、语文（理解并表达中国年文化）、数学（空间布局与测量）、美术（亭子装饰设计）等，有助于学生综合能力的提升。小学三

年级学生对社区活动充满好奇与热情,且具备初步的学科知识基础,能够通过实践活动深化对知识的理解与应用。课程涉及设计、改造、活动策划等多个环节,通过创意实践形成创新成果,从而全面提升学生的创新人格、创新思维和创新实践能力。

(二) 研究问题

如何以"寻年"为主题,改造社区核酸亭,向社区居民宣传与中国年相关的文化?

(三) 活动任务

1. 任务

围绕社区历史建筑"裕康里"旧址前的围挡空地改造,学生需担任"小小主理人",以"寻年"为主题,把社区内的核酸亭改造为具有中国年文化特色的多功能共享空间,并通过策划相关活动吸引社区居民参与,以此宣传中国年文化。

2. 任务分解

本任务可以分解成六个子任务。(见图1)

子任务一:收集信息。收集中国年文化相关资料,了解并讨论年文化的内涵与价值。

子任务二:小组讨论。分组讨论并确定核酸亭的改造主题与名称,形成初步改造方案。

子任务三:现场考察。实地考察核酸亭,测量尺寸并规划空间布局,为改造做准备。

子任务四:改造设计。设计具体的改造方案,包括材料选择、工艺运用及装饰布置。

子任务五:活动策划。策划与改造主题相符的社区居民互动活动,并准备相关活动物料。

子任务六:亭子开张。改造后的多功能共享空间正式开张,进行表演并与社区居民互动,展示成果。

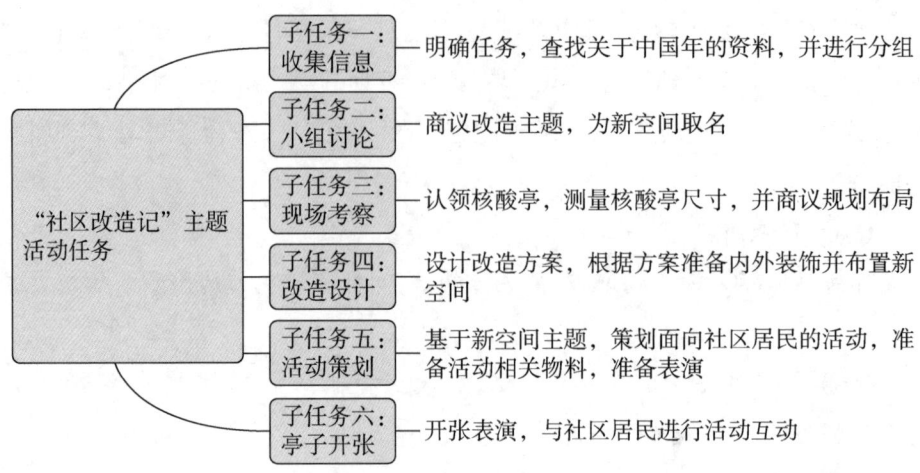

图1 "社区改造记"主题活动任务分解图

（四）学情分析

本活动实施对象为小学三年级学生。以下是在参与活动前学生各目标维度已有基础，以及活动后学生的核心素养发展预期。（见表1）

表1 "社区改造记"主题活动学情分析表

维度	核心素养指标	已有基础	发展预期
价值体认	爱党爱国	初步知晓国情，对祖国有认同感	深入了解年文化，增强对祖国的热爱和自豪感
	公共观念	遵守公共空间规范，了解民俗礼仪	理解并遵守社区规则，传播年文化习俗
	规则意识	有初步的按计划做事习惯和集体观念	强化规则意识，学会在集体中协作
	科学态度	表现出专注和耐心，科学方法运用尚不够熟练	培养科学严谨态度，学会用科学方法探究和实践
责任担当	主动服务	有关心他人的意识，服务热情但能力有限	培养主动服务意识，提升服务能力和社会责任感
	团队合作	能简单协商讨论，分享协作意识尚不成熟	学会分享想法和成果，有效协作完成任务
	生活态度	对生活充满好奇，面对困难缺乏勇气和毅力	保持积极生活态度，面对挑战能够坚持不懈

（续表）

维度	核心素养指标	已有基础	发展预期
问题解决	提问质疑	能发现问题，提问和质疑能力有限	学会提出针对性问题，对资料信息进行质疑求证
问题解决	计划制订	能制订简单计划，计划制订能力有待提高	学会澄清并分解问题，制订详细计划
问题解决	信息处理	能搜集和利用信息，尚不熟练	学会搜集利用不同来源信息，提升信息处理能力
问题解决	监控反思	能在引导下反思，主动监控和反思能力不足	学会主动监控反思，及时发现问题并寻求解决方案
创意物化	创意设计	能简单创意设计，新意和合理性有待提升	学会提出创造性构想，制订符合需求且有新意的改造方案
创意物化	工具选择	能了解一些工具用法，选择和使用能力有限	学会根据内容选择并熟练使用合适工具
创意物化	物化制作	能进行简单制作，物化制作能力有待提升	学会按要求制作、调试并调整设计，完成实物制作
创意物化	成果展示	能简单展示作品，展示效果和表达能力有限	清晰生动介绍改造成果，自信流畅表达年文化

（五）创新素养链接

见表2。

表2 "社区改造记"主题活动创新素养行为表征表

维度	创新素养指标	行为表征
创新人格【C-1】	好奇心【C-1-1】	对改造有兴趣，主动查找年文化资料
创新人格【C-1】	想象力【C-1-2】	联系年文化元素，提出融入改造的创新想法
创新人格【C-1】	独立自信【C-1-3】	独立思考，自信表达观点，主动承担设计任务
创新人格【C-1】	分享协作【C-1-4】	积极分享想法，与小组成员协作，完善改造方案
创新人格【C-1】	反思进取【C-1-5】	反思改造过程，发现问题并思考解决，持续改进成果
创新人格【C-1】	坚持【C-1-6】	面对困难不退缩，持续开展研究和实践，完成改造

（续表）

维度	创新素养指标	行为表征
创新思维 【C-2】	流畅性 【C-2-1】	围绕主题发散思考，提出多种改造方案
	灵活性 【C-2-2】	保持开放心态，适时调整想法和改造方案
	独创性 【C-2-3】	提出新颖独特的改造和宣传活动方案
	精致性 【C-2-4】	添加细节，使改造方案更丰富、有趣、完整
	隐喻性 【C-2-5】	运用类比与联想，将年文化元素与核酸亭改造结合
创新实践 【C-3】	问题分析 【C-3-1】	敏锐捕捉问题、分析问题，明确改造任务要求
	资源利用 【C-3-2】	搜集与利用信息资源，服务于问题解决
	观念践行 【C-3-3】	提出多种想法，选择最优方案并实施改造
	方案评价 【C-3-4】	持续评价与反思，提出改进意见
	问题解决 【C-3-5】	基于反思而调整，形成符合预期的改造成果

二、活动目标

（一）任务目标

小组合作，设计并制作主题鲜明的中国年文化装饰，来布置改造废旧核酸亭。

（二）活动目标

1. 了解中国年的来源、装饰、美食、习俗等。通过查找资料、小组讨论，明确改造任务。激发对中国年文化的兴趣，增强文化自信。（爱党爱国 Z-1-1、生活态度 Z-2-4、提问质疑 Z-3-1、信息处理 Z-3-3)【好奇心 C-1-1、想象力 C-1-2、分享协作 C-1-4】

2. 学会小组讨论，提炼观点。通过合作，为新空间取名。培养团队合作意识，增强集体荣誉感。(科学态度 Z-1-4、规则意识 Z-1-3、团队合作 Z-2-3)【分享协作 C-1-4、反思进取 C-1-5】

3. 学会测量尺寸，规划空间布局。现场考察核酸亭，制订改造计划。培养细心观察和实践能力。(计划制订 Z-3-2、信息处理 Z-3-3、工具选择 Z-4-2)【问题分析 C-3-1、资源利用 C-3-2】

4. 选择材料和工艺，设计改造方案。动手实践，准备新空间的内外装饰。发挥创造力，体验动手制作的乐趣。(创意设计 Z-4-1、工具选择 Z-4-2、物化制作 Z-4-3)【流畅性 C-2-1、灵活性 C-2-2、独创性 C-2-3、观念践行 C-3-3】

5. 设计面向社区居民的活动，准备相关物料。小组合作，制订活动计划。培养服务意识和组织能力。(团队合作 Z-2-3、计划制订 Z-3-2)【隐喻性 C-2-5、方案评价 C-3-4、问题解决 C-3-5】

6. 进行开张表演，与社区居民互动。展示改造成果，介绍设计理念。增强社区归属感，体验成功的喜悦。(公共观念 Z-1-2、主动服务 Z-2-2、监控反思 Z-3-5、成果展示 Z-4-4)【独立自信 C-1-3、坚持 C-1-6、问题解决 C-3-5】

三、活动内容

见表3。

表3 "社区改造记"主题活动内容表

子任务(活动)	活动目标	表现标准	课时建议
收集资料	查找中国年的相关资料，了解年的来源、装饰、美食、习俗等(Z-1-1、Z-2-4、Z-3-1、Z-3-3)【C-1-1、C-1-2、C-1-4】	能够列出至少五项关于中国年的知识	2

(续表)

子任务(活动)	活动目标	表现标准	课时建议
小组讨论	商议改造主题,为新空间取名,确定改造方向(Z-1-4、Z-1-3、Z-2-3)【C-1-4、C-1-5】	小组能够提出一个明确的主题和一个有创意的名称	1
现场考察	认领核酸亭,测量尺寸,规划布局(Z-3-2、Z-3-3、Z-4-2)【C-3-1、C-3-2】	准确测量尺寸,绘制简单的平面布局图	2
改造设计	选择材料和工艺,设计改造方案,并布置新空间(Z-4-1、Z-4-2、Z-4-3)【C-2-1、C-2-2、C-2-3、C-3-3】	完成装饰设计方案,包括材料清单和设计图;设计方案合理,符合安全美观要求;按照方案进行布置	6
活动策划	设计面向社区居民的活动,准备活动物料(Z-2-3、Z-3-2)【C-2-5、C-3-4、C-3-5】	完成活动策划书,包括活动流程、物料清单和表演脚本	4
亭子开张	进行开张表演,与社区居民互动(Z-1-2、Z-2-2、Z-3-5、Z-4-4)【C-1-3、C-1-6、C-3-5】	表演内容精彩,互动效果好,获得社区居民的积极反馈	1

四、活动实施

（一）实施流程

见图2。

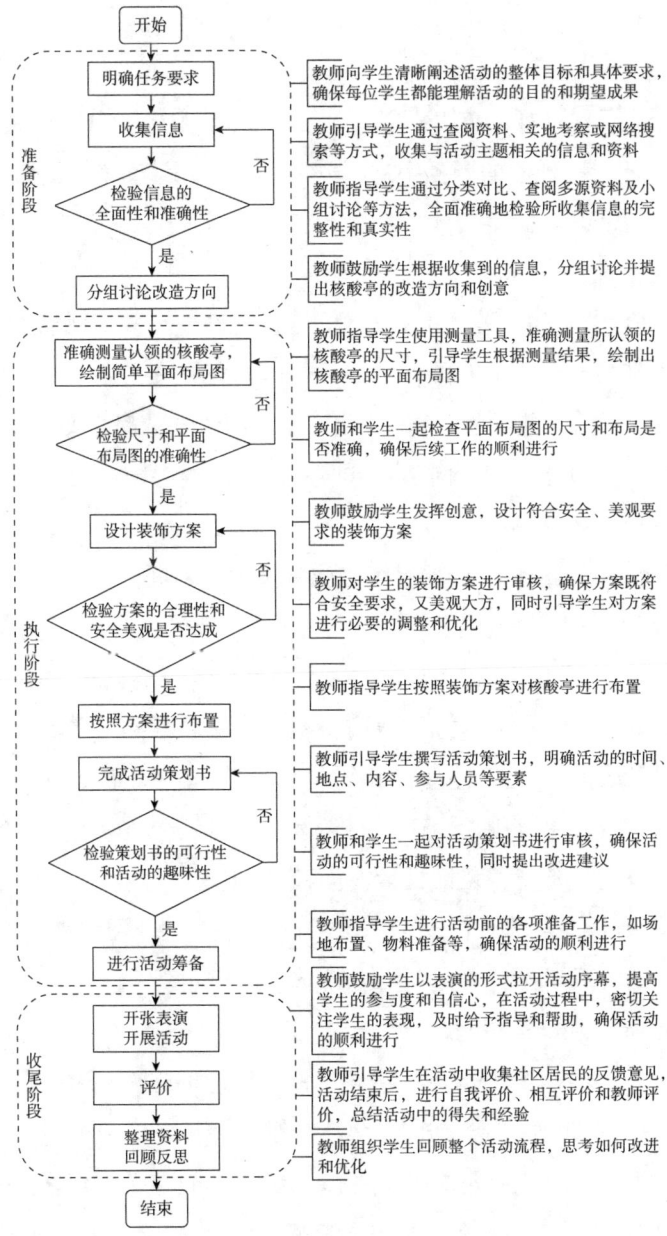

图2 "社区改造记"主题活动实施流程图

(二) 实施建议

1. 学习对象

三年级学生。

2. 预设课时

16课时。

3. 实施要求

利用综合实践活动课时间开展活动。活动地点在社区内杨树浦路2797弄历史建筑"裕康里"旧址前的围挡空地、核酸亭和学校教室。在活动过程中确保学生安全,提供必要的材料和工具,鼓励学生创新。

(1) 准备阶段:探索与筹备

在这个阶段,学生的主要任务是组建小组、明确分工,并开始初步的资料搜集工作。学生需要了解中国年的来源、装饰、美食、习俗等相关知识,为后续改造设计打下基础。教师要指导学生有效分工,确保每位成员都能发挥其特长,并在小组内建立良好的沟通机制。同时,教师还需提供关于中国年文化的资料搜集路径和方法,引导学生利用信息技术手段高效获取信息。此外,教师还需准备好活动所需的材料和工具清单,确保后续实施阶段的顺利进行。

(2) 实施阶段:设计与实践

进入实施阶段,学生将围绕"寻年"主题,分组讨论并确定核酸亭的改造主题与名称,初步形成改造方案。之后,他们将实地考察核酸亭,测量尺寸并规划空间布局。在设计改造环节,学生将选择材料和工艺,动手实践,完成核酸亭的内外装饰。在这一过程中,教师要密切关注学生的进展,适时提供技术指导和创意建议。特别是在空间布局和装饰设计方面,教师要引导学生注重实用性与美观性的结合,同时确保改造方案符合安全要求。此外,教师还需协助学生解决在实施过程中遇到的实际问题,鼓励学生发挥创意,勇于尝试。

(3) 收尾阶段:展示与反思

在收尾阶段,学生将在正式开张的多功能共享空间,进行表演并与社区居民互动,展示改造成果。他们将清晰、生动地介绍设计理念和改造过程,自信流畅地讲述中国的年文化。教师要组织学生做好展示前的准备工作,包括表演脚本的撰写、活动物料的准备等。在展示过程中,教师要引导学生与社区居民进行积极互动,及时收集反馈意见。展示结束后,教师要组织学生进行总结反思,回顾整个活动过程中的收获与不足,并提出改进建议。同时,教师还需要对学生的表现进行客观评价,肯定他们的努力与创意,激发他们参与综合实践活动的热情与兴趣。

五、活动评价

本活动的评价分为过程性评价和成果性评价两部分,充分起到评价的导向性和激励性作用,促进学生发展(见表4—表5)。

表4 "社区改造记"主题活动过程性评价表

过程性评价表				
小组名		小组LOGO		
小组任务				
小组成员	组长:		组员:	
责任分工				
评价维度	评价标准		自评	互评
价值体认	对中国年文化有深入了解,文化自信增强		☆☆☆☆	☆☆☆☆
责任担当	积极参与活动,主动承担任务,团队合作良好		☆☆☆☆	☆☆☆☆
问题解决	善于发现问题,提出解决方案,用科学的方法解决问题		☆☆☆☆	☆☆☆☆
创意实践	设计具有创新性,动手实践能力强		☆☆☆☆	☆☆☆☆

注:使用方法:自评,小组成员依据各评价维度标准,在活动中,自行评估表现,在对应星级处标记;互评,小组成员相互评价,参考评价标准,给出星级评价。

表5 "社区改造记"主题活动成果性评价表

成果性评价表		
评价维度	评价内容	评价形式
选题	改造主题围绕"寻年",具有创新性	☆☆☆☆
创意	改造方案独特,能体现中国年文化特色	☆☆☆☆

（续表）

成果性评价表		
评价维度	评价内容	评价形式
改造	材料选择合理，工艺运用得当，改造效果良好	☆☆☆☆
美观	新外观美观，符合主题	☆☆☆☆
呈现	开张表演和活动互动效果好，受到社区居民欢迎	☆☆☆☆
表达	清晰、生动地介绍改造成果和设计理念，自信流畅地讲述中国的年文化	☆☆☆☆

注：使用方法：由教师根据成果实际情况，对照各评价维度内容在相应星级处打星评价。

六、学习工具

活动手册，见图3—图12。

图3

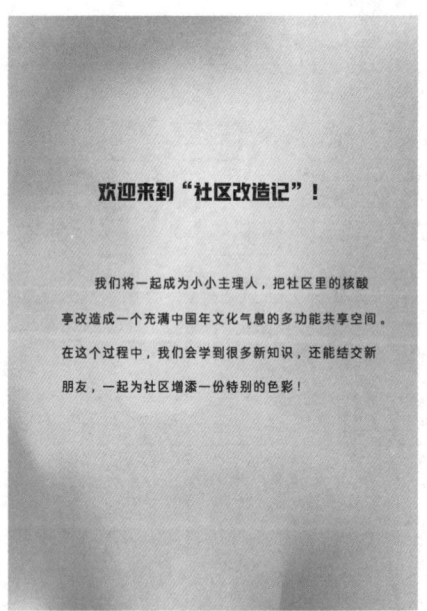

图4

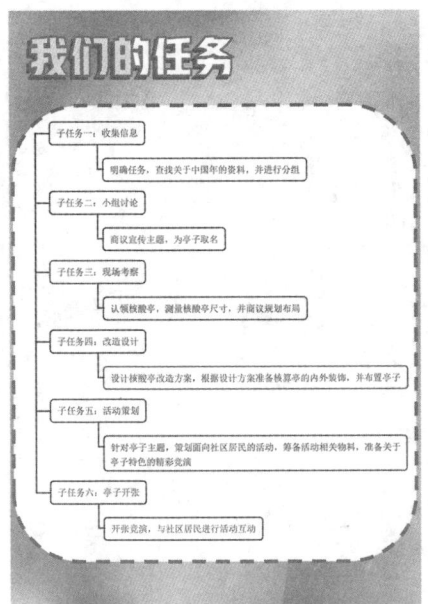

图 5

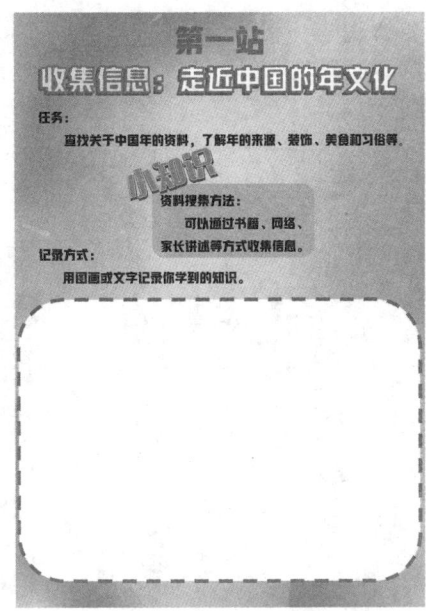

图 6

图 7

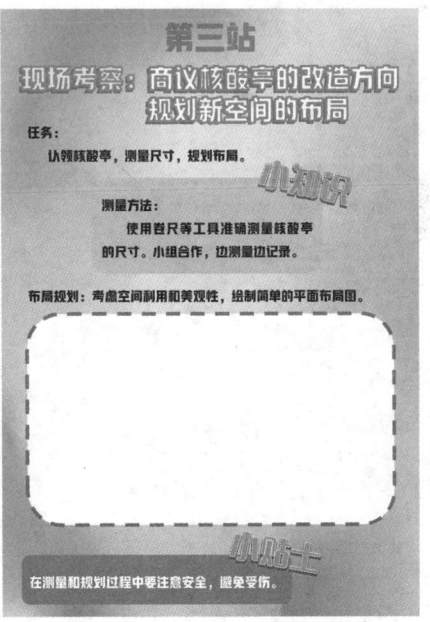

图 8

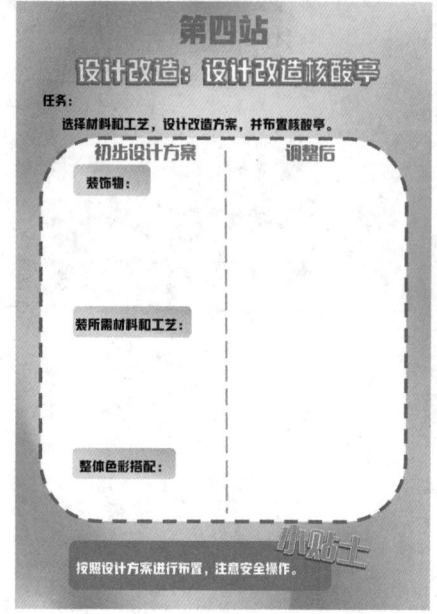

图 9

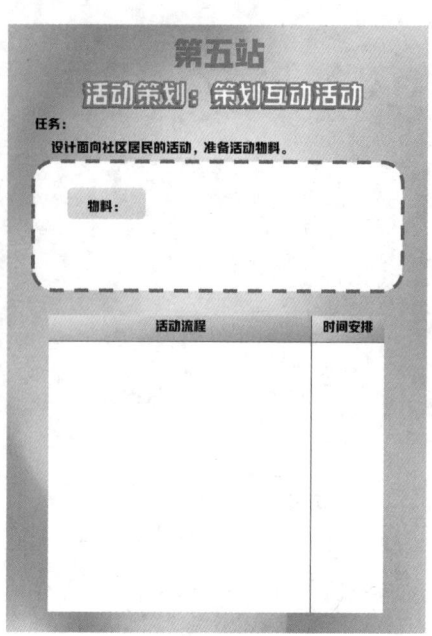

图 10

图 11

图 12

（执笔人：上海师范大学附属杨浦滨江实验小学　周辛雨）

3. 上海市杨浦区政立路小学

政立路小学秉承"学会自立　生动成长"的办学理念，积极整合校内外资源，围绕"价值体认、责任担当、问题解决、创意物化"综合实践活动四大目标，并依据区域创新素养指标，精心构建了"我能行"系列主题综合实践活动课程。

"我能行"系列综合实践活动课程由"职业/岗位微技能，我能行"和"美好生活，我能行"两个系列组成。职业/岗位系列课程通过让学生体验校园里的各种专业岗位，发现并解决实际问题，激发他们的探索热情。通过体验多种职业，学生们培养出积极的生活态度，点亮梦想，开启个性化成长的广阔天地。而美好生活系列课程则引导学生从关注内在生命健康，到关注日常生活中的衣食住行，乃至周边生态环境，保持对周围事物的持续关注。

学校根据各年级学生身心发展和思维特点，设计不同难度的课程。例如，低年级的"我给书包'减减肥'"活动，让学生在整理书包的过程中，不仅学会技能，还独立思考导致书包"肥胖"的原因，并提出自己的解决方案，从而培养学生的独立思考能力。中高年级"电子邀请函"活动中，学生在设计和制作小组邀请函时，不断征询同伴意见，持续优化邀请函。这些丰富的课程不仅让学生在自主探索的过程中逐步发现自我价值，塑造创新人格，而且以其多样化的学习方式引导学生从体验到实践，再到充分运用，有效促进其创新思维、创新实践能力的发展。

上海市杨浦区政立路小学综合实践活动课程实施方案

一、背景分析

杨浦区政立路小学秉承"学会自立　生动成长"的办学理念和"立德、立志、立行"的育人目标,形成了"生活即教育,素养予生涯"的课程发展目标,建构五年贯通的生涯教育课程体系。

根据综合实践活动目标,规划了"我能行"综合实践活动课程,课程由"职业/岗位微技能,我能行"和"美好生活,我能行"两个系列组成。"职业/岗位微技能,我能行"系列兼顾传统职业和新兴职业,不仅满足了孩子们对不同领域职业的好奇心,还让他们在丰富的职业体验中,真正成为校园的小主人,不断开阔视野,点亮梦想。"美好生活,我能行"系列以"排行榜制作""AI 产品用户体验""'潮'时代"为主题,引导学生由内及外地从关注生命健康,到关注衣食住行和周边生态,乃至关注当今时代发展。

"我能行"综合实践活动课程以项目式学习为基本学习形态,通过开展联系学生经验、社会生活、时代发展的综合实践活动,引导学生在自主探究、实践体验、合作交流中完成项目任务。在真实情境中综合运用所学知识探究、分析、解决问题,思考个人选择与发展,培养学生在价值体认、责任担当、问题解决、创意物化四个层面的能力,推动"立德、立志、立行"的育人目标落地、达成。

目前,学校综合实践活动课程执教教师为兼职教师,共计 40 余人,涉及多学科教师。学校各年段的学生通过学习经验的积累,已具备了一定的观察、分析和解决问题的能力。他们会交往、能合作、好奇心强,并且乐于探索研究。不过动手操作能力较弱,缺乏社会经验,创新思维有待提高。

二、课程目标

(一) 总目标

1. 价值体认

通过参与学校各项社会实践活动,热爱校园、热爱家乡、热爱祖国;通过体验不同的职业,了解各类职业的工作内容;认识到人与人之间在偏好、擅长等方面的异同及其对人际沟通的影响;理解并遵守公共空间的秩序,尊重不同的民俗和习俗;养成坚持不懈的习惯,形成科学严谨的研究意识,尊重他人的知识产权。

2. 责任担当

养成自主学习的习惯,体验自主学习的乐趣与价值;能够根据自己的能力自主承担小组内的任务,和小伙伴一起完成;能主动分享自己的观点和成果,并能听取他人的意见;主动为周围有困难的人提供力所能及的帮助;了解自己,学会求助,建立自己的支持系统;积极思考未来发展。

3. 问题解决

在活动中,能够在真实情境中及时发现、提出问题,并有依据地进行推测,提出假设;围绕问题,能按要求制订计划;通过多种方式搜索信息,并进行信息的加工处理,形成对问题的初步解释;遇到问题时,能尝试利用各种资源,积极解决问题;在活动结束阶段对活动进行反思和整理。

4. 创意物化

在活动中,能根据确定的方式,设计具有特色的活动成果;能选择合适的工具按照设计进行制作;在制作的过程中,能反复调试、修改,直至成果完成;能够展示、汇报成果。

(二) 分年段目标

课程总目标分解为一至五年级的分年段目标。(见表1)

表1 上海市杨浦区政立路小学综合实践活动课程分年段目标

一级目标	二级目标	学习目标					创新素养指标
		一年级目标	二年级目标	三年级目标	四年级目标	五年级目标	
价值体认(Z-1)	爱党爱国(Z-1-1)	通过对自身小学生身份的了解、对班级的了解、对校园的了解,热爱自己的学校	通过少先队入队仪式主题教育活动,知晓少先队历史,认同少先队员身份,为自己是一名少先队员感到骄傲	通过社会实践活动,走访社区,认同居民身份,激发对家乡的热爱之情	通过走访红色地标,了解历史,热爱党、热爱国家,为自己是一名中国人感到骄傲	通过多个AI工具综合实践活动体验,了解社会的变迁和中国科技的发展,为自己是一名中国人感到自豪	
	公共观念(Z-1-2)	在社会考察活动中不大声喧哗,不随意奔跑,听从工作人员和老师的安排	在社会考察活动中能够主动遵守公共空间的秩序	了解不同地域的文化差异	在社会考察活动中及时指出同伴不遵守秩序的行为并帮助改正	在社会考察活动中能够主动维持秩序	

（续表）

一级目标	二级目标	学习目标					创新素养指标
		一年级目标	二年级目标	三年级目标	四年级目标	五年级目标	
价值体认（Z-1）	规则意识（Z-1-3）		能够按照教师制订的计划,完成内容			在调整活动时知道要先修改计划	
				能在教师的提示下,标注信息的来源	能在集体中完成分配到的任务	能够参与并践行小组决议;引用他人观点时能如实标注,也能主动为自己的成果署名	
	科学态度（Z-1-4）		活动中,用图画、拍照、语音等多种形式如实记录收集到的信息		在活动中能够如实、较完整地采用多种形式进行记录;在信息获取的过程中能检验信息的正确性	能够专心、耐心、细致地完成活动,有始有终;在活动中遇到困难和失败时,能及时思考解决的方法	坚持【C-1-6】
责任担当（Z-2）	自理自立（Z-2-1）	能整理保管好自己的学习用品		通过校园小岗位课程,学会一些生活中的技能	能够独立地完成组内分配的任务,有自立的意识	能够主动承担一些家务劳动;在活动中能够整理、保管好自己的学习工具	
	主动服务（Z-2-2）			关心班级其他同学,当他们有困难时提供简单帮助	能够乐于助人,帮助组内伙伴完成任务	能够主动分享自己使用的软件、素材,有主动提供帮助的热情	坚持【C-1-6】

(续表)

一级目标	二级目标	学习目标					创新素养指标
		一年级目标	二年级目标	三年级目标	四年级目标	五年级目标	
责任担当(Z-2)	团队合作(Z-2-3)			在活动中承担责任,协商讨论,开展合作	在小组讨论中,悦纳他人意见,互赖互助	能够主动分享成果以及AI的使用方法和感受,并能够帮助他人使用	分享协作【C-1-4】
	生活态度(Z-2-4)	能够觉察开心、忧伤、害怕、生气等情绪以及复合情绪	了解情绪对生活的影响,正确、合理地表达情绪	能够从多个方面认识自己	能够根据收集到的信息,激发对职业的好奇心	保持积极、求知的心态,对未知的领域充满好奇;学会求助,在遇到困难时能够主动寻求解决方法	好奇心【C-1-1】
问题解决(Z-3)	提问质疑(Z-3-1)		在教师引导下,围绕学习的主题或问题,提出猜想	尝试对学习主题进行合理的猜测	在活动中,能够及时发现、提出问题,有依据地进行猜测,提出假设并说明依据	对于收集到的信息,提出质疑,并能够求证,筛选出正确信息	
	计划制订(Z-3-2)		能在教师的帮助下知道研究的问题,并读懂教师制订的计划		对发布的活动任务,能够澄清并分解问题	能够按照要求制订计划	观念践行【C-3-3】
	信息处理(Z-3-3)		能在教师提供的资料中通过观察、实验、阅读,获取相关的信息	能在相关信息的基础上,研究信息中的内容	能围绕问题,通过多种方式获取信息	能在教师的指导下,按要求分析信息,能够判断信息的真伪,提出自己的观点	资源利用【C-3-2】
	问题解释(Z-3-4)			能尝试根据收集到的信息,并结合所学的知识简单地说明自己对问题的认识	能收集信息,为问题的解释提供佐证	通过整理归纳信息,总结观点或想法,对问题进行解释	问题分析【C-3-1】

（续表）

一级目标	二级目标	学习目标					创新素养指标
		一年级目标	二年级目标	三年级目标	四年级目标	五年级目标	
问题解决（Z-3）	监控反思（Z-3-5）		能在教师的指导下回顾整个活动	能说出活动中产生的问题	在活动结束阶段对活动复盘，反思和整理活动中的经验、问题以及成果；坚信方法总比问题多，尝试解决	根据反思的成果，及时调整后续活动；利用各种资源，积极解决问题	反思进取【C-1-5】方案评价【C-3-4】
创意物化（Z-4）	创意设计（Z-4-1）		在教师指导下，能围绕主题，通过绘画、语言来进行设计和说明		能根据计划，用简单的文字描述来进行设计及说明	能根据计划，设计活动成果的呈现方式；设计合理，能够体现对活动的思考，具有小组特色	想象力【C-1-2】独创性【C-2-3】
	工具选择（Z-4-2）		能用教师指定的工具来表达自己的想法	了解不同工具的差异		能选择合适的工具进行设计或制作	独立自信【C-1-3】
	物化制作（Z-4-3）		尝试根据设计，进行简单制作	能按照设计进行制作	在制作的过程中，能反复调试、修改，并进行记录，直至成果完成；在调整活动修改时能够先修改设计	反复调试、修改后，进行记录，完成完整成果；将创意转换成符合要求的实物或作品	观念践行【C-3-3】
	成果展示（Z-4-4）			能用教师指定的方式对自己的成果进行表述	能够简单展示、汇报成果	能够完整展示、汇报成果	方案评价【C-3-4】流畅性【C-2-1】

三、课程内容

（一）内容选取原则

（1）聚焦核心素养，注重链接生活，接触时代脉搏

课程聚焦核心素养，在开发课程主题、内容时注重链接生活。一年级学生主要适应小学生活，二年级主要了解职业，三、四年级主要体验传统职业和新型职业，五年级探索、接触时代脉搏，启蒙初中生活。

（2）以学生为中心，兼顾全面发展与个性发展

课程以学生为中心，注重学生的全面发展。结合小学生的身心特点开发课程内容。关注学生在生涯发展意识、能力，以及生活经验、认知水平的差异，设计符合我校小学生的课程主题和内容。同时，课程注重对学生个性的培养，每个学期的选修课程设定不同的主题，让学生根据自己的偏好自主选择。

（3）注重课程综合，落实"五育"融合、学科融合双融合

注重课程综合，在课程选题上，落实"五育"融合：一方面，坚持德育为先，提升智育水平，加强体育美育，落实劳动教育；坚持素养导向，落实因材施教，充分发挥育人价值。另一方面，探索顶层建构下的"五育"融合、学科融合，建构美美与共、和合共生的育人生态。

（二）内容结构

课程分成"美好生活，我能行"和"职业/岗位微技能，我能行"两个系列。其中"美好生活，我能行"系列从衣、食、住、行、生命和生态六个方面出发，帮助学生在解决问题的过程中，更好地认知生活和校园生活；"职业/岗位微技能，我能行"系列从职业方面出发，兼顾传统职业和新兴职业，通过体验实践、发现问题、解决问题，培养学生的综合能力，启蒙学生的职业梦想。（见表2）

表2 上海市杨浦区政立路小学综合实践活动内容框架

学期		美好生活,我能行	职业/岗位微技能,我能行	课时
一年级	一上	书包"变形"记 教室大不同 校园"植"友藏身处 校园午餐好时光 底楼多功能教室大揭秘 运动找不同		共16课时
	一下	给书包"减肥" 春游食物 六一装扮教室行 校园地图标识 ××运动,我在行 校园绿植		共16课时
二年级	二上		我的一天 爸爸/妈妈的一天 祖辈的一天 老师的一天 ××(校内岗位)的一天 ××(校外岗位)的一天	共16课时
	二下		图书角管理员,我来当 多媒体管理员,我来当 光盘行动示范员,我来当 护绿小卫士,我来当 节能小管家,我来当 卫生监督员,我来当	共16课时
三年级	三上		小小主持人 电子邀请函制作 小小裁判员 博物馆讲解员 烘焙师 图书管理员	每人每学期选两门课程,每门课8课时,共计16课时
	三下	今天,你扔对了吗? 我型我秀 花草知家 小立立去哪儿? 我运动,我健康,我快乐 零食排行榜		每人每学期选两门课程,每门课8课时,共计16课时

（续表）

学期		美好生活，我能行	职业/岗位微技能，我能行	课时
四年级	四上		真相只有一个，小立立侦探社 小小游戏设计师 小立立带你玩——旅游策划师 小小气象员 小小配音师 小小收纳师	每人每学期选两门课程，每门课8课时，共计16课时
	四下	AI生活守护者——看家神器智能摄像机用户研究 AI舒适穿着创造者——冬日神器智能发热围巾用户研究 "小立立"伴你行——智能平衡车用户研究 智能水杯用户研究 "小爱同学""我在"——智能音箱用户研究 智能手环用户研究		每人每学期选两门课程，每门课8课时，共计16课时
五年级	五上		共享时代，来了！ 美丽志愿者时代，来了！ 零碳生活时代，来了！ 新媒体时代，来了！ 主播时代，来了！ 新国潮时代，来了！	每人每学期选两门课程，每门课8课时，共计16课时
	五下	班级共享角 政立路小学志愿者服务手册 《小学生零碳生活指南》 体验"新媒体"，说说"我们这五年"——我是立立小主播 国风正当道，万物皆可潮——国潮元素校园文化周边产品设计		每人每学期选两门课程，每门课8课时，共计16课时

四、课程实施

（一）设计要求

每周1课时，每个系列6个主题，每个主题8个课时。每学期每个学生选择2个主题，共计16课时。

（二）实施要求

本课程实施方式主要包括：考察探究、职业体验、设计制作、社会服务。

一、二年级的课程以考察探究、设计制作为主。通过观察、探究，了解校园生活和父母的职业，制作四宫格画。

三、四年级以职业体验、考察探究、设计制作为主。兼顾传统职业和新兴职业，让学生在职业体验中考察探究、设计制作，完成PPT、小报、邀请函等成果。

五年级在已有的基础上，上升到社会服务。通过做志愿者、直播等服务性职业，来培养学生的责任心。

五、课程评价

（一）评价原则

课程注重"五育"融合、学科融合双融合，体现评价的综合性、增值性和过程性，并遵循如下原则。

1. 坚持素养导向

围绕课程总体目标和各年段目标，结合各学期课程内容、探究主题与任务，设计、实施以素养为导向的评价，以促进培养学生适应当下小学阶段的学习与生活，以及利于未来发展的正确价值观、必备品格和关键能力。

2. 重视表现性评价

围绕课程总体目标和各年段目标，在课程设计中，注重创设任务情境。一方面，注重观察、记录学生在完成个人、小组任务中的态度、行为、内容、偏好、能力等；另一方面，注重促进学生形成探究、创造、创意成果，并以课堂展示、活动展演等形式，面向不同群体展示、分享与交流。

3. 注重多主体评价

充分发挥学生、教师、专家等不同评价主体或角色的作用。注重引导学生用自评的方法发现个人偏好、所长,促进自主、积极发展;评估小组任务完成情况,提出优化方案,丰富学习经验。注重引导教师通过评价发现在学情评估、教学目标设定、课程设计与实施中存在的问题,做有针对性的调适、改进。

(二) 评价方式

围绕每一个探究任务,设定具体任务、要求及评价细则,并在第一节课、学生活动手册中向学生公布说明。根据每学期综合实践活动课程目标要素,选择适当的评价方式。分析学情,设定预期目标,进而根据具体任务设定四级评定标准。

探究任务均以小组合作的形式进行,因此评价对象以小组和个人相结合,具体以学生自评、组内他评、教师评价等方式进行。

六、课程管理与保障

(一) 管理架构

综合实践活动课程建设与管理,由校长直接领导,课程管理部、教师发展部、学生发展部、后勤保障部等职能部门支持,由综合实践活动课程教研骨干团队具体开发和实施。

校长负责全面规划、设计和制订学校综合实践活动课程的实施方案,明确学校综合实践活动课程的目标、内容、评价要求等。

课程管理部负责对课程的申报、审核、执行、检查和评估等方面的组织、协调和管理工作。还负责学生选课(选修课程管理部分)、排课,以及因为课时需要的调换课等工作。

教师发展部负责组织课程教研的培训及教师专业能力开发。

学生发展部负责课程活动的筹备、组织与实施。

后勤保障部负责课程在校内外开展的资源保障。

组建综合实践活动课程教研骨干团队,负责课程的开发、实施等。(见图1)

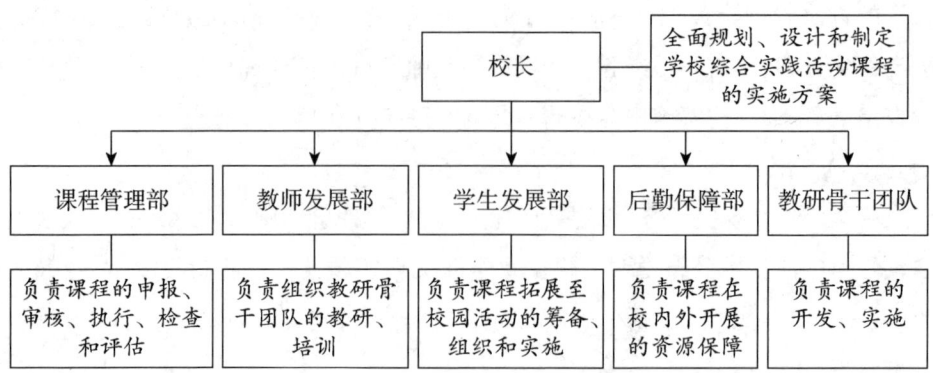

图1 政立路小学综合实践活动课程管理框架

（二）课程保障

1. 项目引领与专家指导

学校目前是杨浦区"学生创新素养与综合能力培育课程与教学"课程试点、教学试点校。在课程开发过程中，邀请综合实践活动课程、项目式学习等领域的专家提供专业指导，确保课程能够系统化建构、科学化设计、专业化实施，有效地开展。

2. 师资培训与教研保障

学校青年教师专业背景较为多元，涉及法学、计算机、金融、化学等多个领域，为开设多样性、专业性的课程提供了有力保障。目前这些背景多元的青年教师已经组建成综合实践活动课程"种子"教师团队，成为课程开发的主力军。随着各年级课程的持续开发、实施，根据课程开设主题、任务等，组织教师培训与行动学习。同时，学校鼓励教师积极参与区域课程公开课、专题发言、案例撰写等活动，全面提升教师专业能力。

3. 课程资源开发与建设

学校坐落在杨浦大学城，隶属五角场街道，周边高校资源、场馆资源、社区资源等都十分丰富，这为学校综合实践活动课程的校外活动提供了外部保障。在课程的实施过程中，还积极开发家长资源融进课堂。学校系统整合家庭、学校、社会资源，拓展课程时空纵深。

（三）课程申报制度

课程管理部每学期初发布课程申报要求，包括申报表、课程设计方案等。

教师在每年6月、1月将下学期拟开设课程的申报表和活动设计方案递交至课程管理部。

(四) 课程审核制度

课程管理部根据要求,对申报的课程进行审核:申报表内的项目是否齐全,授课时间是否确定,课程目标是否恰当、合理,课程内容是否适合授课对象,课程实施是否有可行性,课程评价是否关注学生兴趣、发展,等等。

符合要求的课程予以通过,经校长同意后,向全校师生公示。

需要调整修改的课程,发回修改后重新申报。

不符合要求的课程驳回申请,不予通过。

(执笔人:上海市杨浦区政立路小学　郑岭梅)

案例一

我给书包"减减肥"

一、主题概述

(一) 主题来源

在日常观察中,我们发现孩子们上学用的书包,因为太重都是由家长来背的。长此以往,会让孩子养成依赖的习惯,不利于形成自立的意识,难以培养自理能力。我们在访谈中也发现,书包过重会造成肩酸背疼等一系列问题。由此,产生了这个主题,让学生找到书包重的原因,设法给书包"减减肥",养成自己书包自己背的好习惯。通过综合实践活动,教授他们相关知识,让他们运用到实际生活中,学会自我服务,培养自理能力。在学生完成任务的过程中,培养学生分类整理、展示交流、科学严谨、团队合作等素养。

(二) 研究问题

如何给书包"减肥"呢?

(三) 活动任务

1. 任务

二年级学生的课程内容更加丰富多彩,但随之而来的是书包过重的问题。

为了解决这一难题,对二年级特别设计了一项"我给书包减减肥"的活动,每5—6个人为一组,合作探究书包的内部结构、制订书包"减肥"方案、实践体验书包"减肥"活动,最终展示"减肥"后的书包,并交流整理书包的好方法。

2. 任务分解

本任务可以分解为四项子任务,分别为书包我探秘、书包"减肥"方案我制订、书包"减肥"记以及书包秀一秀。这四项子任务是递进关系,学生需要依次完成此任务。(见图1)

子任务一:书包我探秘。通过背一背感受书包重量、比一比观察书包不同,了解书包结构。

子任务二:书包"减肥"方案我制订。发现书重的主要问题:东西过多。识别并解决书包过重的问题,制订书包"减肥"方案。

子任务三:书包"减肥"记。能够在教师的引导下,讨论出书包物品的清单,并进行整理。

子任务四:书包秀一秀。整理完书包后,进行展示交流活动。

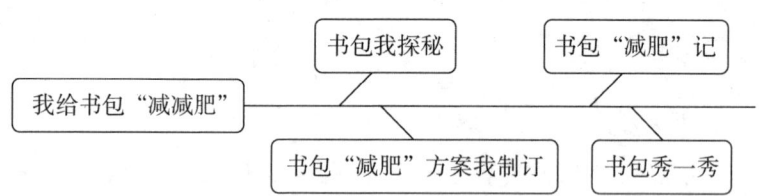

图1 我给书包"减减肥"主题活动任务分解图

(四)学情分析

见表1。

表1 我给书包"减减肥"主题活动学情分析表

维度	目标指向	已有基础	发展预期
价值体认	规则意识	一年级学生已具备最基本的规则意识,能够在教师的指令下完成任务	能够在听从教师的指令的基础上,在与同伴合作的过程中也有一定的规则意识,并且能够主动并高质量完成任务

(续表)

维度	目标指向	已有基础	发展预期
问题解决	提问质疑	学生对于自己有疑惑的东西会提出疑问	对于教师给出的材料,能够提出合理的质疑,并且有主动探寻解决问题的意识
问题解决	问题解决	能够在教师和同伴的帮助下,解决较简单的问题	能够主动寻找解决问题的方法,付诸实践,并将想到的方法与同伴分享
责任担当	自理自立	知道自己的事情自己做,但做得还不够好	能够有自理自立的意识,并且能较好地实践
责任担当	生活态度	有把事情做好的意愿,但是没有主动做的意愿	有积极主动的主观意识,并且乐于完成自己的事情,在完成后获得成就感
创意物化	创意设计	一年级学生能够按照教师的指令和要求合理摆放物品	在合理摆放物品的基础上,能够有自己的想法,说出理由,并付诸实践
创意物化	成果展示	能够将该有的东西放进书包	自己整理后的书包,摆放有条理,物品有分类,并且能够说出这样整理的理由

（五）创新素养链接

见表2。

表2　我给书包"减减肥"创新素养行为表征表

维度	创新素养指标	行为表征
创新人格【C-1】	反思进取【C-1-5】	认识到选择合适的方式减轻重量的重要性
创新思维【C-2】	精致性【C-2-4】	能在实践过程中不断调整、改进、优化,使得书包"减肥"更有效
创新实践【C-3】	观念践行【C-3-3】	能通过收纳调整的过程,检验方案是否可行

二、活动目标

（一）任务目标

以展示"减肥"后的书包为最终物化成果，并通过活动说出整理书包的方法，找出书包中不必要的物品，并学习如何合理安排书包内的物品，以减轻书包的重量。

（二）学习目标

1. 通过对比，感受书包重量，了解给书包"减肥"的必要性。（Z-1-4 科学态度）【C-1-5 反思进取】

2. 运用"减肥"收纳等方法整理书包，逐步提高整理收纳能力，形成自己背书包的意识。（Z-2-1 自理自立）【C-1-3 独立自信】

3. 通过有序观察、比较、称重，发现书包过重的原因。寻找有效的解决方案，知道分类收纳的方法。（Z-3-4 问题解释）【C-3-1 问题分析】

4. 通过书包"减肥"活动展示以及书包"减肥"小妙招的交流分享，完善自己书包的"减肥"计划。（Z-4-3 物化制作）【C-2-4 精致性】

三、活动内容

见表3。

表3 我给书包"减减肥"主题活动内容表

子任务（活动）	活动目标	表现标准	建议课时
书包我探秘	通过对比，感受书包重量，观察书包的不同，了解书包结构，找找书包"减肥"的可能性（Z-1-4）【C-1-5】	说出研究问题：给书包"减减肥" 填写活动手册的部分内容，符合要求	1
书包"减肥"方案我制订	发现书包"肥胖"的原因（Z-2-1）【C-1-3】 能在教师的指导下，小组讨论出为书包"减肥"的具体步骤（Z-3-2）【C-2-1】	根据提出的问题，寻找有效的解决方案，分类收纳 填写活动手册的部分内容，符合要求	1

(续表)

子任务(活动)	活动目标	表现标准	建议课时
书包"减肥"记	根据事先讨论的步骤,列出书包物品的清单,实践书包"减肥"活动,要求"减肥"后的书包重量合理(Z-3-4)【C-3-1】	有序观察、比较、称重填写活动手册的部分内容,符合要求	1
书包秀一秀	在回顾整理书包活动后,进行交流展示;养成分类整理的好习惯,并且能够交流好的整理方法(Z-4-3)【C-2-4】	进行有效的收纳完整填写活动手册,符合要求	1

四、活动实施

(一) 实施流程

见图2。

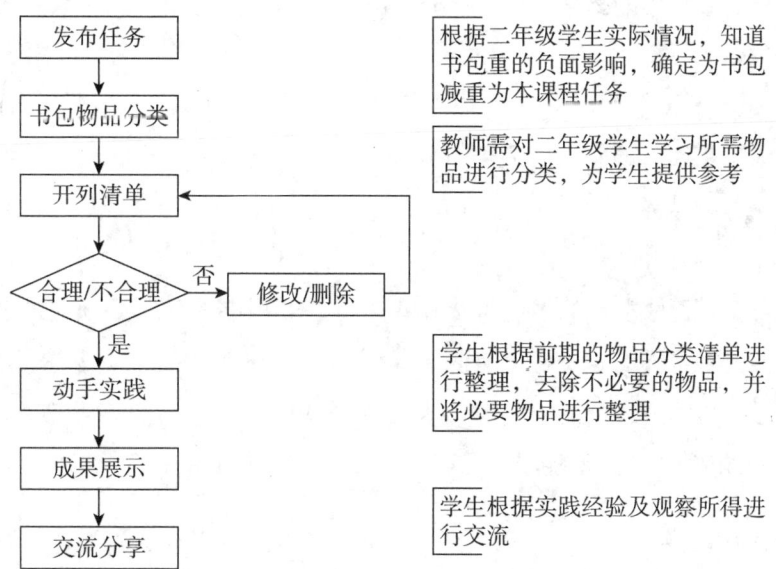

图2 给书包"减减肥"主题活动实施流程图

（二）实施建议

1. 学习对象

二年级第一学期学生。

2. 预设课时

4课时。

3. 实施建议

（1）准备阶段

教师创设情境先提出书包过重的问题，引导学生以称一称的方式感知书包的重量；以看一看的方式，了解书包中有哪些东西；以比一比的方式，感知书包的不同。最后通过视频了解书包过重带来的负面影响，知道给书包"减肥"这个任务的必要性。

（2）执行阶段

第一课时。教师在课前让学生看一看两个书包中的物品（事先准备），课中比赛找东西。由此发现问题：书包里的东西需要分分类、理理好，分类的同时学生也了解了书包内的物品。有了对书包物品的了解以后，引导学生交流讨论，为书包"减肥"出主意。

第二课时。教师首先提出问题：书包里每天要装哪些东西？哪些东西不是每天都需要带回去的？它们还可以放在哪里？经过小组讨论后，引导学生梳理出一张书包物品清单。

（3）收尾阶段

教师简单回顾梳理的书包物品清单，学生说出哪些东西是必须放进书包的、哪些东西是可选择的。引导学生按照开列的清单，整理书包，也可以有不同的想法。引导学生将整理好的书包拿出来比一比，想一想为什么还是有差距。引导学生说一说你是怎样给书包"减肥"的，最后进行归纳总结。

五、活动评价

每个学生对本课程培养的价值体认、问题解决、责任担当、创意物化等各维度进行自评，完成自评打分任务。（见表4）

表4 我给书包"减减肥"主题活动自评表

评价指标		评价标准				评分
		☆	☆☆	☆☆☆	☆☆☆☆	
价值体认	规则意识	能在同伴或教师的帮助下,基本做到听从指令并完成相关任务	基本做到听从指令,并自主完成相关任务	能听从指令,并自主完成相关任务	能听从指令,并自主地、高质量地完成相关任务	
问题解决	提问质疑	愿意倾听同伴的提问质疑	有主动发现问题的意识,并提问质疑	有主动提问质疑的意识,且提问质疑合理	能大胆、主动地质疑,提出合理问题,并有主动探寻解决方法的意识	
	问题解决	能在同伴或教师的帮助下解决问题	有主动解决问题的意识,在同伴或教师的帮助下解决问题	有主动解决问题的意识,并独立探寻解决方法,尝试自主解决问题	能独立解决问题,并向同伴提供解决方法	
责任担当	自理自立	有自理自立的意识	有自理自立的意识,并有付诸行动的想法	有自理自立的意识,并能付诸实践	有自理自立的意识,能积极主动地去实践	
	生活态度	在同伴或教师的帮助下,产生积极主动的意识,有独立自主的意愿	能听从指令,独立完成任务	有积极主动的态度,能独立完成自己力所能及的事	有积极主动的态度,乐于完成自己力所能及的事,并产生自豪感	

(续表)

评价指标		评价标准				评分
		☆	☆☆	☆☆☆	☆☆☆☆	
创意物化	创意设计	按照要求摆放物品	对物品的摆放有规划,并基本能按规划摆放	对物品的摆放有自己的想法,并付诸实践	对物品的摆放有自己的想法,并能简单说出理由,付诸实践	
	成果展示	书包基本保持洁净,能将物品全部摆放进书包里	书包基本保持洁净,物品的摆放基本遵循规则	书包干净整洁,物品按照一定规则摆放	书包干净整洁,物品摆放有条理,并能简单说说这样摆放的理由	
总评						

六、学习工具

活动手册,见图3—图7。

图3

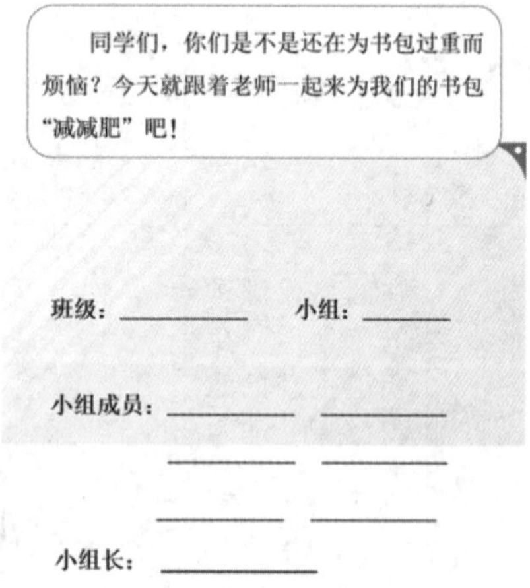

图4

3. 上海市杨浦区政立路小学

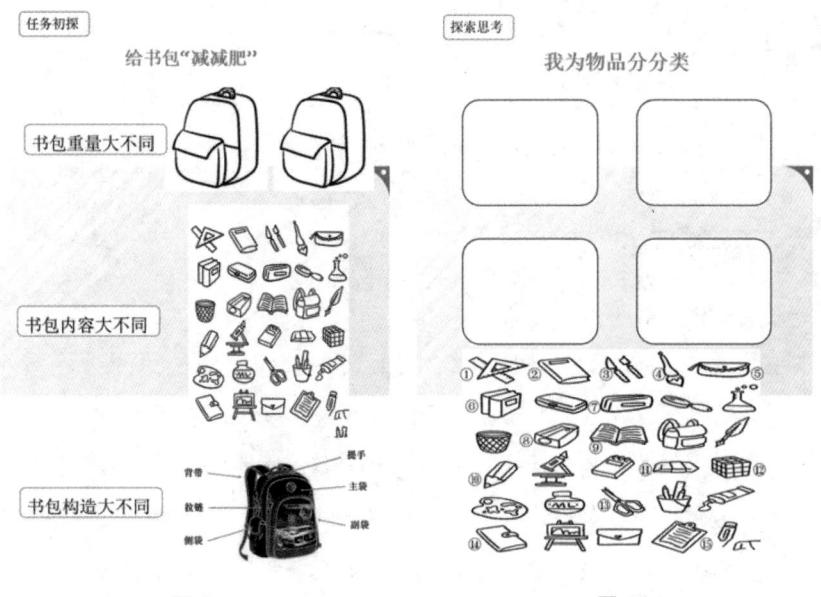

图 5   图 6

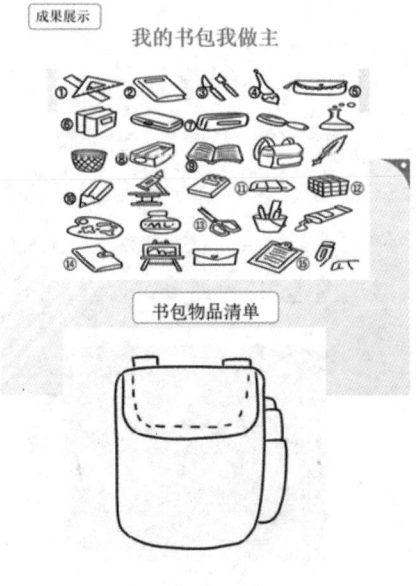

图 7

(执笔人：上海市杨浦区政立路小学　顾佳佳)

 案例二

电子邀请函

一、主题概述

（一）主题来源

本主题活动为政立路小学三年级生涯课程"校园小岗位，我能行"系列选修课程之一。根据三年级学生的认知基础、学习兴趣以及结合信息化的时代背景，确定了"电子邀请函制作"的活动，希望在电子邀请函制作的过程中，培养学生对"电子邀请函制作员"这一校园小岗位的体验和认知，以及自主选择的意识和能力。

（二）研究问题

如何制作十岁生日电子邀请函？

（三）活动任务

1. 任务

三年级的同学们马上要到十岁生日了，学校准备举办一次十岁生日嘉年华活动，组织学生邀请自己的好朋友来参加嘉年华庆典。要求每个人都使用网络平台制作一份适用于十岁生日嘉年华的邀请函，邀请函尺寸为 H5，内容包括十岁生日主题、嘉宾姓名、活动内容、时间地点等要素，可自主添加其他内容，必须体现个人风格与偏好。

2. 任务分解

本任务可以分解为三个子任务，分别为观察比较、设计制作以及成果展示，其中设计制作分为三个模块，分别为设计框架、细化制作以及美化加工。（见图1）

子任务一：邀请函"比一比"。通过观察和对比纸质邀请函与电子邀请函，设计电子邀请函页面布局。

子任务二：邀请函"做一做"。使用相关软件，独立完成生日邀请函制作，并通过小组讨论，美化生日邀请函。

子任务三:邀请函"秀一秀"。进行电子邀请函交流展示活动,并在最后进行评价。

这三个子任务是递进关系,学生要层层深入完成此项目。第二个子任务中的三个模块可进行反复检验,使作品更加完善。

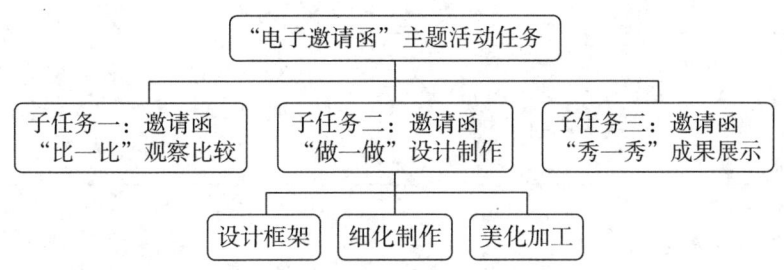

图1 "电子邀请函"主题活动任务分解图

(四)学情分析

见表1。

表1 电子邀请函制作主题活动学情分析表

维度	目标指向	已有基础	发展预期
价值体认	规则意识	能在教师的提醒下标注名称以及素材来源	大部分同学能够主动标注信息来源,能在成果展示页面标注名称
责任担当	生活态度	都喜欢参加生日活动,部分学生有制作纸质生日邀请函的经验	对如何制作电子邀请函保持好奇,体验电子邀请函制作员这一校园小岗位及电子邀请函制作过程,形成自己的认知
问题解决	信息处理	在三(上)生涯课程中充分了解课程信息、个人偏好等,已完成生涯课程的选择,初步具有自主选择的意识和能力	根据自身需求和喜好设计电子邀请函,并有针对性地进行信息的搜集和整合,进一步发展自己的自主选择意识和能力

(续表)

维度	目标指向	已有基础	发展预期
创意物化	物化制作	根据需要选择适用的个人照片，有通过互联网寻找音乐、图片等的基础经验	根据制作电子邀请函的需要，收集、整理、选用适合的个人照片、音乐、配图、装饰等信息、素材
	成果展示	学生在日常的课堂学习过程中，已经有展示交流的经验	能够从策划文案、图片、音乐三个方面将自己制作的生日邀请函进行展示交流

（五）创新素养链接

见表2。

表2 电子邀请函制作主题活动创新素养行为表征表

维度	创新素养指标	行为表征
创新人格【C-1】	想象力【C-1-2】	能将所设计的电子邀请函与纸质邀请函建立关联，明确邀请函的布局设计
创新思维【C-2】	精致性【C-2-4】	能在制作过程中不断调整、改进、美化，使得作品更加完善
创新实践【C-3】	观念践行【C-3-3】	能通过制作调整的过程，检验信息是否全面、设计是否可行

二、活动目标

（一）任务目标

根据活动要求，使用网络平台制作一份适用于十岁生日嘉年华的邀请函，必须体现个人风格与偏好。

（二）学习目标

1. 通过对比纸质生日邀请函和电子生日邀请函的异同，自主探索实践，体验电子邀请函制作员这一校园小岗位，形成公共意识，在制作的过程中培养想象力。(Z-1-2公共观念)【C-1-2想象力】

2. 根据自己的喜好，设计电子生日邀请函的框架结构和版面内容，培养自主选择的意识和能力。在小组合作的过程中,认真倾听小伙伴的想法,并对自己的作品进行美化。(Z-2-1 自理自立)【C-1-4 分享协作】

3. 根据自己设计的内容,收集所需的素材并进行整合,培养信息收集和加工的能力。(Z-3-3 信息处理)【C-3-2 资源利用】

4. 通过电子生日邀请函的实际制作,培养动手操作的能力,最终完成作品,提升物化制作的能力。(Z-4-3 物化制作)【C-2-4 精致性】

三、活动内容

见表3。

表3 "电子邀请函制作"主题活动内容表

子任务(活动)	活动目标	表现标准	建议课时
邀请函"比一比"	通过观察和对比,发现纸质生日邀请函和电子生日邀请函的基本元素和异同,拟定电子邀请函基本页面布局,并完成活动手册上的计划执行单(Z-1-2)【C-1-2】	明确任务的基本要求,即为自己设计一份电子生日邀请函 填写完活动手册的计划执行部分,符合要求	1
邀请函"做一做"	根据出示的步骤提示,完成软件注册登录,明确网站内三大模板的基本功能(Z-2-1)【C-1-4】 根据上节课基本页面布局的设计,明确自己生日邀请函整体框架以及分页内容;独立完成生日邀请函制作,并通过小组讨论,美化生日邀请函(Z-3-3)【C-3-2】	通过思考和小组讨论,明确自己生日邀请函的主色调、照片素材、背景音乐 完成邀请函的文本内容 完成素材的收集、整理和加工	6
邀请函"秀一秀"	能展示交流电子邀请函成品,进行反思;能够在教师的指导下,对其他同学的作品进行评价(Z-4-3)【C-2-4】	通过回顾活动过程,反思自己在活动中的表现 完整填写活动手册,符合要求	1

四、活动实施

（一）实施流程

见图 2。

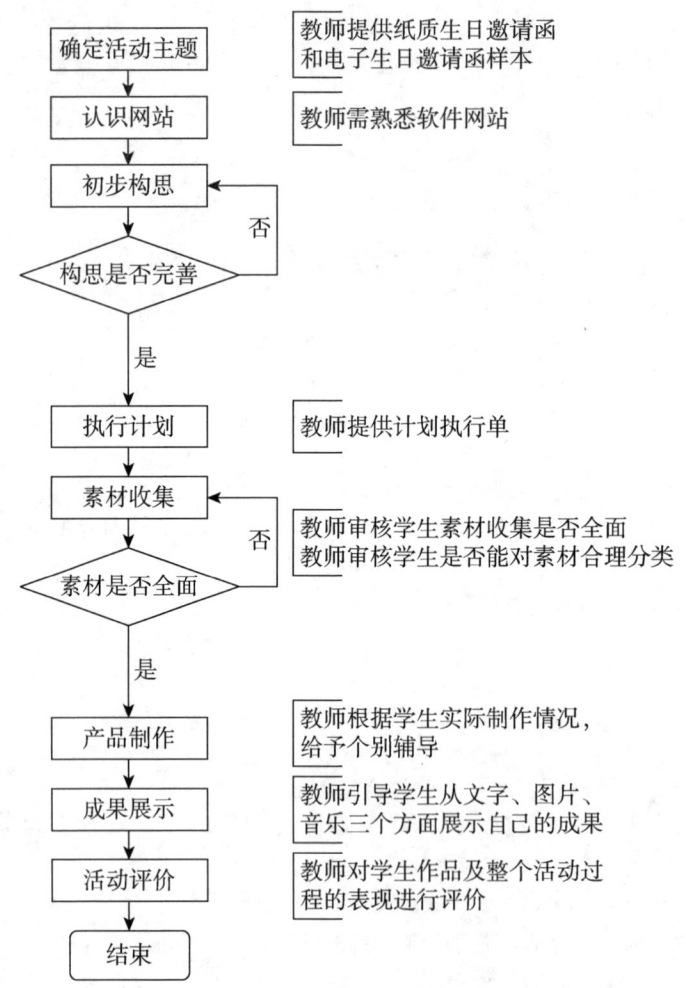

图 2 "电子邀请函制作"主题活动实施流程图

（二）实施建议

1. 学习对象

三年级第一学期学生。

2. 预设课时

8课时。

3. 实施建议

（1）准备阶段

教师要引导学生发现邀请函的基本元素，并展示电子生日邀请函；引导学生发现电子生日邀请函的基本元素，包括文字、照片、音乐、动画等。教师创设问题情境，引导学生发现电子生日邀请函和纸质生日邀请函的异同，并指导学生明确活动主题：为自己的十岁生日制作一封电子邀请函。

（2）执行阶段

第一课时：认识网站。教师帮助学生完成网站账号的注册（根据实际，可能需要提前注册）。引导学生探索与发现网站的三大模板：元素模板、单页模板、功能模板，并熟悉每一模板的基本功能。

第二课时：初步构思。教师组织学生设计自己生日邀请函的基本框架，引导学生构思每一页的内容。分小组讨论，确定自己邀请函的主色调、照片素材、背景音乐。引导学生说明选择的理由。

第三课时：执行计划。教师引导学生写出邀请函的文本内容，如邀请语、生日感言，以及出席生日宴会的宾客名单。

第四课时：收集并整理素材。教师根据学生先前收集的图片、音乐、动画等素材，引导学生建立文件夹，对素材进行分类和整合。

第五、六课时：制作邀请函。在教师的帮助下，学生独立进行网站的探索，将整理好的素材放入页面中进行排版制作。教师对有困难的学生给予个别指导。

（3）收尾阶段

教师组织学生投票选出自己心目中最喜欢的作品。学生分享自己的设计思路，其他同学进行评价。教师对学生作品及整个活动过程的表现进行评价。最后引导学生分享交流对电子邀请函制作员这一校园岗位的认知，包括能力素养、对学科知识的应用、自己的偏好与擅长、学习与收获等。

五、活动评价

采用学生自评与教师评价结合的形式，从价值体认、责任担当、问题解决、创意物化等方面对学生的活动情况进行评价。评价以激励为主，既关注学生的过程性表现，也关注结果性表现。教师综合评价，确定学生获得该课程的星级。（见表4）

表4 "电子邀请函"主题活动评价表

评价维度		评价标准				评分
		☆	☆☆	☆☆☆	☆☆☆☆	
价值体认	科学态度	了解电子邀请函制作员这一校园小岗位的大致工作内容	了解电子邀请函具体步骤自主选择制作电子生日邀请函的图片、背景、音乐等素材	体验电子邀请函制作的过程自主选择相关素材，并说明选择的理由	充分体验电子邀请函制作全过程，并了解自己的偏好与擅长 按照个人爱好合理选择相关素材，并说明理由	
问题解决	计划制订	能够在教师的引导下，有计划地完成部分任务	能够在教师的引导下，有计划地完成所有任务	能够主动地进行邀请函的设计	能够主动地进行邀请函的设计，并能够对设计进行优化	
	信息处理	能在教师的指导下，收集所需的部分素材	能在教师指导下，收集所需的全部素材	能独立完成素材的收集工作	能独立完成素材的收集工作，并对素材进行分类、整理、选择	
创意物化	创意设计	邀请函页面布局杂乱 直接套用模板，很少有自己的构思 邀请函页面排版、颜色搭配混乱	邀请函页面布局整齐 能够模仿模板，完成邀请函设计 邀请函无页面切换动画效果，素材摆放位置杂乱	页面布局整齐且合理 能够在独立思考和小组讨论的过程中，完成邀请函设计构思 邀请函有初步的页面切换动画效果，素材摆放整齐，页面排版合理	邀请函页面布局美观 能够在独立思考和小组讨论的过程中，完成邀请函设计构思，并说明自己的想法 邀请函页面切换效果佳，有初步的组合设计，页面布局美观	

(续表)

评价维度	评价标准				评分
	☆	☆☆	☆☆☆	☆☆☆☆	
成果展示	能够在教师的引导下,与同学展示并交流自己的作品	能够主动与同学展示并交流自己的作品	能够主动与同学展示并交流自己的作品,并能够分享自己的心得体会	能够从文字、图片、音乐三个维度主动与同学展示并交流自己的作品,分享制作心得体会	
总评					

六、学习工具

活动手册,见图 3—图 9。

图 3　　　　　　　　图 4

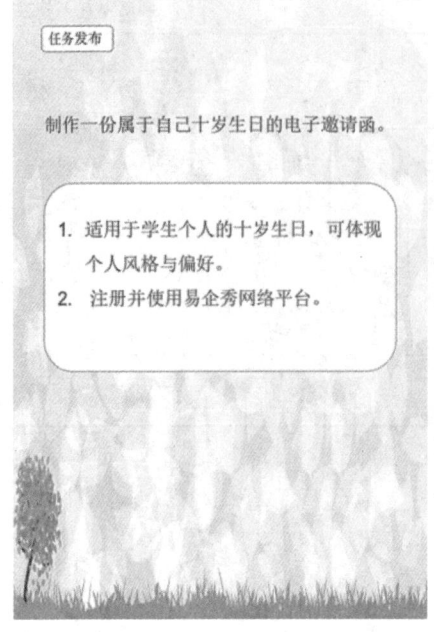

图 5   图 6

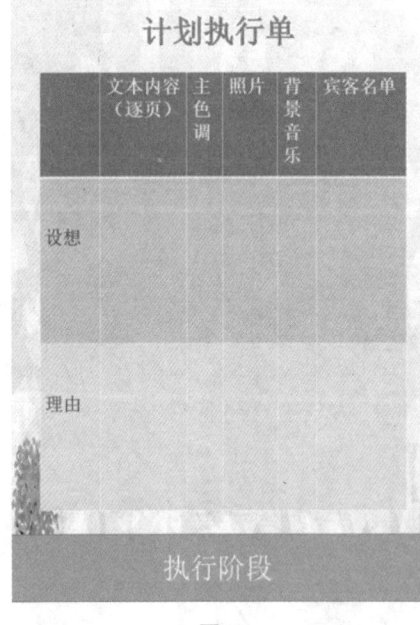

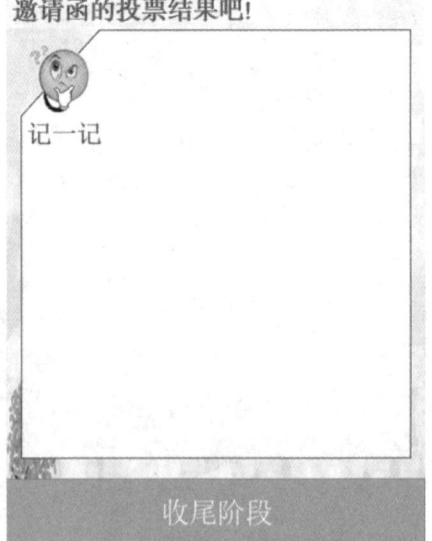

图 7   图 8

图 9

（执笔人：上海市杨浦区政立路小学　龚思韵）

4. 上海市杨浦区二联小学

上海市杨浦区二联小学(以下简称二联小学)在构建综合实践活动课程时，严格遵循"为每个师生奠基幸福人生"的办学理念。学校以崇尚和谐发展、关注生命体验、追求快乐成长的"幸福教育"校园文化为基石，从顶层规划着手，聚焦主题与内容的核心要素，形成了涵盖个人、班级、学校、家庭四大板块的主题结构，并在不同年级确保主题设计的科学性、层次性和连贯性。

在内容设计上，该课程以探索真实世界问题为桥梁，连接学生的学习与发展，通过"研学"与"研究"两大系列的综合实践活动，实现学生在价值体认、责任担当、问题解决和创意物化等方面的培养目标。

二联小学在开展不同学段的综合实践活动中，特别注重挖掘日常生活中的问题，并引导学生围绕这些问题开展活动。对于低年级学生，学校从他们的兴趣点出发，挑选学生熟悉的学校场景，发掘问题并转化为研究主题。学生运用观察、比较、分类等方法处理信息，以解答他们的问题。例如，在一年级"我的课程表"主题活动中，学生通过观察发现幼儿园与小学作息时间的差异、发现了不同科目的区别，从而对小学校园一周的生活有了了解。而中高年级的学生则在低年级的基础上更进一步，他们从日常生活中发现问题，并转化为研究主题，学习如何从书籍、视频和网络等不同途径收集信息和资源。以五年级"我们毕业啦！"主题为例，学生通过多种途径收集了小学五年学习生活的相关信息，然后整合信息，策划并排练节目，展演主题班会。

二联小学的学生在每一次真实的问题情境中，经历"发现问题—转化主题—收集信息—分析问题"的创新实践过程，他们的思维在广度与深度方面都得到了拓展，培养了分享协作的能力与持之以恒的习惯，最终成为"有志向、负责任、善学习、强身心、会生活"的二联毕业生。

上海市杨浦区二联小学综合实践活动课程实施方案

一、背景分析

二联小学建校于1954年,2007年成为控江二村小学教育集团成员单位。历年来学校始终秉承"为每个师生奠定幸福人生"的办学理念,围绕崇尚和谐发展、关注生命体验、追求快乐成长的"幸福教育"校园文化,关注学生的全面发展和终身发展,努力塑造"负责任、善学习、强身心、乐创造、会生活"的二联小学毕业生形象。同时,学校在课程的建设与实施中积累了丰富的实践经验,是杨浦区课程领导力项目第一、第二轮试点校。

二联小学"联·研"综合实践活动课程——"联"即联结、"研"即"对于真实世界问题的探索";"联·研"即以真实问题的探索为纽带,连接学生的学习成长,是国家综合实践活动课程校本化实施的有效途径。它包含"研学"与"研究"两大系列内容,两者相互渗透又各有侧重。"研学"系列以校外研学考察为主,通过发掘社会场馆教育资源,支持学生在真实开放的主题场域中自主发现、探究、解决问题;"研究"系列以校内探究实践为主,通过连接真实生活中的问题需求,注重探究学习的深度与持续性,运用综合能力解决问题。通过两个系列的综合实践活动达成学生价值体认、责任担当、问题解决和创意物化等方面的培养目标。

二、课程目标

(一) 总目标

1. 价值体认

通过参与学校综合实践活动,初步知晓国情历史,认同公民身份,爱党爱国;理解并遵守公共空间基本行为规范,尊重不同民族的礼仪和习俗;培养良好的行为习惯,形成一定的规则意识和集体观念;会用严谨的科学态度、方法进行探究实践。

2. 责任担当

能自己处理好生活中的基本事务,有自理能力、自立精神;能主动关心身边的人和事并提供帮助;在团队协作中能承担任务,能够悦纳他人意见,初步形成责任意识;保持对生活的热爱和好奇,养成积极向上的生活态度。

3. 问题解决

能在教师的引导下围绕生活中的真实情境发现并提出感兴趣的问题,能将问题转化为研究小课题,尝试使用科学的方法进行探究,并能对探究过程及时反思和调整,掌握探究方法和关键技能,提高解决问题的能力,培养细致严谨的探究习惯和科学素养。

4. 创意物化

根据活动任务,选择合适的工具和方法,以手工制作、数字作品等多种形式,呈现有创意的作品成果。能用基本的信息技术、手工技能解决生活与学习中的实际问题。

(二)分年段目标

见表1。

表1 二联小学综合实践活动课程分年段目标表

一级目标	二级目标	学习目标		创新素养指标
		低年段目标	中高年段目标	
价值体认 (Z-1)	爱党爱国 (Z-1-1)	通过体验集体活动、场馆活动和主题教育活动,初步了解自己的国家和伟大的中国共产党。努力争做一名优秀的少先队员	通过体验集体活动,初步知晓国情历史,爱党爱国。为自己是中国人而感到骄傲	
	公共观念 (Z-1-2)	在活动中能听从教师和工作人员安排,了解并遵守公共空间的基本行为规范	在活动中能理解并主动遵守公共空间的基本行为规范 能尊重不同民族的礼仪和习俗	
	规则意识 (Z-1-3)	能够认识和理解规则的重要性 初步形成遵守规则的自觉性	能够自觉遵守活动规则,并及时指出他人违规行为 形成遵守规则的良好习惯	

（续表）

一级目标	二级目标	学习目标		创新素养指标
		低年段目标	中高年段目标	
价值体认（Z-1）	科学态度（Z-1-4）	保持探究学习的好奇心，尊重实验探究结果	能保持探究学习的热情并持续完成探究任务 尊重实验探究结果，对结果进行科学的分析、判断	坚持【C-1-6】
责任担当（Z-2）	自理自立（Z-2-1）	能整理、收纳好自己的物品，有基本的自理能力 有独立完成自己事情的意愿，有自立的意识	能主动承担一些家务劳动，在活动中能自觉整理、收纳好自己的学习工具 能根据自己的能力自主选择组内的任务，并能按要求独立完成	独立自信【C-1-3】
	主动服务（Z-2-2）	能主动帮助学习和生活中有困难的人，并能积极参与班级、家庭的各项事务	能主动为家庭、学校及社区有需要的人提供力所能及的帮助和建议	
	团队合作（Z-2-3）	在小组活动中，能积极参与小组讨论，敢于说出自己的想法 乐于接受他人提出的意见和建议	在小组合作中能主动承担并按要求完成自己的任务，乐于分享自己的观点与成果，能悦纳他人的意见 在小组合作中能和组员互相协作，提高活动成效	分享协作【C-1-4】
	生活态度（Z-2-4）	积极参与各项活动，在各种活动中有好奇心，且能快乐地进行	在积极参与各类活动的过程中，遇到问题具有敢于攻坚克难的意识，并积极探索解决问题的方法	好奇心【C-1-1】

（续表）

一级目标	二级目标	学习目标		创新素养指标
		低年段目标	中高年段目标	
问题解决（Z-3）	提问质疑（Z-3-1）	能在教师的引导下围绕生活中的真实情境，尝试提出感兴趣的问题	能围绕生活中的真实情境，提出并表述清楚与主题相关的有效问题，并在活动中发现提出新问题能对他人的观点提出自己的想法	好奇心【C-1-1】想象力【C-1-2】
	计划制订（Z-3-2）	能在教师的指导下与教师共同完成计划制订初步了解计划制订的内容步骤	能根据需求合理设计、制订简单的计划能够在计划中体现解决问题的素养	观念践行【C-3-3】
	信息处理（Z-3-3）	能够对教师提供的资料进行简单的整理、分析、处理	能够对教师提供的资料进行简单的整理、分析、处理并加以利用	灵活性【C-2-2】资源利用【C-3-2】
	问题解释（Z-3-4）	能使用分析归纳好的信息简单地说明自己对问题的解释	能够用获取的信息佐证自己对问题的解释和观点	问题分析【C-3-1】灵活性【C-2-2】
	Z-3-5监控反思	能在教师的引导下反思活动中的优点与不足	能主动反思活动过程中的优点与不足能根据反思情况提出改进、解决问题的方法	反思进取【C-1-5】

（续表）

一级目标	二级目标	学习目标		创新素养指标
		低年段目标	中高年段目标	
创意物化（Z-4）	创意设计（Z-4-1）	能从身边的环境、物品中寻找灵感，并用简单的语言描述自己的创意想法 能在教师与家长的帮助下，围绕研究的主题或问题用简单的绘画、手工制作等方式表达自己的创意	能运用信息技术设计与制作有创意的数字作品 设计的内容能体现对研究问题的思考，且具有自己小组的特色	想象力【C-1-2】流畅性【C-2-1】独创性【C-2-3】隐喻性【C-2-5】
	工具选择（Z-4-2）	了解并掌握一些基本的工具和材料的使用方法，例如，剪刀、胶水、彩色纸等 能够根据制作需要，选择合适的工具，并了解使用方法	能够运用更复杂的材料和工具进行设计和制作 能够根据设计要求选择合适的材料和工具进行制作和加工	灵活性【C-2-2】
	物化制作（Z-4-3）	能够在教师指导下，规范操作所选工具进行简单制作，提高动手操作的能力，感悟制作的乐趣	能够运用所选工具，将创意实现，并有一定的质量要求	精致性【C-2-4】观念践行【C-3-3】问题解决【C-3-5】
	成果展示（Z-4-4）	能够在教师引导下对自己的作品进行简单介绍和展示	能够对自己的作品进行介绍和展示，并接受他人的评价	流畅性【C-2-1】方案评价【C-3-4】

三、课程内容

（一）内容选择的原则

1. 纲要引领，全面发展

综合实践活动课程的内容紧密围绕《中小学综合实践活动课程纲要》的基本

要求,确保学生在参与活动的过程中能够获得德、智、体、美、劳全面发展。

2. 生活为基,实践育人

课程内容应与学生的日常生活紧密相连,反映他们的生活经验和社会实践,提升他们的社会责任感和实践能力。

3. 跨学科性,知识融合

课程的内容应具有跨学科性,鼓励学生综合运用所学知识来解决问题。

4. 实践为本,主动发展

课程内容应突出实践性,强调学生的主动参与和实践。通过选择需要学生动手实践、参与社会调查、进行实地考察等活动的主题,使学生在实践中能够深入了解问题,提升实践能力。

(二) 内容结构

见图1。

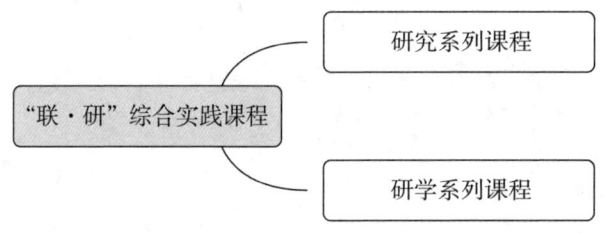

图1 二联小学"联·研"综合实践活动课程内容结构图

研究系列课程聚焦真实情境下的生活问题,以此为研究主题。依托学校和社区等资源,我们精心设计适合该年段学生认知能力的跨学科研究性学习活动。

研学系列课程则精选符合各年段学生年龄特点的场馆资源,主要依托博物馆的场地、展品以及教育活动等资源。我们设计了一系列社会探索实践活动,将学校活动与场馆活动有机融合,以适合该年段学生的认知能力。

（三）具体内容

见表2。

表2 二联小学综合实践活动课程内容与目标关联表

学期	主题内容	课时	价值体认				责任担当				问题解决					创意物化			
			爱党爱国	公共观念	规则意识	科学态度	自理自立	主动服务	团队合作	生活态度	提问质疑	计划制订	信息处理	问题解释	监控反思	创意设计	工具选择	物化制作	成果展示
一上	认识我自己	4	✓		✓					✓		✓						✓	
	我的课程表	4		✓								✓	✓						✓
	我是小导游	4	✓	✓				✓	✓				✓					✓	
	我的家庭手册	4		✓			✓			✓			✓					✓	
一下	小小图书员	4		✓			✓							✓					
	设计小礼物	4							✓	✓			✓						✓
	我班的劳动角	4						✓	✓							✓	✓		
	成长的第一步	4								✓			✓			✓			
二上	面粉怎么变成面团	4				✓			✓		✓					✓			
	巧玩层层叠	4			✓				✓					✓					✓
	探秘降落伞	4				✓			✓			✓						✓	
	玩转纸陀螺	4				✓			✓					✓		✓			
二下	紫甘蓝的魔法	8				✓			✓							✓			
	寻找比恐龙更早出现的动物	8	✓			✓			✓				✓			✓			
三上	探访昆虫世界	8		✓					✓				✓						✓
	捕"食"者说	8		✓					✓				✓						
三下	绿豆芽成长日记	8				✓			✓				✓					✓	
	慧眼识牙	8				✓			✓				✓					✓	

（续表）

学期	主题内容	课时	价值体认				责任担当				问题解决					创意物化			
			爱党爱国	公共观念	规则意识	科学态度	自理自立	主动服务	团队合作	生活态度	提问质疑	计划制订	信息处理	问题解释	监控反思	创意设计	工具选择	物化制作	成果展示
四上	你会为家里选择哪款洗洁精	8				✓				✓			✓				✓		
四上	飞跃地球之盒子里的八大行星	8			✓	✓		✓			✓								✓
四下	生活垃圾处理	8		✓				✓						✓					✓
四下	它是两栖动物还是爬行动物	8				✓			✓				✓				✓		
五上	小小船儿能量大	8				✓	✓				✓					✓			
五上	不同时期同种哺乳动物的比较	8			✓				✓			✓						✓	
五下	简易提线木偶	8			✓				✓							✓	✓		
五下	我们毕业啦！	8	✓						✓			✓							✓

四、课程实施

实施要求

1. 课程设计要求

学校严格遵循《中小学综合实践活动课程指导纲要》的要求，自主设计了一系列体现综合性、实践性和生活化的主题，确保课程的校本化实施。

在教学实施过程中，我们始终关注学生创新素养的培养和研究兴趣的激发。我们强调学生在研究过程中不仅能综合运用已有的知识和技能来解决问题，还要形成一定的规则意识,提升对价值体认和责任担当的意识。

2. 课程实施要求

学校课程实施过程中关注幼小衔接,课程内容考虑到学生入学适应期的具体情况,在实施过程中落实零基础教学。在课程中加入适合一年级学生的游戏、活动等环节,引导学生顺利幼小衔接。

(1) 研究系列课程

研究系列课程的实施分为准备、实施和收尾三个阶段。分别引导学生明确问题,形成合作小组,知道小组合作的要求,制订学习计划;根据活动要求进行探究活动,努力与伙伴进行合作,积极承担分工,共同完成任务;汇总资料,对伙伴进行评价。(见图2)

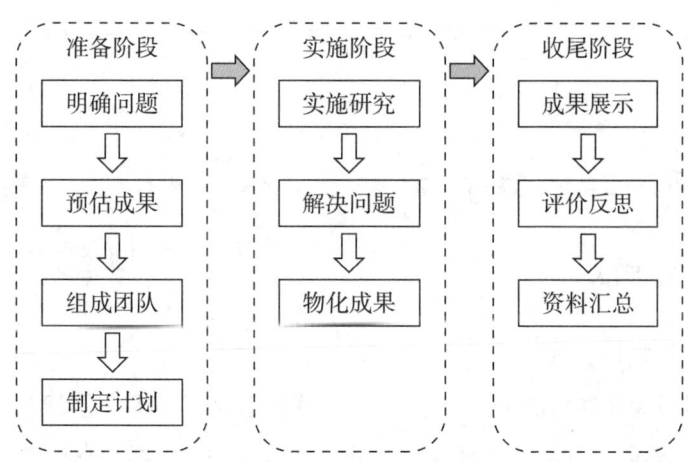

图2　二联小学"联·研"综合实践活动"研究系列课程"实施流程图

(2) 研学系列课程

研学课程是在本区场馆课程内容基础上进行设计。我校的场馆课程选用区域共享课程与自主开发课程相结合的方式进行。(见图3)

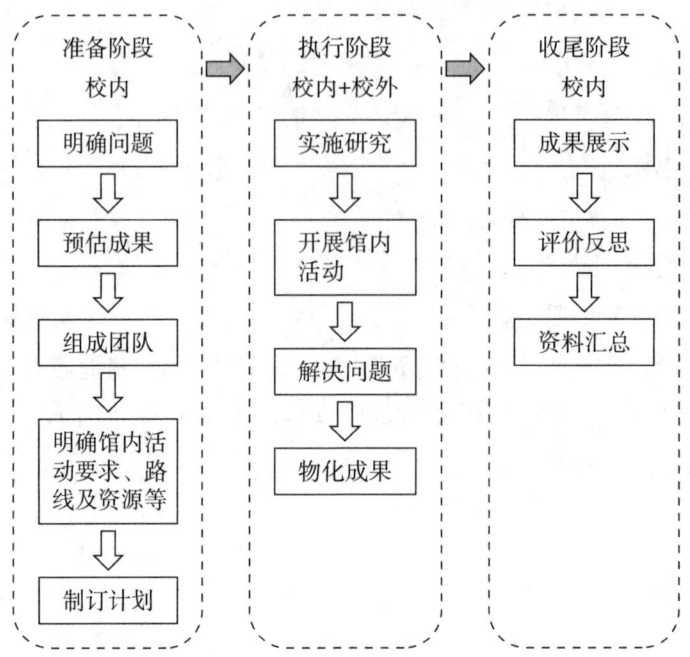

图 3 二联小学"联·研"综合实践活动"研学系列课程"实施流程图

五、课程评价

（一）评价目的

综合实践活动课程的评价旨在引导学生掌握课程要求的知识与技能，培养创新精神、实践能力和社会责任感，促进学生的个性发展，提高学生的综合素质。

（二）评价原则

全面性原则：涵盖学生发展的各个方面，包括知识技能、能力素养、情感态度等，以及学生在活动过程中的表现和成果。

过程性原则：关注学生在活动过程中的发展变化，重视学生的实践能力和创新精神，鼓励学生在探究、实践、反思中不断提升。

多元性原则：评价主体应多元化，包括学生自评、同学互评、教师评价、家长评价等；评价方式也应多样化，如书面报告、口头表达、作品展示等。

激励性原则：以激励为主，肯定学生的进步和成绩，同时也要指出不足和需要改进的地方，以帮助学生更好地发展。

（三）评价内容

活动准备,包括活动计划的制订、活动资源的准备、小组成员的分工等。

活动过程,包括活动的组织、实施、协调、反思等。

活动成果,包括学生的作品、报告、总结等。

情感态度,包括学生对活动的兴趣、态度、价值观等。

能力提升,包括学生的创新精神、实践能力、解决问题的能力等。

（四）评价方式

综合实践活动课程将运用观察法、作品评价法、口头表达法、小组讨论法、档案袋评价法等多种方式对学生进行评价。

六、课程管理

（一）课程管理框架图

见图4。

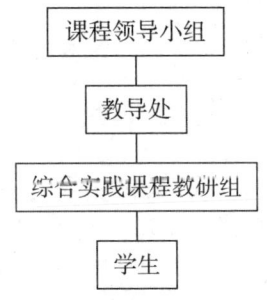

图4　二联小学"联·研"综合实践活动课程管理框架图

（二）课程管理策略

1. 以制度为保障,加大课程的开发、建设和实施力度。改变学生原有的学习方式,实现教育观念、教学方式和学习方式的转变,推进综合实践活动课程学习的开展。

2. 开展校本研修,提高教师的专业能力。继续开展以"专家引领、同伴互助、自我反思"为特征的校本培训活动。通过分层学习、理念引领,进一步加强教师对课程开发的意识;通过聚焦课堂、实践研讨,提升课程开发能力。

3. 整合社会课程资源,拓宽课程建设途径。积极参与上海市馆校合作项目的研究,将博物馆作为综合实践活动课程的学习空间,为学生的探究提供更为专业的知识保障,形成社校合作的良好机制。

(三) 课程实施保障

1. 组织保障

根据学校的实际情况,建立高效能的课程领导管理体制以及与之配套的管理机制,制订与之相适应的规章制度,使学校的人力、物力、财力实现和谐组合、优化配置、合理使用。

2. 资源保障

加强后勤制度与机构建设,为教师有效使用先进教学设施、设备及推进课程改革创造条件。加大资金投入,调整经费使用结构,保障教师科研、教师培训、学生活动等各项工作的顺利开展。发挥骨干教师的引领作用,鼓励教师参与各类校外研究成果展示与交流活动。

(执笔人:上海市杨浦区二联小学　夏希汶)

案例一

我的课程表

一、主题概述

(一) 主题来源

本单元是一年级综合实践活动的第二单元。经过一个月的小学学习、生活,此时学生已经对小学的生活有了初步的感知。在这一单元中,我们将进一步引导学生借助手中的课程表这一载体,通过"找不同""找一找""数一数""画一画"等方式对课程表的结构和内容进行探索。引导学生知道学校的学习、生活是依据课程表进行安排的,让学生通过统计知道不同学科的课时数;并能自主设计代表不同学科的创意符号,制作自己的创意课表。最后通过"理一理""说一说"的方式介绍自己理书包的方法。提高学生信息处理、逻辑思维和语言表达的能力,引导学生主动安排自己的学习生活,激发学生的主人翁意识。

本主题内容涉及语文、数学、造型·美术等相关学科知识与技能。以学生的实践活动为主,通过一系列探索活动,鼓励学生亲自参与并呈现自己的活动成果。在整个过程中,引导学生积极投入实践活动,进行深入的探索与体验,从而提高其多方面的能力,促进其全面成长。

(二) 研究问题

我一周在学校干什么?

(三) 活动任务

1. 任务

为了让爸爸妈妈了解孩子在校的有趣生活,学校将在每年十月底的校园活动中,举行"创意课程表"的展示活动。活动中,请你和小伙伴两两合作,为每个学科设计创意符号,共同制作一份特别的"创意课程表"参加班级展示。我们还将通过投票选出十份优秀的"创意课程表"参加学校的展示活动。

具体要求:

为各学科设计一种符号,运用颜色、几何图形等区别。

根据设计的符号,制作一张自己班级的"创意课程表"。

2. 任务分解

本活动任务可分解为四个子任务。(见图1)

子任务一:课表我认识。请学生用你们的"火眼金睛"来找找小学和幼儿园课程表的不同,并用彩笔把不同的地方圈画标注出来。通过查找,学生发现小学和幼儿园生活的不同,并说明课程表的用途。

子任务二:课表我知道。我们来一起认一认课程表:探索课程表的构成和包含的内容;数一数不同学科一周的课时数;将不同的学科标记出来,找一找不同学科在课表中的位置。

子任务三:课表我设计。自主设计代表每个学科的创意符号,并试着用这些符号制作"创意课程表"。

子任务四:课表我会用。根据自己设计的课程表,来理一理小书包。看看哪些小朋友能准确、高效地完成理书包的任务,并请他们来介绍方法。

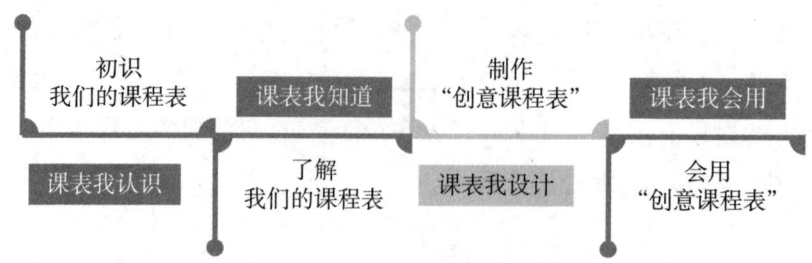

图 1 "我的课程表"主题活动任务分解图

（四）学情分析

见表 1。

表 1 "我的课程表"主题活动学情分析表

维度	目标指向	已有基础	发展预期
价值体认	科学态度	初步尝试用颜色、图案等方式记录信息的方法	能用颜色、图案等方式如实记录收集到的信息
责任担当	生活态度	能积极参与课程活动，激发勇敢表达自己想法的勇气	积极参与课程活动，能在课堂上勇敢表达自己的想法
问题解决	信息处理	知道收集信息的方法；能够对收集到的信息进行简单整理	能够通过观察等途径收集相关信息；能够对收集到的信息进行简单整理和分析
	问题解释	能试着解释问题，勇于表达自己的观点	能用自己的语言解释问题，有简单推理过程，并勇于表达观点
创意物化	成果展示	能清楚地说出自己想说的事	学会展示自己的成果，提升表达能力和自信心

（五）创新素养链接

见表2。

表2 "我的课程表"创新素养行为表征表

维度	创新素养指标	行为表征
创新人格【C-1】	好奇心【C-1-1】	能够对课程表保持好奇,有旺盛的探索欲,善于提出问题,基于问题展开观察和探索
创新思维【C-2】	流畅性【C-2-1】	能够在观察中进行思考,能够总结方法产生多种不同的想法与创意
创新实践【C-3】	观念践行【C-3-3】	能够基于观察设计创意课表,通过分析、评价等各种方式来完善设计方案并付诸实践

二、活动目标

（一）任务目标

通过观察,了解课程表。通过设计创意符号,制作创意课程表。

（二）学习目标

1. 能找出幼儿园时间表和小学课程表的不同,并用彩笔把它们圈画标注出来。(Z-3-3信息处理)【C-2-1流畅性】

2. 能通过对课表的观察和探索,知道课程表的构成和包含的内容。统计不同学科一周的课时数,能找出不同学科在课表中的位置。(Z-3-3信息处理)【C-2-1流畅性】

3. 自主设计代表每个学科的创意符号,试着用这些符号制作"创意课程表"(Z-4-4成果展示)【C-1-2想象力】

4. 根据课程表,理一理小书包,并说说这样理书包的理由。能做简单的自我评价。(Z-2-1自理自立)【C-3-5问题解决】

三、活动内容

见表3。

表3 "我的课程表"主题活动内容表

子任务(活动)	活动目标	表现标准	课时
课表我认识	能找出幼儿园时间表和小学课程表的不同,并用彩笔把它们圈画标注出来(Z-4-4)【C-3-5】	说出幼儿园时间表和小学课程表的不同	1
课表我知道	通过观察探索,知道课程表的构成和包含的内容(Z-3-3)【C-2-1】 统计不同学科一周的课时数,并能找出不同学科在课表中的位置(Z-3-4)【C-2-1】	写出不同学科一周的课时数 说出不同学科在课表中的位置	1
课表我设计	设计代表每个学科的创意符号,制作"创意课程表"(Z-4-4)【C-1-2】	制作完成"创意课程表"	1
课表我会用	根据课程表,理一理小书包;并说说这样理书包的理由(Z-2-1)【C-3-5】	根据课程表,理一理小书包 说出这样理书包的理由	1

四、活动实施

（一）实施流程

见图 2。

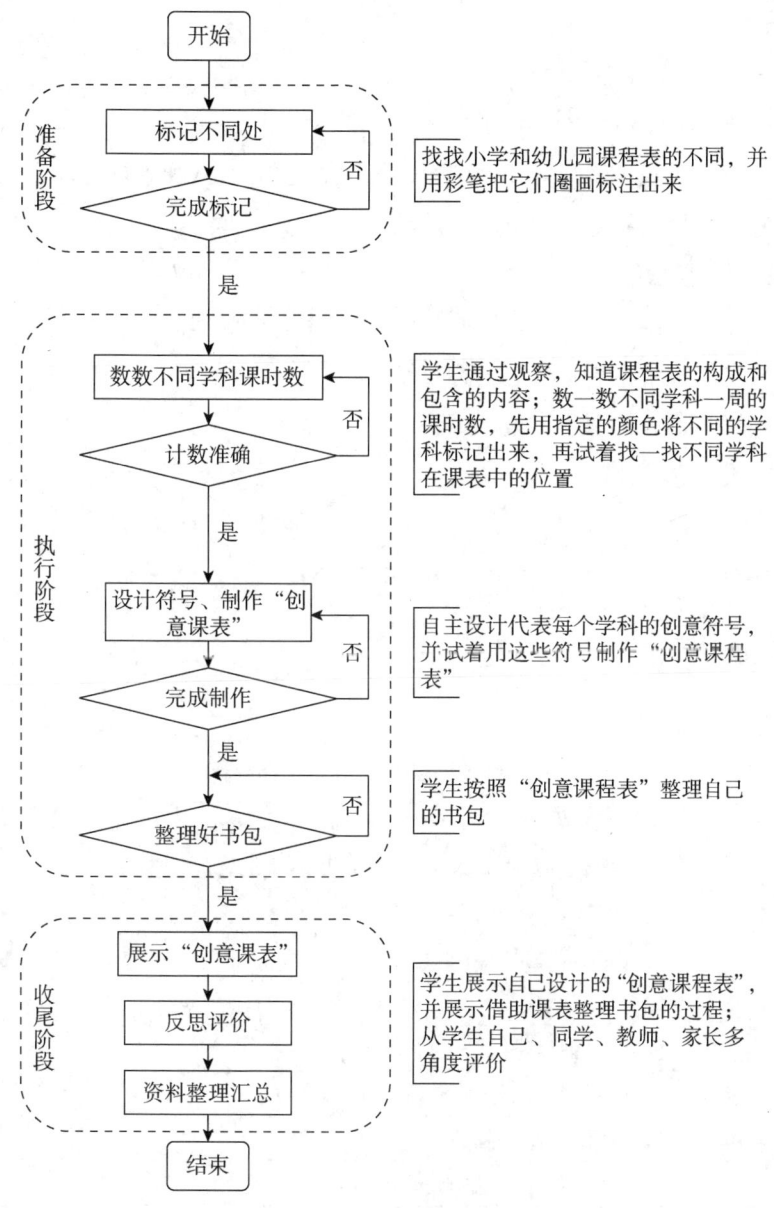

图 2 "我的课程表"主题活动实施流程图

（二）实施建议

1. 学习对象

一年级学生。

2. 预设课时

4课时。

3. 分阶段实施建议

（1）准备阶段

① 在学生寻找小学与幼儿园课程表不同的过程中，教师进行巡视。

② 在学生使用彩笔过程中，教师提醒笔头不要乱挥舞。

（2）执行阶段

① 在学生观察的过程中，教师引导学生进行有序观摩。

② 充分发挥学生想象力进行符号设计。

③ 尝试运用设计课程表整理书包。

（3）收尾阶段

① 在学生评价的过程中，教师引导多用正面评价进行鼓励。

② 结合同伴互评、师生评价等多种方式进行。

五、活动评价

见表4。

表4 "我的课程表"主题活动评价表

评价维度	评分标准	评分
信息处理	能找到幼儿园时间表与小学课程表的不同并标注出来	☆
	能找到学科"好朋友"	☆
	能找到学科在课表中的位置	☆
物化制作	能完成活动手册	☆
	能完成"创意课程表"的制作	☆
成果展示	能利用"创意课程表"整理书包	☆
团队合作	能和伙伴一起合作	☆
总评		

优秀：5—7 ☆　良好：3—4 ☆　合格：1—2 ☆

六、学习工具

活动手册,见图3—图7。

图3

图4

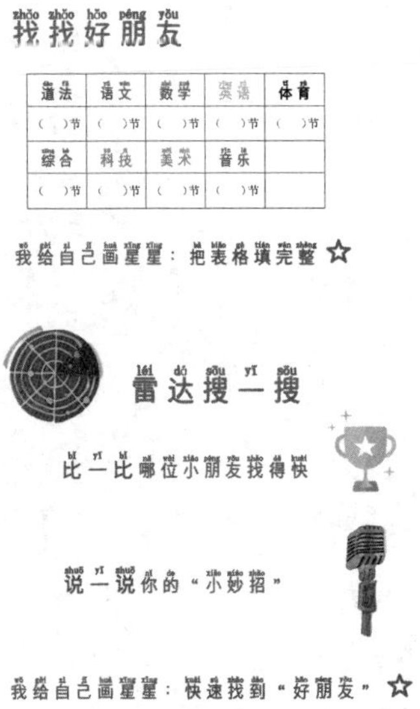

图5

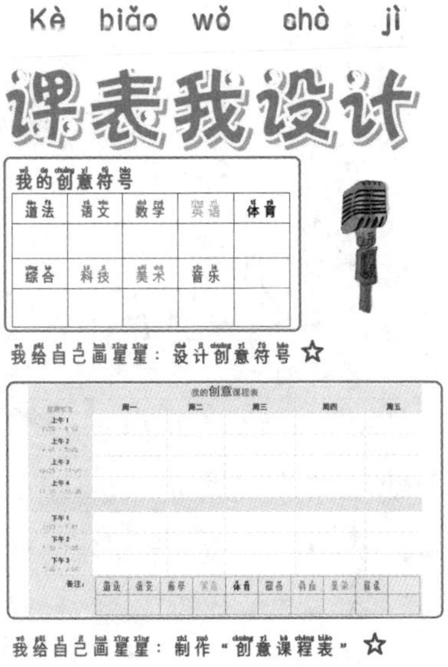

图6

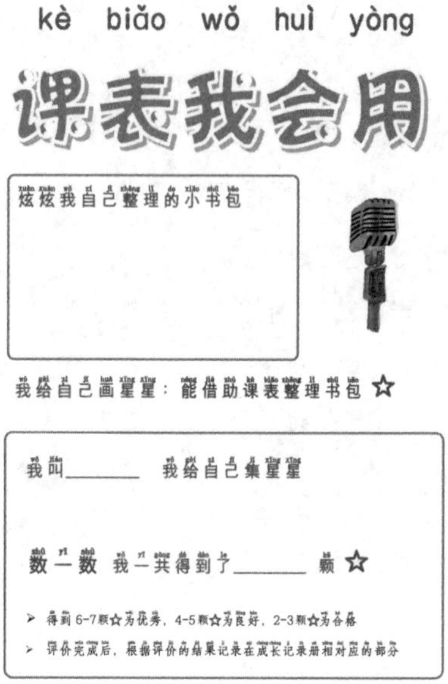

图 7

（执笔人：上海市杨浦区二联小学　朱晨杰）

 案例二

我们毕业啦！

一、主题概述

（一）主题来源

六月是毕业季。一般而言,学生的毕业庆典等毕业活动通常都是由学校设计和安排的,学生在活动中较多的是观看、欣赏,因此,比较被动。本次活动计划将舞台还给学生,让学生真正成为自己毕业时的主角,用自己喜欢的方式庆祝毕业,展示小学五年的成绩,表达对母校的感恩之情。

活动以"我们毕业啦!"为主题,涉及语文、道德与法治、信息科技、音乐、造型·美术等相关学科。以学生实践活动为主,通过一系列策划、排练、展示环节,最终呈现以学生为主体的毕业主题班会。让学生在实践活动过程中进行探索、提高能力、获得成长。引导学生在解决问题的过程中,提升规则意识和团队合作、信息处理、创意设计等能力。

(二) 研究问题

怎样设计和组织毕业班会？

(三) 活动任务

1. 任务

为了迎接毕业季,学校将在六月的班会以"我们毕业啦!"为主题开展展示活动。请学生和小组成员合作,制订计划、设计节目,共同呈现一场特别的毕业主题班会。

2. 任务分解

本活动任务分解为四个子任务。（见图1）

子任务一:班会我知道。教师和学生共同探讨开展毕业主题班会的意义,并梳理班会的构成要素(主题、主持人、展演节目、环境设计)。

子任务二:小小策划师。学生以小组为单位自主认领任务,分别进行节目设计、主持稿撰写、环境美化、音乐渲染等实践活动。

子任务三:小小排练家。学生排练事先设计好的节目。在排练过程中最终确认节目顺序、主持稿以及环境布置。

子任务四:班会我展示。学生进行最终的活动展示。通过一节35分钟的班会呈现毕业主题班会。

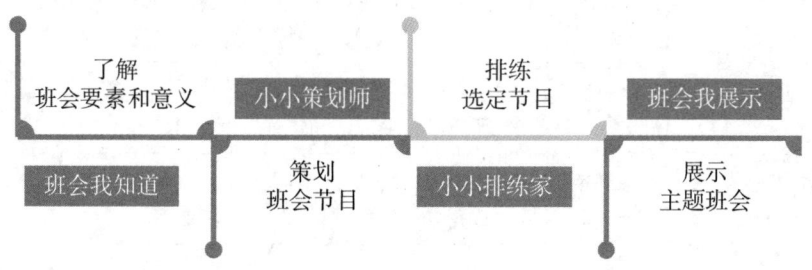

图1 "我们毕业啦!"主题活动任务分解图

(四) 学情分析

见表1。

表1 "我们毕业啦!"主题活动学情分析表

维度	目标指向	已有基础	发展预期
价值体认	规则意识	按照制订的计划完成研究;能在提示下将收集到的信息标注出处	知道计划与任务的关系;能够主动标注收集的信息来源
责任担当	团队合作	积极参与团队活动,与同学共同完成任务;能够与他人有效沟通	在团队中积极承担责任;能够与他人有效沟通,协调团队成员,共同完成任务
问题解决	计划制订	就简单的任务制订计划;能够按照计划执行任务,初步形成规划意识	制订详细、可行的计划,包括时间安排、任务分配等;能够按照计划执行任务,及时调整计划
问题解决	信息处理	通过多种途径收集相关信息;对收集到的信息进行简单整理和分析;运用信息解决问题	熟练运用各种信息工具和技术,高效获取信息;对信息进行评价,提出有价值的见解
创意物化	创意设计	就某一主题进行创意设计,提出新颖的想法和方案	结合实际需求进行创意设计,提出新颖、实用的创意方案;能够运用所学知识和技能将创意转化为作品

(五) 创新素养链接

见表2。

表2 "我们毕业啦!"主题活动创新素养行为表征表

维度	创新素养指标	行为表征
创新人格【C-1】	分享协作【C-1-4】	在合作中能主动承担并完成任务;他人有困难时愿意协助;能分享自己的想法,接纳他人的意见
创新思维【C-2】	灵活性【C-2-2】	能接受多种形式的信息;从不同角度使用信息;适时地调整自己的想法和排练进度
创新实践【C-3】	资源利用【C-3-2】	能够围绕问题,从不同途径收集信息与资源,整理、筛选并分析信息,用于主题班会展示

二、活动目标

(一) 任务目标

和小组成员合作制订计划、设计演出节目,合作呈现一场35分钟的毕业主题班会。

（二）学习目标

1. 理解开展毕业主题班会的意义，并梳理班会的构成要素。(Z-3-3 信息处理)【C-2-1 流畅性】

2. 能以小组为单位进行实践活动，完成节目设计、主持稿撰写、环境美化、音乐渲染等。(Z-3-2 计划制订)【C-1-5 反思进取】

3. 能与他人合作排练节目，并能在排练过程中与同伴进行有效讨论，最终确认节目顺序、主持稿及环境布置。(Z-2-3 团队合作)【C-2-2 灵活性】

4. 能与他人合作，完成一场35分钟的毕业主题班会展示。(Z-4-4 成果展示)【C-3-4 方案评价】

三、活动内容

见表3。

表3 "我们毕业啦！"主题活动内容表

子任务（活动）	活动目标	表现标准	课时
班会我知道	理解开展毕业主题班会的意义，并梳理班会的构成要素(Z-3-3)【C-2-1】	能说出班会课的基本构成要素	1
小小策划师	能以小组为单位进行实践活动，完成节目设计、主持稿撰写、环境美化、音乐渲染等(Z-3-2)【C-1-5】	完成节目设计、主持稿撰写、环境美化、音乐渲染等实践活动	3
小小排练家	能与他人合作排练节目，并能在排练过程中与同学进行有效讨论，最终确认节目顺序、主持稿及环境布置(Z-2-3)【C-2-2】	完成节目排练	3
班会我展示	进行班会主题展示(Z-4-4)【C-3-4】	展示主题班会	1

四、活动实施

（一）实施流程

见图 2。

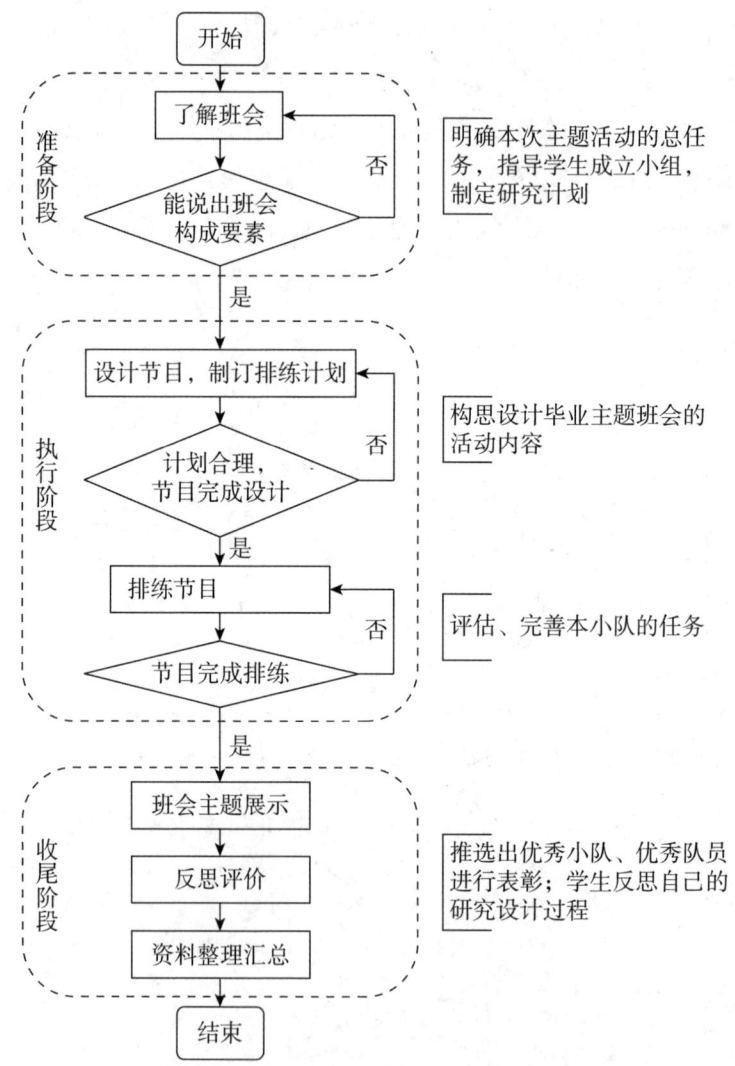

图 2 "我们毕业啦！"主题活动实施流程图

（二）实施建议

1. 学习对象

五年级学生。

2. 预设课时

8课时。

3. 组织策略

以小队为单位进行活动。队内需明确成员分工，并根据研究计划的时间节点完成各项活动。在活动中遇到问题能够及时讨论并解决，或寻求帮助解决。

4. 分阶段实施建议

（1）准备阶段

教师要引导学生明确本次主题活动的总任务，知道任务的内容，并指导学生成立小组，制订研究计划，明确计划中各部分完成的时间点及任务。

（2）执行阶段

学生初步构思设计毕业主题班会的活动内容。各小组要在排练预演的过程中，及时评估负责的任务，发现可完善的内容。通过创意设计、补充完善，最终达到丰富毕业主题班会内容的目的。

（3）收尾阶段

展示毕业主题班会。按评价表要求由各小组自主评价，推选出优秀设计小队、优秀队员进行表彰。同时，学生反思自己的设计过程，思考在过程中产生了哪些问题，欠缺哪些内容，如何进行有针对性的补充，如何解决问题，等等，这都是学生进一步进行综合实践活动的保障。

五、活动评价

见表4。

表4 "我们毕业啦！"主题活动评价表

评价维度	评价标准				评价
	☆	☆☆	☆☆☆	☆☆☆☆	
团队合作	在教师和同伴的提醒和帮助下，完成了自己承担的任务	独立完成自己承担的任务	既能完成自己承担的任务，又能在有困难同伴的要求下，伸出援手	既能完成自己承担的任务，又能主动帮助有困难的同伴	☆☆☆☆

（续表）

评价维度	评价标准				评价
	☆	☆☆	☆☆☆	☆☆☆☆	
计划制订	不能按照分工完成计划制订	能基本按照分工，初步完成小组的计划	能完成小组承担的毕业主题班会设计	能主动完成小组承担的毕业主题班会设计	☆☆☆
创意设计	不能设计节目内容	能设计节目内容	能设计有创意的节目内容	能设计出新颖的节目形式和有创意的节目内容	☆☆☆
成果展示	不能呈现完整的节目展示	能呈现较为完整的节目展示	能呈现完整的节目展示	能呈现完整、精彩的节目展示	☆☆☆
总评					

优秀：12—16　☆　　良好：8—11　☆　　合格：4—7　☆

六、学习工具

活动手册，见图3—图8。

图3　　　　　　　　　　　　图4

4. 上海市杨浦区二联小学

姓名 _____
我参加环境布置组

评一评（请填写几颗星）

评价内容	完成度自评	完成度互评
沟通协调	☆☆☆	☆☆☆
背景音乐	☆☆☆	☆☆☆
舞台布置	☆☆☆	☆☆☆
预案准备	☆☆☆	☆☆☆

图 5

姓名 _____
我想参加 _____（主持/表演/环境布置）组
我的优势
① _____
② _____
③ _____

我能做
_____
_____

图 6

姓名 _____
我属于 _____（主持/表演/环境布置）组
我的活动照

我的活动收获
_____
_____

评一评（请填写几颗星）

评价内容	完成度自评	完成度互评
节目效果	☆☆☆	☆☆☆
团队合作	☆☆☆	☆☆☆

图 7

我叫 _____ 我给自己集星星

活动阶段	评分规则	自评	互评	师评
准备阶段	理解开展毕业主题班会的意义。	☆☆☆	☆☆☆	☆☆☆
策划阶段 节目设计	积极参与节目设计、主持稿撰写、环境美化、音乐渲染等活动。	☆☆☆	☆☆☆	☆☆☆
执行阶段 节目排练	能与他人合作排练节目。能在排练过程中与同伴进行有效讨论，最终确认节目顺序、主持稿措辞以及环境布置。	☆☆☆	☆☆☆	☆☆☆
收尾阶段	能与他人合作，完成一场35分钟的毕业主题班会展示	☆☆☆	☆☆☆	☆☆☆

说明：
1. 评价时要有理有据，得到小组内大多数同学的支持
2. 被评价的同学如有不同意见可以提出申诉
3. 得到43~48颗☆为优秀，38~42颗☆为良好，28~37颗☆为合格
4. 根据评价的结果记录在成长记录册相对应的部分

图 8

（执笔人：上海市杨浦区二联小学　朱晨杰）

5. 上海市杨浦区杭州路第一小学

上海市杨浦区杭州路第一小学构建了以"橘宝小博士"为标志的综合实践活动课程，该课程包含了两个系列："橘宝爱研究"与"橘宝爱探秘"。这两个系列的活动设计均以实际问题的探讨为出发点，以实现具体任务的完成为导向，以实体作品的呈现为最终成果体现。

在探索与研究的旅程中，学生的创新思维得到锻炼与提升。在将概念转化为实物的过程中，他们对研究主题进行多角度的思考（流畅性），整合了多元信息以激发新颖独特的创意（独创性、灵活性），通过持续的优化设计，使得作品的精致度得到提升（精致性），并在作品中巧妙地建立起与研究问题之间的内在联系（隐喻性）。创新思维的激发促进了实践创新，同时也促进创新人格的形成。例如，在一年级的"会玩小游戏"主题活动中，学生围绕如何改编游戏规则进行了发散性思考，最终创造了许多新颖有趣的小游戏；而在"滨江'秀'品"主题活动中，学生在为杨浦滨江的地标建筑设计制作纪念品的过程中，展现了自身的创意，从概念的构思到设计图的绘制、到作品的制作，一系列的创意活动推动学生深入实践。

经过小学五年综合实践活动课程的系统学习，上海市杨浦区杭州路第一小学的学生成功跨越学科界限，实现了生活体验与知识技能的深度融合，使得"橘宝小博士"课程成为培育创新实践能力的沃土，让"创新思维"的种子在此茁壮成长。

上海市杨浦区杭州路第一小学综合实践活动课程实施方案

一、背景分析

上海市杨浦区杭州路第一小学有80多年历史，是一所"新优质"学校。学校以"用心灵点亮诗灯,让生活充满诗意"为办学理念,并据此构建"橘宝小博士"课程,旨在培养"仁爱友善、志远好学、自信向阳"的学生。

"橘宝小博士"课程,以学生兴趣和真实问题为出发点,培养研究精神。课程包含"橘宝爱研究"和"橘宝爱探秘"两个系列,旨在发展学生的综合素养。

教研组由14位教师组成,包括1位高级教师、9位中级教师和4位二级教师,多数教师拥有多年探究型课程教学经验,能理解综合实践活动课程内涵。学校采用平均分配方式建立班级,确保每个班级学生能力多样。

二、课程目标

(一)总目标

1. 价值体认

通过参与学校各项社会实践活动,初步知晓国情,爱党爱国;理解并遵守公共空间的秩序,尊重不同民族的文化礼仪;初步形成坚持不懈完成任务的习惯和科学严谨完成研究的意识,有服从并主动践行集体决议的意识。

2. 责任担当

围绕日常生活和学校生活,能主动承担一些家务,完成学校的劳动任务,为周围有困难的人提供力所能及的帮助;乐于分享、敢于提问,并主动寻求解决的方法。

3. 问题解决

在教师的引导下,敢于在真实情境中发现并提出问题,围绕问题获取所需要的信息,并运用各学科知识进行信息的加工处理,从而形成对问题的解释;在解决问题的过程中能及时发现新生成的问题,思考解决方法并及时调整研究的方法。

4. 创意物化

通过各类实践活动,能选择合适的方法动手操作,从而呈现对研究成果或物化制作的设计;在制作过程中能够反复调试或修改直至成果完成,并能对成果进行展示、汇报。

(二)分年段目标

课程总目标分解为低年段、中高年段目标。(见表1)

表1 上海市杨浦区杭州路第一小学综合实践活动课程分年段目标表

一级目标	二级目标	学习目标		创新素养指标
		低年段	中高年段	
价值体认（Z-1）	爱党爱国（Z-1-1）	通过体验集体活动、场馆活动和主题教育，初步知晓少先队历史，为能成为一名少先队员而骄傲	通过学校各项社会实践活动初步知晓国情历史，热爱党、热爱祖国，为自己是中国人感到骄傲	
	公共观念（Z-1-2）	通过各类社会考察活动的学习，知道在社会考察活动中不大声喧哗，不随意奔跑，能听从工作人员的安排	在社会考察活动时，能主动遵守公共空间的秩序，能及时指出同伴不遵守秩序的行为 能尊重不同的民俗礼仪	
	规则意识（Z-1-3）	能在集体中完成分配到的任务 能按教师制订的计划，完成研究活动 能在教师的提示下，在收集信息时标注来源	通过小组讨论，能形成小组决议，并能践行集体的决议 能按计划完成活动任务，知道要调整活动时须先修改计划 通过各种方式收集信息，采纳他人观点意见时能如实标注，知道为自己的成果署名	独立自信（C-1-3）
	科学态度（Z-1-4）	经历各种活动的全过程，能看懂活动手册，知道活动时要按要求进行记录	收集到信息时能选择合适的途径（如专业网站、书籍等）检验信息的正确性 通过研究活动的记录，知道信息或数据应真实且完整 在研究中遇到困难时能及时思考解决的方法，将研究完成	坚持（C-1-6）

(续表)

一级目标	二级目标	学习目标		创新素养指标
		低年段	中高年段	
责任担当 (Z-2)	自理自立 (Z-2-1)	能整理好自己的学习用品 能够独立地完成组内分配的任务,有自立的意识	能主动承担一些家务劳动;在活动中能整理、汇总好自己的学习工具 能根据自己的能力自主选择组内的任务并完成	独立自信 (C-1-3)
	主动服务 (Z-2-2)	能主动关心班级同学和家庭成员,当他们有困难时能主动关心或帮助	能主动为周围(家庭、学校及社区)有困难的人提供力所能及的帮助	
	团队合作 (Z-2-3)	通过经历各种活动,知道可以与他人合作完成任务 通过小组讨论等,能大胆发表自己的观点,乐于接受他人提出的建议	通过各种小组讨论活动,能主动分享自己的观点与成果,并能听取他人的意见 能根据任务要求或成员的能力进行合理分工,并在完成任务的过程中帮助有困难的同伴	分享协作 (C-1-4)
	生活态度 (Z-2-4)	在各种活动中有好奇心,快乐地进行活动	在各种活动中有求知欲,在发生困难时能主动寻求解决的方法	好奇心 (C-1-1)

(续表)

一级目标	二级目标	学习目标		创新素养指标
		低年段	中高年段	
问题解决（Z-3）	提问质疑（Z-3-1）	在教师引导下，围绕学习的主题或问题，尝试进行合理的猜测	通过对学习主题的讨论交流，能根据已有经验及时发现并提出问题 能根据学习主题，有依据地进行猜测，提出假设，并说明假设依据	好奇心（C-1-1） 独立自信（C-1-3） 问题分析（C-3-1）
	计划制订（Z-3-2）	通过阅读教师提供的研究计划，逐步了解研究计划中研究内容、时间安排、研究地点、人员安排等因素	能根据教师提供的任务要求，结合小组成员的能力和任务的要求制订研究的计划	观念践行（C-3-3）
	信息处理（Z-3-3）	通过阅读教师提供的资料（实物、文字或图片），尝试用观察、实验、阅读获取与研究内容相关的信息 能在教师的指导下，按要求比较、归纳信息	通过主题活动，掌握信息获取的多种方式，如阅读信息，测量数据，触摸感知…… 通过筛选、比较、分类等方法分析信息	隐喻性（C-2-5） 灵活性（C-2-2） 资源利用（C-3-2）
	问题解释（Z-3-4）	能使用分析归纳好的信息，简单地说明看法，尝试解释问题	通过整理归纳信息，总结与问题相关的观点或想法，形成对问题的解释 能对问题的解释说明分析的理由或推理的原因	独创性（C-2-3） 隐喻性（C-2-5）
	监控反思（Z-3-5）	能在教师的指导下，回顾整个活动 能说出活动中出现的问题	能在活动结束阶段反思整理整个活动过程中的成果和存在的问题 通过反思活动，思考解决问题的方法并调整后续的活动	反思进取（C-1-5） 方案评价（C-3-4）

（续表）

一级目标	二级目标	学习目标		创新素养指标
		低年段	中高年段	
创意物化（Z-4）	创意设计（Z-4-1）	知道设计时,可以用绘画、简单文字描述等方法来说明自己的设计思考	能根据已有的学习能力（如绘画、信息技术、写作等）确定成果展示的方式,并设计研究成果设计的内容能体现对研究问题的思考,且具有自己小组的特色	独创性（C-2-3）想象力（C-1-2）
	工具选择（Z-4-2）	能用教师指定的工具或形式来表达自己的想法	能选择合适的方法来表达研究或物化的成果	隐喻性（C-2-5）灵活性（C-2-2）
	物化制作（Z-4-3）	尝试根据设计,来进行简单制作	能按设计进行制作通过反复调试、修改,完成设计稿的制作知道在调整或修改制作时,须先修改设计	精致性（C-2-4）观念践行（C-3-3）问题解决（C-3-5）
	成果展示（Z-4-4）	能用教师指定的方式对研究内容的过程和结果进行简单表达	能对成果做简单的展示、说明或汇报	流畅性（C-2-1）方案评价（C-3-4）

三、课程内容

（一）内容选取原则

1. 生活化原则

活动主题应引导学生从生活、社会或自然中发现并提出问题,探究并解决问题,思考问题的意义,使学生获得真实体验,建立学习与生活的联系。

2. 综合性原则

选择综合主题活动的学习内容,以培养学生综合运用已有知识和经验解决真实问题的能力。

3. 实践性原则

选择能鼓励学生参与和体验的活动内容,促进学生亲身经历实践的过程,体验并践行价值信念。

(二) 内容结构

本课程由"橘宝爱研究"和"橘宝爱探秘"两个系列组成(见表2)。

"橘宝爱研究"系列,选取真实问题,设计真实任务,实现不同学科知识的迁移与应用,解决真实生活问题的跨学科研究性学习活动。

"橘宝爱探秘"系列,选取适切的场馆资源,设计融学校活动与场馆活动为一体的社会探索实践活动。

表2 上海市杨浦区杭州路第一小学综合实践活动课程内容表

学期	橘宝爱探秘	活动方式	课时	橘宝爱研究	活动方式	课时
一上	探秘"橘宝"	考察探究	6	会玩小游戏	考察探究 设计制作	5
				比书包(一)	考察探究 设计制作	5
一下	奇妙的昆虫	考察探究	6	变色的水果	考察探究 设计制作	5
				*比书包(二)	考察探究 设计制作	5
二上	*寻找比恐龙更早出现的动物	考察探究	6	*巧用购物袋	考察探究 设计制作	5
				树叶的秘密	考察探究	5
二下	国歌的故事	考察探究 社会服务	6	紫色水的魔法	考察探究	5
				*有趣的不倒翁	考察探究	5
三上	它们对人类有怎样的影响?	考察探究 设计制作	8	*"鲸"是鱼吗?	考察探究	8
三下	杨树浦水厂	考察探究	8	我是校园领航员	设计制作 职业体验	8

(续表)

学期	橘宝爱探秘	活动方式	课时	橘宝爱研究	活动方式	课时
四上	滨江"秀"品	考察探究 设计制作 社会服务	8	纸陀螺的游戏	考察探究	8
四下	盒子里的八大行星	设计制作 考察探究	8	无人机避障飞行	考察探究 职业体验	8
五上	*猿人的颅骨变化	考察探究	8	以墨书情	设计制作 职业体验	8
五下	把雨水变成优质水	考察探究 设计制作	8	我想用的纸巾纸	考察探究	8

注：*为杨浦区内其他学校的主题设计，我校引入后根据学校要求进行调整实施，其余为学校自主开发的内容

（三）内容与目标关联表

见表3。

表3 上海市杨浦区杭州路第一小学综合实践活动课程内容与目标关联表

学期	学习内容	价值体认				责任担当				问题解决				创意物化			
		爱党爱国	公共观念	规则意识	科学态度	自理自立	主动服务	团队合作	生活态度	提问质疑	计划制订	信息处理	问题解释	监控反思	创意设计	工具选择	物化制作	成果展示
一上	探秘"橘宝"	☆	☆	✓	✓	✓	☆	✓	☆	✓	✓	✓	✓	☆	✓	✓	☆
	会玩小游戏	✓	☆	✓	✓	✓	☆	✓	☆	✓	✓	✓	✓	☆	✓	✓	☆
	比书包（一）	✓	✓	✓	✓	✓	✓	✓	✓	✓	✓	✓	✓	✓	✓	✓	☆
一下	奇妙的昆虫	✓	☆	✓	✓	✓	☆	✓	☆	✓	✓	✓	✓	☆	✓	✓	☆
	变色的水果	✓	☆	✓	✓	✓	☆	✓	☆	✓	✓	✓	✓	☆	✓	✓	☆
	比书包（二）	✓	✓	✓	✓	✓	✓	✓	✓	✓	✓	✓	✓	✓	✓	✓	☆
二上	寻找比恐龙更早出现的动物	✓	✓	✓	✓	✓	☆	✓	☆	✓	✓	✓	✓	☆	✓	✓	☆
	巧用购物袋	✓	✓	✓	☆	☆	☆	✓	☆	✓	✓	✓	✓	☆	☆	☆	☆
	树叶的秘密	✓	✓	✓	✓	☆	☆	✓	☆	✓	✓	✓	✓	☆	✓	✓	☆

（续表）

学期	学习内容	价值体认				责任担当				问题解决					创意物化			
		爱党爱国	公共观念	规则意识	科学态度	自理自立	主动服务	团队合作	生活态度	提问质疑	计划制订	信息处理	问题解释	监控反思	创意设计	工具选择	物化制作	成果展示
二下	国歌的故事	☆	☆	✓	✓	☆	✓	✓	✓	✓	☆	✓	✓	☆	☆	✓	✓	✓
	紫色水的魔法	✓	✓	☆	✓	☆	✓	✓	✓	☆	✓	✓	✓	☆	✓	✓	✓	☆
	有趣的不倒翁	✓	✓	✓	☆	✓	✓	✓	☆	✓	☆	✓	✓	✓	☆	✓	☆	✓
三上	它们对人类有怎样的影响？	✓	✓	✓	☆	✓	☆	✓	✓	☆	✓	✓	✓	✓	✓	☆	☆	✓
	"鲸"是鱼吗？	✓	☆	✓	☆	✓	✓	✓	✓	☆	✓	✓	✓	☆	✓	✓	☆	✓
三下	杨树浦水厂	☆	☆	✓	✓	☆	✓	✓	✓	✓	☆	✓	✓	☆	✓	✓	✓	☆
	我是校园领航员	✓	✓	☆	✓	☆	✓	✓	✓	✓	✓	☆	✓	☆	☆	✓	✓	✓
四上	滨江"秀"品	☆	☆	✓	✓	✓	✓	✓	☆	✓	☆	✓	✓	☆	☆	✓	✓	✓
	纸陀螺的游戏	✓	✓	✓	☆	✓	✓	✓	✓	☆	✓	✓	✓	☆	☆	✓	✓	✓
四下	盒子里的八大行星	✓	☆	✓	☆	✓	✓	✓	✓	☆	✓	✓	✓	☆	✓	☆	✓	✓
	无人机避障飞行	✓	✓	✓	☆	✓	✓	✓	✓	☆	✓	✓	✓	☆	☆	✓	☆	✓
五上	猿人的颅骨变化	✓	✓	✓	☆	✓	✓	✓	✓	☆	✓	✓	✓	☆	✓	☆	✓	✓
	以墨书情	☆	✓	✓	✓	✓	✓	☆	✓	✓	✓	☆	✓	✓	☆	✓	☆	✓
五下	把雨水变成优质水	✓	✓	✓	☆	✓	✓	✓	✓	✓	☆	✓	✓	✓	☆	✓	✓	✓
	我想用的纸巾	✓	✓	✓	✓	☆	✓	☆	✓	✓	☆	✓	✓	✓	☆	✓	☆	✓

注：☆为强关联目标、✓为弱关联目标、/为不关注目标

四、课程实施

（一）设计要求

团队依据学校课程实施方案的要求进行主题设计，设计时要关注课程的综合性与实践性，关注一年级学生入学适应期的需求，体现创新素养培育的要求。具体如下：

1. 课程部组织主题活动设计团队进行主题设计。

2. 设计团队根据学校要求及学生学情，进行主题设计，递交校长室审核。

3. 教师根据主题设计,进行生本化调整,完成每一课时的活动设计,递交课程部。

4. 主题设计须包含:主题概述、活动目标、活动内容、活动实施、学习评价、学习工具;活动设计须包含:活动目标、活动重难点、活动准备、活动过程设计。

(二) 实施要求

1. 实施原则

(1) 实践性原则

在课程实施过程中,教师应帮助学生亲身经历活动过程。通过各种实践活动,如,设计制作、实践探究、社会服务、职业体验,获取直接经验,促进学生创新精神和实践能力的综合发展。

(2) 综合性原则

在课程实施过程中,教师须帮助学生综合运用已有知识本领和生活经验,经历从发现问题到解决问题的过程,提升学生的综合素质。

(3) 连续性原则

课程实施采用项目式学习流程,学生从准备阶段、执行阶段到收尾阶段,完成完整的学习过程,层层深入学习任务。

2. 实施要求

课程实施与课程设计要相符,注重培养学生的综合能力,形成一定的规则意识,提升学生对价值体认和责任担当的理解。

本课程的各项主题活动均分为三个实施阶段:准备阶段、执行阶段和收尾阶段,每个阶段根据不同的研究项目设计有不同的步骤。各阶段对教师和学生的具体要求如下:

(1) 准备阶段

教师:修改或完成主题设计,明确研究主题须达成的目标,知道研究过程的整体安排,准备好学生的学习工具,等等。

学生:明确研究的问题,按活动要求完成分组,知道研究的步骤,明确成果展示的方式。

(2) 执行阶段

教师:指导学生按研究步骤和要求完成研究。

学生：按要求开展探究活动。

（3）收尾阶段

教师：组织好成果展示，收齐所有的学习资料，完成评价。

学生：按要求进行成果展示，上交所有学习资料，完成组内互评。

成果交流方式包括：小报、刊物、节目表演、研讨会、答辩会、演讲会、展览会。要尽可能为学生的成果展示提供广阔的舞台，以鼓励激发学生主动参与的意识，并通过展示，集思广益，进一步完善、改进他们的设想。每一次成果展示，都要引导学生以认真的态度、积极的行动去准备，但不必过分追求展示的效果，而应该关注能力的提升。

五、课程评价

（一）评价原则

1. 注重过程性评价

评价应关注学生的学习过程，关注学生能力的成长、意识的形成、人格的养成。

2. 注重评价内容全面性

评价形式多样，如，组内自评、组间互评等。通过更全面的评价方式来设计每次主题的评价，力求关注学生的全面发展。

3. 注重评价主体的多元化

评价主体应是多元的，评价主体应考虑不同的角度，如，教师、学生、校外观测者等。

4. 注重评价的改进和激励功能

评价的对象均为学生，因此评价设计应体现促进学生改进学习和激励学生研究学习的精神。

（二）评价内容

1. 评价内容应与主题活动的评价目标对应。

2. 评价标准根据学生成长手册的等级划分为四级，分别是：优秀、良好、合格、须努力。

(三) 评价实施建议

第一，教师结合主题活动的评价要求，要指导学生在各学习活动对应模块进行评价。

第二，评价形式根据评价内容确定，量化评价建议由学生小组自评；非量化评价建议由学生组间互评；体现学生思维能力的评价建议由教师评价；体现场馆活动的评价建议由小队志愿者(家长、教师、场馆人员等)评价。

第三，评价时机根据评价规则和评价要求，分为评价前置、评价中置和评价后置，由教师在课堂教学中根据教学情况来确定。

第四，主题评价汇总后，由教师在成长手册对应部分填写该主题学生的评价结果。

六、课程管理与保障

(一) 管理部门

1. 管理架构

见图1。

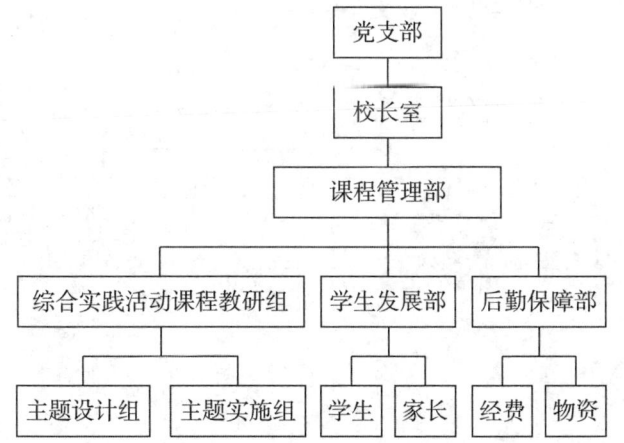

图1 上海市杨浦区杭州路第一小学综合实践活动课程管理架构图

2. 管理流程

见图 2。

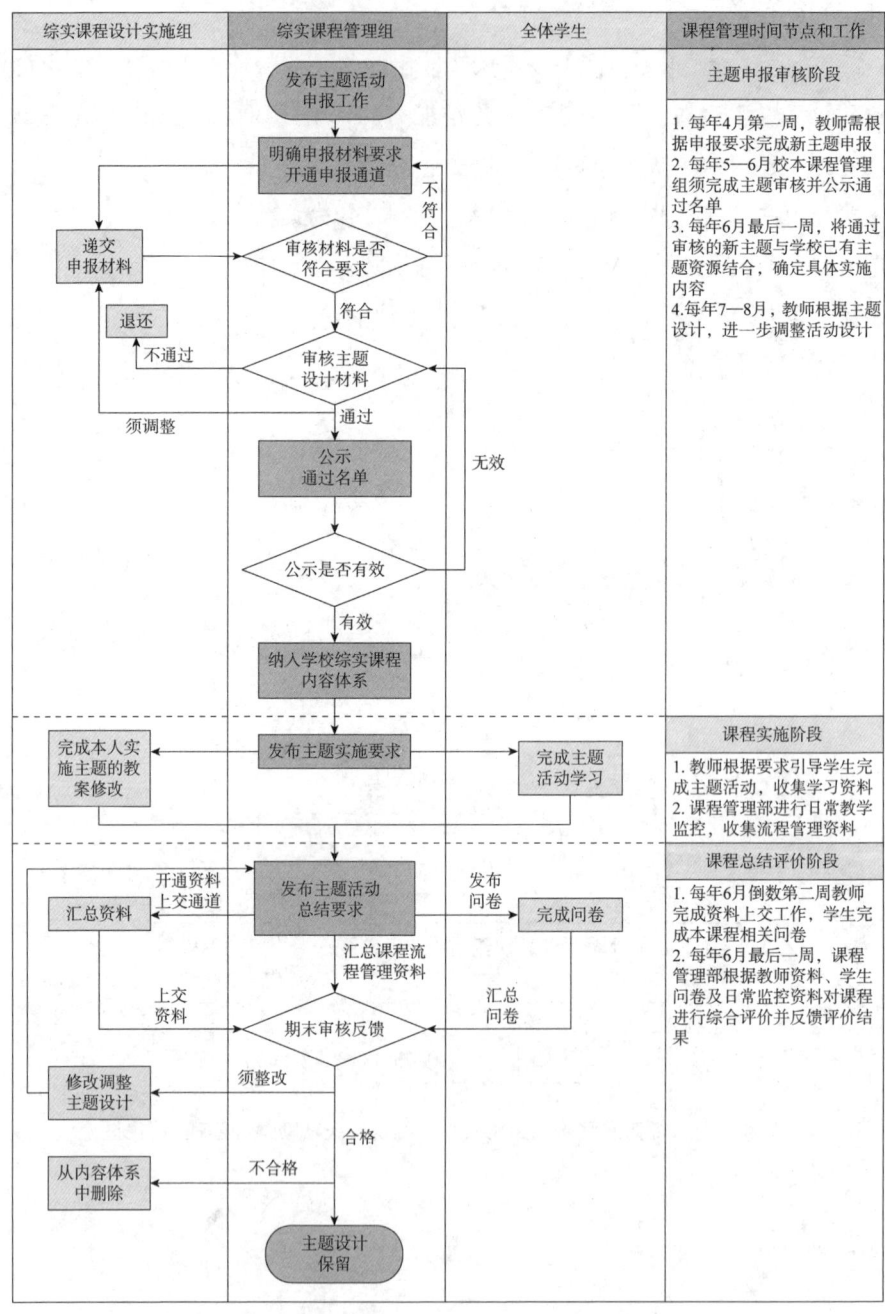

图 2　上海市杨浦区杭州路第一小学综合实践活动课程管理流程

（二）部门职能

校长室：对每学期综合实践活动课程实施方案进行统筹规划；组织综合实践活动课程管理组审核教师申报的课程。

课程部：发布课程实施要求；组织课程申报，收集申报表；指导教师设计综合实践活动主题设计方案；评价教师教学实施过程。

教研组：组织教师理论学习，理解课程理念；组织教研活动，保障实施效度。

（三）管理制度

1. 审核审议制度

坚持"凡设必审""凡用必审"原则，每学期认真审议课程主题设计和相关内容。

（1）审核流程。包含发布主题活动申报任务、提交申报资料、专业评审、审核意见公示、实施主题活动、实施总结反馈。

（2）审核内容。包括授课教师提供的主题设计、教学设计、课程资源及学习资源等。

（3）评审原则。从思想性、科学性、时代性、规范性、协同性方面进行审核，提高课程质量。

（4）审核人员。政治立场坚定、相关专业造诣精深、人员结构合理稳定的专业评审队伍。

（5）档案归整。每学期在发布开设课程后，将审议的相关资料整理成档，便于检查、调整之用。

2. 备案制度

学校须建立综合实践活动课程学校资源库，凡通过审核的课程需入库备案，并定期及时更新。

3. 教学管理制度

以校内自主开发+区域共享课程引进模式，推进课程资源共建共享，满足综实课程多样化教学需要。课程管理部通过日常教学实施评价记录对教师做过程性监管，并根据监管情况、学生反馈及学校需求调整课程内容设置，确保综实课程的持续、高质量发展。

（四）课程研训制度

教研活动：每月一次主题教研，每学期不少于四次。

校本研修：每学期两次（开学前、教学月）。

（五）课程监测修订制度

学校建立一学期一考评制度，以问卷、日常听课、成果展示等方式，重点关注主题实施的效果。探索综实课程主题活动淘汰退出机制，建立周期修订制度，不断增进综实课程的校本化实施效果。

（六）考核与激励制度

建立以校长为核心的综实课程管理领导小组，每学期从工作量、日常教学、公开展示、科研实践等方面进行评价。通过定期常规考核和各类成绩获得情况，展开多渠道评价。考核结果与绩效考核相结合，并作为职称晋升、区域评优等专业发展的重要依据。

开展优秀的课程成果展示，激发学生潜能和动力，激励教师团队对课程主题活动研发的积极性、持续性。

（执笔人：上海市杨浦区杭州路第一小学　王　隽、刘　琼、叶　军、吉利莉、陈　青）

 **案例一**

会玩小游戏

一、主题概述

（一）主题来源

一年级学生好奇心强、模仿能力强，且活泼好动，因此他们非常喜欢玩各种小游戏。然而一年级的学生处于入学适应期，他们对于如何遵守游戏规则以及如何与同伴一起玩游戏缺乏认知。当课间大活动遇上下雨天时，如何在室内活动中合理使用活动器材进行游戏是一年级学生需要学习的。因此，我们设计了本主题活动，帮助学生在玩游戏的过程中掌握游戏的规则，在掌握游戏的过程中改编桌面小游戏,使室内活动变得有序、有趣。

(二) 研究问题

怎样修改规则使小游戏更有趣?

(三) 活动任务

1. 总任务

游戏节就要开始了,学校要向学生征集一些能在室内活动时玩的小游戏。一年级的学生要用桌面跷跷板和毽球等物品来进行游戏活动,先要学会按规则玩,然后尝试改编游戏的规则使小游戏变得更有趣。最后,我们要拍摄新玩法的介绍视频,并绘制游戏新玩法示意图向全班同学展示。每个班级选出1—2组最有趣的玩法递交学生发展部向全校推广。

2. 总任务分解

总任务分解为四个子任务(见图1),这四个子任务是递进关系,学生要从能按要求玩游戏到能自己创意设计小游戏的新玩法,不断学习游戏规则,认识其作用,最终完成自创小游戏的设计。

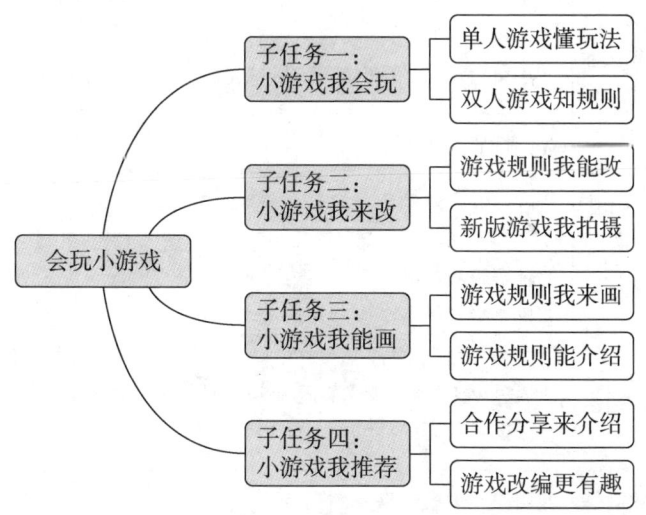

图1 "会玩小游戏"主题活动任务分解图

子任务一:小游戏我会玩。学生根据学校提供的活动器具,明确教师出示的游戏规则,能按规则一起玩一玩游戏,感受任何游戏都需要合适的游戏规则才能玩得开心。

子任务二:小游戏我来改。学生根据要求,将游戏规则进行改编,拍摄游戏视频检验改编规则后的小游戏是否变得更有趣。

子任务三:小游戏我能画。4人合作在教师提供的游戏示意图上进行修改,绘制修改后的游戏示意图,并做好推荐游戏的准备。

子任务四:小游戏我推荐。以班级为单位,各合作组完成小组游戏的推荐,并选出本班最有趣的小游戏1—2个,递交学生发展部。

(四)学情分析

本活动针对的是一年级刚入学的新生,一年级作为学校的起始年级,虽然他们已在幼儿园阶段经历过与伙伴一起活动,但是如何按要求活动、如何遵守活动规则对他们来说还较陌生,因此希望他们通过这个活动能够在"公共观念、规则意识、信息处理、物化制作"等各方面得到提升。(见表1)

表1 "会玩小游戏"主题活动学情分析表

维度		发展预期
价值体认	公共观念	在活动中,知道要先认真听清游戏规则 在小组活动时,能在指定的区域完成任务
	规则意识	能够按照规则完成活动
责任担当	团队合作	能够在合作活动中,知道自己要承担的任务
问题解决	信息处理	能理解游戏的规则 能按要求合理改编游戏规则
	监控反思	能通过评价检验,知道自己小组在活动中产生的问题,并能根据解决方法按要求完成活动
创意物化	物化制作	能用视频记录改编后的小游戏
	成果展示	能展示小组改编的创意游戏,并简单说明游戏玩法

（五）创新素养链接

见表2。

表2 "会玩小游戏"主题活动创新素养行为表征表

维度	创新素养指标	行为表征
创新人格 【C-1】	好奇心 【C-1-1】	能在游戏的过程中保持活动的兴趣,并大胆提出自己的疑问
	反思进取 【C-1-5】	能在游戏的过程中发现自己或同伴的问题,讨论解决的方法,并能在后续的活动中改进,直至完成游戏活动
创新思维 【C-2】	流畅性 【C-2-1】	能合理改编游戏规则并进行介绍 能按规则完成游戏活动
创新实践 【C-3】	方案评价 【C-3-4】	在创新、改编游戏规则和玩一玩的过程中,能反思改编的规则是否合理并进行调整

二、活动目标

（一）任务目标

能按要求改编游戏规则并拍摄游戏玩法的介绍视频。

（二）学习目标

1. 能在游戏的过程中遵守游戏的规则,感受只有按规则活动才能玩得更愉快。(Z-1-3 规则意识)

2. 通过拍摄游戏玩法视频,检验改编后的游戏玩法,并完成游戏规则示意图的绘制,知道游戏规则的改编应符合要求。(Z-3-3 信息处理、Z-3-5 监控反思、Z-4-3 物化制作)【C-1-5 反思进取、C-3-4 方案评价、C-2-1 流畅性】

3. 能在一些简单的活动任务过程中,主动与同伴一起坚持完成,同时能遵守课堂活动的秩序。(Z-1-2 公共观念、Z-2-3 团队合作)【C-1-1 好奇心】

4. 能使用游戏玩法视频和示意图介绍新游戏,并能按评价要求选出优秀作品。(Z-4-4 成果展示)【C-3-4 方案评价】

三、活动内容

见表3。

表3 "会玩小游戏"主题活动内容表

子任务(活动)	活动目标	表现标准	建议课时
小游戏我会玩	明确活动任务的具体要求,在教师的帮助下完成分组 通过看视频对照游戏规则示意图学习游戏玩法,并能按规则玩游戏(Z-1-3)【C-2-1】 能积极并专注地完成活动任务,遵守课堂的活动要求(Z-1-2)【C-1-1】	能按照规则完成单人游戏 能按照规则完成双人游戏 知道自己所在的2人小组和4人大组	1.5
小游戏我来改	能通过观看教师改编的游戏规则示意图,学习游戏新玩法和游戏示意图的改编方法(Z-2-3、Z-1-3)【C-1-5】 小组讨论,改编或增加1条游戏规则,并通过拍摄游戏视频检验改编则后的游戏是否有趣,发现问题并及时进行调整(Z-3-5、Z-3-3、Z-4-3)【C-2-1】 能在4人小组中完成自己所承担的任务(Z-2-3)	能按教师改编的规则完成4人游戏 能讨论确定需要修改或增加的1条游戏规则 能按小组改编的游戏新规则完成4人游戏,并拍摄游戏玩法视频 每次游戏都能按分工完成任务	1.5
小游戏我能画	分工合作,绘制改编后的游戏规则示意图(Z-4-3) 按照要求进行展示分工及准备(Z-2-3)【C-2-1】	能将改编后的游戏规则画出来 能合理分工,合作完成任务	1
小游戏我推荐	能分享展示拍摄的视频,并进行简单的介绍(Z-4-4)【C-1-5】 能根据评选要求,选出班级优秀作品(Z-4-4)【C-3-4】	能完成展示 展示时能进行简单讲解 能按要求为班级作品打分	1

四、活动实施

（一）实施流程

见图2。

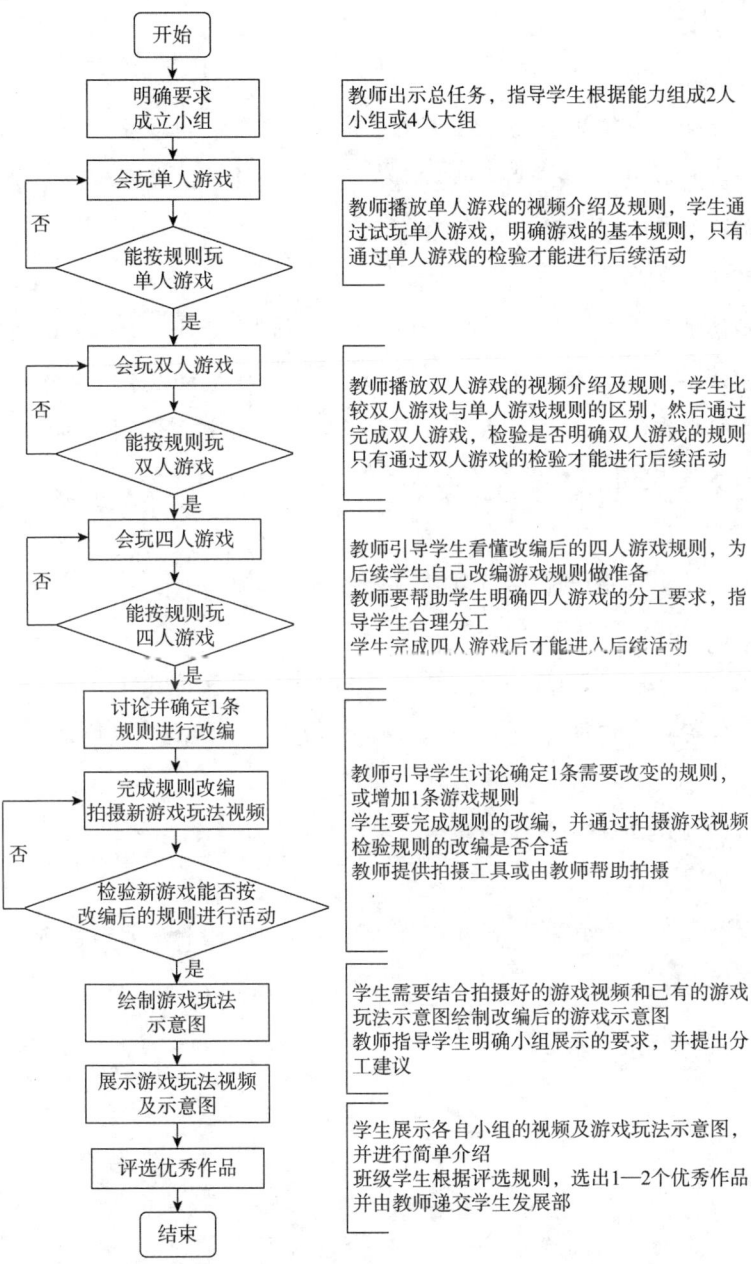

图2 "会玩小游戏"主题活动实施流程图

（二）实施建议

1. 学习对象

一年级第一学期的学生。

2. 预设课时

5课时。

3. 实施要求

一年级初入学的学生，识字量较少，所以在整个活动过程中，教师要帮助学生一起读懂游戏规则，带领学生学会遵守规则，帮助学生发现游戏中的问题，并能思考解决问题的好办法。

（1）准备阶段

教师帮助学生明确本次活动的具体要求，通过语音播放、视频演示使学生明确每个游戏的规则以及活动的具体要求。由于本次活动既有2人小组合作，又有4人大组合作及讨论，因此教师要帮助学生进行分组，学生也应明确每个活动环节自己所承担的任务。

（2）执行阶段

首先，教师要不断变换游戏规则（节奏、颜色、编号），使学生感受到不同的游戏规则会使游戏的玩法不同。

其次，学生要从游戏规则中选择1—2条（最多2条），合理改编，并按照新的规则合作玩游戏。同时，教师要确保学生明确前一个游戏的规则后才能进行下一个游戏。

最后，教师要帮助学生进行游戏视频的拍摄，为游戏展示做好准备。

（3）收尾阶段

学生展示自己小组的游戏视频并进行简单讲解，还要按要求评选出1—2个优秀作品递交学生发展部，作为课间大活动的候选游戏。

五、活动评价

见表4。

表4 "会玩小游戏"主题活动评价表

任务名称	任务要求	自评
小游戏我会玩	能按照规则完成单人游戏	☆
	能按照规则完成双人游戏	☆
	知道自己所在的2人小组或4人大组	☆
小游戏我来改	能按教师改编的规则完成四人游戏	☆
	能讨论确定需要改编的1条规则	☆
	能按小组改编的规则完成4人游戏，并拍摄游戏玩法视频	☆
	每次游戏都能按分工完成任务	☆
小游戏我能画	能将改编后的游戏规则画出来	☆
	能合理分工,合作完成任务	☆
小游戏我推荐	能完成展示	☆
	展示时能进行简单讲解	☆
	能按要求为班级作品打分	☆

学生根据自身的活动表现,在☆中打"√"。获得10—12☆的为优秀,获得7—9☆的为良好,获得5—8☆的为合格,获得0—4☆的须努力。

六、学习工具

活动手册,见图3—图9。

图 3

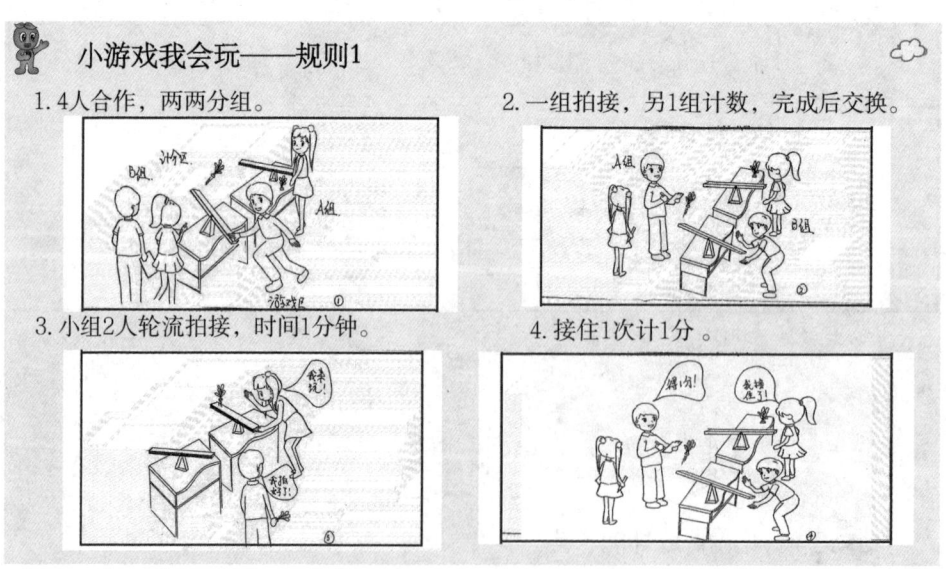

图 4

小游戏我会玩——规则2

1. 4人合作，两两分组。

2. 一组拍接，另一组计数，完成后交换。

3. 小组2人轮流拍接，时间2分钟。

4. 2人都接住1次计1分。

图 5

 小游戏我会玩——规则3

1. 4人合作，两两分组。

2. 一组拍接，另一组计数，完成后交换。

3. 小组按照颜色顺序轮流拍接（红—蓝—蓝—红），时间2分钟。

4. 接住1次计1分。

图 6

小游戏我来改

游戏规则

1. 4人合作，两两分组。
2. 一组拍接，另一组计数，完成后交换。
3. 小组2人轮流拍接，时间1分钟。
4. 接住1次计1分。

改编规则

1. 小组讨论改编计分规则。或顺序规则。
2. 试玩改编后的游戏。
3. 试玩成功后，拍摄视频。

图 7

 ## 小游戏我能画

游戏规则

1. 4人合作，两两分组。
2. 一组拍接，另一组计数，完成后交换。
3. 小组2人轮流拍接，时间1分钟。
4. 接住1次计1分。

绘制规则

1. 将改编后的规则画出来，绘制新游戏玩法的规则示意图。
2. 分工：
    小小绘制员（1—2人）；
    小小检验员（2人）；
    小小讲解员（1人）。

图 8

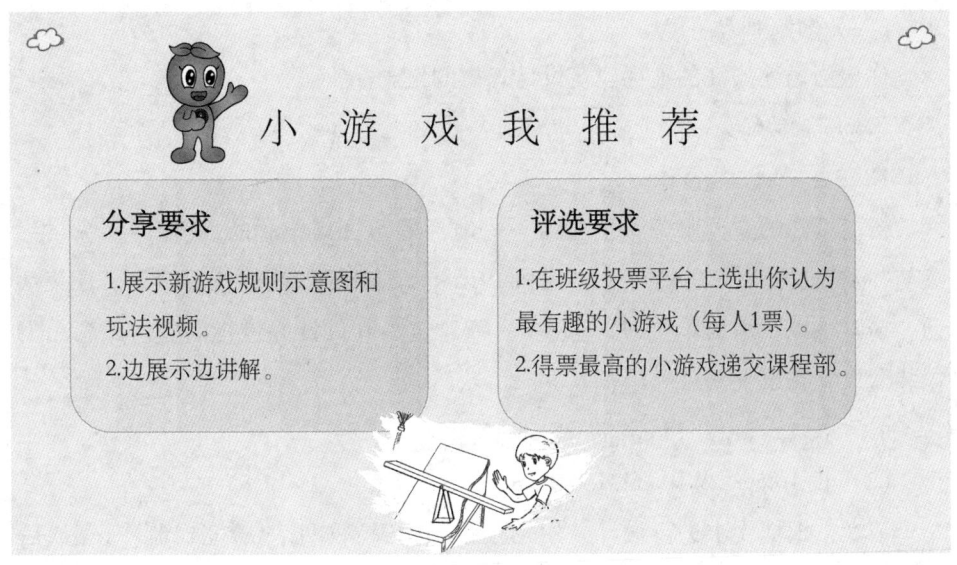

图 9

（执笔人：上海市杨浦区杭州路第一小学　申寒露）

案例二

滨江"秀"品

一、主题概述

（一）主题来源

我校对 3—5 年级学生进行了"你是否了解杨浦滨江"的调查，发现学生对于自己所生活的区域不甚了解，为了让学生感受杨浦滨江从"工业锈带"到"生活秀带"的转变，设计了本次滨江"秀"品的活动。

本活动以杨浦滨江南段的四个地标建筑"杨树浦水厂""皂梦空间""怡和1915""绿之丘"为载体，让学生通过调查走访、查阅资料、设计制作等方式了解这些建筑的历史和变迁，并为这些建筑设计相应的纪念品，用智慧"秀"出自己眼中的杨浦滨江。

（二）研究问题

你想为杨浦滨江的地标建筑设计怎样的纪念品？

（三）活动任务

1. 任务

杨浦滨江的党群服务站正在为一些地标建筑征集纪念品，我校四年级学生参与"杨树浦水厂""皂梦空间""怡和1915""绿之丘"四幢建筑的纪念品征集活动。请学生以小组为单位，每组选择一幢建筑为其设计并进行制作。纪念品的包装盒尺寸有以下两种：

（1）长 15 cm，宽 15 cm，高 25 cm；

（2）长 10 cm，宽 10 cm，高 20 cm。

请学生根据要求进行设计并用学校提供的材料（见表1）完成制作，完成后评选出优秀作品。

表1 "滨江'秀'品"纪念品设计制作材料表

名称	规格	功能
DIY 创意小砖	27.6 * 13.5 * 6.1 cm	可拼搭
DIY 胶水		可粘贴小砖
油画刀		蘸取胶水
瓦楞纸	A4（混色）	可根据设计选用
老虎钳		掰开小砖
涂鸦颜料	12色画笔	上色
镊子		夹取物品

2. 任务分解

本任务分解为四个子任务（见图1），这四个子任务是并列的关系，学生组队并任选一个任务来完成。每个子任务都需要经历设计路线—问卷调查—分析信息—设计制作这四个环节。

子任务一：为"杨树浦水厂"设计并制作纪念品。

子任务二：为"皂梦空间"设计并制作纪念品。

子任务三:为"怡和1915"设计并制作纪念品。
子任务四:为"绿之丘"设计并制作纪念品。

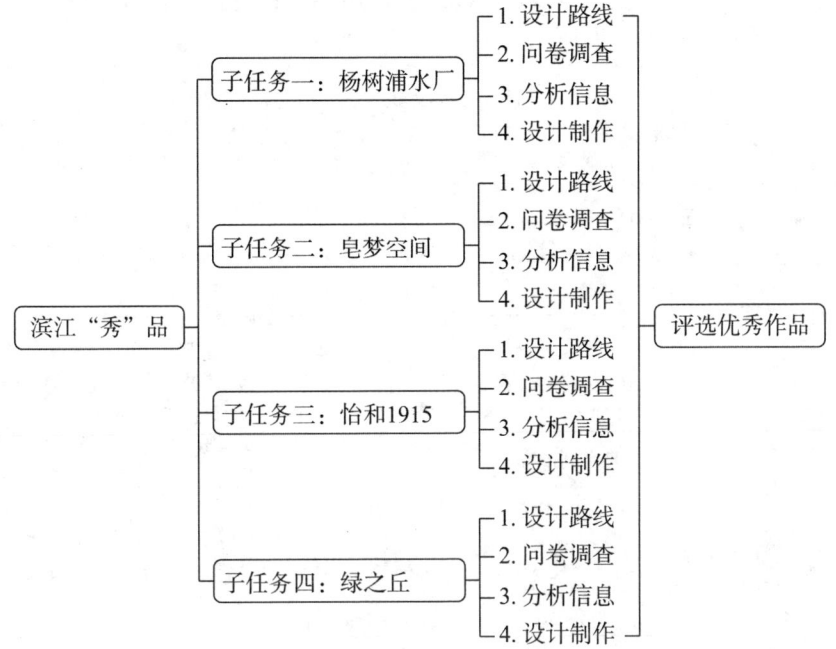

图1 "滨江'秀'品"主题活动任务分解图

(四) 学情分析

根据该主题与学校培养目标之间的关联,我们分析了四年级第一学期的学生以下强关联维度的已有基础和本次活动后的发展预期。(见表2)

表2 "滨江'秀'品"主题活动学情分析表

维度		已有基础	发展预期
价值体认	爱党爱国	通过各类活动及课程,已经对自己生活学习的地方有了初步的认识,成为一名合格的少先队员	感受杨浦的百年文化,为自己是杨浦人感到自豪
	规则意识	能在教师的提醒下,标注信息的来源,也能够在自己的作品上署名	能够主动标注信息的来源,能够在设计图和作品上署名

（续表）

维度		已有基础	发展预期
责任担当	主动服务	当家人或同学遇到困难时提供力所能及的帮助	遇到困难时，主动提供力所能及的帮助
	团队合作	有与伙伴合作、共同完成任务的经历，知道要按分工要求完成自己的任务	在活动中，能主动、按时完成自己所承担的工作
问题解决	信息处理	能以访谈的方式来进行简单的调查，也曾作为被调查者要求填写问卷	能运用调查问卷收集数据
		能从简单的文字、图片等资料中获取自己所需要的信息	能从文字、图片、实物或数据中获需要的信息，并对信息进行简单分析
创意物化	创意设计	能按要求绘制简单的设计图	能根据设计的要求，绘制设计草图，并标注关键信息
	物化制作	能根据已有的设计，制作简单的实物作品	尝试用学校提供的材料，将设计制作成实物，当制作有调整时，能先调整设计

（五）创新素养链接

见表3。

表3 "滨江'秀'品"主题活动创新素养行为表征表

维度	创新素养指标	行为表征
创新人格【C-1】	想象力【C-1-2】	能通过画设计图表达设计的思考，设计的纪念品能体现建筑物的特征
	分享协作【C-1-4】	在整个活动中，能明确自己所承担的任务并按时完成，当团队遇到困难时能积极思考解决方法
创新思维【C-2】	灵活性【C-2-2】	能读懂调查数据所蕴含的信息，并结合教师提供的资料寻找设计的灵感
	精致性【C-2-4】	能在制作的过程中不断调整、补充、改进，使设计趋于完善

（续表）

维度	创新素养指标	行为表征
创新实践 【C-3】	观念践行 【C-3-3】	能通过制作过程中的检验、评价等方式进一步完善设计，并经历由设计到制作的全过程，以验证设计的可行性

二、活动目标

（一）任务目标

为杨浦滨江的四幢地标建筑设计制作纪念品。

（二）学习目标

1. 通过参加滨江地标建筑纪念品设计制作活动，了解杨浦百年工业的悠久历史，提升对杨浦的自豪感。（Z-1-1 爱党爱国）

2. 通过问卷调查、访谈、网络查询等过程，获取小组选定的一幢建筑的信息，并能运用数据分析、信息比较等方法为后续设计提供思路。（Z-3-3 信息处理）【C-2-2 灵活性】

3. 能结合收集到的信息和设计规格，为所选建筑设计符合要求的作品，并绘制设计草图，标注关键信息。（Z-4-1 创意设计、Z-3-3 信息处理）【C-1-2 想象力】

4. 能根据设计，用学校提供的材料完成制作，当设计有调整时能在设计图中进行标注。（Z-4-3 物化制作）【C-2-4 精致性、C-3-3 观念践行】

5. 能够通过小组分工，明确自己承担的任务，并主动按时间节点完成任务，在团队遇到困难时主动提供力所能及的帮助或主动寻求他人的帮助。（Z-2-2 主动服务、Z-2-3 团队合作）【C-1-4 分享协作】

三、活动内容

见表4。

表4 "滨江'秀'品"主题活动内容表

子任务(活动)	活动目标	表现标准	建议课时
设计路线	了解本次活动的具体要求,并按要求完成分组及计划制订(Z-2-3、Z-2-2) 能根据小组所选择的研究对象和提供的滨江地图设计走访路线(Z-3-3)【C-2-2】	能说出活动的要求,所在的小组及分配到的任务 按要求将活动计划填写完整 绘制走访路线图,符合选择的研究对象	学校:1
问卷调查	能根据小组的研究对象,修改教师提供的问卷,完成走访和问卷调查(Z-3-3)【C-1-4】 能够将问卷的数据进行汇总,并分析数据,进一步了解大众对于该建筑的了解程度和喜欢的纪念品形式(Z-3-3)【C-2-2】	修改并确定小组问卷 完成走访,发放并回收问卷 完成数据汇总表 能说明小组问卷结果	学校:1 场馆:4
分析信息	能阅读教师提供的相关资料,并对资料进行分类整理,进一步了解该建筑的历史和文化背景(Z-3-3、Z-1-1)【C-2-2】 能根据整理好的所有资料,小组讨论确定纪念品的设计思路(Z-3-3)【C-1-2】	能从教师提供的资料中获取小组所需要的信息 确定纪念品的设计思路	学校:1
设计制作	能确定纪念品的形式,设计并绘制草图,标注关键信息(Z-4-1)【C-1-2】 根据设计图和学校提供的材料完成制作,在制作有调整时,能在设计图中进行标注(Z-4-3)【C-2-4】	绘制设计图 标注关键信息 制作纪念品 设计图中标注修改	学校:5
评选优秀作品	通过评选班级和年级优秀作品,了解其他小组所设计制作的纪念品(Z-1-1)【C-3-3】 能完成小组的评价,并反思活动中产生的问题(Z-2-3)【C-3-3】	完成班级评选 完成年级评选 完成小组评价表 资料完整上交	学校:1

四、活动实施

（一）实施流程

见图2。

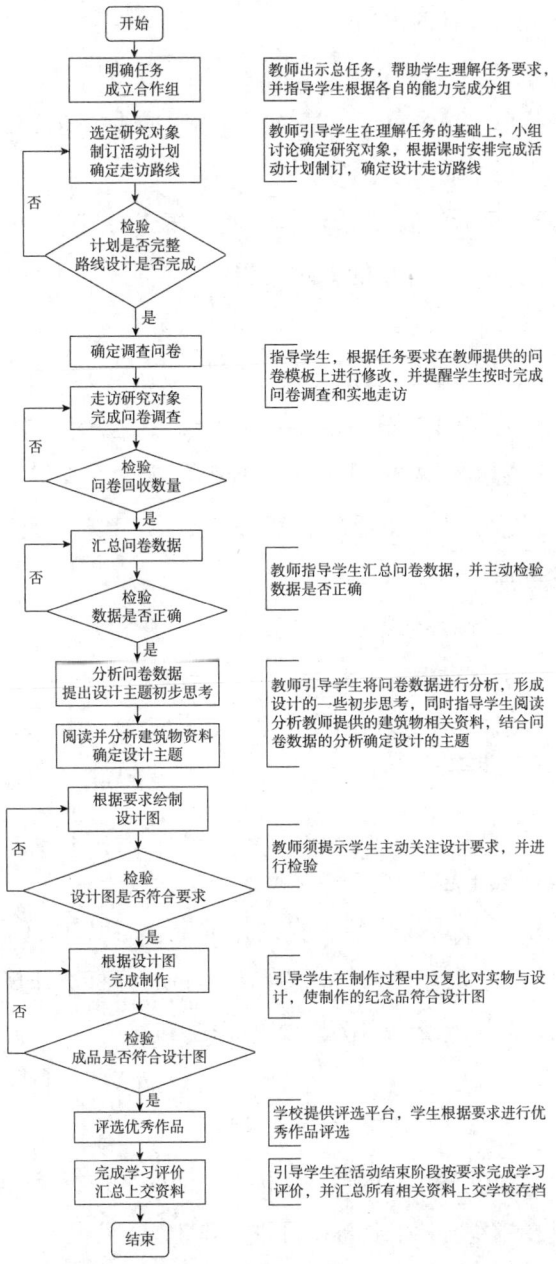

图2 "滨江'秀'品"主题活动实施流程图

（二）实施建议

1. 学习对象

四年级第一学期学生。

2. 预设课时

校内9课时+校外4课时。

3. 实施要求

根据预设课时，以小组为单位在第9—10周完成该主题活动。

（1）准备阶段：明确任务，指导分工

本阶段教师要引导学生阅读活动手册，明确研究的问题，知道需要完成的活动任务，了解四个地标建筑所在的地理位置，补充完成研究计划并制订走访路线，明确最后成果形式。

（2）执行阶段：获取信息，监督进程

这一阶段的活动既有本次任务的重点又有难点。四年级学生已经具备了问卷调查的能力，然而实地的调查、走访等对他们的人际交往能力是巨大的挑战。由于所研究的建筑位置不同，需要邀请家长志愿者与教师一起保障学生的活动安全，指导活动的进程。

本阶段学生还要将调查数据、文字记录进行汇总和分析，并进一步阅读相关资料，在对建筑有了更深层次的了解后，才能确定设计的思路。

本阶段的重点就是设计和制作，学生要明确纪念品的制作规格，要了解设计图的规格，如，标注关键信息、主要尺寸等。教师要指导学生不断检验自己的设计和制作是否符合要求。

（3）收尾阶段：展示总结，引导评价

本阶段各小组除了要展示介绍各自制作的纪念品以外，还需要评选出班级和年级的优秀作品。同时，学生还需要明确评价的具体标准和规则，完成小组的评价，并从评价的得分情况反思本次活动中存在的问题。

五、活动评价

本活动通过活动过程评价和结果评价两个维度来进行，评价表在学生活动手册中。在活动收尾阶段，学生要将评价进一步汇总（见表4），并根据获得的星数进行小队等级认定。

具体标准：

四星小队，星数达到 33 颗。

三星小队，星数在 27—32 颗之间。

二星小队，星数在 21—26 颗之间。

一星小队，星数低于 21 颗。

表5 "滨江'秀'品"主题活动评价汇总表

评价维度	评分规则			
	☆	☆☆	☆☆☆	☆☆☆☆
爱党爱国	获得2颗✓	获得3颗✓	获得4颗✓	获得5颗✓
规则意识	获得1颗✓	获得2颗✓ 2次标准均在教师提示下	获得2颗✓ 1次标注在教师提示下	获得2颗✓ 2次标注均为主动标注
主动服务	团队产生困难时，无法提供有效帮助	团队产生困难时，能寻求他人的帮助	团队遇到困难时，能主动提出解决方法，尝试解决问题	团队遇到困难时，能主动提出解决方案，并解决了问题
团队合作	小组分配的任务完成了部分	小组分配的任务均有效完成	能完成分配到的任务，并帮助有困难的组员	能主动认领任务完成，并帮助有困难的组员
信息处理（1）	获得1颗✓	获得2颗✓	获得3颗✓	获得4颗✓
信息处理（2）	未获得✓	获得1颗✓	获得2颗✓	获得3颗✓
创意设计	未获得✓	获得1颗✓	获得2颗✓	获得3颗✓
物化制作	未获得✓	获得1颗✓	获得2颗✓	获得3颗✓
成果展示	获得1颗✓	获得2颗✓	获得3颗✓	获得4颗✓

评价维度对应评价活动序号如下，具体活动过程评价内容见学生活动手册：

爱党爱国：1—1、1—2、1—3、2—5、2—6

规则意识：4—1、4—5

信息处理（1）：2—2、2—3、2—5、2—6

信息处理（2）：2—4、3—1、3—2

创意设计：4—1、4—2、4—5

物化制作：4—3、4—4、4—5

成果展示：5—1、5—2、5—3、5—4

主动服务、团队合作：所有活动

六、学习工具

活动手册，见图3—图14。

图3　　　　　　　　　　　　图4

准备

时间安排、分工安排

组员结合自身的特长合理分工，根据活动流程的节点合理安排时间（共9周）。组长要监督各负责人按时完成各项任务。

设计路线（将路线画在第二页地图上）
负责人：_____
时间安排：_____

问卷调查
负责人：_____
时间安排：_____

分析信息
负责人：_____
时间安排：_____

设计制作
负责人：_____
时间安排：_____

评选优秀作品
负责人：_____
时间安排：_____

图 5

准备

阶段评价

任务一：设计路线评价表

序号	评价内容	打√
1-1	确定了小组研究的对象	
1-2	制定了走访路线	
1-3	完成了计划表	

图 6

准备

注意事项

1. 负责人要督促组员在规定时间内完成工作，做好记录。
2. 在建筑内调查、访谈和展示时，注意在公共场合轻声细语，不要奔跑嬉戏，不要打扰其他游客。
3. 走访、调查的相关资料收集并保存好。

怡和1915

怡和1915外景——中央影报

图 7

执行

问卷调查

同学们，这些建筑为什么会成为"网红建筑"呢？我们又可以为它们设计怎样的纪念品呢！
为了更好地进行设计，我们需要进行问卷调查。请将老师提供的问卷样例修改成自己小组需要的样子吧！
注意：在修改时请思考，这份问卷是否还需要增加其他的问题哦！
完成后，将问卷贴在下面！

问卷

图 8

执行

数据汇总

同学们，请收集问卷，汇总相关数据后，形成统计表，贴在下方。

统计表

接下来，根据统计表的数据情况，请同学们讨论，这些建筑为什么会成为"网红建筑"？并讨论小组准备设计怎样的纪念品？

讨论记录
1.它为什么会成为"网红建筑"？

2.你们准备设计怎样的纪念品？

图 9

执行

分析信息

为了帮助大家更好地了解所研究的建筑，老师为大家提供了一些资料，请大家讨论筛选出符合小组需求的信息哦！

信息筛选记录

图 10

执行

设计

请同学们根据前期确定好的设计思路，绘制设计草图。
要求：
1.标注设计物品名称。
2.标注设计物品的具体尺寸。
3.标注设计物品外部的绘图区域。
4.外部绘图图纸（彩色）。
5.标注设计者姓名。

设计图粘贴处

图 11

执行

阶段评价

任务二：问卷调查 评价表

序号	评价内容	打√
2-1	确定小组发放问卷的具体内容	
2-2	完成校外场所的问卷调查	
2-3	汇总问卷的数据	
2-4	能根据数据，说明问卷获得的信息	
2-5	在走访时能收集研究对象的文字信息	
2-6	在走访时能收集研究对象的图片信息	

任务三：分析信息 评价表

序号	评价内容	打√
3-1	能获取小组研究对象所需要的信息	
3-2	能根据信息确定设计思路	

图 12

执行

阶段评价

任务四：设计制作 评价表

序号	评价内容	打√
4-1	能绘制设计草图	
4-2	设计图标注了关键信息	
4-3	能完成纪念品的制作	
4-4	成品符合设计图要求	
4-5	制作有调整时能在设计图上标注	

怡和1915室内　申寒露 摄

图 13

收尾

评选优秀作品

请与你们的作品合照，并粘贴在方框内。

照片

评选要求：
1. 展示本小组的设计，并进行设计理念的讲解。
2. 全班投票选出我心目中的优秀作品和良好作品。
3. 优秀作品参与年级评选，在ourschool上进行票选。
4. 票数前3的3个作品获得年级优秀作品。

任务五：评选优秀作品 评价表

序号	评价内容	打√
5-1	参与班级作品评选	
5-2	获得班级作品评选良好或优秀	
5-3	参与年级作品评选	
5-4	获得年级作品评选优秀	

图 14

（执笔人：上海市杨浦区杭州路第一小学　陈　青）

6. 上海市第二师范学校附属小学杨浦北校

上海市第二师范学校杨浦北校(以下简称二师附小北校)所倡导的"晨曦",寓意清晨的第一缕阳光,象征着温暖与光明。学校视一年级新生为清晨初升的太阳,期望每位二师附小北校学子在充满爱的教育环境中,能够相互温暖、相互启发,健康、快乐、智慧地成长。通过五年的校园学习生活,学生将逐步成为学会求知、学会生活、学会做人的"晨曦少年"。

学校综合实践活动课程依据《中小学综合实践活动课程指导纲要》小学阶段具体目标,规划学习内容,主要分为三大板块:"晨曦游戏设计师""晨曦问题探索家""晨曦场馆博物家"。

"晨曦游戏设计师"板块开展以创新传统游戏的玩具和玩法为主题的系列活动,融合中华传统文化精髓,着重培养学生创新思维。例如,通过设计创新玩具来改良传统游戏"抽陀螺",不仅让学生体验传统文化的乐趣,更鼓励他们突破常规,探索新玩具,培养思维的独创性。"'新'打弹子"活动,通过搭建无动力轨道打弹子挑战赛,激发学生学习动力。学生在试错中经历"发现问题、分析问题、尝试解决"流程,提升监控与反思能力,指向创新素养"精致性"目标要求。"晨曦问题探索家"板块注重引导学生关注解决实际问题,提升"问题分析"能力。"晨曦场馆博物家"板块,学校与多家场馆合作,共同开展馆校课程,激发学生的好奇心和探索欲。

综上所述,二师附小北校综合实践活动课程不仅丰富了学生的学习体验,而且培养了学生创新思维、创新实践能力和创新人格,为学生的未来发展奠定基石。

上海市第二师范学校附属小学
杨浦北校综合实践活动课程实施方案

一、背景分析

上海市第二师范学校附属小学杨浦北校(以下简称二师附小北校)综合实践活动课程围绕毕业生形象,落实《中小学综合实践活动课程指导纲要》课程目标,构建综合实践活动课程内容。

学校参与开发、执教综合实践课程的教师有13位,均为兼职教师,其中高级教师1人,一级教师10人,二级教师2人。在新课程、新课标的引领下,教师在贯彻学校办学理念"让每个孩子健康、快乐、智慧成长"的教学过程中,不断更新自己的教学模式,努力形成一支具有较新教育理念,在专业上有追求,在教育教学上有特色、有时代感的智慧型教师队伍。

学校现有24个教学班,865名学生,非沪籍学生约占45%(截至2024年12月)。学生近一半是外来务工人员子女,学生无论从学习习惯、行为习惯还是日常礼仪各方面来看,水平都呈现参差不齐、相对薄弱的状况。

学校已有的探究型课程项目设计和校本"中国传统游戏""生物大本营""乐高机器人"等课程都可以成为综合实践活动课程的丰富资源。学校作为上海自然博物馆"馆校合作校",长期与上海自然博物馆、上海科技馆有合作关系。学校也是上海自然博物馆"博物馆学校",馆内资源和校内博物空间为学校开展综合实践活动丰富了学习场所和活动内容。学校与上海财经大学、复旦大学为邻,独特的地理位置也为学生提供了丰富的社区资源。

二、课程目标

(一) 总目标

1. 价值体认(学会做人)。初步知晓国情历史,感受中国人民的勤劳与智慧,热爱党、热爱祖国,为自己是个中国人感到骄傲。理解并遵守公共空间的基本行为规范。养成按计划做事的习惯,保持科学严谨的态度,形成团队意识、规则意识、产权意识。

2. 责任担当(学会生活)。能处理生活中的基本事务,自己的事情自己做。关心身边的人和事,能主动帮助有困难的人。积极参与小组合作,在活动中能完成自己的职责,乐于接受他人意见,有战胜困难的勇气。

3. 问题解决(学会求知)。会从生活中发现、提出问题,能收集并利用不同来源的信息与资源并分析、判断,提出观点,形成对于问题的初步解释。按要求制订解释问题的计划,能根据计划主动对自己或同伴解决问题的过程进行批判性反思和反馈,及时发现新生成的问题并解决。

4. 物化成果(学会)。能借助范例,通过对问题和需求的分析和理解,提出创造性构想,设计出简单合理而较有新意的作品。根据活动内容选择并学会使用合适的工具进行创意设计或制作。按要求制作、调试,将创意设计转化为符合要求的实物或作品。能对设计制作成果做简单的展示、汇报。

(二) 分年段目标

课程总目标分解为低年段、中高年段目标。(见表1)

表1 二师附小北校综合实践活动课程分年段目标表

一级目标	二级目标	学习目标		创新素养指标
		低年段目标	中高年段目标	
价值体认 (Z-1)	爱党爱国 (Z-1-1)	热爱党、热爱祖国,为自己是中国人感到骄傲	初步知晓国情历史,认同公民身份,热爱党、热爱祖国,为自己是中国人感到骄傲	
	公共观念 (Z-1-2)	遵守公共空间的基本行为规范	理解并遵守公共空间的基本行为规范,尊重不同的礼仪和习俗	
	规则意识 (Z-1-3)	在教师的指导下按要求做,在小组活动中完成自己的任务	能按计划做,积极参与小组合作,在活动中能完成自己的任务,乐于接受他人意见,有战胜困难的勇气	分享协作 【C-1-4】 反思进取 【C-1-5】 灵活性 【C-2-2】
	科学态度 (Z-1-4)	在教师的指导下按要求做,能坚持将任务完成	按要求完成任务,在研究中如实记录,发现问题后及时思考并调整,能坚持将任务完成	坚持 【C-1-6】

(续表)

一级目标	二级目标	学习目标		创新素养指标
		低年段目标	中高年段目标	
责任担当 （Z-2）	自理自立 （Z-2-1）	自己的事情自己做	能处理生活中的基本事务，自己的事情自己做，初步养成自理能力、自立精神	独立自信 【C-1-3】
	主动服务 （Z-2-2）	能主动关心帮助身边人和事	关心身边的人和事，有主动提供帮助的热情	
	团队合作 （Z-2-3）	能在讨论中大胆表达自己的观点，乐于接受他人的建议	在活动中承担责任，协商讨论，悦纳他人意见；互帮互助，开展合作，分享成果和想法	分享协作 【C-1-4】
	生活态度 （Z-2-4）	对活动有兴趣，能积极参与活动	热爱生活，对身边事物有好奇心和求知欲，保持积极的态度，胜不骄、败不馁，有战胜困难的勇气	好奇心 【C-1-1】
问题解决 （Z-3）	提问质疑 （Z-3-1）	在教师的引导下，发现问题，提出自己的看法	会从生活中发现、提出问题，说明理由，做出假设；能对资料中的信息、同伴的看法分析质疑，并尝试求证	问题分析 【C-3-1】 方案评价 【C-3-4】
	计划制订 （Z-3-2）	在活动开始前了解研究的内容，能按要求进行小组分工	能澄清并分解问题，按要求制订计划	观念践行 【C-3-3】
	信息处理 （Z-3-3）	在教师提供的材料中获取重要的信息；能用合适的方法处理信息	能够围绕问题，充分收集与利用不同来源的信息与资源；尝试自主分析，判断信息，提出观点	想象力 【C-1-2】 流畅性 【C-2-1】 资源利用 【C-3-2】
	问题解释 （Z-3-4）	能使用分析归纳的信息简单说明自己对问题的解释	基于对问题或信息的分析、比较，寻求证据来推理问题产生的原因，形成对问题的初步解释	问题分析 【C-3-1】

(续表)

一级目标	二级目标	学习目标		创新素养指标
		低年段目标	中高年段目标	
创意物化（Z-4）	创意设计（Z-4-1）	在教师的指导下，通过绘画、文字描述等方法说明自己的想法	能借助范例，通过对问题和需求的分析和理解，提出创造性构想并设计出简单合理而较有新意的作品	独创性【C-2-3】
	工具选择（Z-4-2）	在教师提供的材料中选择合适的工具进行设计或制作	了解不同工具的优缺点、适用范围和使用难度等，根据活动内容选择并学会使用合适的工具进行创意设计或制作	独创性【C-2-3】资源利用【C-3-2】
	物化制作（Z-4-3）	能做出符合自己预想的东西	能按要求制作、调试，多次检验并调整设计，将创意设计转化为符合要求的实物或作品	精致性【C-2-4】方案评价【C-3-4】
	成果展示（Z-4-4）	在教师的指导下，对研究的过程和结果进行展示	能对设计制作成果做简单的展示、汇报	

三、课程内容

（一）内容选取原则

1. 经验性原则

综合实践活动课程本身就是要面向学生完整的生活世界，要从学生生活情境中选题。综合实践活动课程作为一门典型的经验课程，区别于学科课程的一个重要方面在于它是以学生个体的有目的性的生活经验为内容基础，而不是以学科知识为内容基础。综合实践活动课程强调从生活中挖掘活动主题，很大程度上体现了课程的意义，即着力发展学生的核心素养，特别是社会责任感、创新精神和实践能力。

2. 开放性原则

开放性体现课程的系统性,即综合实践活动课程不是指向"物",而是指向过程与生成。课程内容的选择要始终关注学生活动的生成性目标与生成性主题并引导其发展。

3. 整合性原则

课程内容应注重学科间的整合和融合,打破学科壁垒,让学生在综合实践中学习和运用多学科知识,培养学生的综合素质和综合能力。

4. 连续性原则

课程内容要体现发展的连续性,要体现低年段到高年段能力目标上的阶段性,学生能够通过不同阶段的单元活动在能力上有连续性的发展。

(二)课程内容

课程内容由"晨曦游戏设计师""晨曦问题探索家""晨曦场馆博物家"系列组成。其中"晨曦游戏设计师"主要研究学校特色活动"中国传统游戏"的创意玩法;"晨曦问题探索家"主要研究生活中的问题;"晨曦场馆博物家"主要研究场馆活动中遇到的问题。每学年第一学期开展一个"晨曦场馆博物家"主题活动。每学年第二学期开展一个"晨曦游戏设计师"主题活动。其他均为"晨曦问题探索家"主题活动。(见表2—表3)

表2 二师附小北校综合实践活动课程内容安排表

年级	学期	活动内容	所属系列	课时安排
一	上	蘑菇乐园	晨曦问题探索家	4
		课间游戏	晨曦游戏设计师	4
		有趣的跷跷板	晨曦问题探索家	4
		校园大探秘	晨曦问题探索家	4
	下	炒黄豆	晨曦问题探索家	8
		比书包	晨曦问题探索家	8
二	上	叶子的探秘之旅	晨曦场馆博物家	8
		紫甘蓝的秘密	晨曦场馆博物家	8
	下	掷糠包	晨曦游戏设计师	8
		神奇的水滴	晨曦问题探索家	8

（续表）

年级	学期	活动内容	所属系列	课时安排
三	上	动物的拟态与保护色的区别	晨曦场馆博物家	8
三	上	看谁叠得高	晨曦问题探索家	8
三	下	抽陀螺	晨曦游戏设计师	8
三	下	给绿豆安个"家"	晨曦问题探索家	8
四	上	喙与足	晨曦场馆博物家	8
四	上	我想用的纸巾	晨曦问题探索家	8
四	下	"新"打弹子	晨曦游戏设计师	8
四	下	小小社区规划师	晨曦问题探索家	8
五	上	小小解说员	晨曦场馆博物家	8
五	上	自制沙槌	晨曦问题探索家	8
五	下	滚铁环	晨曦游戏设计师	8
五	下	班级"历史"	晨曦问题探索家	8

注：每个主题活动的活动目标均对应课程目标制订具体对应的目标维度。

表3 二师附小北校综合实践活动课程内容与目标关联表

目标维度	活动内容	一上 蘑菇乐园	一上 课间游戏	一下 校园大探秘	一下 我的梦想小书包	二上 炒黄豆	二上 比书包	二下 叶子的探秘之旅	二下 紫甘蓝的秘密	三上 掷糠包	三上 神奇的水滴	三上 动物的拟态和保护色的区别	三上 看谁叠得高	三下 抽陀螺	三下 给绿豆安个"家"	四上 喙与足	四上 我想用的纸巾	四下 "新"打弹子	四下 小小社区规划师	五上 小小解说员	五上 自制沙槌	五下 滚铁环	五下 班级"历史"
价值体认	爱党爱国	✓	✓			✓	✓	✓				✓			✓			✓		✓		✓	✓
价值体认	公共观念	✓	✓	✓	✓	✓	✓	✓	✓	✓	✓	✓	✓	✓	✓	✓	✓	✓	✓	✓	✓	✓	✓
价值体认	规则意识	✓	✓	✓	✓	✓	✓	✓		✓	✓	✓	✓	✓	✓	✓		✓	✓	✓		✓	✓
价值体认	科学态度						✓	✓	✓	✓	✓	✓	✓	✓	✓	✓	✓	✓	✓	✓	✓	✓	

（续表）

目标维度	活动内容	一上			一下			二上	二下		三上		三下		四上		四下		五上		五下		
		蘑菇乐园	课间游戏	校园大探秘	我的梦想小书包	炒黄豆	比书包	叶子的探秘之旅	紫甘蓝的秘密	掷糠包	神奇的水滴	动物的拟态和保护色的区别	看谁叠得高	抽陀螺	给绿豆安个『家』	喙与足	我想用的纸巾	『新』打弹子	小小社区规划师	小小解说员	自制沙槌	滚铁环	班级『历史』
责任担当	自理自立	✓	✓	✓	✓	✓	✓	✓	✓	✓	✓	✓	✓	✓	✓	✓	✓	✓	✓	✓	✓	✓	✓
	主动服务	✓	✓	✓	✓	✓	✓	✓	✓	✓	✓	✓	✓	✓	✓	✓	✓	✓	✓	✓	✓	✓	✓
	团队合作	✓	✓	✓		✓		✓	✓	✓	✓	✓	✓	✓	✓	✓	✓	✓	✓	✓	✓	✓	✓
	生活态度	✓	✓	✓	✓	✓	✓	✓	✓	✓	✓	✓	✓	✓	✓	✓	✓	✓	✓	✓	✓	✓	✓
问题解决	提问质疑	✓		✓		✓	✓	✓	✓	✓	✓	✓	✓	✓	✓	✓	✓	✓	✓	✓	✓	✓	✓
	计划制订										✓	✓	✓	✓	✓	✓	✓	✓	✓	✓	✓	✓	✓
	信息处理	✓			✓																		
	问题解释				✓			✓	✓	✓	✓		✓	✓	✓	✓	✓	✓	✓	✓	✓	✓	✓
	监控反思		✓	✓		✓		✓		✓	✓	✓	✓	✓	✓	✓	✓	✓	✓	✓	✓	✓	✓
创意物化	创意设计	✓		✓		✓					✓	✓			✓				✓		✓	✓	✓
	工具选择												✓	✓	✓	✓	✓	✓					✓
	物化制作				✓			✓	✓	✓	✓		✓	✓	✓	✓	✓	✓	✓	✓	✓	✓	✓
	成果展示			✓	✓																		

四、课程实施

(一) 实施原则

1. 安全性原则

在实施综合实践活动课程时,首要考虑的是学生的安全。所有活动的设计和开展都应以确保学生的身心安全为前提,避免发生任何可能对学生的身体或心理造成伤害的情况。包括活动场所的选择、活动内容的安排、活动过程的监督等方面,都需要确保学生的安全。

2. 自主性原则

在综合实践活动中,应尊重学生的主体地位,发挥学生的主动性和积极性。鼓励学生自主选题、自主设计、自主实施、自主评价,从而培养学生的自主学习能力和创新精神。教师应作为指导者和帮助者,提供必要的支持和引导,而不是替代学生完成活动。

3. 探究性原则

在综合实践活动中,应注重培养学生的探究精神和探究能力。在活动过程中教师要引导学生发现问题、提出问题、分析问题并解决问题。通过探究过程,学生可以更深入地理解知识,培养自己的思维能力和实践能力。

(二) 活动方式

教育部印发的《中小学综合实践活动课程指导纲要》中提出的综合实践活动课程活动方式有考察探究、社会服务、设计制作、职业体验以及党团队教育和博物馆参观等,我校综合实践活动课程参照执行了"指导纲要"提出的活动方式,具体如下。

考察探究:学生基于自身兴趣,在教师的指导下,从自然、社会和学生自身生活中选择和确定研究主题,开展研究性学习;在观察、记录和思考中,主动获取知识,分析并解决问题。

社会服务:学生在教师的指导下,走出教室,参与社会活动,以自己的劳动满足社会组织或他人的需要。

设计制作:学生运用各种工具、工艺(包括信息技术)进行设计,并动手操作,将自己的创意、方案付诸现实,转化为物品或作品。

职业体验:明确研究问题指学生在实际工作岗位上或模拟情境中见习、实习,体认职业角色。

博物馆参观:结合博物馆馆藏品特点,将国家安全教育、心理健康教育、环境教育、法治教育、知识产权教育等,转化为学生感兴趣的综合实践活动,让学生走进场馆亲身实践。

每个主题活动都具有综合性的特点,每个活动都包含一种及以上的活动方式。

(三) 组织形式

综合实践活动课程较常用的组织形式就是合作学习。合作学习为学生提供了更多的人际交往和团体合作的机会,有助于形成优势互补的格局。在分组时,应遵循"组间同质,组内异质"的原则,以充分发挥学生的已有知识、生活经验和体验的作用。

(四) 实施流程

综合实践活动课程是从学生的真实生活和发展需要出发,从生活情境中发现问题开展项目化学习,培养学生综合素质的课程。为保证课程实施的基本质量,建议教师按照准备阶段、执行阶段和收尾阶段的步骤实施课程。(见图1)

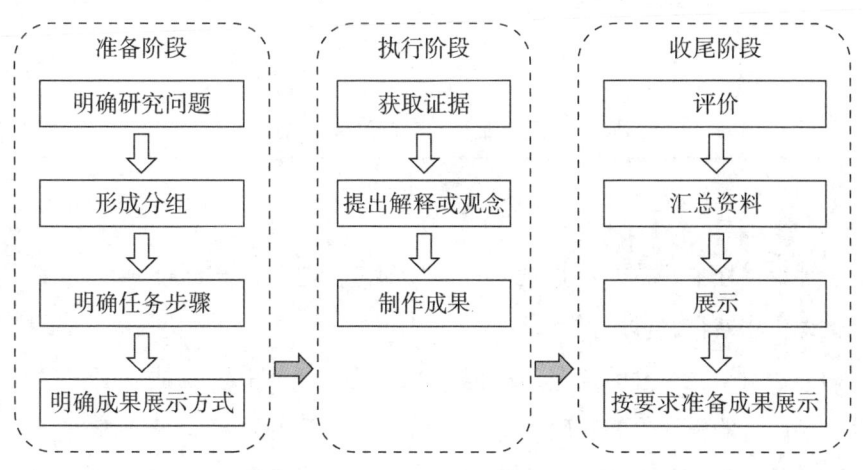

图1 二师附小北校综合实践活动课程实施流程图

五、课程评价

（一）指向学生的评价

注意评价中的学生主体作用；注意过程性评价；坚持激励性评价；关注差异性评价；关注个性特色评价。在评价形式上要多种多样。

1. 评价目标

根据课程的特点和学生的实际情况，对应课程目标，制订评价目标，进行过程性评价：（见表4）

表4　二师附小北校综合实践活动课程评价目标

维度	评价目标
价值体认	能说出中国人由古至今勤劳与智慧的具体表现
	在体验集体活动、场馆活动和主题教育活动时，遵守行为规范要求
	根据任务制订计划；计划完整，有研究内容、时间安排、负责人员；计划可执行
	组内成员按计划活动，发现问题先调整计划再继续活动；在使用收集到的信息和资源时，能注明出处
责任担当	组内成员人人有分工，在完成自己工作的基础上，帮助同伴共同完成任务
问题解决	能参与班级讨论，发现制订计划和具体活动中存在的问题，分析原因，探索解决方案
创意物化	按要求完成作品设计 选择并使用合适的工具进行制作，完成符合要求的作品

2. 评价方式

在评价过程中，要求做到"三个结合"，即定量与定性相结合、形成性评价与终结性评价相结合、自评与他评相结合。

（1）自评。由学生根据平时的记录，评出自己各项指标的达成度，并写出描述性评语。自评是评价的基础，有利于学生自己发现问题、自己改进学习。

（2）互评。互评范围可在小组内。根据评价指标与标准，对组内每个成员进行客观性评价、全面性评价、全程性评价。在评价中要求学生以鼓励为主，肯定成绩，提出改进意见。

（3）教师评。在自评和互评的基础上，教师根据平时的各种记录情况，对学生进行总结性评价。

（二）指向教师的评价

学校通过系统科学的课程评价与考核机制，关注教师在课程开发、实施、建设、深化过程中的工作实绩，提升教师课程的执行力、建设力和创新力。如，关注教师在过程性评价中的即时反馈和个别化交流、指导；关注相关资料的及时收集、整理与展示；注重发扬先进，宣传优秀事例，在教师队伍中树立良好的学习榜样。

（三）指向课程的评价

学校重视对综合实践活动课程的评价，检验课程目标、编制、实施全过程是否实现办学理念、育人目标，以及实现程度。以此为依据做出改进课程的决策：对学校课程计划编制、课程内容、课程实施进行深入、全面的评价，重点关注是否具备科学性、丰富性、趣味性，从而提升课程内涵和育人效果。

学校也会在每年期末，向学生家长开展针对综合实践活动课程的内容、形式、教师受欢迎程度调研，进而决定下一学年学校课程内容的增删减换，调整实施方式等，以促进课程和学校特色课程的品质。

六、课程管理与保障

（一）组建领导小组，厘清各方职责

学校成立由校长担任组长的综合实践活动课程建设领导小组，负责课程建设的统筹规划。课程方案的制订、每项活动内容的调整须由领导小组讨论通过，领导小组对于新增活动内容须综合政治性、科学性、可行性等方面进行审核，审核通过后进入开发环节。

由课程项目部负责课程的开发与设置。在课程架构基础上，对课时安排、教师配备、场地安排、资源利用、实施途径等方面，做出科学规划、统筹安排、灵活设置。学校课程项目部根据综合实践活动课程目标要求设计了各年级的实施内容，并初步拟定了单元整体设计、活动手册等配套资源。

由教学研究部负责加强和完善流程管理制度，从备课、上课、作业、辅导、评价入手，采用定期检查和随机检查相结合的方式，加强过程性的管理，从检查中发扬优势、发现问题，使课程的执行落实到位。

（二）规范业务培训，提高教师认识

为了引导教师充分认识综合实践活动课程的价值和意义，达成提升综合实践活动质量的共识。每学期开展主题鲜明的校本研修，教研活动定时、定点、定专题、定专人主讲，围绕课堂教学中发现的问题进行专题研讨，切实提高教师设计能力、反思能力、合作能力，从而不断提高活动质量。

（三）关注学生需求，适时动态调整

定期开展"我最喜爱的综合实践活动课程"调研活动。通过调研了解学生的需求，关注个性化差异，对已有的活动内容进行梳理，不断充实活动内容，构建可供学生自主选择的、切实提高学生综合素质的跨学科综合实践活动课程体系。

（四）集合多方力量，保障课程实施

保证经费投入，确保科研和活动经费，加强课程开发中所需的硬件建设。协调社会、家庭、学校的教育一体化。营造良好的社会舆论氛围。争取社会各界和家长的积极配合，探索建立学校、家庭、社区有效参与的新机制。

（执笔人：上海市第二师范学校附属小学杨浦北校　郑晓洁）

 案例一

"新"打弹子

一、主题概述

（一）主题来源

"中国传统游戏"是我校的校本特色课程。学生通过五年的学习，学会跳竹竿、踩高跷、滚铁环等中国传统游戏的玩法，在游戏中掌握技巧。在传统佳节来临时，学校都开放相关的活动场地，学生在课间、体育活动课上都有充足的时间玩游戏。部分学生在会玩设定游戏的基础上尝试换一种玩法或者换一个玩具。为了让更多学生发现翻新原有玩具、玩法的快乐，我们设计了本次"'新'打弹子"活动。

（二）研究问题

怎样才能让A点弹子不借助外力打到B点的弹子？

（三）活动任务

1. 任务

学校游戏节有一项创意游戏比赛——"新"打弹子，每班要选出两支队伍参与比赛。（具体要求见图1）

> 新比赛要求：六人小组利用所给材料在规定比赛区域30分钟内完成轨道搭建，A点弹子不借助外力打到B点的弹子，完成任务用时最长的为胜。
>
> 比赛区域：30cm×50cm，光滑且平整的桌面。
>
>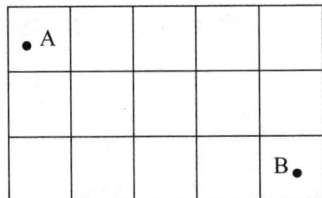
>
> 比赛场地示意图
>
> 比赛用具：2颗25mm的玻璃弹珠、1套多米诺骨牌（120片）、1套大颗粒乐高（208颗）、1个文具袋（内含4张A4纸、4把直尺、4支铅笔、4块橡皮）。

图1 "'新'打弹子"主题活动创意游戏比赛要求

请学生根据比赛要求进行设计并制作，搭建轨道，完成后参与比赛。

2. 任务分解（见图2）

本任务可以分为四个子任务，这四个子任务是层层递进的关系。

子任务一：设计轨道。学生将运用美术、数学、科学、技术等学科的知识与技能，根据任务要求设计轨道，并以文字、图案等方式表达自己的设计。

子任务二：搭建轨道。学生须根据设计搭建轨道。如果发现无法按设计完成搭建，则要先调整设计再进行搭建。

子任务三：测试并调整。学生在测试轨道效果、修改调整轨道的过程中，经历比较现象、分析思考、解决问题的过程。

子任务四：进行比赛。各小组完成调试后，参与班级比赛，选出最优小组。

在这个过程中还将完成活动总结,分享活动中的经验与教训,给自己与他人客观的评价。

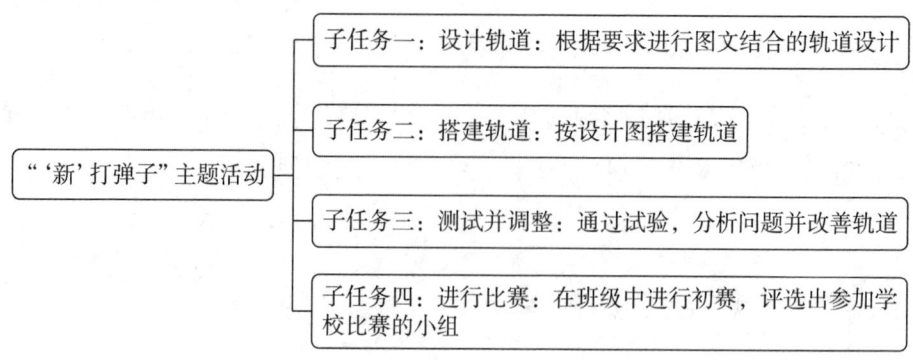

图 2 "'新'打弹子"主题活动任务分解图

(四) 学情分析

"中国传统游戏"校本课程是让学生了解并学会玩传统游戏的一门课程。通过四年级的"打弹子"游戏,学生训练了打弹子的手部技巧、瞄准目标的技能,学生对玻璃弹珠有了一定的认识。

根据本次活动任务,我们分析了四年级学生在设计制作、比较分析、展示交流、计划制订、团队合作等方面的已有基础,并对学生参与活动后的能力发展进行评估。(见表 1)

表 1 "'新'打弹子"主题活动学情分析表

维度	目标指向	已有基础	发展预期
价值体认	规则意识	知道按要求完成任务,但是活动中容易忽视	按设计稿进行制作 按要求测试 按发现问题—分析原因—讨论并修改设计稿—完成调整的步骤操作
责任担当	团队合作	活动前,按要求组成团队并明确分工;在活动中,根据分工完成任务	六人合作完成任务,活动中各司其职,能独立完成自己承担的任务,能配合同伴给予帮助

（续表）

维度	目标指向	已有基础	发展预期
问题解决	信息处理	通过观察，根据事物特点进行简单分类	能分析所给材料的特点，完成设计
	问题解释	对问题进行分析，形成对问题的初步解释	对测试中发现的问题能进行比较、分析，寻求证据来研究问题产生的原因
	监控反思	能在教师的引导下发现活动过程中的问题并思考解决办法	根据记录的现象，发现设计或制作的问题，并提出解决办法
创意物化	创意设计	围绕主题或问题，按要求进行简单设计；通过口头表达、绘画的方式来展现自己的设想	利用已有材料按要求完成设计，并形成图文设计稿
	物化制作	根据要求，按已有设计（他人设计的、已完善的）完成制作	按自己的设计稿完成制作
	成果展示	尊重伙伴，安静、耐心地听别人的发言 敢于表达，愿意与同伴分享自己的想法	探究活动中能表达自己的想法，活动后能总结得失 尊重伙伴，听清别人的发言 针对自己与他人的表现进行评价

（五）创新素养链接

见表2。

表2 "'新'打弹子"主题活动创新素养行为表征表

维度	创新素养指标	行为表征
创新人格 【C-1】	分享协作 【C-1-4】	活动前，按要求组成团队并明确分工；活动过程中，根据分工完成任务
	反思进取 【C-1-5】	根据记录的现象，发现设计或制作的问题，比较、分析问题，寻求证据来研究问题产生的原因，并提出解决办法
	坚持 【C-1-6】	根据设计搭建轨道，遇到问题能及时调整设计并持续研究，坚持不懈、不退缩

（续表）

维度	创新素养指标	行为表征
创新思维【C-2】	流畅性【C-2-1】	通过分析提出解决轨道设计、制作中出现问题的办法，使A点弹子可以打到B点弹子
	灵活性【C-2-2】	能在小组交流中、全班交流中接受多种形式的信息，从不同角度去思考，根据实际情况调整自己的想法
	独创性【C-2-3】	设计并制作出与别的小组不一样的轨道
创新实践【C-3】	问题分析【C-3-1】	能通过实际操作、看操作视频等发现轨道设计、制作或操作中的问题，并寻找解决的办法
	观念践行【C-3-3】	根据要求设计、制作轨道，并完成操作。当任务无法完成时，能通过分析讨论完善设计、制作以及操作的方法，并通过实践来验证想法
	问题解决【C-3-5】	通过反思和实践，完成任务

二、活动目标

（一）任务目标

搭建一个能使A点弹子不借助外力就能打到B点弹子的轨道。（Z-4-3物化制作）

（二）学习目标

1. 运用图、文等方式呈现自己的设计，按设计搭建轨道。（Z-1-3规则意识、Z-4-1创意设计、Z-4-3物化制作）【C-3-3观念践行】

2. 发现并记录弹子滚动过程出现的问题，分析原因，寻找解决方法并做出改进。（Z-3-5监控反思、Z-3-4问题解释）【C-1-5反思进取、C-2-1流畅性、C-3-1问题分析、C-3-3观念践行】

3. 小组成员能独立承担自己的工作，并在活动中配合同伴共同完成小组任务。（Z-2-3团队合作）【C-1-4分享协作】

4. 在班级范围内总结小组活动情况，分享得失并进行评价。（Z-4-4成果展示）【C-2-2灵活性】

三、活动内容

见表3。

表3 ""新'打弹子"主题活动内容表

子任务(活动)	活动目标	表现标准	建议课时
设计轨道	读懂任务内容和要求(Z-1-3)【C-3-3】 组建合作团队,细分工作任务,通过讨论确定人员安排(Z-2-3)【C-1-4】 选择材料,运用图、文等形式完成设计稿(Z-4-1)【C-3-3】	能说出本次活动的任务要求 小组组建完成,能说出每个人的任务 完成设计稿	2
搭建轨道	按照设计图搭建(Z-1-3、Z-4-1、Z-4-3)【C-3-3】 按照分工合作完成(Z-2-3)【C-1-4】	完成轨道搭建,轨道与设计图一致 人人都有分工,活动中每个人都在参与	1
测试并调整	发现并记录弹子滚动过程中出现的问题,分析原因,寻找解决办法并做出改进;完成打弹子的任务(Z-3-5、Z-3-4)【C-1-5、C-2-1、C-3-1、C-3-3】	拍摄完整清晰的测试过程 能在设计图中标注一个及以上问题的位置 能找出一个及以上问题并找到解决问题的方法 能改善轨道完成打弹子任务	1.5
进行比赛	进行比赛(Z-4-3)【C-3-5】 分享活动过程中的得失,总结小组活动经验(Z-4-4)【C-2-2】 根据评价表对各小组活动的实际情况进行评价(Z-4-4)【C-2-2】	完成比赛,选出两支最优秀的队伍 能完成小组自评与互评,完成活动手册	1.5

四、活动实施

（一）实施流程

见图 3。

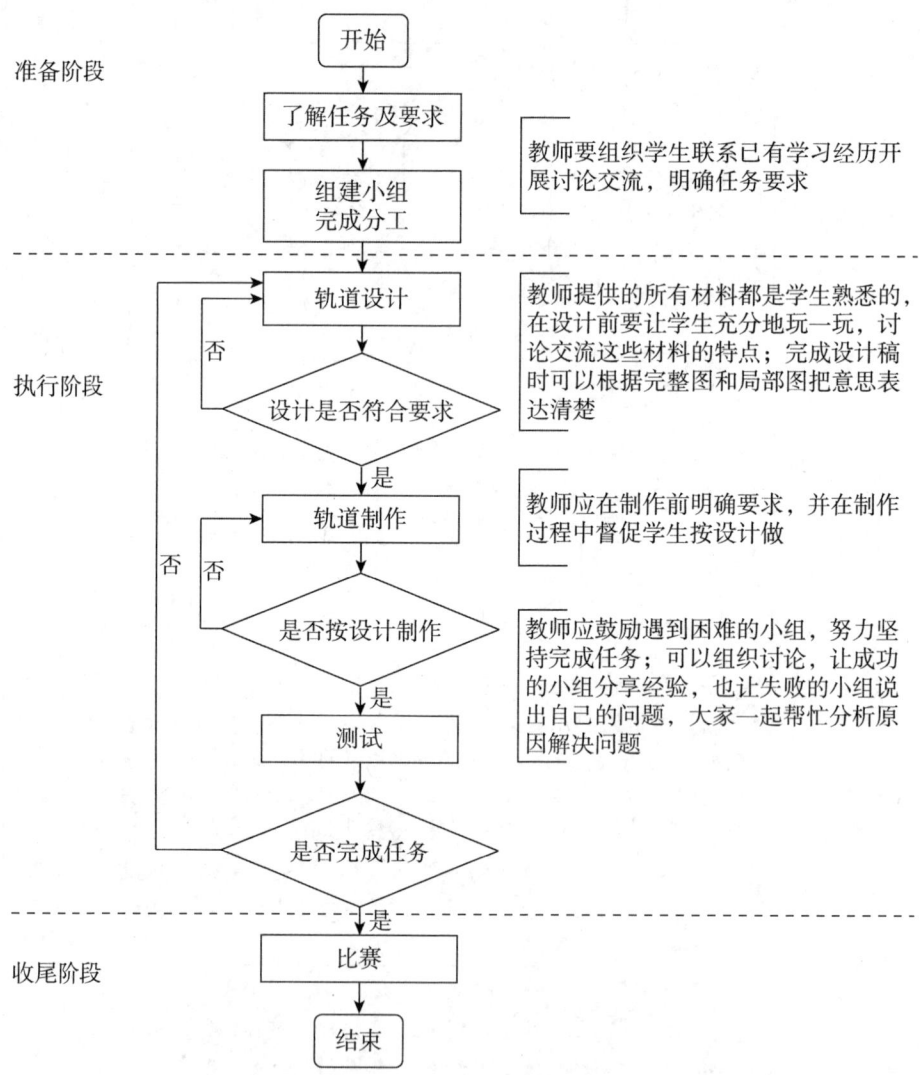

图 3 "'新'打弹子"主题活动实施流程图

(二) 实施建议

1. 学习对象

四年级第二学期学生。

2. 预设课时

6 课时。

3. 实施要求

（1）准备阶段：明确任务，组建小组

学生明确活动任务以后再组建团队，进行人员分工。每个学生都清楚将要做什么以及怎么做，能组建自己信得过的团队，在团队中承担自己能胜任的工作，对完成任务有一定的信心，初步形成积极向上有凝聚力的团队。

（2）执行阶段：有序活动，充分思考

本阶段继续培养学生的问题解决和创意物化的素养。建议教师注意以下几点。第一，学生在设计轨道时，教师要引导学生带着任务要求，充分利用所给材料进行设计。第二，学生在搭建轨道时，要明确必须按照设计图来搭建，教师可以发挥监督作用确保要求的达成。如，在搭建完成后，让各小组互派代表检查设计图与实物是否一致。第三，在测试阶段，教师要提醒并督促学生观察并记录实验现象，把每一个有问题的（即不能顺利通过的）地方标注出来；每次改动都应通过组内分析讨论通过后，才能执行，任何组员不可以随意改动调整。

（3）收尾阶段：归纳整理，反思评价

教师可以先带领学生回顾准备阶段的任务要求，再鼓励学生积极分享成果情况，便于学生对比要求形成初步的评价。教师要关注学生是否能将自己对整个活动的感想和收获表达完整。学生对整个活动有回顾和感悟后再进行评价，通过填写评价表并反馈，促进学生自我反思与客观评价能力的提升。

五、活动评价

我们将活动评价贯穿活动整个过程。评价前置让学生在活动之前包括每个子任务开展前都有明确的标准和要求，帮助他们更好地完成任务。在每个阶段的实施过程中，让学生对照评价标准进行自评并提出修改建议，在别人提出建议后鼓励学生采纳合理建议，进一步完善作品。在整个活动完成后，组织学生回顾

整个过程进行自评与互评、整理活动资料、总结活动收获,帮助学生养成反思的习惯。(见表4)

表4 "'新'打弹子"主题活动评价表

评价内容	1	2	3	4	评价
创意设计	设计不完整	完成设计,但按设计稿无法顺利搭建轨道	在教师的帮助下运用图、文等方式完成设计稿;可以按设计稿搭建轨道	能运用图、文等方式完成设计稿;可以按设计稿搭建轨道	
物化制作	搭建未完成	按设计稿完成搭建,有两处以上细节与设计稿不同	按设计稿完成搭建,有两处或两处以下细节与设计稿不同	所搭建的轨道与设计稿相同	
问题解释	完成测试,但任务未完成;发现不了问题	能在测试中发现设计或制作中的问题,但无法解决	能在测试中发现设计或制作中的问题,能分析原因,找到解决部分问题的方法	能在测试中发现设计或制作中的问题,能分析原因,能解决所有问题	
监控反思	活动手册中测试现象的记录、原因的分析以及设计图的修改等内容缺漏两处以上	活动手册中测试现象的记录、原因的分析以及设计图的修改等内容缺漏两处	活动手册中测试现象的记录、原因的分析以及设计图的修改等内容缺漏一处	活动手册中测试现象的记录、原因的分析以及设计图的修改等内容填写完整	
任务达成	一次也没成功	成功一次	成功两次	成功三次	
分享协作	活动中,没有按分工进行	活动中,按分工进行,但有成员没有完成自己的任务	活动中,按分工完成自己的任务	活动中,按分工完成自己的任务,并能提醒或帮助其他伙伴	
成果展示	小组讨论热烈,但没有参与班级分享与讨论	参与小组和班级讨论,分享了自己小组的活动	参与小组和班级讨论,为其他小组提供了想法但未被采纳	参与小组和班级讨论,并为其他小组提供了想法,被采纳	
总评					

六、学习工具

活动手册,见图 4—图 13。

图 4　　　　　　　　　图 5

图 6　　　　　　　　　图 7

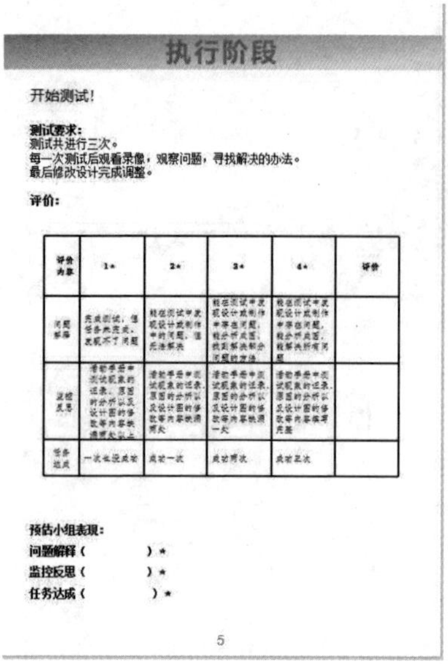

图 8

图 9

图 10

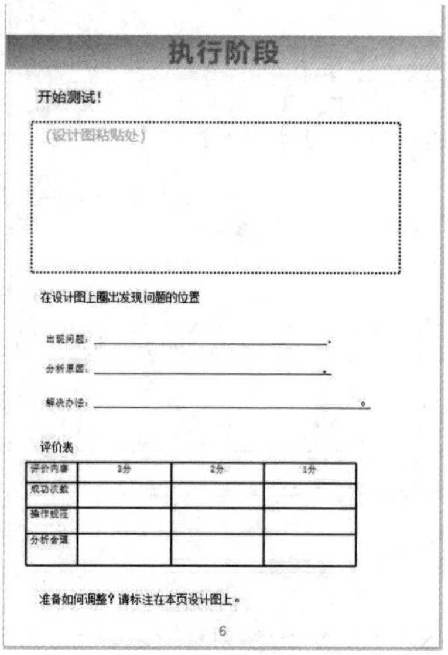

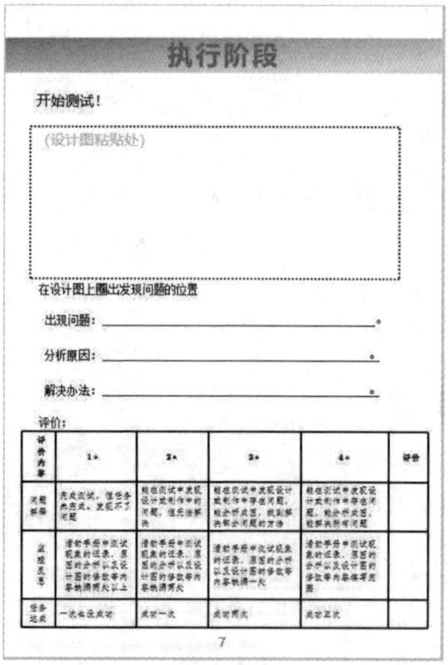

图 11

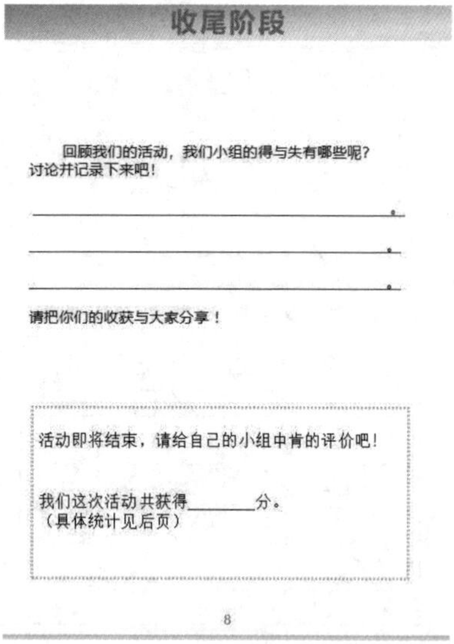

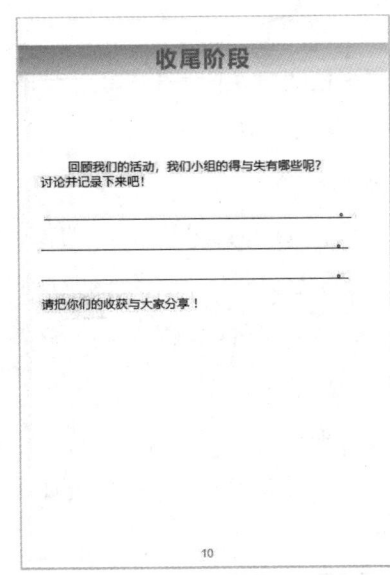

图 12　　　　　　　　　　　图 13

（执笔人：上海市第二师范学校附属小学杨浦北校　郑晓洁）

案例二

叶子的探秘之旅

一、主题概述

（一）主题来源

我校作为"馆校合作校"与上海科技馆、上海自然博物馆有合作关系已近十年，学校布置"我和自然做朋友"转角博物空间，开展"我和自然做朋友"的校园展览会活动。通过推动馆校深入合作，利用馆内资源、打造校内博物空间，丰富我校开展综合实践活动学习的场所和活动的内容。

本活动以常见的绿植入手，以"叶子"为切入点，让学生通过观察植物、查阅资料、动手实践、设计布置等活动，了解叶子的奇妙，感受大自然的奥秘，并利用叶子制作相应的作品，打造校园博物空间。

(二) 研究问题

如何在校园内设计一个关于叶子的微展览？

(三) 活动任务

1. 任务

学校开展"我和自然做朋友"的校园展览会活动，向二年级同学征集关于叶子的展品。学生以小组为单位，通过动手实践，设计制作树叶贴画作品，评选优秀作品，参与"叶子的探秘之旅"校园微展览活动。

"树叶贴画"展品要求

a. 底板大小：A3 铅画纸/卡纸。

b. 选用 2 种及以上叶子进行设计制作。

c. 作品美观、大方，叶片完整。

请学生根据要求和材料（见表1）进行设计并制作，完成后评选优秀作品参加校园微展览。

表1 "叶子的探秘之旅"主题活动展品设计制作工具材料表

	名称	用途
树叶贴画	各种植物的叶子	树叶贴画
	A3 铅画纸/卡纸	作为底板
	固体胶/双面胶	粘贴树叶
	记号笔、铅笔	设计、勾轮廓
	马克笔、颜料	涂色美化
	剪刀	设计修改

2. 任务分解

本任务可以分解为四个子任务，这四个任务是递进的关系。学生要组成学习小组，通过观察、学习、设计、制作、评价等环节依次完成子任务，最终共同完成布展的总任务。（见图1）

子任务一：观察叶片。在校园内寻找并收集不同的叶片，观察你找到的叶片的外形,通过画一画、圈一圈完成叶片信息卡。

子任务二:认识叶片。知道叶片的基本形状,不同植物叶缘和颜色的异同。

子任务三:树叶贴画。运用收集到的叶片,根据要求,小组合作创意完成树叶贴画作品。

子任务四:微展览。在班级里展示树叶贴画作品,并进行投票评选。优秀作品参加校园"叶子的探秘之旅"微展览。

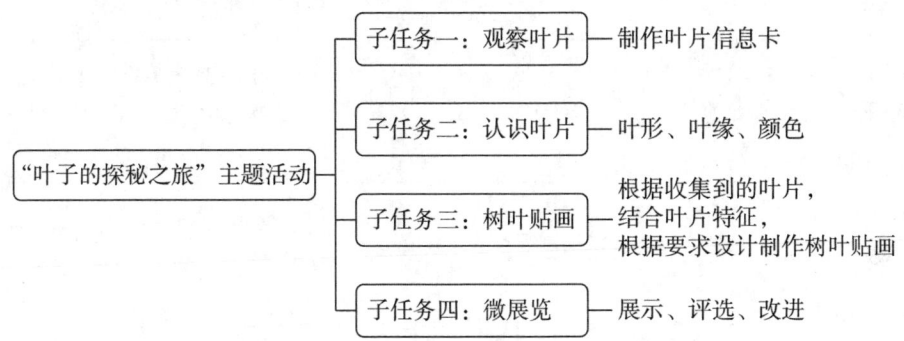

图1 "叶子的探秘之旅"主题活动任务分解图

(四) 学情分析

根据该主题与学校培养目标之间的关联,我们分析了二年级第一学期学生的学习基础和发展预期。(见表2)

表2 "叶子的探秘之旅"主题活动学情分析表

维度	目标指向	已有基础	发展预期
价值体认	爱国爱党	通过各类集体活动和课程,对学校社区有一定的认识,成为一名合格的小学生	通过实践课程,了解学校、社区周边的植物,感受大自然的奥秘和美好
	公共观念	知道要遵守公共空间的基本行为规范	活动中注意安全、遵守课堂秩序
	规则意识	知道要听从老师的安排去活动	通过亲历活动,遵守学习活动场所行为规范,并且能听清老师要求,按要求完成任务

(续表)

维度	目标指向	已有基础	发展预期
责任担当	团队合作	在活动中,能分享自己的想法,合作意识不强	能初步尝试小组合作、互相帮助,有不同意见能商量解决
	生活态度	对身边的事物有着强烈的好奇心	能在活动过程中保持对身边事物的好奇心和求知欲,体会完成制作和展示的喜悦
问题解决	信息处理	能够围绕问题,学习不同来源的相关知识	能从不同渠道收集有关叶子的资料,了解叶形、叶缘等特点,能区分不同的叶子,完成叶片信息卡
创意物化	创意设计	能按要求绘制简单的设计图	能根据设计的要求,绘制设计草图
	物化制作	能识别并初步应用一些简单的工具和材料,如放大镜等	能根据老师的要求,小组通过动手实践,制作树叶贴画作品
	成果展示	能对设计制作成果作简单的展示、汇报	利用活动手册,结合"叶子的探秘之旅"展板进行展示并评价

（五）创新素养链接

本主题活动着重从以下方面培养学生的创新素养。（见表3）

表3 "叶子的探秘之旅"主题活动创新素养行为表征表

维度	创新素养指标	行为表征
创新人格【C-1】	好奇心【C-1-1】	学生对植物充满好奇,有强烈的求知欲和探索学习热情,能基于问题展开探索和调查
	分享协作【C-1-4】	在小组合作中,组员能主动承担并完成任务,当他人有困难时愿意协助,能分享自己的想法,接纳他人的意见
	坚持【C-1-6】	能根据小组制订的设计方案,专注于制作作品,面对困难时,及时调整设计方案并持续探索,坚持不懈、不退缩

(续表)

维度	创新素养指标	行为表征
创新思维 【C-2】	独创性 【C-2-3】	在设计与物化的过程中,提出与众不同的想法
	精致性 【C-2-4】	在设计制作树叶贴画的过程中不断调整改进,使作品趋于完善
创新实践 【C-3】	资源利用 【C-3-2】	能够围绕研究对象,从不同途径收集信息与资源,辨识信息与资源的可靠性,整理、筛选并分析信息,确定叶子作品的主题
	观念践行 【C-3-3】	能够基于叶子设计方案,通过分析、讨论等来完善设计方案
	方案评价 【C-3-4】	能对小组设计的方案进行合理的判断和评价,找出优缺点,并能提出改进方案的意见
	问题解决 【C-3-5】	通过反思和实践,制作出符合设计方案的作品

二、活动目标

(一) 任务目标

设计制作树叶贴画作品。

(二) 学习目标

1. 通过收集关于叶片的信息,认识了解身边的植物,感受大自然的奥秘和美好。(Z-1-1 爱党爱国)【C-3-2 资源利用】

2. 知道"叶子的探秘之旅"的任务,能按老师的要求去做,遵守课堂秩序、注意活动安全。(Z-1-2 公共观念、Z-1-3 规则意识)【C-1-6 坚持】

3. 在活动过程中,能初步尝试小组合作、互相帮助,有不同意见能商量解决。(Z-2-3 团队合作)【C-1-4 分享协作、C-1-5 反思进取】

4. 能从不同渠道收集不同的叶子,并通过不同方式了解叶子的外部特征,区分不同的叶子,完成叶片信息卡。(Z-3-3 信息处理)【C-3-2 资源利用】

5. 能根据教师的要求,绘制具有创意的设计草图,并按要求完成树叶贴画作品,参与校园微展览评选活动。(Z-4-1 创意设计、Z-4-3 物化制作)【C-2-4

精致性、C-3-3 观念践行】

6. 在班级里展示树叶贴画作品,并进行投票评选。参与校园"叶子的探秘之旅"微展览活动。(Z-4-4 成果展示)【C-3-4 方案评价、C-3-5 问题解决】

7. 能在活动过程中保持对身边事物的好奇心和求知欲,体会完成制作和展示的喜悦。(Z-2-4 生活态度)【C-1-1 好奇心】

三、活动内容

见表4。

表4 "叶子的探秘之旅"主题活动内容表

子任务(活动)	活动目标	表现标准	建议课时
观察叶片	了解本次活动的具体要求,按要求完成分组(Z-1-2、Z-1-3)【C-1-4、C-1-6】 在校园内观察不同的叶片,小组合作,完成叶片信息卡填写(Z-1-1、Z-2-4、Z-3-3)【C-1-4、C-1-1、C-3-2】	能说出本次活动中要做的事情 分组合作完成研究计划、互相帮助、分享交流 小组合作完成叶片信息卡的填写	1课时
认识叶片	通过采集到的叶片和叶片信息卡,观察分析常见叶子的基本叶形和不同植物叶缘的异同(Z-3-3)【C-3-2】	能说出不同叶子的名称、叶形以及叶缘特点	1课时
树叶贴画	运用收集到的叶片,制作创意树叶贴画作品(Z-4-1、Z-4-3)【C-2-4、C-3-3】	能通过小组合作完成具有创意的树叶贴画作品	2课时
微展览	各小组进行"树叶贴画"作品展示,并进行投票评选(Z-4-4)【C-3-4】 根据要求完成评价(Z-4-4)【C-3-4】	利用活动手册,制作"树叶贴画"作品在班级里展示,并进行投票评选,参加校园"叶子的探秘之旅"微展览	1课时

四、活动实施

(一) 实施流程

见图2。

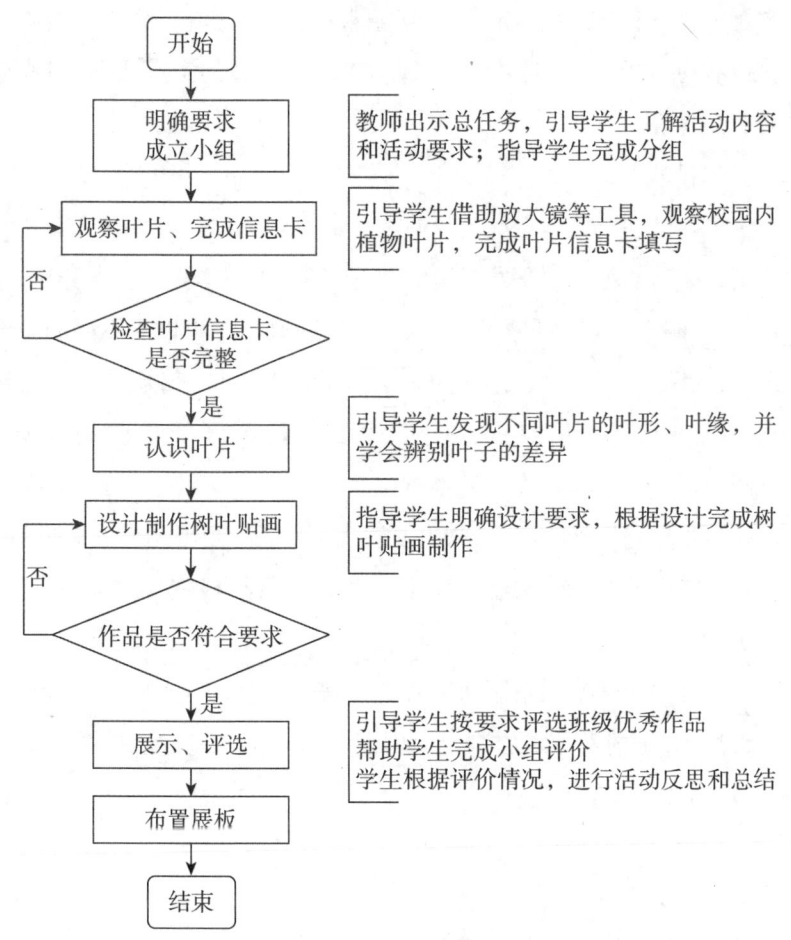

图2 "叶子的探秘之旅"主题活动实施流程图

(二) 实施建议

1. 学习对象

二年级第一学期学生。

2. 预设课时

5课时。

3. 实施要求

根据预设课时,以小组为单位拟在2—3周内完成该主题活动。

(1) 准备阶段

本阶段教师要引导学生阅读活动手册,明确研究的问题,知道需要完成的活动任务和要求,并初步尝试小组合作、互相帮助、分享交流。这是一次历时较长的综合实践活动,教师要善于引导,带领学生体验完整的实践活动,体验坚持不易和成功后的喜悦。

(2) 执行阶段

这一阶段的活动中既有本次任务的重点又有难点。二年级学生有初步的观察能力和语言表达能力。为激发学生的学习兴趣,增加体验感和参与感,本活动走出教室,在校园内收集叶子进行观察、比较。鼓励学生可以用不同的方式记录并带进课堂,在课堂上进行交流、分享。整理收集到的叶子,让学生学会辨别叶子的差异,仔细观察其外形、结构、颜色等特征。根据叶子的外形特点,按要求创作树叶贴画。

本阶段的重点是设计并制作,学生要明确最终树叶贴画的设计制作要求,教师也需要指导学生不断检验自己的设计和制作是否符合要求。

(3) 收尾阶段

本阶段教师组织学生利用活动手册,结合树叶贴画进行班级展示评比,评选优秀作品参加"叶子的奇妙之旅"校园微展览。通过展示交流,促进学生相互学习、取长补短、共同进步。

五、活动评价

本活动通过活动过程评价和结果评价两个维度来进行,评价表(见表5)在学生活动手册中。活动收尾阶段,学生要进一步汇总评价。

表5 "叶子的探秘之旅"主题活动评价表

维度	评价标准	评价结果
爱党爱国	能在活动中认识植物、爱护植物,感受大自然的奥秘和美好	★
公共观念	在活动过程中养成良好的习惯,注意活动安全、遵守课堂秩序	★
规则意识	在活动中读懂任务、明确活动要求、树立规则意识	★
团队合作	能初步尝试小组合作、互相帮助,有不同意见能商量解决	★
生活态度	能在活动过程中保持对身边事物的好奇心和求知欲,体会完成制作和展示的喜悦	★

（续表）

维度	评价标准	评价结果
信息处理	通过收集叶片，从不同角度了解叶子外部特征，根据叶片特征设计制作树叶贴画	★
创意设计	能根据设计的要求，绘制设计草图，并按要求完成作品	★
物化制作	通过小组合作，能根据老师的要求完成树叶贴画	★
成果展示	能在班级里展示树叶贴画作品，并进行投票评选，参与校园"叶子的探秘之旅"微展览	★

六、学习工具

活动手册，见图3—图12。

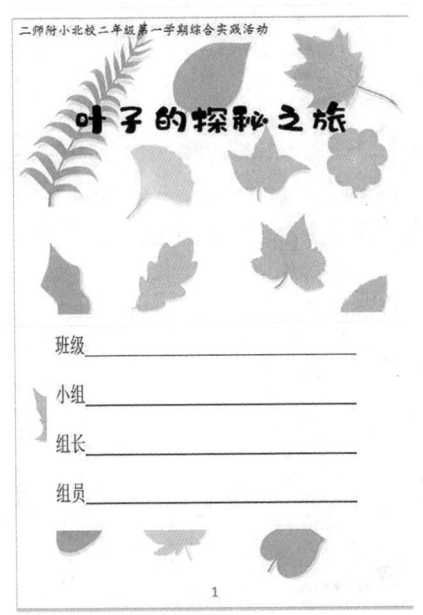

图3

图4

图5　　　　　　　　　　图6

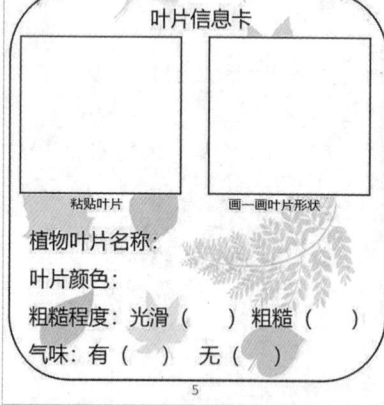

图7　　　　　　　　　　图8

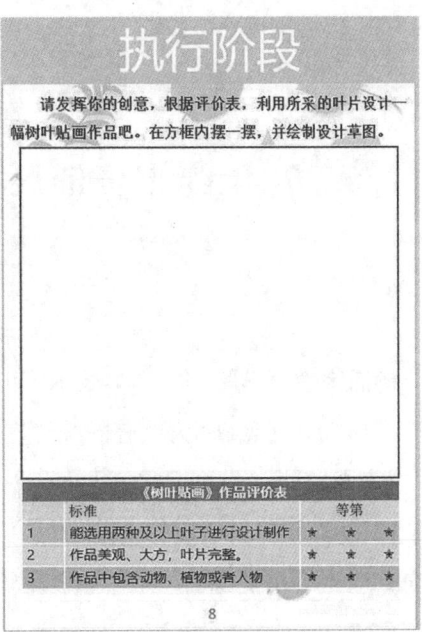

图 9　　　　　　　　　图 10

图 11　　　　　　　　　图 12

（执笔人：上海市第二师范学校附属小学杨浦北校　龚　燕）

7. 上海市杨浦区教育学院实验小学

杨浦区教育学院实验小学秉承"和而向上,知书达理"的办学理念,构建了以"博学雅行、合作创新"为核心的综合实践活动课程。该课程分为两个系列,分别为"博雅天地"与"小脚丫踏遍大上海"。"博雅天地"系列引导学生关注社会、思考生活,从而培养其敏锐的观察力与深刻的理解力;而"小脚丫踏遍大上海"系列则充分利用场馆资源,让学生在参观、体验与互动中,拓宽视野、增长见识、激发创新灵感。

学校课程融入真实情境、真实生活问题,引导学生在解决问题的过程中,学会团队协作、相互分享,根据收获的信息适时地调整更新;经过不断反思和实践,最终能够解决问题或形成符合要求的成果,从而激发学生的好奇心和想象力。例如,一年级的"安全上学去"主题活动,学生分组探讨"如何安全上学",制作安全提示小报或规划最佳路线,旨在增强学生的安全意识、提高自我保护能力的同时,自信地提出观点。又如,五年级的"邮友学印刷"主题活动,学生参观学习印刷知识,体验印刷过程,设计并制作了以印刷术为主题的纪念邮票。学生在活动中学习与他人分享协作,在反思中持续优化作品。

杨浦区教育学院实验小学的学生在综合实践活动课程中,自主学习与实践,逐渐成长为具有独立思考能力的"守规矩、明事理、爱学习、健体魄、会创造"的明德好少年。

上海市杨浦区教育学院
实验小学综合实践活动课程实施方案

一、背景分析

杨浦区教育学院实验小学(以下简称杨教院实验小学)秉承"和而向上,知书达理"的办学理念,构建"博雅"课程体系,旨在培养"守规矩、明事理、爱学习、健体魄、会创造"的明德好少年。

综合实践活动课程是"博雅"课程体系的一部分,以"博学雅行、合作创新"为目标。通过两个系列课程——"博雅天地"和"小脚丫踏遍大上海",培养学生在价值体认、责任担当、问题解决和创意物化这四个维度的意识或能力。

目前,综合实践活动课程教研组共有14位兼职教师,包括2位高级教师、8位中级教师和4位二级教师。其中1位为杨浦区跨学科中心组成员,与教研员结对,有集团优秀教育资源的支持,多数教师具备主题设计能力。

我校学生均为本地块学生,已具备观察分析、交往合作的能力,好奇心强;但动手操作能力弱,缺乏社会经验,创新思维待提升。

二、课程目标

(一) 总目标

1. 价值体认

通过亲历、参与学校少先队活动、场馆活动、主题教育等各项社会实践活动,我校学生初步知晓国情,爱党爱国,为自己是中国人感到自豪;理解并遵守公共空间的秩序,尊重不同的民俗文化;初步形成坚持不懈完成任务的习惯,科学严谨的研究意识,有主动服从并践行集体决议的意识。

2. 责任担当

围绕日常生活和学校生活,学生普遍能主动承担一些家务,完成学校的劳动服务,积极参与校内外的志愿服务,为周围有困难的人提供力所能及的帮助;乐于分享、敢于提问并主动寻求解决的方法;初步养成自理能力、自立精神和热爱生活的态度。

3. 问题解决

能在教师的引导下,在真实情境中发现并提出问题,围绕问题获取所需要的信息,并进行加工处理,从而形成对问题的解释;在解决问题的过程中能及时发现问题,思考解决方法并及时调整。

4. 创意物化

通过各类实践活动,能选择合适的方法,动手操作,呈现研究成果或物化制作;在制作过程中能够反复调试或修改直至成果完成,并能对成果进行展示、汇报。

(二) 分年段目标

课程总目标分解为低年段、中高年段目标。(见表1)

表1 杨教院实验小学综合实践活动课程分年段目标表

一级目标	二级目标	学习目标		创新素养指标
		低年段(1—2年级)	中高年段(3—5年级)	
价值体认 (Z-1)	爱党爱国 (Z-1-1)	通过体验集体活动、场馆活动和主题教育活动,初步知晓少先队历史,为能成为一名少先队员而骄傲	通过学校各项社会实践活动,初步知晓国情历史,热爱党,热爱祖国,为自己是中国人感到骄傲	
	公共观念 (Z-1-2)	在社会考察活动中不大声喧哗,不随意奔跑,听从工作人员的安排	在社会考察活动中能主动遵守公共空间的秩序,能及时指出同伴不遵守秩序的行为 能尊重不同的民俗文化	
	规则意识 (Z-1-3)	能在集体中完成分配的任务 按照教师制订的计划,完成研究 能在教师的提示下,在收集信息时标注来源	在活动中能服从并践行集体的决议 在活动中能按计划完成,知道要调整活动须先修改计划 在采纳他人观点意见时能如实标注,能为自己的成果署名	独立自信 【C-1-3】

（续表）

一级目标	二级目标	学习目标		创新素养指标
		低年段（1—2年级）	中高年段（3—5年级）	
价值体认（Z-1）	科学态度（Z-1-4）	在教师指导下，能如实记录过程情况	在信息获取的过程中能检验信息的正确性 在研究活动中能够如实地、较完整地进行记录 在研究中遇到困难时能及时思考解决的方法，将研究完成	坚持【C-1-6】
责任担当（Z-2）	自理自立（Z-2-1）	能整理好自己的学习用品 能够独立地完成组内分配的任务，有自立的意识	能主动承担一些家务劳动，在活动中能整理、汇总好自己的学习工具 能根据自己的能力自主选择组内的任务并完成	独立自信【C-1-3】
	主动服务（Z-2-2）	能主动关心班级同学和家庭成员，当他们有困难时能主动帮助	能主动为周围（家庭、学校及社区）有困难的人提供力所能及的帮助	
	团队合作（Z-2-3）	在小组活动中敢于说出自己的想法 乐于接受他人提出的建议	在小组合作中能主动分享自己的观点与成果，并能听取他人的意见 根据任务的需要分工，并在完成任务的过程中帮助有困难的同伴	分享协作【C-1-4】
	生活态度（Z-2-4）	在各种活动中有好奇心，快乐地进行活动	在各种活动中有求知欲，在发生困难时能主动寻求解决的方法	好奇心【C-1-1】
问题解决（Z-3）	提问质疑（Z-3-1）	在教师引导下，围绕学习的主题或问题，尝试进行合理的猜测	围绕活动的主题，及时发现并提出研究过程中的问题 有依据地进行推测，提出假设，并说明假设依据	好奇心【C-1-1】 独立自信【C-1-3】 问题分析【C-3-1】
	计划制订（Z-3-2）	能在老师的帮助下知道研究的问题并读懂老师制订的计划	能澄清并分解问题，按要求制订计划	观念践行【C-3-3】

（续表）

一级目标	二级目标	学习目标		创新素养指标
		低年段（1—2年级）	中高年段（3—5年级）	
问题解决（Z-3）	信息处理（Z-3-3）	能在教师提供的资料（实物、文字或图片）中通过观察、实验、阅读获取与研究内容相关的信息 能在教师的指导下，按要求分析信息	能够围绕问题，通过多种途径获取信息 通过筛选、比较、分类等方法分析信息	隐喻性【C-2-5】 灵活性【C-2-2】 资源利用【C-3-2】
	问题解释（Z-3-4）	能使用分析归纳好的信息简单地说明自己对问题的解释	通过整理归纳信息，总结与问题相关的观点或想法，形成对问题的解释 能对问题的解释说明理由或推理的思路	独创性【C-2-3】 隐喻性【C-2-5】
	监控反思（Z-3-5）	能在教师的指导下回顾整个活动 能说出活动中发生的问题	能在活动结束阶段反思整个活动的成果和存在的问题 在活动中能及时发现问题，思考解决问题的方法并调整后续的活动	反思进取【C-1-5】 方案评价【C-3-4】
创意物化（Z-4）	创意设计（Z-4-1）	在教师指导下，围绕研究的主题或问题，尝试用绘画、简单文字进行设计及说明	能根据确定的方式，设计研究成果的呈现方式 设计的内容能体现对研究问题的思考，且具有自己小组的特色	独创性【C-2-3】 想象力【C-1-2】
	工具选择（Z-4-2）	能用教师指定的工具或形式来表达自己的想法	能选择合适的方法来表达研究或物化的成果	隐喻性【C-2-5】 灵活性【C-2-2】
	物化制作（Z-4-3）	尝试根据设计，进行简单制作	能按设计稿进行制作 在制作的过程中能反复调试、修改，直至完成 在调整或修改前能够先修改设计	精致性【C-2-4】 观念践行【C-3-3】 问题解决【C-3-5】

（续表）

一级目标	二级目标	学习目标		创新素养指标
		低年段(1—2年级)	中高年段(3—5年级)	
创意物化 (Z-4)	成果展示 (Z-4-4)	用教师指定的方式对研究内容的过程和结果进行表达	能对成果作简单的展示、说明或汇报	流畅性 【C-2-1】 方案评价 【C-3-4】

（三）内容与目标

见表2—表3。

表2 杨教院实验小学综合实践活动课程内容安排表

年级	学期	"博雅天地"系列	课时	"小脚丫踏遍大上海"系列	课时
一年级	上	安全上学去	5	动漫博物馆	8
		我的朋友——书包	3		
	下	动物的本领	3	昆虫博物馆	8
		花的世界	3		
二年级	上	漫游书海	3	中草药博物馆	8
		鞋子的学问	3		
	下	有趣的水滴	3	儿童博物馆	8
		生活中的饮料	3		
三年级	上	食物营养小专家	4	消防博物馆	8
		班级小主人	4		
	下	漫游石头王国	4	邮政博物馆	8
		珍惜我们的眼睛	4		
四年级	上	趣玩"泥巴"	4	武术博物馆	10
		蔬菜宝贝	4		
	下	小商品　大学问	4	自然博物馆	10
		节电小专家	4		
五年级	上	科技的力量	4	印刷博物馆	10
		栽培小能手	4		
	下	加强自我保护	4	上海科技馆	10
		毕业啦	4		

表3 杨教院实验小学综合实践活动课程("博雅天地"系列)内容与目标关联表

一级目标	二级目标	一上		一下		二上		二下		三上		三下		四上		四下		五上		五下	
		安全上学去	我的朋友——书包	动物的本领	花的世界	漫游书海	鞋子的学问	有趣的水滴	生活中的饮料	食物营养小专家	班级小主人	漫游石头王国	珍惜我们的眼睛	趣玩"泥巴"	蔬菜宝贝	小商品 大学问	节电小专家	科技的力量	栽培小能手	加强自我保护	毕业啦
价值体认	爱党爱国				✓						✓				✓	✓			✓	✓	✓
	公共观念	✓	✓	✓	✓	✓	✓	✓	✓	✓	✓			✓	✓	✓	✓	✓	✓	✓	✓
	规则意识	✓	✓			✓	✓	✓	✓			✓	✓	✓	✓	✓				✓	
	科学态度	✓		✓	✓		✓	✓	✓	✓		✓	✓	✓	✓	✓	✓	✓	✓		
责任担当	自理自立	✓	✓																		
	主动服务									✓				✓					✓	✓	✓
	团队合作		✓	✓	✓	✓	✓			✓			✓				✓	✓	✓		✓
	生活态度	✓	✓		✓		✓	✓	✓												
问题解决	提问质疑		✓				✓			✓		✓			✓			✓			
	计划制订			✓	✓	✓		✓		✓		✓		✓		✓	✓		✓	✓	✓
	信息处理	✓	✓	✓	✓	✓	✓	✓	✓	✓	✓	✓	✓	✓	✓	✓	✓	✓	✓	✓	✓
	问题解释					✓			✓		✓				✓			✓		✓	
	监控反思	✓				✓		✓								✓		✓		✓	
创意物化	创意设计	✓	✓	✓	✓	✓	✓	✓	✓	✓		✓		✓	✓		✓	✓	✓	✓	✓
	工具选择		✓	✓		✓		✓				✓		✓			✓		✓		✓
	物化制作			✓		✓	✓	✓		✓		✓			✓		✓		✓		✓
	成果展示		✓	✓	✓	✓	✓			✓		✓			✓		✓		✓		✓

三、课程内容

（一）内容选取原则

1. 综合性原则

根据2017年版的《中小学综合实践活动课程指导纲要》提出的课程基本理念，本课程强调学生综合运用各学科知识，认识、分析和解决现实问题。因此设计的主题活动须体现各学科知识的综合运用，提升学生学科知识的综合运用能力。

2. 实践性原则

综合实践活动注重让学生主动实践、主动参与并亲身经历实践过程，体验并践行价值信念。在活动过程中，能在教师指导下，根据实际需要，对活动的目标与内容、组织与方法、过程与步骤等做出动态调整，使活动不断深化，体现学生自主学习和实践。

3. 生活化原则

综合实践活动课程的活动主题应面向学生完整的生活世界，引导学生从日常学习生活、社会生活或在与大自然的接触中发现并提出问题，从而探究如何解决问题，使学生获得关于自我、社会、自然的真实体验，建立学习与生活的有机联系。

（一）内容结构

见图1。

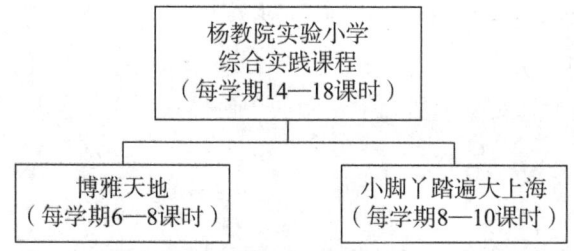

图1 杨教院实验小学综合实践活动课程内容结构图

"博雅天地"系列以解决真实情境下的生活问题为核心，并进一步开发学校资源、社区资源。在实践过程中，教师可根据学生的关注焦点、兴趣导向，形成更多有特色的综合实践活动主题，让学生学得有趣、学有所得。

"小脚丫踏遍大上海"系列选取符合各年段年龄特点的场馆资源,依托博物馆场地和丰富、新颖的资源,设计适合学生需求的综合实践活动。将活动的地点从校内延伸到校外,将学校活动与场馆活动相结合;打破学科界限,增强学科的包容性与延展性;形成具备学校特色,符合学生年龄特点的主题活动;培养学生自主学习的能力,并在情感上进行潜移默化的熏陶。

四、课程实施

（一）课程设计

学校根据2017年版的《中小学综合实践活动课程指导纲要》的要求,自主设计符合综合性、实践性、生活化的主题,校本化地实施课程。

教学实施要求考虑学生研究兴趣的激发和培养,注重学生在研究过程中关键技能的习得和规则意识的养成,提升学生价值体认和责任担当的意识,运用各基础课程中习得的技能来进行研究活动。教师可以根据学生的需要和实际情况,对学校设计的主题和内容进行调整,使之更适合不同学生的需求。

（二）课程实施要求

1."博雅天地"系列:以问题为引领、任务驱动为主要形式。每个活动围绕某个主题展开。

（1）课堂活动指导

① 学期计划

教师根据学校、学生及个人情况制订每学期的活动主题。

② 学习设计

学习设计是教师对每个活动主题做的一份规划。主要包括:学习背景、学习目标、学习内容以及活动设计。

③ 活动设计

针对每个主题下的具体活动内容进行设计。主要包括:活动目标、活动准备、活动时间、活动环节、设计意图、学习单等。

（2）基地活动指导

综合实践课程教师结合"博雅天地"课程内容,确立研究主题,对学生进行指导。

① 制订活动方案

教师根据实践基地情况设计方案,包含目标、要求、内容和地点简介。

② 上先导课引领

根据各实践基地的具体情况,安排1课时先导课,邀请相关人员为学生做互动式讲座,激发学生兴趣,多渠道获取基地相关知识。

③ 参与实地探索

综合实践活动教研组和基地团队共同研讨,根据梳理出来的共性问题进行有针对性的基地参观和讲解。正副班主任带队参观,学生根据要求完成活动任务单。根据场馆不同有针对性地设计任务单。

④ 表达参观体会

学生交流参观过程中发现的问题和问题解决的途径,把自己的收获用各种形式进行表达和展示。如有新问题产生,教师要做好进一步的探索指导。

2. "小脚丫踏遍大上海"系列

(1) 学习对象

一至五年级学生。

(2) 活动时间

周一下午"快乐活动日"。

(3) 活动地点

室内外相结合,10个博物馆。

(4) 活动环节

① 校内准备(根据各博物馆需求,自定课时量)

博物馆课程设计的教师,事先做好场馆信息的收集工作,制订科目方案、活动方案、设计先导课和探究卡,并制作相关PPT。

② 场馆探秘(一般在5课时左右)

联系场馆负责人,安排好讲解员或志愿者。由正副班主任带队,在讲解员的引导下,根据博物馆活动设计方案,实地参观与体验,充分进行探究,在合作交流过程中完成学习任务。教师和家长做好组织和指导工作。

③ 总结评价

活动之后进行成果展示,重视反思总结和评价。评价由自评、互评和教师评三部分组成,根据学生活动参与的态度、成果等开展评价。

五、课程评价

(一) 评价原则

1. 注重过程评价

综合实践课程的评价与基础课程应有所不同,除了对项目目标达成的评价外还要注重研究过程的评价,关注学生关键技能和规则意识的形成。

2. 注重评价全面性

评价应从各个方面来进行,有教师评价、学生互评、学生自评等,通过更全面的评价方式来设计每次项目的评价,力求促进学生的全面发展。

3. 注重多元评价

综合实践课程的评价应是立体的、多元的。评价设计的角度应更丰富、更开放。

4. 注重评价的改进和激励功能

评价是以学生为主体的,因此对学生的评价应该体现促进学生进一步改进学习的作用和激励学生不断探究的精神。

(二) 评价内容与方式

1. "博雅天地"系列

根据"博雅天地"系列课程的特点和学生的实际情况,对学生个体的学习主要从以下三方面进行评价:(见表4)

(1) 活动过程中的参与程度。包括研究问题的态度、兴趣、意志和情感等。

(2) 活动过程中的合作精神。包括在讨论中能大胆表明自己的观点,虚心听取别人的意见,能主动地协助他人,能服从分配并完成研究任务等。

(3) 活动过程中的多种能力。包括观察能力和思维能力、发现问题和提出问题的能力、收集信息和处理信息的能力、方案设计和成果表达的能力等。

评价方式采用三种方式:

(1) 自评:学生自评达成度并写评语,有助于发现并改进问题。

(2) 互评:课题小组内成员根据标准客观、全面、全程互相评价,鼓励为主,提出改进意见。

(3) 教师评:基于自评和互评,教师根据平时活动情况进行总结性评价。

表4　杨教院实验小学综合实践活动课程("博雅天地"系列)评价单

一级评价量表	二级评价量表		评价等第		
	低年段	中高年段	自评	互评	教师评
参与程度	有好奇心,准备探究资料,参与探究	乐于坚持探究,围绕探究主题准备资料			
合作精神	与他人友好合作,表明自己观点,服从分工,帮助别人进行探究	与他人合作,大胆表明观点,服从分工并完成任务,能帮助他人进行探究			
探究能力	能观察,对结果作简单记录 发现提出问题,有初步收集信息能力 用图画、语言进行初步表达和展示	会观察,能用简单工具测量,并对结果进行记录和简单分析 发现提出问题,进行简单调查研究 初步学会根据问题选择方法和设计简单的研究步骤 用语言、文字、实物或艺术形式初步表达和展示			
定性评价	自评				
	互评				
	教师评				

2."小脚丫踏遍大上海"系列

（1）"探究卡"记录活动学习过程。用每个博物馆课程的"活动学习单"记录活动全过程,反映学习成果。

（2）"我的体会"客观自我评价,检验课程的完成度。

（3）"汇报交流"互评活动结果。部分博物馆会组织学生将自己的收获、体会以汇报的形式呈现,这能提升学生的信息分类、整合以及语言表达能力等,提升综合素质。

（4）"学习成果"展示会。各博物馆会为学生搭建各种平台,让学生表现自我、展示才能。通过各项评价指标帮助了解学生或小组在课程中的参与度并进行及时调整。

六、课程管理与保障

(一) 管理架构

我校综合实践课程由校长室领导、教导处监督、德育室协助,综合实践课程教研组设计各年段项目,场馆、博雅天地负责教师和正、副班主任以及家长志愿者共同保障项目的实施和参与。(见图2)

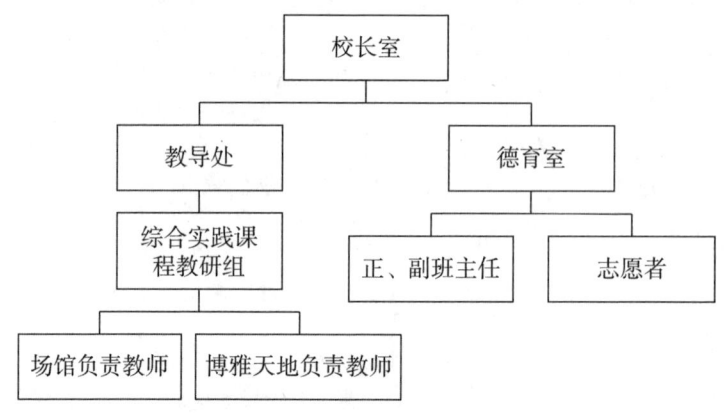

图2 杨教院实验小学综合实践活动课程管理架构图

(二) 管理流程

第一,领导班子定期组织研究,协调校内外、课内外的关系,确保课程顺利进行。综合实践课程教研组定期研讨和小结,进行课程评估和改进,组织校内外交流,定期反馈校长室。

第二,加强校本培训,组织教师研读《中小学综合实践活动课程指导纲要》,明确课程理念、目标、实施特点。组织教师学习综合实践活动设计,结合学校资源尝试设计校本活动。

第三,学校成立综合实践课程教研组,每月进行教研活动,围绕专题开展教学实践活动。加强学习,学习先进的教育思想和教学经验,逐步形成本校课程的特色。

第四,邀请教研员或专家参与教研活动,通过专业引领,加快教师成长。重视教学实践后的反思,帮助教师提升教研成效。适时开展校内综合实践活动的交流展示活动,巩固教研成果。

第五,学校确保综合实践活动课程教学所需设备和材料的充足供应,落实经费,保障课程有效落实。

(三) 管理制度

1. 审核制度

(1) 主题审核

初审:综合实践课程教研组于每学期初设计活动主题初步方案并提交教导处。

复审:教导处确保方案符合"指导纲要"要求,体现综合性、实践性和生活化原则。

终审:校长室审核方案,确保与学校教育目标一致,批准实施方案。

(2) 活动方案审核

制订方案:教师确定活动主题后,制订详细方案,包括目标、内容、方法、步骤及评价标准等。

组内审核:活动方案须先提交综合实践课程教研组进行组内审核,确保可行性和有效性。

学校审核:教研组审核通过后,活动方案提交教导处进行审核,最终由校长室批准实施。如果活动方案未通过审核,教师需根据评议建议进行修改,并重新提交审核。

(3) 安全保障审核

风险评估:所有校外实践活动必须进行风险评估,确保活动地点、交通、安全设施等符合安全要求。

安全措施:活动方案须明确安全责任人、安全预案及应急措施,确保学生在活动过程中的安全。

安全审核:教导处组织相关人员对活动方案中的安全措施进行审核,确保活动安全可控。

2. 教学管理制度

(1) 教学过程管理

课前准备:教师需提前准备好教学材料、设备和场地等,确保教学活动的顺利进行。

课堂管理：教师维护良好的课堂秩序，激发学生的学习兴趣和积极性，确保学生在活动过程中的参与度和学习效果。

课后反思：教师及时对教学活动进行反思和总结，分析教学效果和存在的问题，提出改进措施，不断优化教学方法和策略。

（2）教学评估与反馈

过程评估：教研组对教师的教学过程进行定期评估，包括教学计划的执行情况、教学方法的运用效果等，确保教学质量的持续提升。

成果评估：通过作品展示、活动报告等方式，对学生的学习成果进行评估，评估结果作为教师教学效果的重要依据，用于指导后续的教学改进。

反馈与改进：教研组及时将评估结果反馈给教师，并指导教师根据评估结果进行改进和提升，形成良性循环的教学改进机制。

（3）教学资源管理

设备保障：教导处负责教学资源的统筹规划与调配，确保教学设施、设备的更新与维护。建立教学资源共享平台，鼓励教师间资源互通有无，提高资源利用效率。

经费支持：学校设立专项经费支持课程开发和实施，包括教师培训、材料购置、设备更新等，确保课程持续发展和创新。

（执笔人：上海市杨浦区教育学院实验小学　周茜铭）

 案例一

安全上学去

一、主题概述

（一）主题来源

儿童是整个社会中较容易受到伤害的群体之一。随着社会的发展和交通的日益繁忙，学生上下学途中的安全问题日益凸显，成为社会各界关注的焦点。为了增强学生的安全意识，提升他们的自我保护能力，我们让学生收集身边常见安

全标志、学会识别和理解安全标志表示的含义、制作小报交流等一系列简单易懂的实践活动，引导学生发现身边存在的安全隐患，认真思考、提出解决办法并进行防范实践。通过这些努力提高学生自我防范的能力，培养学生关心他人的责任感。本主题活动要综合运用道德与法治、信息科技、造型·美术学科的知识与技能，主要的活动方式为考察探究与设计制作。

（二）研究问题

如何安全上学？

（三）活动任务

1. 任务

上下学是学生日常活动，在上下学途中一定会涉及安全问题。为了确保每一名学生都能安全、顺利地往返家校之间，我们以"如何安全上学"为研究问题，让学生以小组为单位，收集身边各类安全标志，根据主题设计制作一份小报，可以是安全上学提示小报，也可以是上下学最佳路线安排。在校内展示小报，互相交流。

2. 任务分解

本任务分解为四个子任务。

子任务一：认识安全标志。知道安全标志的特点，观察并认识身边常见的安全标志。

子任务二：安全标志大挑战。以小组为单位，分别参加"安全标志猜猜猜""安全标志拼图比赛""安全标志知识抢答"三项活动，通过活动理解各种安全标志所表达的含义。

子任务三：安全标志分类及模拟演练。小组收集讨论上下学路上安全标志出现的地点及原因，对安全标志进行分类；利用不同种类的安全标志，模拟路口或上下学线路情境。

子任务四：制作主题小报。以小组为单位，通过选择合适的安全标志，以拼贴、绘画等形式制作一份主题小报并交流分享。

整个任务中，子任务四是活动的重点，小组围绕确定的主题，运用子任务一、二、三中收集的信息及获得的知识，确定主题完成小报制作。（见图1）

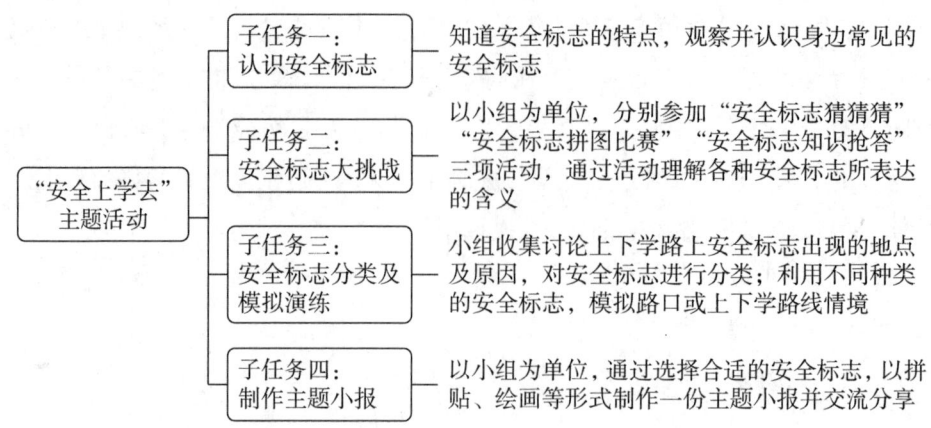

图1 "安全上学去"主题活动任务分解图

（四）学情分析

本活动的学习对象为一年级学生。一年级学生好奇心强、对小学生活感到新鲜但又不习惯，他们好奇、好动、喜欢模仿，思维具有直观、具体、形象的特点。通过多媒体、游戏、日常情境模拟化学习等方式，可以吸引他们的注意，以此培养学生对环境的好奇心、探索欲，增强学生的自我保护意识。（见表1）

表1 "安全上学去"主题活动学情分析表

维度	目标指向	已有基础	发展预期
价值体认	公共观念	理解并遵守基本交通规则	认识各类安全标志，知道安全标志所表示含义，遵守交通规则
	规则意识	能按时上下学 遵守小学生日常行为规范	在上下学过程中，仔细观察，注意避免危险发生，增强自我保护意识 按照安全的路线上下学
责任担当	主动服务	愿意帮助身边的朋友或家人	关心他人安全，提高安全防范的责任感 主动提醒并提供帮助他人
	团队合作	能够在小组活动中互相帮助，完成任务 在小组合作中，能够倾听他人的建议，分享自己的想法	在活动中，能够主动按时完成自己的任务 在体验活动时，在小组中发挥互帮互助的精神，增强团队协作的意识

（续表）

维度	目标指向	已有基础	发展预期
责任担当	生活态度	热爱生活,对身边的事物有好奇心和求知欲	热爱生活、对身边的事物保有好奇心和求知欲,保持积极的态度
问题解决	信息处理	能够围绕问题,充分收集与利用不同来源的信息与资源	根据主题,小组讨论小报设计,围绕主题寻找相关安全标志 通过收集观察,对安全标志进行分类
	问题解释	能够在教师的引导下,表达自己对问题的看法	在研究问题的过程中,通过观察、分析,描述自己对问题的理解
创意物化	创意设计	能在讨论过程中表达自己的想法	通过对安全标志的分析与理解,提出构想,设计符合主题的小报 提出创造性构想,设计合理且安全的上下学路线
	工具选择	能正确使用胶水、彩笔等工具进行制作	能够选择合适的工具及安全标志进行设计与制作,并能自觉安全使用工具
	物化制作	完成教师布置的任务	确定小报的制作方向 根据主题收集适合的信息 制作符合主题的小报
	成果展示	能表达自己的想法	对设计的小报作简单的展示与交流分享

（五）创新素养链接

见表2。

表2 "安全上学去"主题活动创新素养行为表征表

维度	创新素养指标	行为表征
创新人格 【C-1】	好奇心 【C-1-1】	学生能够保持对上学路上看到的事物的好奇心,通过仔细观察,敢于提出疑问,并围绕疑问开展探索
	想象力 【C-1-2】	学生能够根据任务要求与安全标志建立联系,每个小组确定小报的制作方向

（续表）

维度	创新素养指标	行为表征
创新思维 【C-2】	灵活性 【C-2-2】	在多种形式的活动中，从不同角度解读安全标志的意义，围绕安全上学的主题，适时地调整小报设计思路
	精致性 【C-2-4】	在探究、模拟的过程中，不断调整、改进、优化、完善上下学路线设计
	隐喻性 【C-2-5】	能够发现安全标志之间的相似特征，通过既有经验来理解新的安全标志所表示的含义
创新实践 【C-3】	问题分析 【C-3-1】	能够分析安全上学主题情境，联系相关生活经验或知识，分解问题、解决问题
	资源利用 【C-3-2】	围绕问题，从不同途径收集安全标志，辨识信息与资源的可靠性，整理、筛选并分析安全标志，服务于小报的设计制作

二、活动目标

（一）任务目标

以小组为单位，收集身边各类安全标志，根据主题设计制作一份小报，可以是安全上学提示，也可以是上下学最佳路线安排。

（二）学习目标

1. 根据活动要求，制订活动计划、确定小组分工，按照计划完成各项任务。（Z-3-2 计划制订）

2. 能发现身边的安全标志，并能依据标志所在地点理解标志所表达的含义，感知安全标志在生活中所起的"警告""禁止""指令"和"提示"作用。（Z-2-4 生活态度、Z-3-3 信息处理）【C-1-1 好奇心、C-2-5 隐喻性、C-3-2 资源利用】

3. 模拟情境，遵守规则，学会安全上下学，增强安全意识。（Z-1-2 公共观念、Z-1-3 规则意识）

4. 积极主动地与他人合作、交流，关心他人、关心生活、关心社会。（Z-2-2 主动服务、Z-2-3 团队合作、Z-2-4 生活态度）

5. 设计以"安全上学去"为主题的小报，并将小报与同伴交流分享。（Z-4-1

创意设计、Z-4-2工具选择、Z-4-3物化制作、Z-4-4成果展示）【C-1-2想象力、C-2-2灵活性、C-2-4精致性】

三、活动内容

见表3。

表3 "安全上学去"主题活动内容表

子任务（活动）	活动目标	表现标准	建议课时
认识安全标志	认识安全标志 组成小组，明确小报制作方向（Z-1-2、Z-1-3、Z-2-3、Z-3-3）【C-1-1、C-1-2、C-1-3、C-3-1】	认识安全标志，知道安全标志的基本含义 确定小报设计的方向	1
安全标志大挑战	通过趣味竞赛游戏，认识熟悉各类安全标志（Z-2-4）【C-1-1、C-1-2、C-1-3、C-2-2】	熟悉各种安全标志特点及含义，完成游戏竞赛	1
安全标志分类及模拟演练	整理安全标志，进行分类归纳，利用安全标志进行模拟演练（Z-2-4）【C-1-3、C-1-4、C-2-2、C-2-3、C-2-4、C-2-5、C-3-2】	整理分类收集到的安全标志，明确安全标志不同作用和类别 根据收集的安全标志，进行模拟交通路口或上下学路线演练	1
制作主题小报	根据主题设计制作小报，交流分享（Z-2-3、Z-4-1、Z-4-2、Z-4-3、Z-4-4）【C-1-3、C-1-4、C-2-3、C-2-4、C-3-5】	根据主题，制作安全上学提示小报或设计一份上下学路线图	2

四、活动实施

（一）实施流程

见图2。

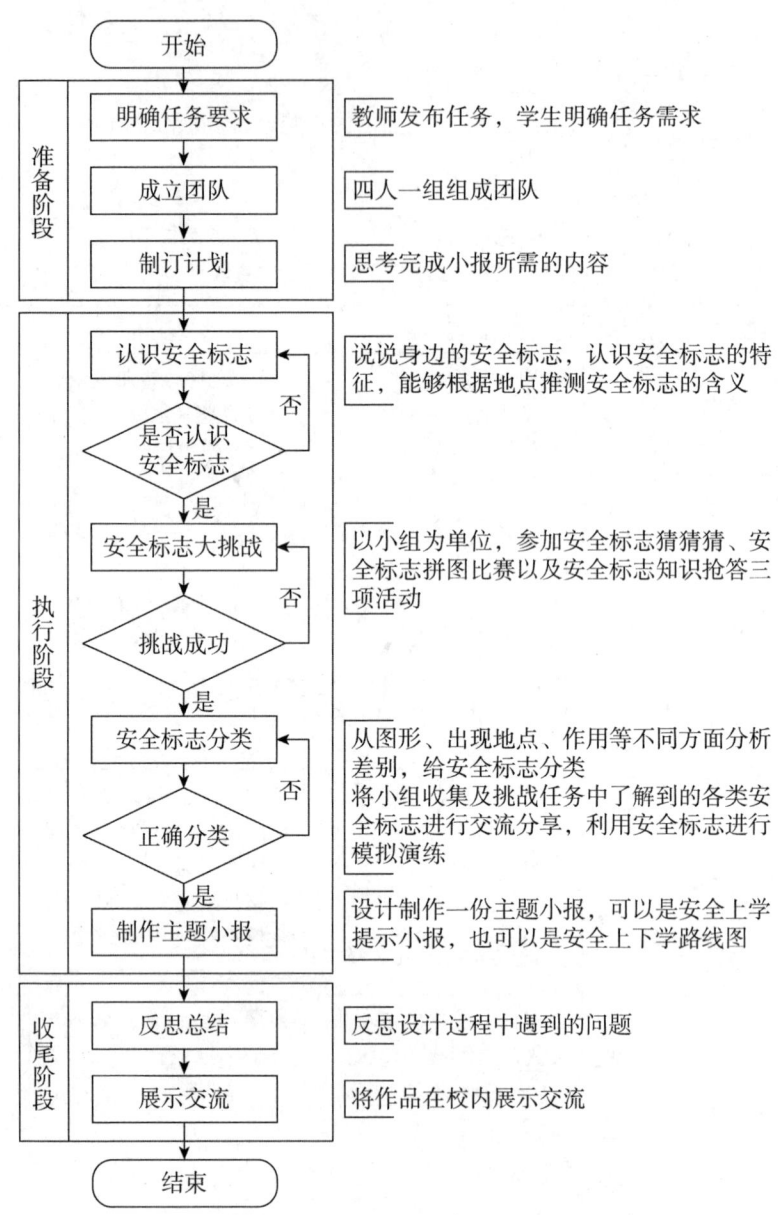

图 2 "安全上学去"主题活动实施流程图

(二) 实施建议

1. 学习对象

小学一年级学生。

2. 预设课时

5课时。

3. 实施要求

（1）准备阶段：明确任务，小组分工

通过情境创设，明确任务，提出研究问题——如何安全上学。通过观察、思考、判断，初步了解日常生活中的安全标志，使学生对日常上下学路上的各种安全标志产生关注，从而激发起他们的研究兴趣。组建小组，明确成员的职责和任务。通过初步了解安全标志，有意识地对周围环境进行观察和资料收集。

（2）执行阶段：收集信息，设计制作

通过先导课、有趣的多媒体和趣味竞赛等，加深学生对安全标志的理解与认识。小组收集各类安全标志，通过讨论交流对安全标志的种类及含义得到进一步理解，利用安全标志进行情景模拟。根据主题，确定小报的设计方向，是安全提示还是路线设计，最后设计制作完成主题小报。

（3）收尾阶段：交流展示，小组评价

小组交流展示制作的小报。使用评价表进行小组评价。

五、活动评价

本活动对学生在每节课中的表现和任务完成情况以及每个环节中的任务完成情况，用自评、互评的方式进行评价，在小组中完成评价表。（见表4）

表4 "安全上学去"主题活动评价表

评价内容	自评（符合，画☺）	互评（符合，画☺）
积极参加各项活动，通过自己的方法收集安全标志		
能区分安全标志的各种类别，知道安全标志的作用		
在小组中承担部分工作，积极参与模拟演练		
有自己的想法，与小组成员互相配合制作设计小报		

六、学习工具

活动手册，见图3—图5。

安全上学去
学生活动手册

班级：　　　组名：

杨浦区教育学院实验小学

随着社会的发展和交通的日益繁忙，学生上下学途中的安全问题日益凸显，成为社会各界关注的焦点。为了确保每一位学生都能安全、顺利地往返家校之间，我们以"如何安全上学"为研究问题，通过探索与实践活动，希望提升大家的安全意识及自我保护能力。

请先完成信息表

小组名称			
组长姓名		小组人数	
编号	姓名		分工
1			
2			
3			
4			

一、收集的安全标志

请将收集的安全标志符号以绘画、粘贴等形式收集在下方，如不够可附页。

图3　　　　　　　　　　　　　　图4

二、小报设计（请单独附页）

三、活动评价

活动评价表

	自评 ☺	互评 ☺
积极参加各项活动，通过自己的方法收集安全标志		
能区分安全标志的各种类别，知道安全标志的作用		
在小组中承担部分工作，积极参与模拟演练		
有自己的想法，与小组成员互相配合制作设计小报		

图5

（执笔人：上海市杨浦区教育学院实验小学　印婵梅）

 案例二

邮友学印刷

一、主题概述

(一) 主题来源

印刷术是我国古代的四大发明之一。从早期的雕版印刷,到后来的泥活字印刷、木活字印刷,再到铅合金活字印刷,印刷术经历了漫长的发展历程。直到现在,印刷术的运用在生活中无处不在。我校是上海市集邮特色学校。邮票的印制越来越精致,在邮票的方寸小纸上准确地套印许多颜色,没有先进的印刷技术是不行的。在欣赏精美邮票的同时,探究邮票的印刷过程也是十分有趣的。本主题活动需要综合运用数学、信息科技、美术等学科的知识与技能。主要的活动方式为考察探究与设计制作。

(二) 研究问题

印刷术知多少?

(三) 活动任务

1. 任务

我校是上海市集邮特色学校,一年一度的学校集邮节即将拉开帷幕。印刷术是我国古代的四大发明之一。学校开展以"印刷术知多少"为主题的纪念邮票展活动。组织学生走进印刷博物馆,了解印刷术的相关知识,探究、体验印刷过程。以小组为单位,选择一个关于印刷术的主题,根据主题设计并制作纪念邮票,可以是一枚90mm×50mm的小型张邮票,也可以由多枚50mm×30mm邮票组成。在校内展示邮票,交流设计理念。

2. 任务分解

本任务可以分解为五个子任务。

子任务一:文明之母。了解、查阅关于印刷术的相关资料,包括印刷术的起源、发展,印刷术,各种工艺和邮票的印刷方法等。

子任务二:雕版印刷。体验雕版印刷,学会拓印。

子任务三:设计邮票。整理资料,选择主题,设计纪念邮票。

子任务四:制作邮票。根据邮票设计稿制作纪念邮票。

子任务五:作品展示。成果交流展示,介绍小组的作品,小组间进行互评。

整个任务中,子任务一是活动的重点,在参观印刷博物馆时,小组要根据展品讨论确定展示的主题内容,围绕确定的主题,在博物馆中收集相关信息资料。根据收集的信息及确定的主题,回到学校小组分工完成子任务三、四。(见图1)

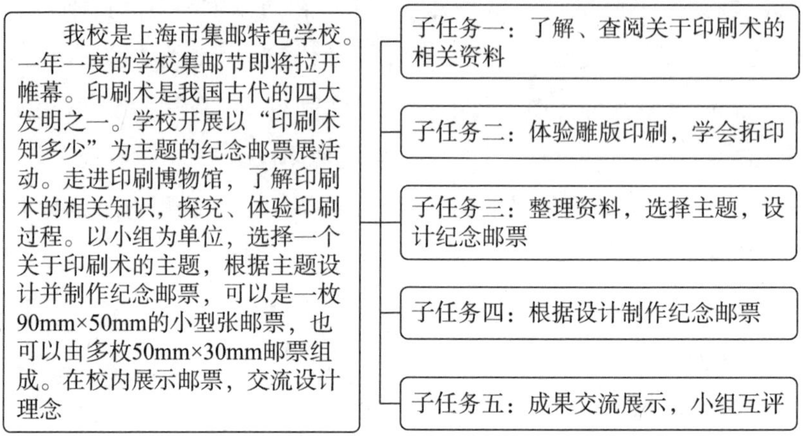

图1 "邮友学印刷"主题活动任务分解图

(四)学情分析

本次活动的学习对象为五年级学生,他们已经有一定的自学能力、组织能力、动手操作能力,可以以小组为单位,在博物馆中讨论学习、体验活动。(见表1)

表1 "邮友学印刷"主题活动学情分析表

维度	目标指向	已有基础	发展预期
问题解决	信息处理	能够从指定的资料中找到需要的信息,并将信息进行分类、整理	根据博物馆中展品,小组讨论确定主题,围绕主题寻找相关资料并记录 分类整理资料,获取信息 能通过网络,对信息进行补充

（续表）

维度	目标指向	已有基础	发展预期
问题解决	计划制订	能够按照给定的计划，按步骤完成任务 知道在做任务前要先制订计划	根据活动要求，小组合作制订活动计划 按照制订的计划实施，遇到不合理或有困难的地方，进行合理调整 活动收尾阶段，对整个活动进行总结
创意物化	物化制作	能够根据老师的任务要求完成制作	邮票的主题由小组讨论确定 根据主题设计纪念邮票 根据设计稿，绘制纪念邮票
责任担当	团队合作	能够完成自己分配到的任务 在小组合作中，能够倾听他人的建议，分享自己的想法	在活动中，能够主动按时完成自己的任务 在体验活动时，在小组中发挥互帮互助的精神，增强团队协作的意识
价值体认	规则意识	在收集资料、提取信息时能够标注来源 对于形成的成果标注好小组名称，保护好自己的研究成果	在收集资料时，能主动标注资料的来源 有意识地保护在设计纪念邮票过程中产生的设计理念知识产权，标注好小组名称
	科学态度	能够按照活动要求，有序实施，不随意改动 对收集到的资料信息做分类整理，提取关键信息，但不随意改变原意	按照活动要求、活动计划、活动分工，按步骤实施，不随意改动 通过网络查找资料时，要选择可靠的网站，收集正确的信息

（五）创新素养链接

见表2。

表2 "邮友学印刷"主题活动创新素养行为表征表

维度	创新素养指标	行为表征
创新人格 【C-1】	想象力 【C-1-2】	学生能够根据任务要求与印刷博物馆中的展品建立联系，每个小组确定不同的邮票主题
	分享协作 【C-1-4】	在小组合作中，每个组员能主动承担并完成任务；当他人有困难时，愿意帮助；分享自己的想法，接纳他人的意见

(续表)

维度	创新素养指标	行为表征
创新思维【C-2】	灵活性【C-2-2】	在印刷博物馆中接收到多种形式的信息,从不同角度解读与使用信息;围绕确定的邮票主题,适时地调整设计思路
创新实践【C-3】	资源利用【C-3-2】	根据研究问题,从不同途径收集信息与资源,辨识信息与资源的可靠性、整理、筛选并分析信息,确定邮票主题,服务于邮票的设计制作
	方案评价【C-3-4】	能对小组设计的方案进行合理的判断和评价,找出优缺点,并能提出改进方案的意见
	问题解决【C-3-5】	通过反思和实践,制作出符合设计方案的邮票

二、活动目标

（一）任务目标

以小组为单位,设计以印刷术为主题的纪念邮票并说明设计理念,根据设计稿制作纪念邮票。

（二）学习目标

1. 根据活动要求,制订活动计划、确定小组分工,按照计划完成各项任务。(Z-1-3 规则意识、Z-1-4 科学态度、Z-3-2 计划制订)【C-3-4 方案评价、C-3-5 问题解决】

2. 通过参观上海印刷博物馆,收集并记录拟定主题的相关资料信息。(Z-3-3 信息处理)【C-1-2 想象力、C-3-2 资源利用】

3. 体验雕版印刷,学会拓印,知道雕版印刷是我国非物质文化遗产。(Z-4-3 物化制作)【C-3-5 问题解决】

4. 在收集信息、设计制作邮票的过程中,能够标注信息的来源和设计者,学会保护自己的创意成果。(Z-1-3 规则意识、Z-1-4 科学态度)【C-2-2 灵活性、C-3-2 资源利用】

5. 根据活动要求,合理分工,明确成员职责,主动按时完成任务,在小组中互帮互助,增强团队协作的意识。(Z-2-3 团队合作)【C-1-4 分享协作】

6. 知道印刷术是中国古代四大发明之一,对推动世界文明的发展起到了重要作用,产生热爱祖国之情。(Z-1-1 爱党爱国)

三、活动内容

见表3。

表3 "邮友学印刷"主题活动内容表

子任务(活动)	活动目标	表现标准	建议课时
文明之母	了解活动的具体任务要求组成研究小组,明确各组员分工,制订研究计划(Z-3-2)	说出研究问题和任务要求填写活动手册	总课时:5 学校:1 场馆:4
	小组讨论确定邮票的主题根据主题,收集并记录相关资料(Z-1-3、Z-1-4、Z-3-3)【C-1-2、C-3-2】	参观上海印刷博物馆在场馆内收集与主题相关的资料	
雕版印刷	体验雕版印刷,学会拓印(Z-1-1、Z-4-3)	在印刷体验馆中,以小组为单位,体验雕版印刷,拓印上海印刷博物馆纪念LOGO	
设计邮票	整理资料,根据主题,设计纪念邮票(Z-2-3、Z-3-3)【C-1-4、C-2-2】	根据确立的主题,整理收集到的信息根据收集的信息及小组主题,设计以印刷术为主题的纪念邮票,并配以设计理念说明	总课时:2 学校:2
制作邮票	根据设计制作纪念邮票(Z-2-3、Z-4-3)【C-1-4、C-3-5】	根据纪念邮票设计稿,制作邮票	总课时:2 学校:2
作品展示	成果交流展示,小组互评【C-3-4】	校内交流展示纪念邮票小组互评资料汇总整理	总课时:1 学校:1

四、活动实施

（一）实施流程

见图2。

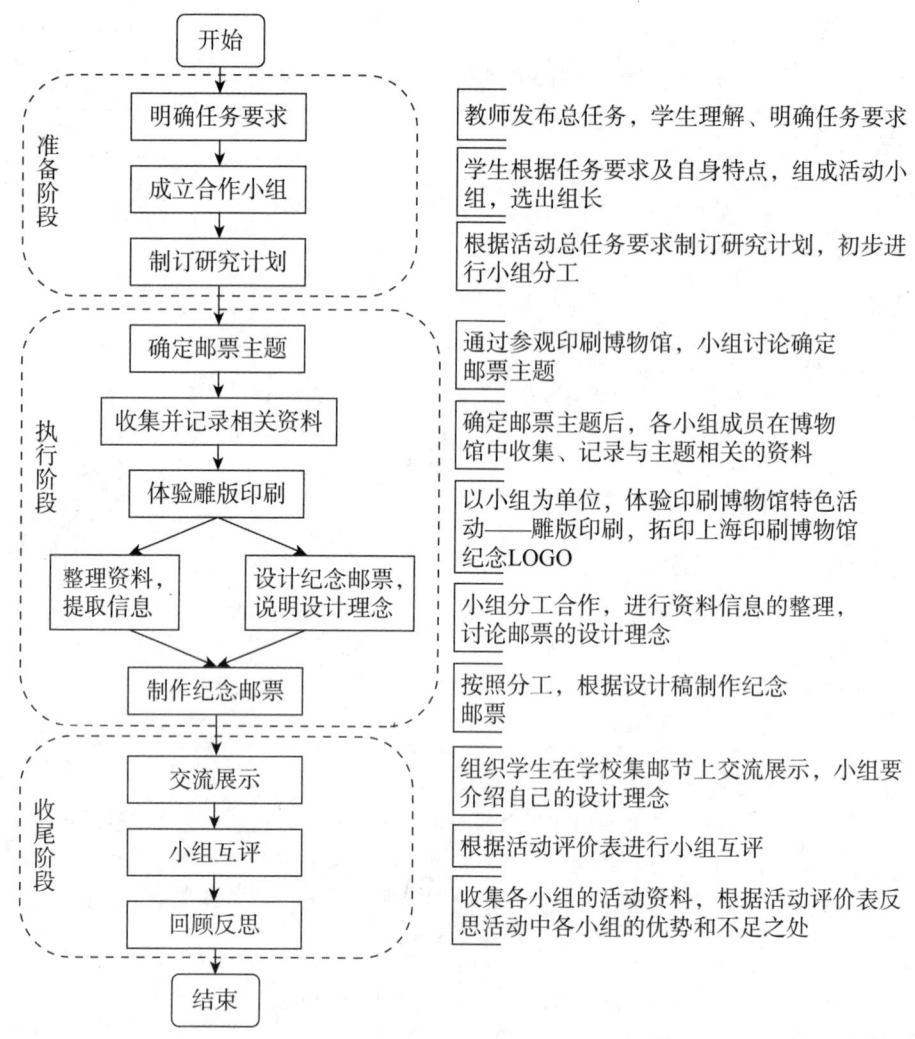

图2 "邮友学印刷"主题活动实施流程图

（二）实施建议

1. 学习对象

小学五年级学生。

2. 预设课时

6课时(学校活动)+4课时(场馆活动)。

3. 实施要求

(1) 准备阶段：明确任务，小组分工

教师通过先导课让学生初步了解印刷术，对中国古代劳动人民的聪明才智产生崇敬之情，从而激发起他们参观博物馆的兴趣。明确活动的任务要求，建立研究小组，拟定研究计划，明确小组分工。

(2) 执行阶段：获取信息，设计制作

通过参观上海印刷博物馆，小组讨论确定邮票主题。根据主题，在博物馆中收集并记录相关资料。同时，以小组为单位在印刷体验展馆中体验雕版印刷，拓印上海印刷博物馆纪念LOGO。

根据小组分工，完成信息整理和设计纪念邮票的任务。在此过程中，如果资料需要补充，学生可以借助网络工具。最后，根据设计稿制作纪念邮票。

(3) 收尾阶段：交流展示，小组互评

小组展示制作的纪念邮票，介绍关于印刷术的知识，阐述纪念邮票的设计理念。使用评价量表进行小组互评。

五、活动评价

本活动通过课堂评价和任务评价两个方面，根据学生在每节课中的表现和任务完成情况以及每个活动流程中的任务完成情况，以学生自评、互评的方式进行评价，在小组中分阶段完成评价表。(见表4)

表4 "邮友学印刷"主题活动评价表

评价内容	评价标准				自评	互评
	☆	☆☆	☆☆☆	☆☆☆☆		
问题解决	没有收集到有效信息，无法从资料中选取符合主题的信息	用于设计制作邮票的信息不够精准，有一些不符合主题	能够在博物馆中找到所需信息，符合主题，但当信息不够时，不能及时通过网络补充	准确地从资料中提取符合主题的信息，能及时补充信息		

（续表）

评价内容	评价标准				自评	互评
	☆	☆☆	☆☆☆	☆☆☆☆		
创意物化	没有完成邮票的制作	制作的纪念邮票不符合主题	制作的纪念邮票符合主题，但较粗糙、不美观	制作的纪念邮票精美，设计理念合理并符合主题		
责任担当	小组分工不明确，组员没有按照分工完成任务	小组分工明确，但有组员没有按时完成任务，组员间也没有互相帮助	小组分工明确，有组员没有按时完成任务，但其他组员能积极帮助	小组分工明确，组员都能按时完成任务，并积极协调，互帮互助		
价值体认	对印刷术毫无兴趣	对印刷术兴趣一般	对印刷术比较感兴趣，感知到印刷术在生活中应用广泛	对印刷术非常感兴趣，并为印刷术是中国的四大发明之一而感到自豪		

六、学习工具

活动手册，见图3—图6。

邮友学印刷
学生活动手册

班级：　组名：

杨浦区教育学院实验小学

图3

我校是上海市集邮特色学校。邮票的印制越来越精致，在邮票的方寸小纸上准确地套印许多颜色，没有先进的印刷技术是不行的。印刷术是我国古代的四大发明之一，它的发明，是我国古代劳动人民智慧的结晶，对人类文明的贡献是不可估量的。一年一度的学校集邮节即将拉开帷幕，学校开展以“印刷术知多少”为主题的纪念邮票展活动。我们走进印刷博物馆，了解印刷术的相关知识，探究、体验印刷过程。

请先完成下面的信息表

小组名称			
组长姓名		小组人数	
编号	姓名	分工	
1			
2			
3			
4			

一、查找、收集资料

小组合作，查找、收集关于印刷术的相关资料，请记录员记录在下表中。

图4

二、设计邮票

要求：

以小组为单位，整理收集到的资料，选取其中感兴趣的内容为主题，设计纪念邮票。可以是一枚 90mm×50mm 的小型张邮票，也可以由多枚 50mm×30mm 邮票组成。设计稿中包含邮票设计理念。

邮票设计方案
设计理念

三、制作邮票。

邮票制作评价表。

评价内容	☆	☆☆	☆☆☆	自评	互评
推广知识制作	严格按照设计方案制作，无遗漏	有1处与设计方案不同	有2-3处与设计方案不同	有3处以上与设计方案不同	

四、活动评价。

活动评价表。

评价内容	☆	☆☆	☆☆☆	☆☆☆☆	自评	互评
问题解决	没有收集到有效信息，无法从资料中选取符合主题的信息	运用于设计制作邮票的信息不够精准，有一些不符合主题的信息	能够在博物馆中找到符合主题的信息，但当信息不够时，不能及时通过网络补充	准确地从资料中提取符合主题的信息，信息及时补充完整		
创意物化	没有完成邮票的制作	制作的纪念邮票不符合主题	制作的纪念邮票符合主题，但整体绘制较粗糙，不美观	制作的纪念邮票精美，设计理念合理并符合主题		
责任担当	小组分工不明确，组员没有按照分工完成任务	小组分工明确，但有组员没有按照完成任务	小组分工明确，有组员按时完成任务，但其他组员能积极有互相帮助	小组分工明确，组员能按时完成任务，并积极协调互帮互助		
价值体认	对印刷术毫无兴趣	对印刷术比较感兴趣，感觉一般	对印刷术比较感兴趣，知道印刷术在生活中应用广泛	对印刷术非常感兴趣，并为印刷术是中国的四大发明而感到自豪		

图 5　　　　　　　　　图 6

（执笔人：上海市杨浦区教育学院实验小学　陈柯倩）

8. 上海市杨浦区杨浦小学

杨浦小学秉承"让每一个生命出新出彩"的办学理念,围绕价值体认、责任担当、问题解决、创意物化四个目标,以及区域创新素养评价指标,建构体现"出新教育"理念的综合实践活动课程。

课程由研究员项目活动和博物馆项目活动两大板块构成,为学生搭建跨学科研究性学习和社会实践的平台。研究员项目源自学生生活中的学习资源,博物馆项目则依托各类场馆资源。随着学生年龄的增长,通过这两类活动逐步深化学生对自我、自然、社会的认识。

学校深信创造与出新是孩子的天性,每个孩子都有奇思妙想。因此,在设计和实施课程时,以"出新"理念为指导,以"教、学、评"一致性为抓手,在营造宽松自由的学习空间基础上,通过探索新事物、创造新突破,激发学生创新思维和追求卓越的品质。例如,在四年级"桥梁模型制作"活动中,学校提供了各个阶段的量化评价工具,引导学生经历"设计具有独创性的桥梁模型图—依图制作桥梁模型—使模型精良稳固"的过程,监控学生探索的方向和进程,帮助他们不仅能始终朝着任务目标前进,而且使作品尽可能地精细完整。又如,一年级的"铅笔知多少"活动,学校设计蕴含创新要求的研究任务,让学生带着好奇走进马可铅笔厂进行观察和实践,并将调整反映在成果物化的过程中。学校希望通过这样的活动,促进学生创新思维的三个关键方面:独创性、灵活性、精致性,进而激发其创新人格中对"反思进取"和"坚持"等品格的内在认同,使每个学生都能"出新出彩"。

上海市杨浦区杨浦小学综合实践活动课程实施方案

一、背景分析

杨浦小学是杨浦区的一所中心小学,建校于1999年,2006年因招生布局调整,停止招生,后于2009年迁入新校址后恢复招生,是上海市文明单位、上海市行为规范示范校。经过15年发展,学校现有22个教学班,总计843名学生,67名教师。学校注重办学传统的传承和发扬,秉承"让每一个生命出新出彩"的办学理念,同时传承我校"关注每一个学生全面而有个性的发展"办学宗旨,依托杨浦小学教育集团,以小班化教育为主体模式,力求打造一支"健康、懂事、聪明"的"可爱"学生队伍、一支"可敬、可亲、可信、可学"的教师队伍,努力争创现代教育优质学校。

近年来,杨浦小学着手将原有的课程向国家课程转型。学校有6位教师兼任教学任务,分别来自美术、科技、心理学科及其他岗位,都有着较强的业务能力。学校在依托华东师范大学"小班化教育"的课堂转型优势下,在集合了家长资源"聪明堂"活动的支持下,为学生创设各种丰富的源于生活的实践活动内容,培养具有价值体认、责任担当、问题解决、创意物化等综合素养的"杨小少年"。

二、课程目标

(一)课程总目标

根据2017年版的《中小学综合实践活动课程指导纲要》和《杨浦区创新素养评价指标》以及我校办学目标等要求,制订杨浦小学综合实践活动课程的总体目标,具体如下:

1. 价值体认

通过体验少先队活动、场馆活动和主题教育活动,初步培养价值信念。理解并遵守公共空间的基本行为规范,初步形成集体思想、组织观念。

2. 责任担当

融入团队合作,承担任务,初步形成责任意识。

3. 问题解决

发展对身边事物的好奇心,经历从发现问题、尝试探究、初步解决问题到成果展示和交流的有计划的探究过程,获得各种探究活动的体验和经验,提高解决问题的能力。

4. 创意物化

通过动手操作实践,初步掌握设计与制作的基本技能,制作有一定创意的作品。

(二) 分年段目标

课程总目标分解为低年段、中高年段目标。(见表1)

表1 杨浦小学综合实践活动课程分年段目标表

Ⅰ目标	Ⅱ目标	Ⅲ目标		对应的创新素养指标
		低年段目标	中高年段目标	
价值体认（Z-1）	爱党爱国（Z-1-1）	通过体验集体活动、场馆活动和主题教育活动,初步知晓国情历史,认同公民身份,热爱祖国	通过体验少先队活动、场馆活动和主题教育活动,初步了解中国共产党的历史和光荣传统,具有热爱党、拥护党的意识	
	公共观念（Z-1-2）	理解并遵守公共空间的基本行为规范,初步形成集体思想、组织观念		
	规则意识（Z-1-3）	1. 引用他人(包括同伴)的资料、观点时,能标明资料来源,避免同他人已有的研究成果重复和雷同 2. 别人未经允许使用自己成果或引用自己观点,且不注明来源,能有意识地向对方提出意见	1. 引用他人(包括同伴)的资料、观点时,能标明资料来源 2. 避免同他人已有的研究成果重复和雷同 3. 别人未经允许使用自己成果或引用自己观点,且不注明来源,能有意识地向对方提出意见	
	科学态度（Z-1-4）	1. 在教师的帮助下按研究计划和要求进行问题研究,并进行记录,能坚持完成任务 2. 在完成自己和小组的成果时,能根据实际标注姓名	1. 按拟定好的研究方案、按要求进行研究,并进行记录,能坚持完成任务 2. 在完成自己和小组的成果时,能根据实际标注姓名	坚持【C-1-6】

(续表)

Ⅰ目标	Ⅱ目标	Ⅲ目标		对应的创新素养指标
		低年段目标	中高年段目标	
责任担当（Z-2）	自理自立（Z-2-1）	1. 能完成教师分配的个人任务 2. 能与同伴合作完成制作,在其中发挥自己的作用	1. 能主动承担并完成个人任务 2. 能与同伴合作完成制作,在其中主动发挥自己的作用	独立自信【C-1-3】
	主动服务（Z-2-2）	在教师的要求下知道要为团队、身边的人或事服务	能主动发现团队中及身边需要服务的人或事,并在能力范围内积极提供帮助	分享协作【C-1-4】
	团队合作（Z-2-3）	活动过程中互帮互助	1. 活动过程中互帮互助,面对分歧时能求同存异 2. 计划和分工积极承担	
	生活态度（Z-2-4）	初步发展对生活情境问题和任务的好奇与兴趣	热爱生活与学习,对发现的问题有进一步探索的欲望	好奇心【C-1-1】
问题解决（Z-3）	提问质疑（Z-3-1）	能读懂教师提供的实验方法及要求,敢于大胆猜测实验结果	1. 会从生活中提出研究问题并做假设 2. 能对资料中的信息提出质疑,并尝试求证	好奇心【C-1-1】
	计划制订（Z-3-2）		1. 制订问题研究方案,包括研究方法、基本过程、地点、时间、人员、使用材料、预算、成果形式和展示方式等 2. 完成方案并通过实践验证方案的可行性	方案评价【C-3-4】 观念践行【C-3-3】

（续表）

Ⅰ目标	Ⅱ目标	Ⅲ目标		对应的创新素养指标
		低年段目标	中高年段目标	
问题解决（Z-3）	信息处理（Z-3-3）	1. 初步知道收集文献资料的一些来源 2. 在教师提供的资料库中，搜集与问题有关的资料、筛选信息 3. 掌握按顺序观察、比较事物的方法技能 4. 能用符号或者简单的文字记录观察、比较结果	1. 学会从报纸、杂志、书籍和网络等媒体中搜集图片、文字、视频等资料，获取与问题相关的信息 2. 学会完整注明信息来源的方法 3. 通过统计分析数据、求证，初步学会判断数据、信息的真伪	问题分析【C-3-1】资源利用【C-3-2】
	问题解释（Z-3-4）	模仿教师的演示，用简单句式表达自己对信息的理解	脱离模仿的句式，使用收集到的信息尝试自主分析，提出观点	独创性【C-2-3】隐喻性【C-2-5】
	监控反思（Z-3-5）	1. 能分析辨别探究过程中发生的问题 2. 能基于对问题或信息的分析、比较，尝试作简单的推理、判断，得出结论或解决问题的方法	1. 会真实记录实验、调试现象和调查的数据，分析成功或失败的原因 2. 基于对问题或信息的分析、比较，寻求证据来推理、判断信息、数据异常和问题产生的原因，得出结论或解决问题的方法	反思进取【C-1-5】灵活性【C-2-2】问题解决【C-3-5】流畅性【C-2-1】
创意物化（Z-4）	创意设计（Z-4-1）	能用简单的绘画或文字呈现设计思考	能借助范例，设计简单而较合理作品设计	想象力【C-1-2】独创性【C-2-3】
	工具选择（Z-4-2）		根据设计，选用合适的工具呈现作品	资源利用【C-3-2】

（续表）

Ⅰ目标	Ⅱ目标	Ⅲ目标		对应的创新素养指标
		低年段目标	中高年段目标	
创意物化（Z-4）	物化制作（Z-4-3）	1. 知道要按规定的步骤安全操作，能根据给定的材料按要求完成简单的制作 2. 能在制作中和他人交流观点 3. 能观察并记录调试现象，得出较合理的结论	1. 能按要求制作、调试，坚持多次检验并调整设计，直至完成符合要求的作品，或得出较为合理的调试结论 2. 能在设计制作过程中与他人交流观点	精致性【C-2-4】 坚持【C-1-6】
	成果展示（Z-4-4）	能在老师的帮助下对制作的成果作简单的展示、汇报	1. 能对设计制作成果作简单的展示、汇报 2. 能主动地保留、整理设计制作过程的资料	独立自信【C-1-3】

三、课程内容

（一）内容选取原则

1. 自主性原则

选择有利于满足学生发展需求、能发挥学生积极主动性的有价值的内容。

2. 实践性原则

选择有利于"做中学"和"悟中学"发生的实践性的内容。

3. 开放性原则

选择有利于跨学科学习发生、源于学生生活世界的内容。

4. 整合性原则

选择有利于学生综合素养提升的内容。

5. 连续性原则

选择具有递进性和发展性的内容。

（二）内容结构

见图 1。

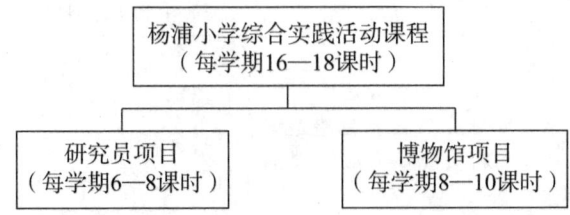

图 1　杨浦小学综合实践活动课程内容结构图

研究员项目选取基于生活的学习资源，开展解决真实生活问题的跨学科探究学习、设计制作的实践活动。

博物馆项目选取适合的场馆及馆藏资源，依托博物馆场地、博物馆资源开展实地考察、社会服务、职业体验的学习实践活动。

（三）具体内容

见表 2。

表 2　杨浦小学综合实践活动课程内容安排表

年级	上学期		下学期	
	博物馆项目	研究员项目	博物馆项目	研究员项目
一年级	小好奇看艺术之马可铅笔厂（考察探究类、职业体验类 9 课时）	手的游戏（考察探究类 7 课时）	小好奇看艺术之上海消防博物馆（考察探究类 8 课时）	飞行乐园（设计制作类 8 课时）
		变色的水果（考察探究类 7 课时）		滚动的球（考察探究类 8 课时）
二年级	小好奇探自然之上海自然博物馆（考察探究类 9 课时）	降落伞（设计制作类 7 课时）	小好奇探自然之国歌展示馆（考察探究类、社会服务类 8 课时）	未来汽车（考察探究类 8 课时）
		紫甘蓝的"魔法"（设计制作类 7 课时）		饮料与健康（考察探究类 8 课时）
三年级	小好奇游海洋之同济大学深海探索馆（考察探究类 9 课时）	濒危野生动物（考察探究类 7 课时）	小好奇游海洋之中国航海博物馆（考察探究类、设计制作类 9 课时）	健康饮食（考察探究类 7 课时）
		关注一次性用品（考察探究类 7 课时）		鞋子的秘密（考察探究类 7 课时）

（续表）

年级	上学期		下学期	
	博物馆项目	研究员项目	博物馆项目	研究员项目
四年级	小好奇学科技之同济大学科技展厅（考察探究类、设计制作类 8课时）	滑坡小车（设计制作类 8课时）桥梁模型（设计制作类 8课时）	小好奇学科技之上海科技馆（考察探究类、设计制作类 9课时）	家门口的故事（考察探究类、设计制作类 7课时）
五年级	小好奇爱城市之中共一大会址（考察探究类、设计制作类 8课时）	英雄伴我成长（设计制作类 8课时）	小好奇爱城市之上海城市规划展示馆（考察探究类 8课时）	简易提线木偶（设计制作类 8课时）

（四）内容与目标关联表

见表3。

表3　杨浦小学综合实践活动课程内容与目标关联表

目标		一上		一下		二上		二下		三上		三下		四上		四下	五上		五下
一级	二级	马可铅笔厂	手的游戏	变色的水果	上海消防博物馆	飞行乐园	滚动的球	上海自然博物馆	降落伞	紫甘蓝的魔法	国歌展示馆	未来汽车	饮料与健康	同济大学深海探索馆	濒危野生动物	关注一次性用品	中国航海博物馆	健康饮食	鞋子的秘密	同济大学科技展厅	滑坡小车	桥梁模型	上海科技馆	家门口的故事	中共一大会址	英雄伴我成长	上海城市规划展示馆	简易提线木偶
价值体认	爱党爱国			✓	✓			✓			✓			✓									✓	✓	✓	✓		
	公共观念	✓		✓		✓		✓						✓										✓				
	规则意识								✓	✓	✓		✓	✓		✓					✓		✓	✓				
	科学态度		✓	✓	✓		✓											✓							✓		✓	
责任担当	自理自立		✓					✓				✓												✓				
	主动服务	✓		✓	✓		✓		✓					✓			✓							✓				
	团队合作	✓	✓	✓		✓		✓	✓		✓			✓		✓					✓							✓
	生活态度			✓							✓																	

（续表）

目标		一上			一下			二上		二下		三上			三下			四上			四下			五上			五下	
一级	二级	马可铅笔厂	手的游戏	变色的水果	上海消防博物馆	飞行乐园	滚动的球	上海自然博物馆	降落伞	紫甘蓝的魔法	国歌展示馆	未来汽车	饮料与健康	同济大学深海探索馆	濒危野生动物	关注一次性用品	中国航海博物馆	健康饮食	鞋子的秘密	同济大学科技展厅	滑坡小车	桥梁模型	上海科技馆	家门口的故事	中共一大会址	英雄伴我成长	上海城市规划展示馆	简易提线木偶
问题解决	提问质疑			✓						✓			✓	✓	✓					✓			✓					
	计划制订													✓		✓								✓	✓	✓		✓
	信息处理	✓	✓			✓										✓												
	问题解释			✓		✓						✓	✓															
	监控反思		✓		✓		✓	✓	✓			✓			✓			✓		✓	✓	✓						✓
创意物化	创意设计	✓										✓																
	工具选择																			✓								
	物化制作	✓			✓				✓	✓				✓	✓			✓		✓	✓	✓	✓		✓			
	成果展示		✓	✓	✓	✓	✓	✓	✓	✓	✓	✓	✓		✓			✓		✓	✓			✓				✓

四、课程实施

（一）实施要求

杨浦小学综合实践活动课程每周不少于1课时。要外出的活动，可根据需要把课时进行集中使用。各年级每学期实施至少1次研究员项目综合实践活动，在无特殊情况下，实施1次博物馆项目综合实践活动。

（二）设计要求

1. 研究员项目的设计

研究员项目一般包括准备、实施和收尾三个阶段，每个阶段一般按各自的三个步骤依次进行。其中，在实施研究后，如果发现需要调整研究方案的，则须调整方案之后再次实施研究，如此循环，多次实施，直至解决问题，才能进入收尾阶段。研究员项目的实施过程如图2所示。

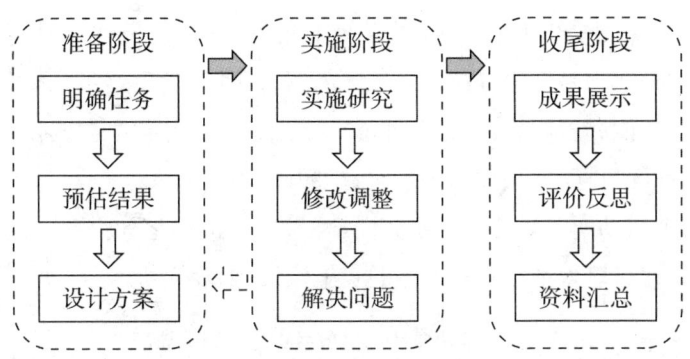

图 2　杨浦小学研究员项目实施流程图

依照本课程分年段目标的要求,三个阶段九个步骤中教师和学生的角色分配有低年级与中高年级的梯度差别,如表 4 所示。

表 4　杨浦小学研究员项目角色分配表

项目阶段		角色分配	
		低年段	中高年段
准备阶段	明确任务	由教师完成	由教师引导完成逐步转向学生自主完成
	预估结果	教师引导,学生完成	由学生完成
	设计方案	由教师完成	由教师引导完成逐步转向学生自主完成
实施阶段	实施研究	教师指导,学生完成	由教师指导完成逐步转向学生自主完成
	修改调整	如有调整需要,由教师完成	由教师引导完成逐步转向学生自主完成
	解决问题	教师指导,学生完成	由教师指导完成逐步转向学生自主完成
收尾阶段	成果展示	教师指导、辅助学生展示	由教师指导完成逐步转向学生自行展示
	评价反思	学生参与,教师完成	由学生参与、教师完成,逐步转向教师参与、学生完成
	资料汇总	教师引导,学生完成	由学生完成

在实施时要关注幼小衔接，在低年级的角色分配中，虽然一般由教师指导、学生执行，但是活动是多边进行的。在中高年级阶段，学生逐步积累各种研究性学习的方法、技能和规则，主动权逐渐过渡，最终达成由学生尝试自主完成各项综合实践活动的目标，但是教师仍然起着"顾问"的作用。

由于每个活动所侧重使用的研究性学习的方法、技能有所不同，其流程也有一定的差异，在这里列举出几种方法的实施建议，如表5所示。

表5 杨浦小学研究员项目实施流程建议表

探究方法	观察研究	实验研究	文献研究	调查研究
实施流程建议	明确观察对象和观察目的 ↓ 预估结果 ↓ 设计观察计划 ↓ 观察并记录现象 ↓ 将现象进行分类比较 ↓ 获得观察结果或形成观察日记	提出有实验研究价值的问题 ↓ 做出假设 ↓ 设计实验 ↓ 准备实验材料和工具 ↓ 多次实验并真实记录实验现象 ↓ 分析成功或失败的原因 ↓ 调整实验设计并继续多次实验、记录现象 ↓ 得出结论、形成实验报告	明确问题 ↓ 从不同的途径获取相关信息 ↓ 筛选分类整理信息 ↓ 分析、质疑和论证信息的有效性和真实性 ↓ 研究分析有效真实的信息 ↓ 针对问题明确提出观点 ↓ 进一步收集信息论证观点 ↓ 形成研究报告	明确调查问题 ↓ 确定调查对象及内容 ↓ 收集相关资料 ↓ 编制调查问卷 ↓ 实施试测 ↓ 分析数据，根据信度及效度调整问卷设计 ↓ 实施调查 ↓ 统计分析数据并剔除虚假数据 ↓ 得出调查结论、形成调查报告

上述过程仅为建议，设计活动方案时，设计者应按各个主题活动的特点、学生年级的梯度要求，关注学生创新素养培养，做出符合实际情况的调整。

2. 博物馆项目的设计

博物馆项目选择与课程的学习总目标相关的活动场馆，场馆根据学生年龄特征,分年段分别形成艺术类、自然类、海洋类、科技类、城市类五大主题,活动由学校统一安排组织。

博物馆项目中的活动同样包括准备、实施、收尾三个阶段,并根据博物馆项目的特点,依次进行如下步骤。(见图3)

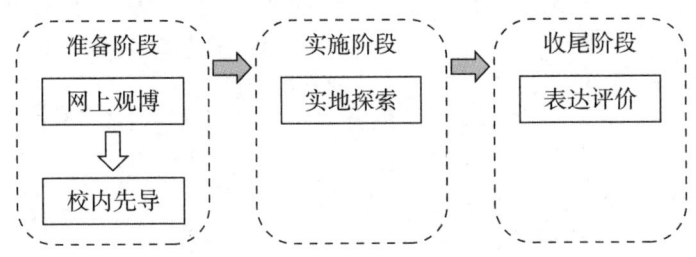

图3 杨浦小学博物馆项目实施流程图

根据我校学生学习能力的水平,建议把"网上观博"的活动内容安排给二到五年级学生,一年级学生则直接进行课内先导环节。本活动关联我校"聪明堂"家长资源的特色课程,请具备某些博物馆知识的家长来校为学生做互动式讲座,进一步发展学生参观博物馆的兴趣。先导课的具体内容和形式视具体场馆而定。比如,我们请在马克铅笔厂工作的家长为学生进行实地先导。同济大学科技展厅内容专业性强,由相关专业家长来校做讲座,教师做联系工作。同时,本活动须配合"活动任务单"进行,引导学生参观,激发自主学习。

博物馆项目三个阶段的每一步骤的任务要求如表6所示。

表6 杨浦小学博物馆项目角色分配表

阶段步骤		角色分配	
		低年段	中高年段
准备阶段 (2课时)	网上观博	一年级不做要求 二年级由教师介绍相关网站,学生在课余上网参观,激发参观兴趣	由教师介绍逐步转向学生自主搜索相关网站,初步了解相关场馆,发展参观博物馆兴趣
	校内先导	"聪明堂"讲座由家长主讲,学生互动 教师指导学生明确参观任务、制订"活动任务单"	"聪明堂"讲座由家长主讲,学生互动,能提出问题 由教师指导转向学生制订参观任务及"活动任务单"

(续表)

阶段步骤		角色分配	
		低年段	中高年段
实施阶段 （4课时）	实地探索	由探究教师领队，正副班主任管理，场馆教师及志愿者指导学生完成	由教师指导逐步转向学生按计划小组活动、主动向场馆教师提问、自主完成参观任务并解决问题
收尾阶段 （2课时）	表达评价	教师指导，学生表达、展示 教师引导学生完成评价、整理参观资料	由教师指导逐步转向学生自行展示 逐步转向教师参与评价，学生自主完成自评、互评、小组评 逐步转向学生自觉整理参观资料、归档

在先导课中，教师根据博物馆的具体要求对学生的礼仪、安全等方面进行必要的教育。"活动任务单"是引导学生明确问题和任务、完成博物馆任务的重要学习资料。教师应尊重学生的不同观点，关注学生创新素养培养，允许未达成一致意见的存在，而不是一言堂式地制订任务单。

五、课程评价

1. 评价原则

教师不应像在学科评价中那样只是一个对照预定目标打分的评定者，而应该对学生的活动过程加以评价。

（1）主体性原则

倡导以学生作为主体。在低年级阶段，对学生的活动成果的评价以学生参与、教师完成为主。到中高年段则逐步转向教师参与、学生完成。对学生的评价也要积极倡导学生自我评价、团队互评。通过以学生为主体的评价进一步促进学生在学习活动中的主体地位。

（2）过程性原则

评价应强调关注学生在学习活动中不同阶段的进步与发展，引导学生积累对自我、他人、团队、社会、自然的正确、客观、健康的认识，关注进步、提高自信。

（3）多元性原则

评价的设计和实施应遵循多元的原则，不应只有量化的维度，要能使用文字、图片等方式多元呈现，根据每项活动的具体特点精心设计评价方式。

2. 评价内容及方式

（1）研究档案

每次活动结束后，根据活动手册中呈现的学生活动过程，评价是否目标达成。低年级由教师主导，到中高年级逐步转向学生自评和互评。目标均达成的，认定完成活动目标。手册、照片视频、展示用的 PPT 等资料都由教师组织学生归档，形成研究档案。

（2）研究员资格

每学年进行一次"研究员资格等级认证"，根据学生研究档案情况，在本学年内所有活动均达成目标并有完整档案的，颁发该年段的"杨浦小学研究员等级证书"，依次为：见习研究员、助理研究员、初级研究员、资深研究员、专家研究员。

（3）研究报告

学生将自己的研究过程和成果整理成文，投稿到校刊，校刊经过筛选、审核予以发表，并颁发证明。学生每成功发表一篇研究报告，晋升一级"研究员资格"，获得等级证书。

（4）博物馆护照

能完成场馆任务的学生，可以得到该馆活动纪念章。五年内集活动章最多的学生评为"博物馆小博士"。

六、课程管理

一、管理架构

由校长室领导、教导处监督、综合实践活动课程组具体施行，任课教师、班主任、副班主任、家长志愿者主动实施和参与。（见图4）

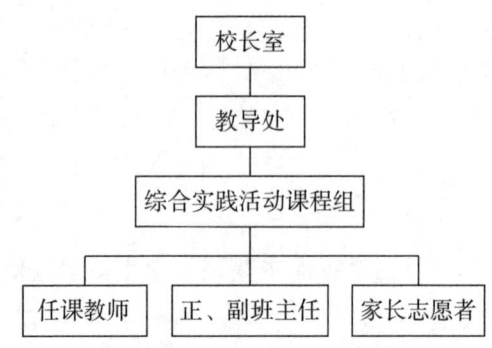

图 4　杨浦小学综合实践活动课程管理架构图

(二) 管理流程

第一，校长室在区教研室的指导下组织学校综合实践活动课程方案的设计，并根据每学期学校的实际情况进行调整。教导处组织课程组队伍。

第二，任课教师须设计完整的活动方案（含活动手册），包括每课时教案。

第三，校长室、教导处及课程组根据学校方案中的各项要求，对每位教师的活动方案进行审核，教导处组织活动方案的修订。教导处将通过审核的活动方案（含活动手册）、每课时教案、学生成果样例等备案，交资料室存档。

第四，在课程活动资源达到各年级的数量要求后，学校鼓励新一轮任课教师中未设计过活动的教师，开发优质活动，为学生提供更多优质资源。

第五，成功开发活动的教师，其开发成果计入学校教师学期个人考评的"个人研究项目"一栏，作为校级教学成果，给予相应的奖励，并作为岗位评定的依据。

第六，由校长室、教导处、课程组依据学校教学管理制度，通过旁听活动、验收成果的形式，对照活动设计文本和学校课堂评价量表，结合教师上传的学生研究档案，对教师的活动实施进行评价和建议，每人每学期评价一次，督促执教教师能更好地实施活动，提高我校综合实践活动课程的实施质量。

第七，教导处根据学校教研制度，组织教研组成员进行课程培训（包括认识指南、了解学校综合实践活动课程方案、知道活动设计的要求），定期指导课程组教研。

具体流程如图 5 所示。

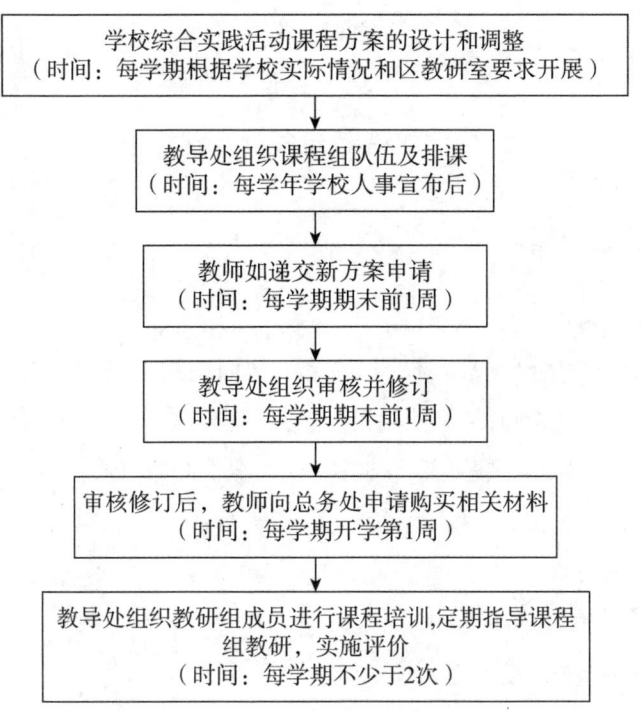

图5　杨浦小学综合实践活动管理流程图

(三) 保障

由学校教导处负责排课,确保综合实践活动课程按国家课程的要求进课表,确保教师能开展综合实践活动课程的教学,保障课程顺利实施。

充分开放校内资源,如,活动教室、相关器材等。适当引入校外资源。规范校内外资源的使用。

如需购买教学器材、活动用车、租用场地等,总务处负责器材购买、用车联络和费用报销等保障。

(执笔人:上海市杨浦区杨浦小学　吴　峥)

 案例一

铅笔知多少

一、主题概述

（一）主题来源

一年级的小学生刚刚进入校园，铅笔是他们使用的第一个书写工具。他们在课堂上学写字、学绘画，每天使用铅笔，对铅笔充满了好奇心。但是，他们是否了解铅笔呢？本次活动主题"铅笔知多少"从学生的好奇心出发，以小队为单位解锁铅笔的秘密，涉及自然科学、劳动、美术等学科。

（二）研究问题

铅笔有哪些有趣的秘密？

（三）活动任务

1. 任务

运用铅笔厂资源，以小队为单位探索感兴趣的铅笔小秘密，收集、比较、筛选出有用的信息，形成剪贴报。

2. 任务分解

依据前测中学生感兴趣的内容进行子任务的划分，形成本活动的四个并列子任务。（见图1）

子任务一：探秘铅笔的制作过程。该任务指向工程问题和劳动技术。学生参观铅笔厂的迷你工坊，收集铅笔制作过程的信息，并将这些信息组成符合制作过程的信息链。

子任务二：探索铅笔不同分类。该任务指向自然科学。学生通过厂区人员的微型讲座收集信息，了解关于石墨软硬度的分类标准。

子任务三：寻找铅笔的由来。该任务指向历史人文。学生通过微型讲座收集信息，了解铅笔生产的历程。

子任务四：发现铅笔的优点和缺点。学生在展览区体验不同的笔和铅笔的区别，发现铅笔的优点和缺点。

不论学生选择完成哪一个子任务，都要在参观铅笔厂的过程中以小队为单位收集信息和证据来解答，最终形成剪贴报。

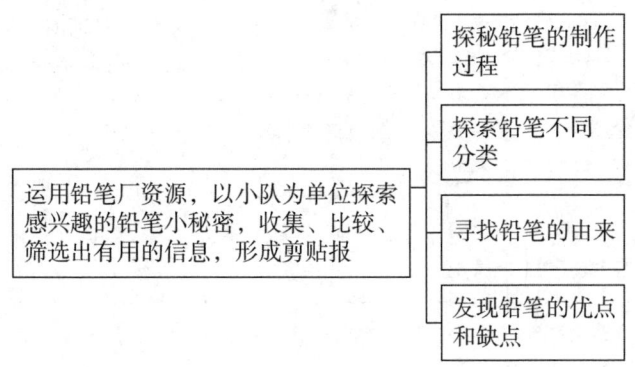

图1 "铅笔知多少"主题活动任务分解图

（四）学情分析

一年级的小学生从幼儿园开始适应集体生活，他们知道要按顺序观察、耐心倾听，但是这些习惯和素养的养成才刚刚起步，我们对于他们的已有基础和发展预期进行如下分析。（见表1）

表1 "铅笔知多少"主题活动学情分析表

维度	目标指向	已有基础	发展预期
价值体认	公共观念	知道要遵守公共规则，但是实践体验并不多	外出活动时遵守公共规则，文明参观，不随意触碰展品，轻声交流，缓慢步行
责任担当	团队合作	有玩耍时互相合作帮助的经验，但只有初步经验	活动过程中互帮互助共同维护团队荣誉
问题解决	信息处理	知道外出参观要用眼看、用耳听	初步掌握按顺序观察、比较事物的方法技能 学习用符号或者简单的文字记录观察、比较结果
创意物化	物化制作	能在纸上做简单的粘贴和绘画	尝试用贴和画将收集到的信息制作成简单的小报

（五）创新素养链接

该项活动对创新素养能力的要求是综合化的。（见表2）

表2 "铅笔知多少"主题活动创新素养行为表征表

维度	创新素养指标	行为表征
创新人格【C-1】	好奇心【C-1-1】	提出问题"铅笔有哪些有趣的秘密",进而对"铅笔生产过程""铅笔分类"等问题产生好奇,想要去观察、探索
	分享协作【C-1-4】	以小队为单位收集信息,活动过程中互帮互助;共同维护团队荣誉
创新思维【C-2】	精致性【C-2-4】	在制作剪贴报时,不断调整、补充、改进,使剪贴报更加完整、美观
创新实践【C-3】	资源利用【C-3-2】	在进入厂区观摩实践的过程中,学生需要围绕想研究的问题收集信息
	问题分析【C-3-1】	将收集到的信息进行整理和筛选,使这些信息能用于解决问题

(六)资源分析

场馆资源:铅笔厂。(制笔车间、工厂解说员、成品展示区、制作体验区)

铅笔厂专门为学生设立讲解员,介绍铅笔的相关知识。厂区有可供学习参观的展厅和教室,展览主要由文字、视频、图片、实物等组成。学生可使用他们提供的材料,制作简单的水彩笔。学生可以进入车间近距离观察铅笔生产过程。为了学生的健康安全,向学生发放口罩和静音耳塞。

二、活动目标

(一)任务目标

运用铅笔厂资源,以小队为单位探索感兴趣的铅笔小秘密,分别以铅笔的制作过程、分类、由来、优缺点为4个并列子任务,收集、比较、筛选出有用的信息,形成剪贴报。

(二)学习目标

1. 对铅笔的秘密提出感兴趣的问题,围绕问题,在厂区内收集信息。参观时不随意触碰展品,轻声交流,缓慢步行。(Z-1-2公共观念)【C-1-1好奇心、C-3-2资源利用】

2. 活动过程中互帮互助,共同维护团队荣誉。(Z-2-3团队合作)【C-1-4分享协作】

3. 初步掌握按顺序观察、比较事物的方法技能。学习用符号或者简单的文字记录观察、比较结果。(Z-3-3信息处理)【C-3-1问题分析】

4. 尝试用贴和画将收集到的信息制作成简单的剪贴报。(Z-4-3物化制作)【C-2-4精致性】

三、活动内容

表3 "铅笔知多少"主题活动内容表

子任务(活动)	活动目标	表现标准	课时
探秘铅笔的制作过程	1. 对铅笔的秘密提出感兴趣的问题,围绕研究问题,在厂区内收集信息。参观时不随意触碰展品,轻声交流,缓慢步行。(Z-1-2)【C-1-1、C-3-2】	1. 能提出1—2个感兴趣的问题 2. 能跟队走、细细看、专心听、轻轻走、悄悄问 3. 积极承担任务,并能按时完成 4. 能通过参观,观察、收集与问题相关的信息,根据信息将教师提供的图片和文字对应起来,再按顺序整理,对有疑问的能用简单的符号标记 5. 能用剪、贴、画的形式制作简单的剪贴报,使其能比较美观,且能比较完整地解密对应的问题	总课时:9 学校:3 场馆:6
探索铅笔不同分类	2. 活动过程中互帮互助。共同维护团队荣誉。(Z-2-3)【C-1-4】		
寻找铅笔的由来	3. 初步掌握按顺序观察、比较事物的方法技能。学习用符号或者简单的文字记录观察、比较结果。(Z-3-3)【C-3-1】		
寻找铅笔的优点和缺点	4. 尝试用贴和画的形式将收集到的信息制作成简单的剪贴报。(Z-4-3)【C-2-4】		

四、活动实施

（一）实施流程

见图2。

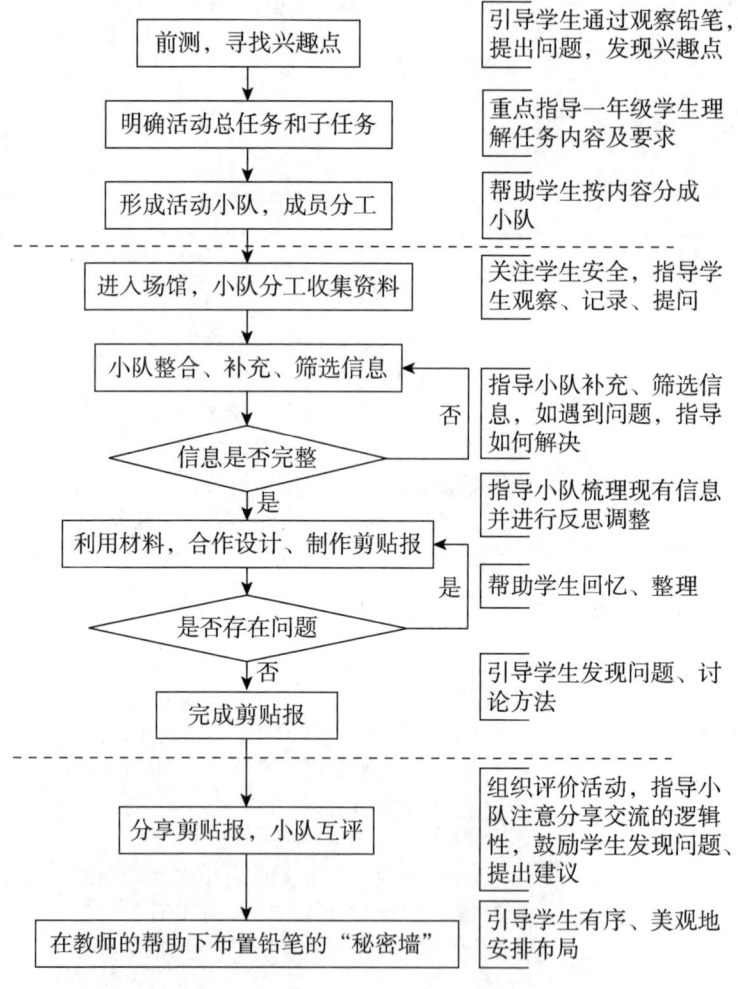

图2 "铅笔知多少"主题活动实施流程图

（二）实施建议

1. 学习对象

小学一年级学生。

2. 预设课时

3课时(学校活动)+6课时(场馆活动)。

3. 实施要求

(1) 准备阶段

教师可以让学生把自己的铅笔都取出来,通过观察说说它们的样子,引出主题,提出活动总任务。设置好问题,让学生开展讨论,如:你知道铅笔厂是做什么的吗?猜一猜制作一支铅笔需要哪些材料?需要哪些步骤?通过头脑风暴,学生可以发现感兴趣的研究点,明确想要完成的子任务。教师根据学生交流的情况,明确各小队的分工。比如,有的子任务需要拍摄照片,有的子任务则需要拍摄视频,有的子任务可能不需要拍摄。

本阶段,教师教导学生强化文明参观的观念是十分必要的。教师可以问学生:听铅笔小讲座的时候应该怎么做?有的工艺会有很刺鼻的味道,工厂会给每个同学发口罩,会比较闷,你该怎么做?有些地方会堆放一些铅笔制作的材料,你很好奇,该怎么做?参观正在运作的机器时,你要注意什么?提醒学生在厂区参观要做到不喧闹、不掉队,佩戴好口罩和耳塞,要有自我保护的安全意识。听讲座时要安静聆听,做简单的记录,有问题可以课后提出。

本项目利用家长资源,所以执教教师要事先与家长沟通好参观的要求和活动目标。

此外,厂区离市区有一定距离,建议参观活动可以同春秋游活动结合起来,保障学生有充足的时间参观和探索。

(2) 实施阶段

学生进入工厂,聆听讲座、观察展品、参观车间,收集、交流并整理信息。收集的资料可以是文字、图片、视频等。子任务中,将铅笔的制作过程记录下来是比较困难的,教师可以给学生各种图片、文字卡片,使学生能将图片和文字对应起来,再按顺序整理。如果学生对哪个步骤有疑问,可以用符号来简单标记。教师要引导学生明白,有困难的时候可以请教厂内专业人员,获取信息,以保证准确性。回校后,教师引导学生回忆和整理,然后制作剪贴板报。

(3) 收尾阶段

各小队将剪贴报展示出来,与班级里的其他同学做分享交流。教师除了要关注剪贴报中内容的逻辑性和完整性,还要关注学生在展示时介绍表达的完整性。教师还要鼓励各小队的成员说出在探秘过程中是如何解决遇到的问题的。此外,教师要组织各小队进行自评、互评。

五、活动评价

针对活动目标,我们将学生在活动中的过程性评价和结果性评价结合起来。在评价方式上采用学生自评、互评以及教师评价相结合。

我们设计了简单的问题让学生以钩选的方式开展自评和互评,评价内容如下。

1. 在参观中,我(□有　□没有)按要求佩戴口罩、耳塞,不随意触碰物品。

2. 在参观中,我(□能　□不能)跟队走、细细看、专心听、轻轻走、悄悄问。

3. 在收集信息时,我(□会　□不会)有序观察、记录。

4. 在制作和展示时,我(□有　□没有)为小队做出贡献。

5. 我认为第(　　)小队的剪贴报做得最好,因为它能说清楚铅笔的秘密,而且比较美观。

6. 我们小队(□能　□不能)得到这次的博物馆徽章。

教师应围绕每课时活动的目标,运用过程性的评价工具,引导学生及时记录和展示每个阶段的收获,并做出合理的评价;关注自己和小队成员在活动中的表现,做出合理的评价。教师在引导和组织过程中,要善于观察学生的表现,做出有针对性的指导和激励性评价。

六、学习工具

活动手册,见图3—图10。

杨浦小学综合实践活动手册

（一年级）

铅笔知多少

班级：_____

队名：_____

图 3

准备阶段

同学们，铅笔是我们的好伙伴，它有哪些特征？你们想不想多多了解它？

要了解铅笔的秘密，我们有个好去处——马可铅笔厂。

探究任务：我们可以利用铅笔厂资源，探索你感兴趣的铅笔小秘密，收集、比较、筛选出有用的信息，形成剪贴报。

你最想探究铅笔的什么小秘密呢？在小组里讨论分享。

班级里还有一些同学和你想法一样哦，快来组成合作小队吧！

你们想研究的子任务是：
_____

图 4

准备阶段

你愿意为小队干什么事？你们可以在队里商量，然后请在分工表内填上自己的姓名和分工。

队员姓名	分工

参观工厂的时候，我们有哪些需要注意的安全问题和文明习惯呢？

小队公约

图 5

执行阶段

在参观中获取有关子任务的信息，并用你自己能理解的方式记录下来。

记录者：

图 6

实施阶段

整理你们收集到的信息,让它们能比较完整地说明问题。

注意要去除重复的信息,筛选保留和任务有直接关系的信息。

图 7

执行阶段

制作剪贴报要注意文字、图片、板块的安排,可以先完成草图。

图 8

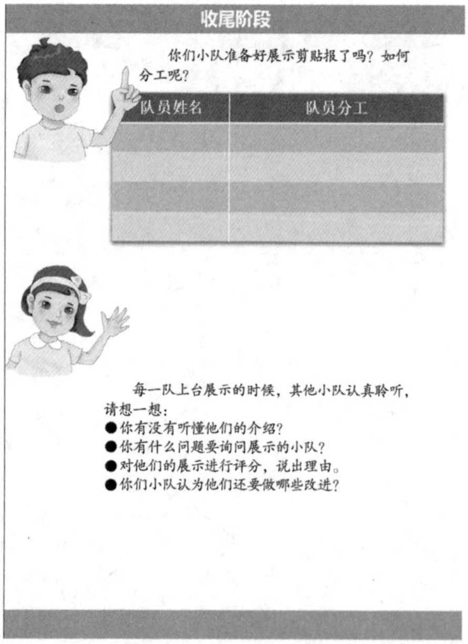

收尾阶段

你们小队准备好展示剪贴报了吗?如何分工呢?

队员姓名	队员分工

每一队上台展示的时候,其他小队认真聆听,请想一想:
● 你有没有听懂他们的介绍?
● 你有什么问题要询问展示的小队?
● 对他们的展示进行评议,说出理由。
● 你们小队认为他们还要做哪些改进?

图 9

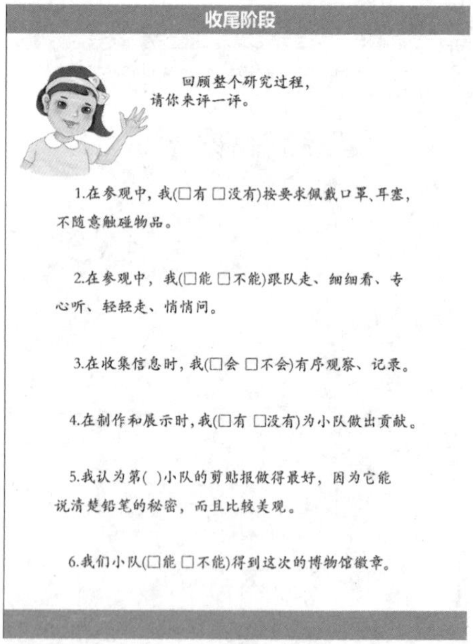

收尾阶段

回顾整个研究过程,请你来评一评。

1. 在参观中,我(□有 □没有)按要求佩戴口罩、耳塞,不随意触碰物品。

2. 在参观中,我(□能 □不能)跟队走、细细看、专心听、轻轻走、悄悄问。

3. 在收集信息时,我(□会 □不会)有序观察、记录。

4. 在制作和展示时,我(□有 □没有)为小队做出贡献。

5. 我认为第( )小队的剪贴报做得最好,因为它能说清楚铅笔的秘密,而且比较美观。

6. 我们小队(□能 □不能)得到这次的博物馆徽章。

图 10

(执笔人:上海市杨浦区杨浦小学 吴 峥)

案例二

桥梁模型制作

一、主题概述

（一）主题来源

在三年级科学与技术课中,学生已经初步学习了关于桥梁结构的相关知识,知道了桥梁根据结构可分为拱桥、梁桥、斜拉桥、悬索桥等类型,并用 A4 纸折叠或者弯曲,初步认识了不同桥面有不同的承重能力。制作了纸质的桥面后,学生对不同结构的桥梁产生了好奇,还想要动手制作整体的桥梁模型。由于科学与技术课没有课时继续探究,所以我们以设计探究型课程来实现学生的愿望。

勤劳勇敢的中国人用智慧和汗水搭建起一座座大桥,中国桥梁已经成为一张闪亮的"中国名片"。近年,涌现了一大批大国工匠和劳动模范,社会主义核心价值观和新时代劳模精神不断得到弘扬和强化,彰显了新时代的文化自信。学校重视五育并举,关注学生德智体美劳全面发展。我们希望学生在本次活动中实现自己设计桥梁模型的愿望,能在设计和组装中提升关键技能,体会劳动的艰辛和收获的喜悦,弘扬新时代中国劳模的精神。本活动涉及道德与法治、美术、科技、劳动等学科。

（二）研究问题

怎样制作一座桥梁模型?

（三）活动任务

1. 任务

班级将举办桥梁模型承重比赛,学生以小队为单位,利用教师提供的材料和工具,设计制作一座桥梁模型,把它平放在桌面上,要求桥面能承重至少 500 克,参加班级桥梁模型承重比赛。

2. 任务分解

依据项目任务我们细分为递进式子任务。（见图 1）

子任务一：了解材料及工具的使用方法。学生在明确探究任务后自主组成小队，然后了解材料和工具的名称、使用方法。

子任务二：设计和制作桥梁模型。小队设计和制作桥梁模型，并且在制作中发现问题、思考解决问题的方法，通过调试和改进，使模型至少能承重500克。

子任务三：参加桥梁模型承重比赛。小队之间比一比，谁的桥梁模型承重最大。

子任务一是其他子任务的基础，子任务二是整体任务的重点和难点。

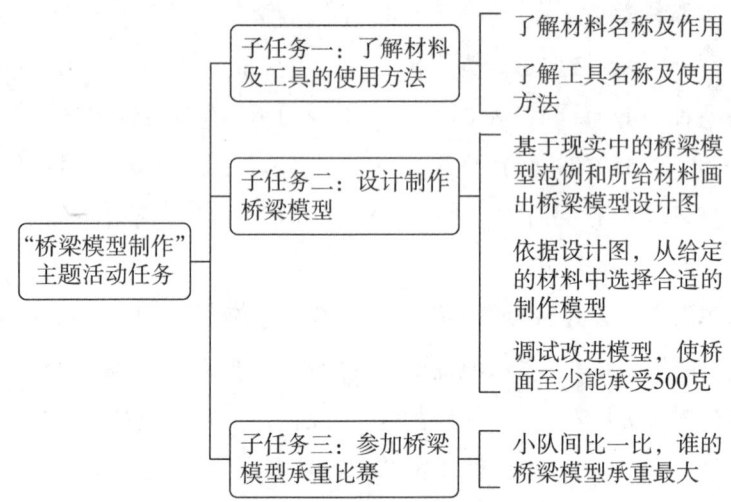

图1 "桥梁模型制作"主题活动任务分解图

（四）学情分析

此次活动的学习对象为四年级学生。学生已经在三年级时的科学与技术课程中学习了一些关于桥的基本结构的知识；在之前的探究型课程学习中，学生也已经有了自主设计作品的经验，能根据设计的要求，在团队合作下制作作品。学生发展预期如表1所示。

表1 "桥梁模型制作"主题活动学情分析表

维度	目标指向	已有基础	发展预期
创意物化	创意设计	能在教师的建议下进行初步的自主设计	能基于现实中的桥梁范例和材料，设计简单的桥梁模型

(续表)

维度	目标指向	已有基础	发展预期
创意物化	物化制作	能按设计合作开展制作,并在教师的帮助下调整改进 知道在制作活动中需要多次修改调整以达到任务目标	能按设计合作开展制作,通过调整改进,完成一座至少能承重500克的桥梁模型 坚持不懈地改进桥梁模型,直到符合承重的要求
问题解决	监控反思	能基于对问题或信息的分析、比较,尝试作简单的推理、判断,得出结论或解决问题的方法	通过讨论和引导,能实事求是地发现桥梁模型存在的问题,判断原因、积极探索解决方案
价值体认	科学态度	能依据教师提供的方案进行设计制作活动	能根据规定的材料进行设计 能按设计开展制作
责任担当	团队合作	在分工时有意识地进行协商,在协商中遇到有争议的问题,能主动让步妥协 在活动中信任同伴,鼓励和帮助同伴	能在制作过程中主动承担、协作共进

(五) 创新素养链接

本项主题活动对学生能力的要求是综合性的。(见表2)

表2 "桥梁模型制作"主题活动创新素养行为表征表

维度	创新素养指标	行为表征
创新人格 【C-1】	想象力 【C-1-2】	能基于现实中的桥梁范例和材料,设计简单的桥梁模型
	坚持 【C-1-6】	能使用螺丝刀、剪刀等制作工具耐心制作模型,并不断改进,体会劳动的艰辛和收获的喜悦
	反思进取 【C-1-5】	实事求是地发现桥梁模型存在的问题,判断原因,积极探索解决方案
	分享协作 【C-1-4】	能在制作过程中主动承担、协作共进
创新思维 【C-2】	精致性 【C-2-4】	能根据给定的材料进行设计,并改进设计,使图纸比较完整 能按设计开展制作,并改进制作,使模型精良稳固
创新实践 【C-3】	问题解决 【C-3-5】	能发现桥梁模型存在的问题,判断原因、找到解决办法,使模型精良稳固

（六）资源分析

材料资源：学生用螺丝刀和剪刀、尺、15 cm 塑料杆、塑料板、角码、塑料滚轮、三通、垫片、胶圈、2.5 cm 和 5 cm 细轴、加固铁片、橡皮筋、绳子、50 cm 橡胶电线、不同长度的塑料片和小螺丝、500 克砝码、护目镜。

学习工具：活动手册。

场地资源：创新实验室。

资源保障：学校总务处配备的材料包。

二、活动目标

（一）任务目标

以小队为单位，利用教师提供的材料和工具，设计制作一座桥梁模型，把它平放在桌面上，桥面至少能承重 500 克，参加班级桥梁模型承重比赛。

（二）学习目标

1. 能基于现实中的桥梁范例和材料，设计简单的桥梁模型。（Z-4-1 创意设计）【C-1-2 想象力】

2. 能按设计开展合作制作，通过调整改进，完成一座至少能承重 500 克的桥梁模型。（Z-4-3 物化制作）【C-2-4 精致性】

3. 通过讨论和引导，能实事求是地发现模型存在的问题，判断原因，积极探索解决方案。（Z-3-5 监控反思）【C-1-5 反思进取、C-3-5 问题解决】

4. 坚持不懈地改进桥梁模型，培养科学严谨的精神。（Z-1-4 科学态度）【C-1-6 坚持】

5. 能在制作过程中主动承担、协作共进。（Z-2-3 团队合作）【C-1-4 分享协作】

6. 能在搭建桥梁模型的过程中体会劳动的艰辛和收获的喜悦，培育新时代中国桥梁人的精神，树立文化自信。（Z-1-1 爱党爱国）【C-1-3 独立自信】

三、活动内容

见表 3。

表3 "桥梁模型制作"主题活动内容表

子任务	活动名称	活动目标	表现标准	建议课时
子任务一	了解材料及工具的使用方法	1. 知道项目的任务是设计、制作桥梁模型,使它能承重至少500克 2. 能自主组成探究小队(Z-1-4)【C-1-4】 3. 认识材料及其作用,知道操作工具的使用方法	1. 说出项目任务 2. 根据教师提出的要求,自主组成探究小队 3. 说出材料的名称及其作用,能在小队中进行工具的基础操作	1—2课时
子任务二	设计制作桥梁模型	1. 能从教师提供的材料中选择合适的材料设计桥梁模型(Z-4-1、Z-4-2)【C-1-2、C-3-2】 2. 能在教师的引导下,开展讨论,发现设计中的问题,修改设计(Z-3-5)【C-1-5】 3. 能标明设计者的姓名,培养尊重知识产权的意识(Z-1-3)【C-3-3】 4. 能用给定的材料,按照设计,分部分制作桥梁模型(Z-4-3)【C-2-4】 5. 具有问题意识,能实事求是地发现问题、提出问题,讨论改进方法,敢于提出否定和质疑(Z-3-1、Z-3-5)【C-1-5、C-3-5、C-1-1】 6. 能锲而不舍地改进作品,发现一个问题、改进一个方面,科学严谨地按步骤进行,提升桥梁模型的承重力(Z-1-4)【C-1-6】 7. 活动过程中互帮互助(Z-1-3)【C-1-4】	1. 根据材料,设计桥梁模型,标明所需零件的名称和数量 2. 在讨论中,听取他人的想法、改进设计 3. 在设计图上标注设计者的姓名 4. 用给定的材料,按照设计,制作出桥梁模型 5. 保持独立思考,不人云亦云,敢于提出自己的意见,小队内进行讨论改进桥梁模型的方法 6. 修改的时候严格遵守讨论结果,不随性发挥,提升桥梁模型的承重力 7. 在活动中主动承担、协作共进	4课时

（续表）

子任务	活动名称	活动目标	表现标准	建议课时
子任务三	参加桥梁模型承重比赛	1. 能主动整理探究过程中的资料 2. 能以小队形式介绍和演示桥梁模型（Z-4-4）【C-1-3】 3. 能在评价中反思自己（Z-3-5）【C-1-5】	1. 资料完备 2. 小队比赛展示时分工明确 3. 对其他小队积极评价，完成小队自评互评	1—2课时

四、活动实施

（一）实施流程

见图2。

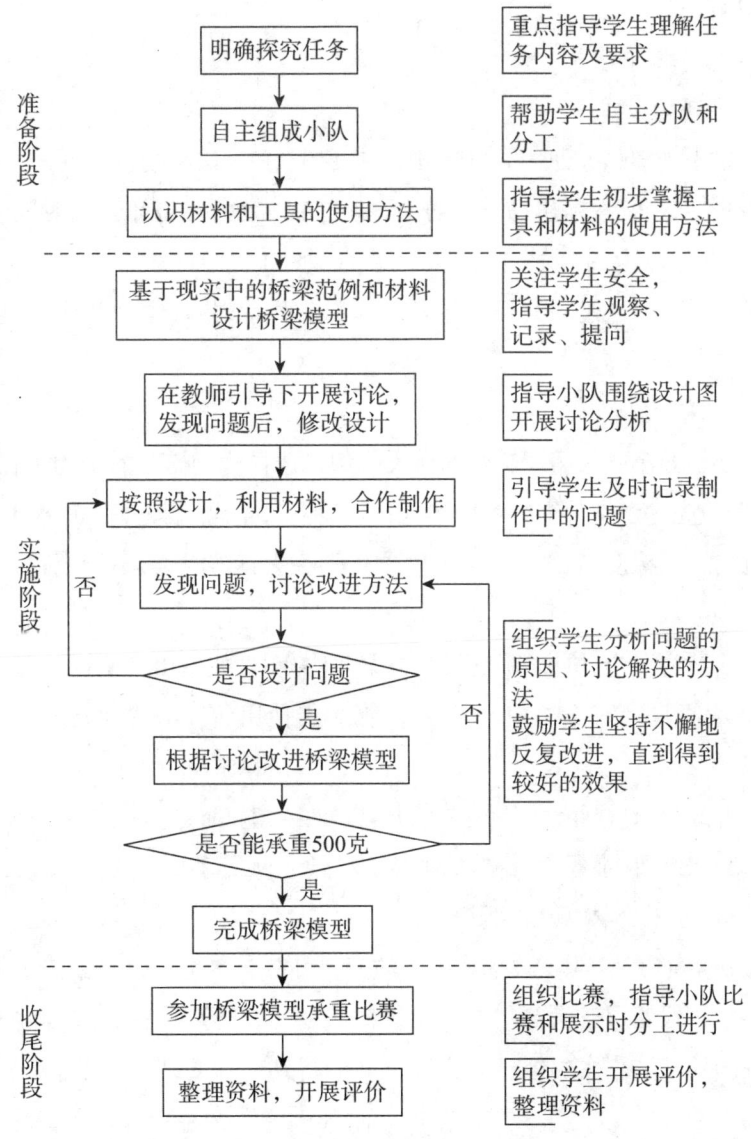

图2 "桥梁模型制作"主题活动实施流程图

（二）实施建议

1. 学习对象

小学四年级学生。

2. 预设课时

6—8课时。

3. 实施要求

（1）准备阶段

教师事先告知总务处购买材料和工具，保证每组都有一套材料可用。

学生自主分队，教师协助学生分工。分工时，教师要告知学生时间有限，遇到争议，应互相谦让，主动协作。

教师引导学生通过探究任务单认识材料和作用，指导学生掌握工具的基本使用方法。

（2）实施阶段

教师要引导小队根据现实中的桥梁范例来选择桥梁模型的结构。在设计的时候，教师应先提示学生充分考虑塑料杆、塑料板、角码、滚轮、三通、垫片、胶圈、细轴、加固铁片、橡皮筋、绳子、塑料片的数量，在设计的时候，不能超过每种材料的数量。

通过小队内讨论、协商，确定设计方案。协商时，如果出现争议，应该冷静下来思考，小队共同商议来决定。未经允许，不能使用他人的设计方案，培养尊重知识产权的意识。

学生拧螺丝，打绳结、橡皮筋节的技能比较生疏，而这些技能是制作模型必需的，要耐心、细致、懂得合作。教师要引导学生从劳动中体会桥梁人"比、学、赶、帮、超"的精神，努力使模型符合要求。

制作初步完成后，测试效果。学生的模型可能会产生局部不稳需要加固、承重能力不足导致变形较大等情况。发现问题后，队内分析情况，进行调整，直到得到较好的效果。往往要经过多次调整才能得到较好的结果，教师要鼓励学生坚持不懈。

（3）收尾阶段

开展班级模型承重能力比赛展示时也要按照分工。教师要引导学生在展示中说明各自在设计制作中的任务、遇到的问题和解决的方法。

教师应组织协助学生整理资料、完成归档。资料要尽可能完整，并督促学生上传电子档案，以便每学年末学校颁发合格证书。

五、活动评价

针对活动目标我们设计了评价目标（表4），根据评价目标，设计学生活动评价表（表5）。在评价方式上采用学生自评、互评和教师评价相结合的方式。（见表4、表5）

表4 "桥梁模型制作"主题活动评价目标

综合实践活动素养要求		评价目标	创新素养要求	
一级目标	二级目标		维度	指标
创意物化	创意设计	能基于现实中的桥梁范例和材料，设计简单的桥梁模型	创新人格	想象力
创意物化	物化制作	能按设计合作开展制作，通过调整改进，完成一座至少能承重500克的桥梁模型	创新思维	精致性
问题解决	监控反思	通过讨论和引导，能实事求是地发现桥梁模型存在的问题，分析原因，积极探索解决方案	创新人格	反思意识
			创新实践	问题解决
价值体认	科学态度	坚持不懈地改进桥梁模型，培养科学严谨的精神	创新人格	坚持不懈
责任担当	团队合作	能在制作过程中主动承担、协作共进	创新人格	分享协作

表5 "桥梁模型制作"主题活动评价表

一级目标	二级目标	评价标准				创新素养指标	等级
		☆	☆☆	☆☆☆	☆☆☆☆		
创意物化	物化制作	承重 <500克	承重 (600,500克)	承重 (700,600克)	承重 (1000,700克)	精致性	
问题解决	监控反思	发现不了问题,无法进行分析	有2个问题,无法分析和解决	有1个问题,无法分析和解决	能准确分析每个问题的原因,想出解决办法	反思进取	
		与设计图有3处区别	与设计图有2处区别	与设计图有1处区别	完全符合设计图		
		解决不了问题	有2个问题没能解决	有1个问题没能解决	发现的问题都能解决		
责任担当	团队合作	无法合作	有2位队员不合作	有1位队员不合作	每个队员都主动承担分工、协作共进	分享协作	

教师应围绕每课时活动的目标,运用过程性的评价工具,引导学生及时记录每个阶段自己的收获,并做出合理的评价;关注自己和小队成员在活动中的表现,做出合理的评价;对其他小队的成果能做出合理评价。教师在引导和组织过程中,要善于观察学生的表现,做出有针对性的指导和激励性评价。

六、学习工具

活动手册,见图3—图17。

8. 上海市杨浦区杨浦小学

桥梁模型制作

（四年级）

班级：_____

队名：_____

图 3

准备阶段

同学们，勤劳勇敢的中国人，用智慧和汗水搭建起一座座大桥，涌现了一大批大国工匠和劳动模范。我们要向中国桥梁设计师和建造者学习。

活动任务：_____

想做哪种结构的桥梁模型？例如：拱桥、梁桥、斜拉+梁桥、悬索+梁桥，等等。

班级里还有一些同学和你想法一样哦，快来组成合作小队吧！组完小队后再讨论一下，制定小队公约，共同遵守吧！

组长姓名 _____
成员姓名 _____

小队公约

图 4

准备阶段

我们使用以下研究方法（勾选）□观察 □实验 □文献 □调查
我们使用以下成果形式（勾选）□报告 □录像 □实物 □图片
我们的探究思路如下：

可以用文字、流程图或表格来表明

我们已经提出了探究思路，你们想一想，在设计和制作的过程中会产生哪些任务？再认领任务，记录下来。

队员姓名	队员分工

是否需要求助外援：（说明求助对象和理由）
_____

图 5

准备阶段

让我们一起来认识材料、工具及其作用吧！

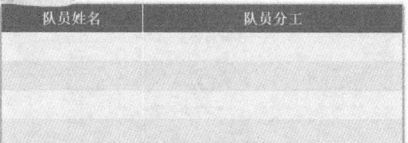

材料、工具	作用	材料、工具	作用
	桥塔、桥架		桥拱
	桥架		桥面
	固定桥塔		分段固定悬索
	固定皮带轮、三通		梁桥桥墩
	支撑桥塔		固定斜拉索
	固定桥架		固定桥面
	连接桥塔和铁轴		固定三通
	固定桥架		拧螺丝
	斜拉索、悬索桥吊绳		推铁轴
	悬索		

图 6

对照评价表，你们能得几颗星？

准备阶段

内容	等级标准			
	☆	☆☆	☆☆☆	☆☆☆☆
制订计划	逻辑混乱	有2处逻辑错误	有1处逻辑错误	符合逻辑
小队分工	产生争吵，还没有完成分工	产生争吵，在老师的协调下完成分工	在老师的帮助下完成分工	都能自觉认领任务
认识材料	说不出大部分材料的名称和作用	有3—5件材料名称和作用不熟悉	有1—2件材料名称和作用不熟悉	能说出每件材料的名称和作用
工具使用	3或4位队员不会操作	2位队员不会操作	1位队员不会操作	每个队员都学会了操作工具

图 7

一张合格的桥梁模型设计图，要具备哪些方面？
小队确定你们的目标，想达到几颗星？

实施阶段

内容	等级标准			
	☆	☆☆	☆☆☆	☆☆☆☆
设计合理	设计不符合原定结构	设计不符合原定结构	设计符合原定结构	设计符合原定结构
	没有标注零件名称	零件名称标注不全，少4—6种	零件名称标注不全，少1—3种	零件名称全标注
	没有标注零件数量	零件数量标注不全，少4—6种	零件数量标注不全，少1—3种	零件数量全标注
知识产权	没有标明设计者和参考来源	能标明设计者姓名，没有标全参考来源	没有标明参考来源	能标明所有设计者姓名及参考来源

图 8

实施阶段

在空白处绘制设计图吧！

设计者：
参考来源：

图 9

实施阶段

需要现实中的桥梁作为范例吗？你们还可以在此处粘贴一些中国大桥的照片。

图 10

实施阶段

对于设计图，你们能不能提出合理的改进建议，能得几颗星？

内容	等级标准			
	☆	☆☆	☆☆☆	☆☆☆☆
问题解决	没有发现自己或其他小队的问题，没有提出合理建议	发现自己或其他小队设计中的问题，没有提出合理建议	发现自己或其他小队设计中的问题，提出合理建议1次	发现自己或其他小队设计中的问题，提出合理建议2次及以上

修改设计图，请用不同颜色的笔在设计图上进行调整哦。

图 11

实施阶段

开始制作模型了！在制作过程中，你们能满足哪些要求，能得几颗星？
同学们，记得戴上护目镜再开始制作哦！

内容	等级标准			
	☆	☆☆	☆☆☆	☆☆☆☆
精良稳固	有6处以上零件安装不到位，桥架倾斜或晃动	有3—5处零件安装不到位，桥架倾斜	有1—2处零件安装不到位	零件安装到位，桥架能平稳放在桌面上不晃动
计划先行	有5处以上不符合设计，或没有在原设计图上做修改	有3—5处不符合设计，在原设计图上做了修改	有1—2处不符合设计，在原设计图上做了修改	能完全按照设计图制作桥架
问题解决	发现不了问题，无法进行分析	有2个问题无法分析和解决	有1个问题无法分析和解决	能准确分析每个问题的原因，想出解决办法
团队合作	无法合作	有2位队员不合作	有1位队员不合作	每个队员都主动承担、协作共进

图 12

实施阶段

在制作中，你们发现了哪些问题？你们分析出产生问题的原因了吗？你们讨论出解决问题的办法了吗？

发现的问题	原因分析	解决办法

图 13

执行阶段

要调试改进模型了！该如何分工呢？

队员姓名	队员分工

在调试中，你们发现了哪些问题？你们分析出产生问题的原因了吗？你们讨论出解决问题的办法了吗？改进后的效果如何呢？

发现的问题	原因分析	解决办法	改进后效果

图 14

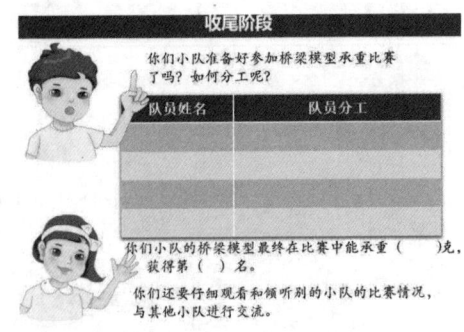

图 15   图 16

图 17

(执笔人:上海市杨浦区杨浦小学 吴 峥)

9. 上海市杨浦区齐齐哈尔路第一小学

齐齐哈尔路第一小学依据 2017 年版的《中小学综合实践活动课程指导纲要》所阐述的综合实践活动课程特性，结合"自主选择，创智发展"的办学理念，融入创新素养评价目标，建构体现学校"趣动"课堂文化理念的"一齐趣玩吧"综合实践活动课程。

该课程构建"研究性学习+场馆"相结合的课程内容，即"趣"探生活和"趣"研场馆两个系列。"创新实践"同时是学校综合实践活动课程设计的关键词。学校力求以真实情境中产生的"真实问题"激发学生学习兴趣，设计"生活化、趣味化"的活动任务（问题分析、观念践行），依托社区、博物馆等资源，围绕问题的"呈现、探索、解决、交流"这条主线，整理、筛选并分析信息（资源利用），引导学生运用多学科知识技能开展"动手、动脑、动口"的实践探索，逐步形成物化成果（方案评价、问题解决）。

在二年级的"用影子讲故事"活动中，学生借助教师提供的各类活动器材对影子产生的原因及变化进行探究，培养发现、分析及解决问题的关键能力；四年级的"'长大了'定格动画"活动，让学生通过制订制作方案、设计分镜头脚本、选材拍摄等流程，经历一次涵盖细致观察、计划制订、实践探索、问题解决和团队合作的综合性实践过程。这两个活动作为学校综合实践活动课程的缩影，展示了学生在资源利用、问题分析、观念践行、方案评价和问题解决等方面的学习经历，有效促进学生创新素养的持续提升。

上海市杨浦区齐齐哈尔路第一小学综合实践活动课程实施方案

一、背景分析

上海市杨浦区齐齐哈尔路第一小学(以下简称齐齐哈尔路第一小学)是一所具有70余年深厚文化积淀的公办全日制小学,也是杨浦区集团化办学的核心校之一。学校确立"自主选择,创智发展"的办学理念,以"让学生在七彩校园中拥抱幸福童年"为办学目标。在此基础上构建了"一齐趣玩吧"综合实践课程体系,旨在培养"有爱心、负责任、知感恩、会选择、乐求知、能创新"的"齐一"少年。

"一齐趣玩吧"课程的开发与实施在活动主题的选择上强调"趣味"性,同时关注学生的选择性——学生可以选择自己感兴趣的主题进行探究;在活动方式和学习方式上强调"好玩",鼓励自主创新"玩法",让学生在解决实践问题中实现个性发展。

学校综合实践活动课程教研组共12名教师,专职教师2名、兼职教师10名,其中有1名高级教师、8名中级教师和3名二级教师。作为上海市小学低年级主题式综合活动课程项目校,大部分教师有多年探究型课程教学经验,能实施综合实践活动课程设计。

二、课程目标

在建构学校综合实践活动课程目标时,学校分三个层次逐步推进,如图1所示。

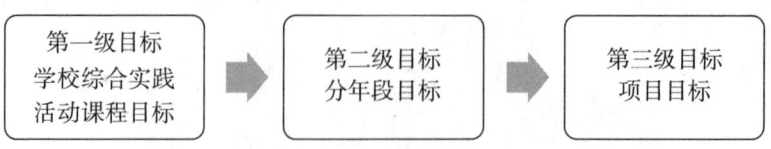

图1 齐齐哈尔路第一小学综合实践活动课程分级目标图

(一) 总目标

1. 价值体认

通过参与学校组织的社会实践活动,初步知晓国情,爱党爱国,爱身边的人;理解并遵守公共空间秩序,了解不同的文化习俗,尊重不同的礼仪;初步形成坚持不懈完成任务的习惯和科学严谨的研究意识,有主动服从并践行集体决议的意识。

2. 责任担当

在学校生活和日常生活中,能主动承担力所能及的小岗位和小家务,为周围有需要的人提供力所能及的帮助;敢于质疑、提问,乐于分享,同时主动寻求解决问题的方法。

3. 问题解决

能在教师的指导下,敢于在真实的问题情境中提出自己的问题;能够围绕问题,获取所需信息,并对信息进行加工处理;在问题解决过程中,能及时发现新问题,思考解决方法并及时调整研究的方法。

4. 创意物化

通过各类实践活动,能够选择合适的方法动手操作,从而实现物化制作,在制作过程中能够反复调试或修改直至成果完成,并能对成果进行展示、交流。

(二) 分年段目标

课程总目标分为低年段、中高年段目标。(见表1)

表1 齐齐哈尔路第一小学分年段目标表

一级目标	二级目标	学习目标		创新素养指标
		低年段	中高年段	
价值体认 (Z-1)	爱党爱国 (Z-1-1)	通过体验集体活动、场馆活动和主题教育活动,初步了解少先队的历史,并能爱家人、爱老师、爱同学	通过学校组织的社会实践活动,如、场馆活动和主题教育活动等,热爱党、热爱祖国,为自己是中国人感到骄傲	

（续表）

一级目标	二级目标	学习目标		创新素养指标
		低年段	中高年段	
价值体认（Z-1）	公共观念（Z-1-2）	在公共空间听从工作人员安排，不大声喧哗，不随意奔跑	理解并遵守公共空间的基本行为规范和不同的礼仪习俗	
	规则意识（Z-1-3）	能够在活动时听从安排，并能按照教师的要求，完成自己的任务	能够在活动时听从集体的安排 通过各项实践活动，养成按计划做事的习惯 形成集体意识、组织观念、产权意识，并在日常生活中，能够付诸行动	
	科学态度（Z-1-4）	在教师指导下如实记录，能够在自己的作品上签上名字	能根据主题内容，初步尝试设计实验方案，完成实验记录，能经小组讨论得出相关结论 了解收集材料的途径，能够标出所收集到的资料来源 在活动中，遇到难题不退缩，积极思考解决问题的办法，做到有始有终	坚持【C-1-6】
责任担当（Z-2）	自理自立（Z-2-1）	自己的事情自己做，如，能整理好自己的学习用品 能够在活动中完成小组分工的任务	能处理学习和生活中的基本事务，养成自己的事情自己做的好习惯	独立自信【C-1-3】
	主动服务（Z-2-2）	能够主动关心周围的同学和家庭成员，并在他们需要时，能够提供力所能及的帮助	关心身边的人，能主动提供帮助 在社区实践活动中能够发挥自己的作用	
	团队合作（Z-2-3）	在小组活动中，敢于说出自己的想法，并乐于接受他人的意见	在活动中能承担责任、协商讨论、悦纳他人意见、互利互助、开展合作、分享成果和想法	分享协作【C-1-4】

(续表)

一级目标	二级目标	学习目标		创新素养指标
		低年段	中高年段	
责任担当 (Z-2)	生活态度 (Z-2-4)	对身边的事物保有好奇心,能够快乐地生活、学习	热爱生活,对身边事物有好奇心和求知欲,保持积极的态度,有战胜困难的勇气	好奇心 【C-1-1】
问题解决 (Z-3)	提问质疑 (Z-3-1)	在教师的引导下,提出自己的问题,并进行合理猜测	围绕主题活动或在生活中发现、提出问题,说明理由,做出假设 能对资料中的信息质疑,并尝试求证	好奇心 【C-1-1】 独立自信 【C-1-3】 问题分析 【C-3-1】
	计划制订 (Z-3-2)	根据教师制订的活动计划,进行活动	能明确并分解问题,按要求制订计划	观念践行 【C-3-3】
	信息处理 (Z-3-3)	运用感官进行有序观察,并简单描述	运用不同观察方式,如,借助工具等进行观察;在观察多个物体时,能进行对比观察 围绕问题,充分收集与利用不同来源的信息与资源,尝试自主分析信息,提出观点	资源利用 【C-3-2】 隐喻性 【C-2-5】
	问题解释 (Z-3-4)	能借助信息,简单说出自己对问题的看法	基于对问题或信息的分析、比较,寻求证据来推理问题产生的原因,形成对问题的初步解释	独创性 【C-2-3】 想象力 【C-1-2】
	监控反思 (Z-3-5)	在教师的指导下,回顾整个活动 说出在活动中存在的问题	依据自己的计划主动对解决问题的过程进行批判性反思和反馈,及时发现问题、解决问题	反思进取 【C-1-5】

（续表）

一级目标	二级目标	学习目标		创新素养指标
		低年段	中高年段	
创意物化（Z-4）	创意设计（Z-4-1）	在教师帮助下，借助图片、简单文字进行简单的设计或说明	借助范例，通过对问题和需求的分析和理解，提出创造性构想，制作或设计出简单合理而较有新意的作品	独创性【C-2-3】
	工具选择（Z-4-2）	能使用教师指定的工具来解决问题	了解不同工具的优缺点、适用范围和使用难度等，根据活动内容选择使用合适的工具进行创意设计或制作	想象力【C-1-2】流畅性【C-2-1】
	物化制作（Z-4-3）	能按照设计，简单制作	按要求制作、调试，多次检验并调整设计，将创意设计转化为符合要求的实物或作品	精致性【C-2-4】观念践行【C-3-3】问题解决【C-3-5】
	成果展示（Z-4-4）	简单地汇报交流自己作品	在展示、汇报中，说清楚设计制作的过程、遇到的问题和解决的方法	流畅性【C-2-1】方案评价【C-3-4】

三、课程建设

（一）内容选取原则

目标导向原则：围绕学校的课程育人目标，选取合适主题，实现"价值体认、责任担当、问题解决、创意物化"综合实践活动课程培养目标。

综合性原则：倡导每个年级的学习内容有综合性的特征。

跨学科性原则：综合实践活动课程主题要涉及两门（种）及以上的学科知识或技能的运用。

序列性原则：厘清各主题活动间的逻辑关系，做到"纵向"追求一个活动内容递进深化，确保学生对主题学习与探究的深度；"横向"追求一个主题下的跨领域延展,确保学生对主题学习与探究的广度。

(二) 课程内容

1. 内容结构

学校根据综合实践活动课程特点,设计了"研究性学习+场馆课程"相结合的课程内容,即"'趣'探生活"和"'趣'研场馆"。(见图2)

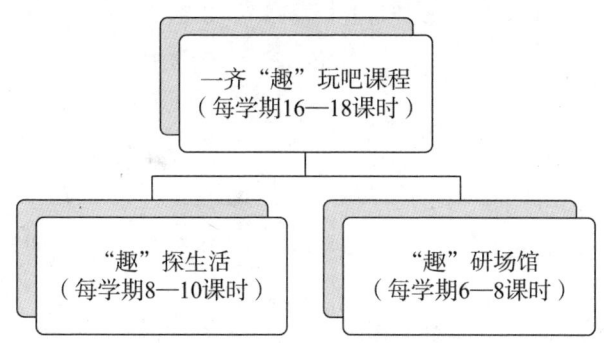

图2　齐齐哈尔路第一小学综合实践活动课程内容结构图

"'趣'探生活"系列:选取真实情境下的"生活问题"为研究主题,依托学校、社区等资源,设计符合该年段学生认知能力的、能打破学科壁垒实现不同学科知识迁移与应用的、解决真实生活问题的跨学科研究性学习活动。

"'趣'研场馆"系列:选取符合各年段学生年龄特点的场馆资源,依托博物馆场地、展品、教育活动等资源,根据学生提出的感兴趣的问题和希望深度学习的内容,设计适合各年段学生认知能力的跨学科活动——融学校活动与场馆活动为一体的社会探索实践活动。

2. 内容安排

见表2。

表2　齐齐哈尔路第一小学综合实践活动课程各年级实施内容安排表

年级	学期	"趣"探生活	活动方式	课时	"趣"研场馆	活动方式	课时
一	上	时间小管家	考察探究	4	奇妙的泡泡水	考察探究	4
		情绪小主人	考察探究	4	好玩的小水滴	考察探究	4
	下	奇妙的水果	设计制作	4	形形色色的车	设计制作	4
		有趣的鸡蛋	设计制作	4	美丽的热带鱼	考察探究	4

（续表）

年级	学期	"趣"探生活	活动方式	课时	"趣"研场馆	活动方式	课时
二	上	规则小卫士	考察探究	4	安全小达人	职业体验	4
二	上	服务小能手	社会服务	4	武林小高手	考察探究	4
二	下	美丽纸家园	设计制作	4	千丝万缕布经纬	设计制作	4
二	下	自制纸图书	设计制作	4	用影子讲故事	职业体验	4
三	上	欢乐社区	社会服务	6 机动2	上海船厂的百年"船"奇	考察探究	6 机动2
三	下	玩转纸陀螺	设计制作	6 机动2	未来航海家	考察探究	8 机动2
四	上	一起逛超市	职业体验	8	让剪纸动起来	设计制作	8 机动2
四	下	餐巾纸,大不同	考察探究	6 机动2	"长大了"定格动画	设计制作	8 机动2
五	上	城市变迁话五角场	考察探究	8 机动2	天气预报员	职业体验	8 机动2
五	下	拈花造纸	设计制作	6	盒子里的八大行星	考察探究	8 机动2

研究项目与综合实践活动课程小学阶段具体目标的双向细目表(见表3)：

表3　齐齐哈尔路第一小学校综合实践活动课程内容与课程目标双向细目表

一级目标	二级目标	一上				一下				二上				二下				三上		三下		四上		四下		五上		五下	
		时间小管家	情绪小主人	奇妙的泡泡水	好玩的小水滴	有趣的鸡蛋	奇妙的水果	形形色色的车	美丽的热带鱼	规则小卫士	服务小能手	安全小达人	武林小高手	美丽纸家园	自制纸图书	千丝万缕布经纬	用影子讲故事	欢乐社区	上海船厂的百年"船"奇	玩转纸陀螺	未来航海家	一起逛超市	让剪纸动起来	餐巾纸,大不同	"长大了"定格动画	城市变迁话五角场	天气预报员	拈花造纸	盒子里的八大行星
价值体认	爱党爱国									✓	✓			✓			✓	✓		✓						★			
	公共观念	✓								✓	✓							✓				✓				✓	✓	✓	✓
	规则意识	★	✓	✓	✓	✓	✓			★		★						★				✓				✓		✓	✓
	科学态度		★	★	★	★	★					✓	✓	✓	✓			★		✓		✓	★			✓	✓	✓	✓

（续表）

一级目标	二级目标	一上				一下				二上				二下				三上		三下		四上		四下		五上		五下	
		时间小管家	情绪小主人	奇妙的泡泡水	好玩的小水滴	奇妙的水果	有趣的鸡蛋	形形色色的车	美丽的热带鱼	规则小卫士	服务小能手	安全小达人	武林小高手	美丽纸家园	自制纸图书	千丝万缕布经纬	用影子讲故事	欢乐社区	上海船厂的百年"船"奇	玩转纸陀螺	未来航海家	一起逛超市	让剪纸动起来	餐巾纸，大不同	"长大了"定格动画	城市变迁五角场	天气预报员	拈花造纸	盒子里的八大行星
责任担当	自理自立	✓		✓						✓	✓	✓		✓						✓		✓				✓			
	主动服务	✓								✓	★							✓		✓						✓			
	团队合作				✓		✓		✓	✓	✓	✓	✓		✓			✓		✓	✓			✓			✓		
	生活态度		★	✓			✓		✓	✓	✓								★	✓									
问题解决	提问质疑	✓	✓	✓		✓	✓			✓				✓				✓				✓	✓						
	计划制订	★		★			★					✓				★					★			★					
	信息处理		✓					★	★			★	★		✓		★									✓	★		★
	问题解释	✓		★	★	✓		✓		✓				✓															
	监控反思		✓									✓			✓						✓				✓				
创意物化	创意设计				★									★	✓										✓		★		
	工具选择							✓								✓					★			✓				★	✓
	物化制作	✓	★	✓	★	✓	★	★	★	✓	✓	✓	✓	✓										★		✓	✓		
	成果展示	✓	✓	✓	✓	✓	✓	✓		✓	✓	✓		✓	✓	✓		✓		✓	✓	✓	✓	✓		✓	✓	✓	✓

注：图中★为项目重点培养点，✓为项目关注培养点，每个项目都有一个重点培育素养。

四、课程实施

（一）课程设计

学校基于学生发展的实际需求设计活动主题，并选择相应的活动方式，既有帮助一年级学生适应校园生活的入学适应主题活动，也有基于学生兴趣与生活经验的考察探究，还有走出校园的职业体验活动。在活动中学校创设主动发展、主动探索的氛围,通过查、看、听、问、做等方式,引导学生在校园、社区和自然环境中去感受、去模仿、去尝试,在"玩玩做做"中逐步培养学生的创新精神。

(二)实施流程

1."'趣'探生活"系列

该系列以真实情境下的"生活问题"为研究主题,活动过程分为准备阶段、执行阶段以及收尾阶段。(见图3)

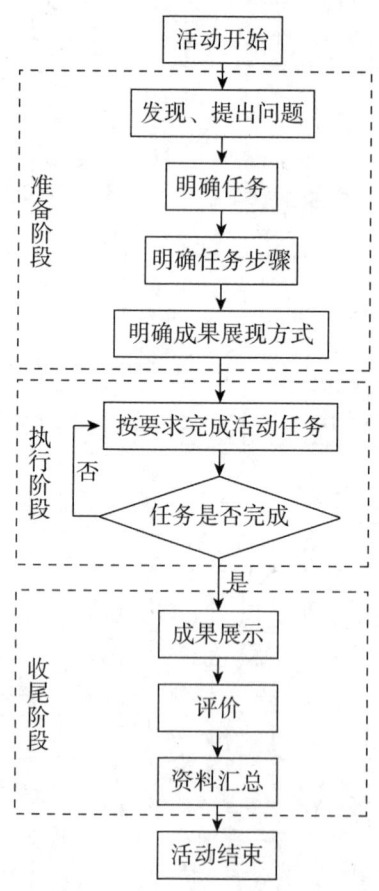

图3 齐齐哈尔路第一小学"'趣'探生活"课程实施流程图

2."'趣'研场馆"系列

该系列选取符合各年段学生年龄特点的场馆资源,依托博物馆场地、展品、教育活动等资源,融入学校活动,带领学生进行社会探索实践活动。(见图4)

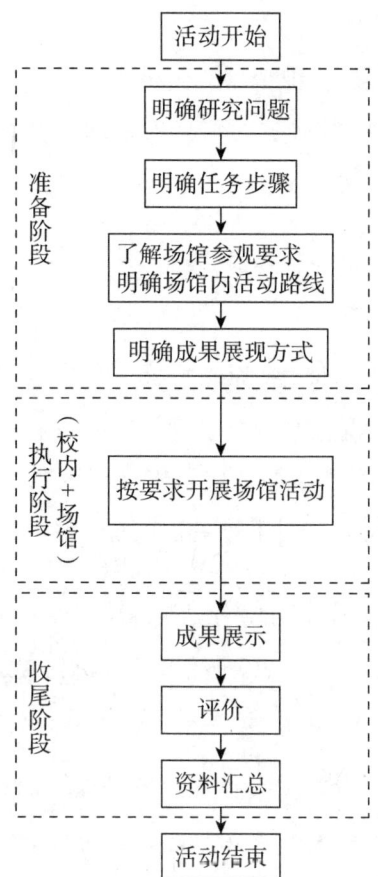

图4　齐齐哈尔路第一小学"'趣'研场馆"课程实施流程图

五、课程评价

（一）评价主体多元化

在活动中设计了学生、家长、教师、社会人士等共同参与的活动评价表，让学生在每项活动后都能及时记录自己活动的情况和收获体会，形成活动轨迹、展示活动成果，同时教师也能给予公正客观的评价。

（二）评价方式多样化

将富有童趣的奖章评价、积极向上的称号评价、丰富多样的展示评价、激励成长的积分评价、借力"学习单"的活动评价、激发自主性的等第评价等融入每一个学习过程中，有效激发学生活动的兴趣与积极性。

（三）评价内容多维度

从学习习惯、学习态度、学业成果三个维度评价学生的活动情况，结合创新素养指标，细化相关内容，帮助学生确立健康的情感、积极的态度、正确的人生观。

六、课程管理

（一）管理部门

学校成立以校长为核心的综合实践活动课程管理领导小组，做好顶层设计，合理编制实施方案。教导处主要负责任课教师安排和课表、教学过程的管理以及参与对教师、学生的评价等。教研组负责活动主题的设计，对任课教师的培训、对综合实践活动课程的项目进行研究。（见图5）

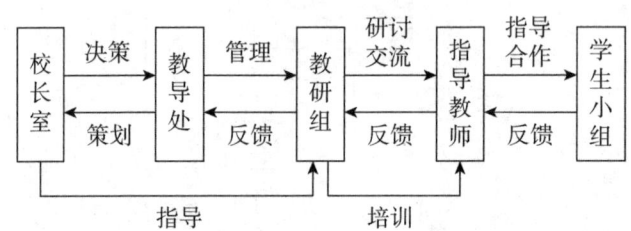

图5　齐齐哈尔路第一小学综合实践活动课程组织管理图

（二）管理流程

学校管理流程由调研学生需求、申报课程设计、入课程资源库、课程实施几个环节组成。（见下页图6）

提交申请：教师向学校提交课程申报表（见表4）和活动方案。

表4　齐齐哈尔路第一小学综合实践活动课程活动方案申报表

申报人姓名	
课程名称	
授课对象（年级）	
课程目标	
教学方式	
课时安排	

(续表)

活动的意义和特点	
评价方式	
备注	
审批意见	

审核：学校组织评委会对提交的活动方案进行审核，遵循政治性、可行性和科学性三个原则，决定是否采用。

入库：审核通过后，将方案列入综合实践活动课程资源库目录，供学生自主选择。

反馈：如果课程未通过审核，学校会向教师反馈不通过的原因，要求改进或调整。

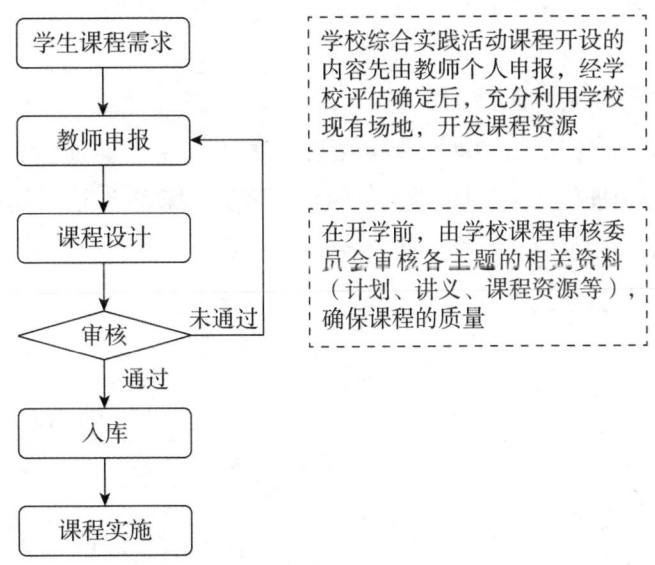

图6　齐齐哈尔路第一小学综合实践活动课程管理流程图

（三）制度与激励保障

1. 制订多方协同的管理制度

第一，加强对指导教师的校本培训管理。在教研组中开展校本教研活动，在学校层面开展教学交流活动，有效解决在教学中出现的各种问题，发挥教研组的教研功能，以提升教师课程实施水平。

第二,加强班级对综合实践活动课程的管理。开放性的学习和班级管理之间存在着一些矛盾,班主任应关注学生在学习中遇到的问题,适时协调好指导教师和学生之间的关系。

第三,加强指导教师对小组的管理。指导教师对每次学习活动中小组的纪律、学生的学习情况都要有基本要求;根据实际情况,加强对学生小组自我管理的指导。

2. 建立任课教师教研制度

第一,每月研究。每月开展1次主题研究活动,推选1—2名教师执教综合实践活动研究课,并进行评课和主题交流。

第二,定期举行沙龙研讨活动。针对研究中存在的问题或现象精心设计,形式丰富,对研究起到推进作用。

第三,鼓励教师自主创新。鼓励有一定能力与经验的教师自主开发新的内容。

3. 建立任课教师的奖励机制

学校建立综合实践活动课程教学奖励制度,每学期末学校对综合实践活动课程的任课教师进行评价,对成绩突出的教师给予表扬和奖励。对教师的评价,学校坚持重激励性、过程性、全面性和多元性的原则,既要看到教师的教学结果,更要看到教师的教学过程。

(执笔人:上海市杨浦区齐齐哈尔路第一小学 孙玲玲、胡圣凤)

案例一

用影子讲故事

一、主题概述

(一) 主题来源

"用影子讲故事"综合实践活动缘起于二年级学生的一次上海电影博物馆的参观之行,学生对里面的皮影戏产生了浓厚的兴趣,好奇皮影戏是如何表演出来

的。正值香港姊妹校的学生来我校进行访学活动,为了让他们了解中华优秀传统文化,学校将皮影戏作为其中一个特色内容向香港学生展示,促进文化的理解与认同。作为校园的小主人,学生四人为一组,利用老师提供的工具和材料(手电筒、投影布、大小木块、彩色塑料片、皮影人偶),探究影子形成的原因及相关知识,合作编演一个视听元素相结合的影子故事,最终评选出比较受欢迎的三个作品,为前来访学的香港小朋友表演。

学生通过探究影子产生的原因,培养发现、探究和解决问题的能力。通过排练影子故事培养动手能力和创造力,增强职业体验感,也建立起对非遗保护与传承的责任感。本主题要综合运用科学、劳动、造型·美术、语文等学科的知识与技能,主要活动方式是考察探究和职业体验。

(二) 研究问题

怎样利用影子形成的原因和特点,编演一个影子故事?

(三) 活动任务

1. 任务

香港姊妹校的学生要来学校进行访学活动,作为校园的小主人,请学生四人为一组,利用老师提供的工具和材料,探究影子形成的原因及相关知识,合作编演一个视听元素相结合的影子故事,最终评选出比较受欢迎的三个作品,为前来访学的香港小朋友表演。

2. 任务分解

本任务可以分解为三个子任务(见图1),任务之间为递进关系,学生要借助老师提供的工具和材料,探究影子形成的原因及相关知识,合作编演一个影子故事。

子任务一:影子的形成。小组成员借助老师提供的工具,合作探究影子的形成原因。

子任务二:影子会变化。小组合作,利用材料和工具,探秘哪些因素会导致物体影子大小、浓淡的变化。

子任务三:影子讲故事。根据探究到的影子相关知识,根据老师提供的剧本和材料,设计影子戏方案,并进行排练、展示。

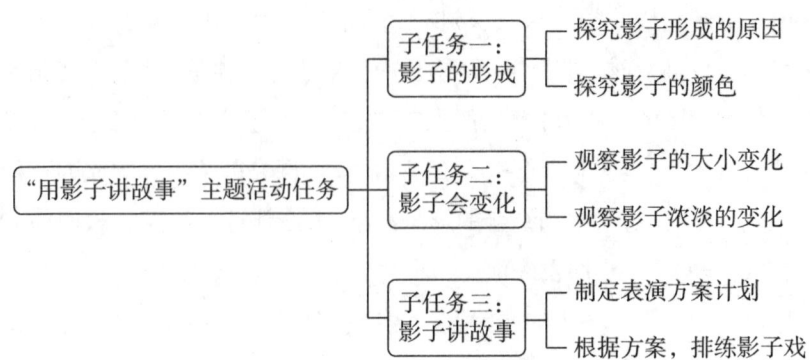

图1 "用影子讲故事"主题活动任务分解图

(四) 学情分析

二年级学生处于好奇心强、探索欲旺盛的年龄阶段,对身边的事物充满了好奇。他们具备一定的观察能力和简单的表达能力,但对于复杂过程和抽象概念的理解仍需引导。因此,本次活动通过考察探究、职业体验等方式,在做做玩玩中激发学生的学习兴趣,提升学生综合素养。(见表1)

表1 "用影子讲故事"主题活动学情分析表

维度	目标指向	已有基础	发展预期
价值体认	科学态度	能按照教师的要求,体验观察过程	能在活动中,借助教师提供的活动器材进行对比探究,并能做简单记录
责任担当	团队合作	体验与同桌、小组伙伴共同完成任务的过程	知道在团队活动中有不同的分工,能在团队中互相帮助,完成任务
	生活态度	对身边的事物有好奇心	对好奇的事物有探究的意愿,并且愿意动手探究
问题解决	问题解释	能说出自己对问题的想法	根据问题,结合观察的现象和生活经验,尝试得出思考结果
创意物化	创意设计	能根据要求,用简单的文字或图画记录	能根据要求,用文字或图画的形式,设计出表演影子戏的方案
	成果展示	能简单地分享交流	能利用老师提供的材料,根据方案,进行影子戏的表演

(五) 创新素养链接

见表2。

表2 "用影子讲故事"主题活动创新素养行为表征表

维度	创新素养指标	行为表征
创新人格 【C-1】	好奇心 【C-1-1】	对影子产生原因和特点保有好奇心,并有观察、探索的欲望
	想象力 【C-1-2】	能够根据任务要求,根据文本想象影子戏中人物的语气、动作等
	分享协作 【C-1-4】	在小组合作中,组员能主动承担并完成任务,愿意帮助有困难的同伴,在活动中乐于分享自己的想法,接纳他人的意见
创新思维 【C-2】	独创性 【C-2-3】	小组成员合作设计影子戏的个性化方案,在设计方案的过程中能提出自己想法并进行实践
创新实践 【C-3】	资源利用 【C-3-2】	根据研究问题,借助老师提供的各类活动器材对影子产生的原因和变化进行探究
	问题分析 【C-3-1】	在活动中,通过实验、观察等方式,结合生活和学习经验、知识,初步了解影子产生和变化的原因。

二、活动目标

(一) 任务目标

利用老师提供的材料,小组根据探究到的关于影子的相关知识,编演一个视听元素相结合的影子故事。

(二) 学习目标

1. 对身边的事物有好奇心,有探究的意愿。(Z-2-4生活态度)【C-1-1好奇心】

2. 能在活动中,借助教师提供的活动器材进行对比探究,并做简单记录。(Z-1-4科学态度)【C-3-2资源利用】

3. 能通过活动探究,初步了解影子产生和变化的原因。(Z-3-4问题解释)【C-3-1问题分析】

4. 借助教师提供的材料制订方案,并根据方案进行影子戏的表演。(Z-4-1创意设计、Z-4-4成果展示)【C-1-2想象力、C-2-3独创性】

5. 在小组合作中,能按要求主动完成自己承担的工作,能够帮助有困难的组员完成任务。(Z-2-3团队合作、Z-2-1自理自立)【C-1-4分享协作】

三、活动内容

见表3。

表3 "用影子讲故事"主题活动内容表

子任务(活动)	活动目标	表现标准	建议课时
影子的形成	能在活动中,借助教师提供的活动器材进行对比探究,并做简单记录(Z-1-4、Z-2-1、Z-2-3)【C-3-2、C-1-4】 能在活动中,利用教师提供的材料,探究影子不只是黑色的,还可以是彩色的(Z-1-4、Z-2-1)【C-3-2、C-3-1】	能探究出影子是由光和遮挡物共同形成的 能运用手电筒、木块、彩色塑料片等材料,了解彩色影子产生的原因	1
影子会变化	通过活动探究,初步了解影子大小和浓淡变化的原因(Z-3-4、Z-1-4)【C-3-2、C-3-1、C-2-5】	能够通过玩"影子桥"的游戏,发现物体离光源近,影子大;离光影远,则影子小 运用手电筒和不同透明度的物体,了解影子的浓淡变化与遮挡物的透明度有关	1
影子讲故事	借助教师提供的材料制订方案,并根据方案进行影子戏的表演(Z-2-3、Z-2-1、Z-4-1、Z-4-4)【C-1-2、C-1-4、C-2-3】	在活动手册上制订表演方案 根据方案,小组合作排练影子戏	2

四、活动实施过程

（一）实施流程

见图2。

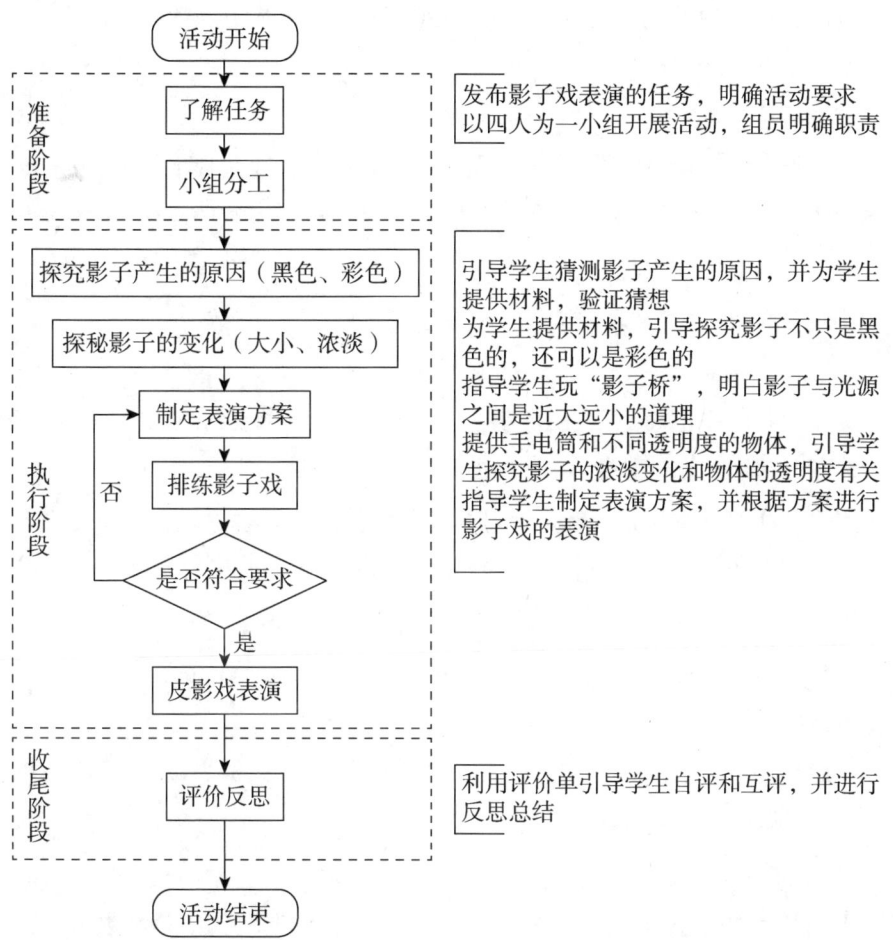

图2 "用影子讲故事"主题活动实施流程图

（二）实施建议

1. 学习对象

小学二年级学生。

2. 预设课时

4 课时。

3. 组织策略

以小组为单位进行活动，组内明确成员分工，并根据研究计划的时间节点完成任务。在活动中遇到问题能够及时讨论并解决，小组成员互帮互助。

4. 实施要求

（1）准备阶段

对于低年级学生，通过视频导入的形式，能更直观地让学生发现问题，然后思考影子产生的原因。同时鼓励学生对好奇的事物有探究的意愿，在探究活动中大胆表达自己的想法。

小组分工，让学生清晰地知道自己在小组中的分工和职责。

（2）执行阶段

为学生提供手电筒、不透明的物品若干，引导学生探索出影子形成的原因，知道影子是需要光和遮挡物共同形成的。

引导学生观察影子是否都是黑色的，结合生活经验，说一说在哪里见过彩色的影子，并利用材料进行对比探究，找到彩色影子产生的原因。

指导学生玩"影子桥"，明白影子与光源之间是近大远小的关系。

提供手电筒和不同透明度的物体，引导学生探究影子的浓淡变化和物体的透明度有关。

了解影子产生的原因及相关知识后，指导学生制订表演方案，并根据方案进行影子戏的排练、表演。

（3）收尾阶段

组织学生对各小组表演的影子戏进行点赞活动，选取其中得赞数最高的三个作品，将在香港学生访学活动仪式上进行展示。

利用评价表，对自己和组内成员进行自评和他评。

五、活动评价

本活动采用过程性评价和结果评价相结合的方式，最终评选出三个比较受欢迎的作品在接待香港姊妹校的活动中进行展示。

对照评价内容,小组成员展开自评、互评,获得 9—10 颗星为优秀,获得 7—8 颗星为良好,获得 5—6 颗星为合格,获得 5 颗星以下为须努力。具体评价内容见表 4:

表 4 "用影子讲故事"主题活动评价表

评价维度	评价指标	自评☆	互评☆
科学态度	能够借助老师提供的活动器材进行对比探究,并做简单记录		
团队合作	在小组内不仅完成自己承担的工作,还帮助了有困难的同学		
问题解释	根据问题,结合观察的现象和生活经验,分析出影子产生的原因		
创意设计	能根据要求,用文字或图画的形式,设计出表演方案		
成果展示	影子戏故事表达流畅,听和看的元素配合得较好		
我们得到了(　　)颗星星!			

六、学习工具

活动手册,见图 3—图 15。

图 3

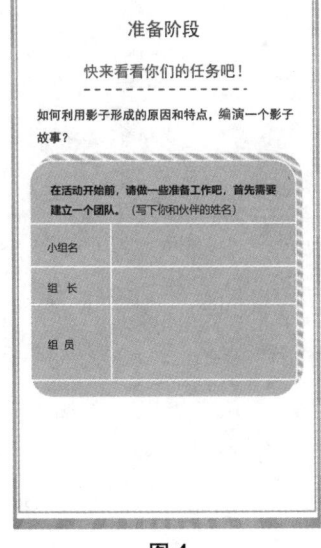

图 4

图 5　　　　　　　　图 6

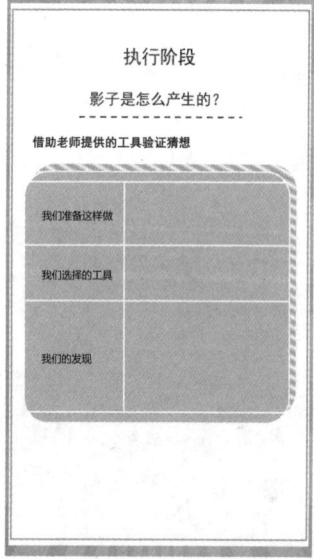

图 7　　　　　　　　图 8

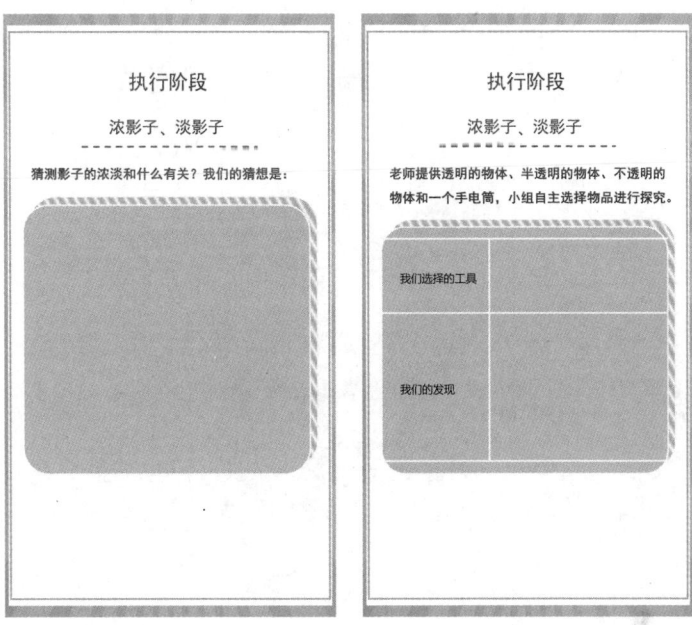

图 9　　　　　　　　图 10

图 11　　　　　　　　图 12

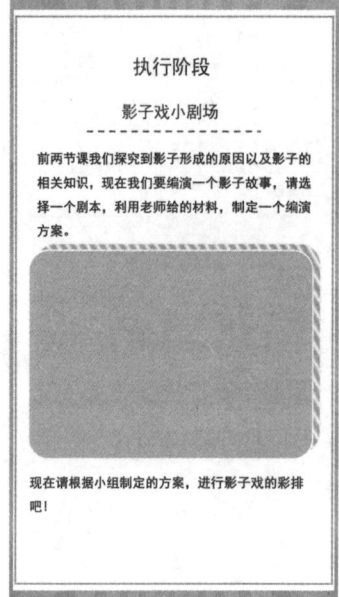

图 13　　　　　　　　图 14

图 15

（执笔人：上海市杨浦区齐齐哈尔路第一小学　胡圣凤）

 案例二

"长大了"定格动画

一、主题概述

（一）主题来源

"'长大了'定格动画"综合实践活动主题源于一次上海电影博物馆参观之行。学生在场馆参观中了解到电影的形成和创作过程，特别对其中的"定格动画"产生了浓厚兴趣。基于此，学校在每学期艺术节活动中加入"定格动画创作"活动，请学生选择一定材料和工具，制作一个以"长大了"为主题的定格动画，参加定格动画创作展。

学校在上学期"制作一个定格动画"基础上，扩充动画对象、材料等，请学生进一步体验定格动画制作过程，尝试制作一个"活"（画面流畅、能呈现动画对象成长过程）的定格动画。

学生以小组为单位，通过图文等方式制订定格动画制作计划、脚本，设计分镜图。根据脚本选择材料，制作动画对象，拍摄定格动画。通过不断测试、改进，创作出一个能呈现对象成长过程的、流畅的动画影像。学生将经历一次细致观察、制订计划、实践探索、发现和解决问题、分工合作的实践探索过程，锻炼了毅力，培养了观察、实践、问题解决、团队合作等能力，感受并传承动画艺术的工匠精神。该活动涉及语文、造型·美术、劳动、信息技术、科学等多个学科。

（二）研究问题

如何制作一个"活"的定格动画？

（三）活动任务

1. 任务

学校的艺术节拉开帷幕，活动中有"长大了"为主题的"定格动画创作"展示区，该展区的负责老师邀请四年级同学制作作品进行展览。请同学们围绕主题，选择动物、植物或人作为"长大了"定格动画的描绘对象，利用提供的黏土、皮影戏卡纸和学生自选的工具制作一个故事完整的"活"的定格动画影像，在艺术节

上进行展示。

2. 任务分解

"'长大了'定格动画"主题活动任务可以分解为五个子任务（见图1），子任务环环相扣，一步步助推学生有效开展实践。

子任务一：编写定格动画总脚本。学生以小组为单位确定"长大了"定格动画主题及动画对象，以图文形式呈现其"长大"过程，制订活动计划，确定总脚本内容。

子任务二：设计分镜脚本、分镜图和角色造型。小组合作设计分镜脚本，绘制分镜图，确定每个分镜角色造型及变化，并检测分镜脚本、分镜图与总脚本的一致性，及时进行改进。

子任务三：制作动画角色造型。根据分镜脚本和分镜图，小组合作选择合适的材料和工具进行定格动画角色造型的制作，并及时进行检测和改进。

子任务四：拍摄。调整动画对象位置和角度进行拍摄，形成定格动画影像，在检测影像中发现、分析问题，并有针对性地进行改进，完善定格动画制作。

子任务五：剪辑加工。运用现代技术对制作的定格动画影像进行创意加工，形成创意物化成果进行展示交流，开展评价。

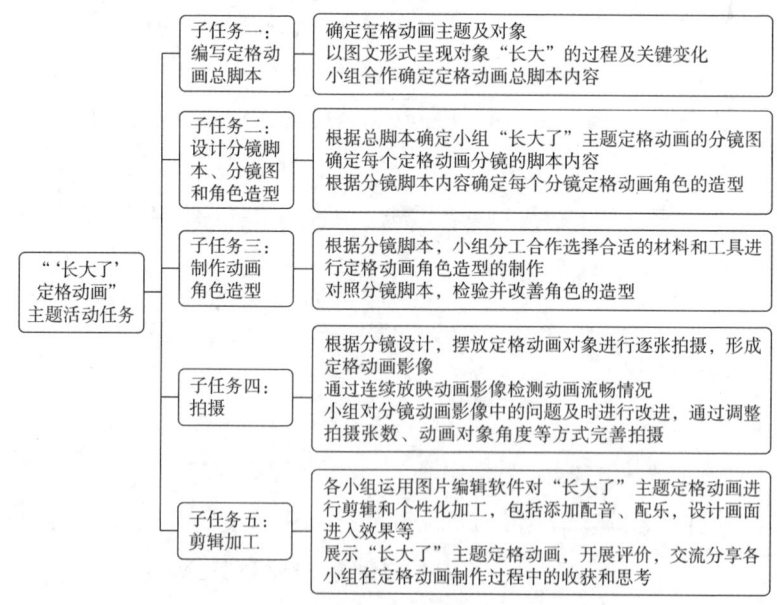

图1 "'长大了'定格动画"主题活动任务分解图

(四) 学情分析

本活动对象是四年级学生,我们基于该年段学生知识、技能、素养及定格动画制作基础,对其学情已有基础进行分析,并预估其通过活动能达到的发展预期。(见表1)

表1 "'长大了'定格动画"主题活动学情分析表

维度	目标指向	已有基础	发展预期
价值体认	科学态度	能用科学的方法去探究和实践 能用一定的方法对事物进行观察和记录	能根据活动任务制订计划,有序、有目的地分工合作开展探究 能通过细致观察、反复检测及时发现造成定格动画不流畅的问题 能运用合适的方法不断尝试解决问题,制作出"活"的定格动画作品
责任担当	自理自立	乐于发现问题和解决问题	在完成任务中能独立思考,尝试自主地发现问题、解决问题,提出自己的观点 能在活动中始终保持积极的探究态度,成不骄、败不馁,面对任务完成过程中的困难能迎难而上,积极解决
	团队合作	有过小组合作的经历,能在活动中承担自己的责任,能与小组成员开展讨论,合作完成任务	在合作完成任务中,能与伙伴互相配合,完成作品制作 能悦纳他人意见,积极分享自己的成果与想法
问题解决	计划制订	有过按教师提供的学习单完成任务的经历	在教师指导下,借助活动单,按活动任务制订定格动画活动计划
	问题解释	能在教师的帮助下或根据教师提供的信息资料,简单说出自己对问题的看法与理解	能综合小组成员收集的信息分析问题产生的原因 能对发现的问题做出具体、科学的判断和分析,清楚表达自己的理解

（续表）

维度	目标指向	已有基础	发展预期
问题解决	监控反思	能在活动中发现自己和他人实践中的问题	能根据活动计划和任务要求检测监控实践过程中存在的问题，并尝试通过调整计划、改善材料工具、完善定格动画对象、调整对象摆放位置和拍摄的角度等方法来解决问题
创意物化	创意设计	乐于开展创意设计制作	能围绕活动任务，选择合适的对象，通过拍摄、后期制作等方法，有创意地制作出个性化的"长大了"定格动画
创意物化	工具选择	有使用教师提供的工具来开展探究、解决问题的经历	能根据活动内容和任务要求，选择多种合适的工具来开展活动，并能通过调整工具来解决问题
创意物化	物化制作	能根据教师指导进行设计、制作，但是缺乏对制作进行改进的意识	能根据活动计划完成"活"的定格动画的制作，并在制作交流、展示、讨论中主动发现问题，及时改进物化制作
创意物化	成果展示	能向伙伴们展示自己制作的作品	能较清晰地向大家介绍自己小组作品制作的过程和成果，并与大家交流收获和感想

（五）创新素养链接

见表2。

表2 "'长大了'定格动画"主题活动创新素养行为表征表

维度	创新素养指标	行为表征
创新人格【C-1】	分享协作【C-1-4】	根据小组分工，主动承担职责；合作制作动画，共同完成任务；愿意协助他人解决困难，分享想法，接纳意见
创新人格【C-1】	反思进取【C-1-5】	在制作和播放动画影像中，及时发现、分析问题，并通过完善对象制作等方法不断解决问题，持续改进物化制作

(续表)

维度	创新素养指标	行为表征
创新思维 【C-2】	灵活性 【C-2-2】	通过信息收集和检测分析,不断完善脚本设计、对象制作和动画拍摄;能基于他人的分享、建议,及时调整想法,改进制作
	独创性 【C-2-3】	合作设计个性化脚本,在制作动画中能根据问题提出自己想法并进行实践;能运用现代技术创意设计,物化成果
	精致性 【C-2-4】	在制作和检测定格动画过程中,不断发现、分析和解决问题,通过讨论、交流等方式,不断改进解决方案,使想法趋于完善
	隐喻性 【C-2-5】	通过前后两次动画效果比较和同类动画成果分享,进一步了解和习得定格动画制作与拍摄的技巧、方法
创新实践 【C-3】	资源利用 【C-3-2】	围绕小组确定的定格动画对象收集相关信息,并围绕任务对信息进行整理、筛选;围绕检测中的问题收集信息和解决方法,并进行辨别和运用
	观念践行 【C-3-3】	能根据活动主题和任务,制订活动计划,并不断检测计划与实践是否一致,及时进行调整;能通过检测发现问题,并思考解决方案积极尝试,验证方案的可行性和有效性

二、活动目标

(一)任务目标

制作一个画面流畅、能呈现动画对象成长过程的定格动画。

(二)学习目标

1. 通过观察、比较和资料收集等方法,了解定格动画特点、拍摄方法及制作流程。(Z-1-4科学态度、Z-3-4问题解释)【C-2-5隐喻性、C-3-2资源利用】

2. 以小组为单位确定"长大了"定格动画对象,合作制订活动计划、脚本,绘制分镜图,通过信息收集和检测分析,不断完善脚本与分镜图,以呈现完整、流畅的对象成长变化过程。(Z-1-4科学态度、Z-2-3团队合作、Z-3-2计划制订)【C-1-4分享协作、C-2-2灵活性、C-3-2资源利用】

3. 根据脚本和分镜图,小组成员分工合作,选择合适的材料和工具制作动画对象、摆放和拍摄对象,反复测试动画效果,及时发现、分析造成动画不流畅的原因,并通过完善对象制作等方法解决问题,逐步掌握制作、拍摄等技能,提升操作能力。(Z-2-1自理自立、Z-2-3团队合作、Z-3-4问题解释、Z-3-5监控反思、Z-4-2工具选择)【C-1-4分享协作、C-1-5反思进取、C-2-2灵活性、C-2-5隐喻性、C-2-4精致性、C-3-3观念践行】

4. 能将小组的定格动画创意作品进行展示,客观开展评价,悦纳他人意见。能乐于分享自己在主题探究活动中的思考、感受和收获,形成传承工匠精神的意识。(Z-4-3物化制作、Z-4-4成果展示)【C-1-4分享协作、C-2-3独创性】

5. 通过对动植物和人的成长历程的创意性动画制作和展示,形成对生命的珍视。(Z-4-1创意设计)【C-2-3独创性】

三、活动内容

见表3。

表3 "'长大了'定格动画"主题活动内容表

子任务(活动)	活动目标	表现标准	建议课时
编写定格动画总脚本	以小组为单位确定"长大了"定格动画主题及动画对象(Z-1-4)【C-3-2】 小组合作以图文形式呈现定格动画对象"长大"过程,合作制订活动计划、总脚本内容(Z-1-4、Z-2-3、Z-3-2、Z-3-4)【C-1-4、C-2-5、C-3-2】	选择并确定定格动画主题及观察对象 以图文形式表现出定格动画对象"长大"的过程及关键变化 合作制订定格动画计划,并完成总脚本内容设计,填写在活动单上	1
设计分镜脚本、分镜图和角色造型	根据总脚本,小组合作设计分镜脚本,绘制分镜图(Z-1-4、Z-2-3、Z-3-2)【C-1-4、C-3-2】 根据分镜脚本和分镜图确定每个分镜动画角色造型和变化(Z-1-4、Z-3-2)【C-3-2】 检测分镜脚本、分镜图与总脚本是否一致,并进行改进和完善(Z-1-4、Z-2-3)【C-1-4、C-2-2】	填写小组"长大了"定格动画的分镜数,在活动单上写下分镜脚本设计内容,并配上绘制的分镜图 检测分镜脚本与总脚本是否一致,及时将改进的内容填写在分镜脚本设计单中,并进行补充和完善 根据分镜脚本,确定分镜角色的造型和变化,将其绘成图,对"分镜图"设计进行补充和完善	1

（续表）

子任务(活动)	活动目标	表现标准	建议课时
制作动画角色造型	根据分镜脚本和分镜图,小组合作选择合适的材料和工具进行定格动画角色的制作。(Z-2-1、Z-2-3、Z-4-2)【C-1-4、C-3-3】 检测对象制作是否与脚本一致,并进行改进、完善。(Z-2-3、Z-3-4、Z-3-5)【C-1-4、C-1-5、C-2-2、C-2-4、C-2-5、C-3-3】	根据计划和分镜设计,小组分工合作选择所需的材料和工具,按照分镜图制作定格动画角色 对照分镜脚本,检验动画角色的造型,并通过改变材料、借助工具等方式改善定格动画角色造型	2
拍摄	调整定格动画对象位置和角度进行拍摄(Z-2-3)【C-1-4、C-3-3】 通过连续放映,检测动画影像是否流畅,分析造成影像不流畅的原因,并能针对问题,通过调整拍摄张数、对象角度、运用"洋葱皮"等方法不断完善(Z-2-3、Z-3-4、Z-3-5)【C-1-4、C-1-5、C-2-2、C-2-4、C-2-5、C-3-3】	摆放动画对象并逐张拍摄,形成一段连续的动画影像 连续放映分镜动画影像,检测动画流畅情况;对照活动任务目标,判断影像是否"活"了,并进行记录 在分镜动画影像检测中及时发现和分析问题,并尝试通过调整拍摄张数、动画对象角度等方式改进定格动画影像拍摄效果	3
剪辑加工	运用新技术对制作的定格动画影像进行创意加工,形成"创意物化成果"(Z-4-1、Z-4-3)【C-2-3】 展示创意物化成果,客观开展评价,悦纳他人意见(Z-4-4)【C-1-5】 乐于分享自己的思考、感受和收获,形成传承工匠精神的意识。(Z-4-1、Z-4-4)【C-1-5、C-2-3】	运用图片编辑软件对小组制作完成的主题定格动画影像进行后期创意加工,形成"创意物化成果" 各小组进行"创意物化成果"展示,并基于活动的任务目标开展评价,交流分享制作过程中的收获和思考	1

四、活动实施

（一）活动流程

见图2。

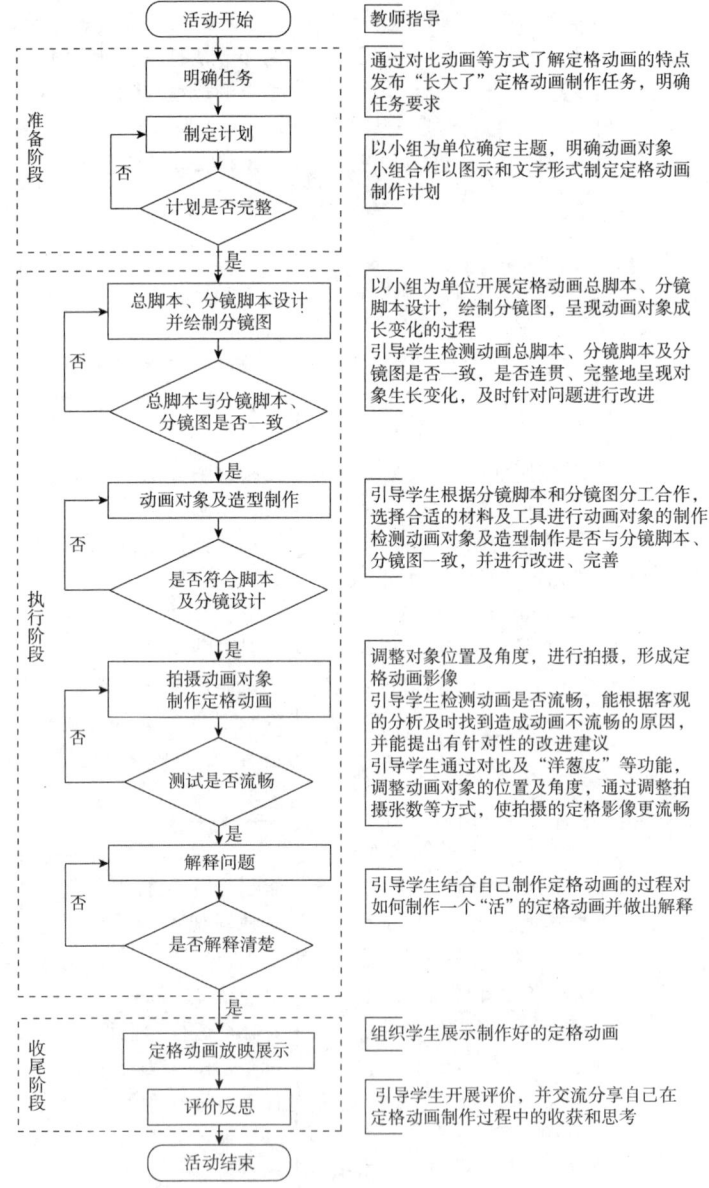

图2 "'长大了'定格动画"主题活动实施流程图

(二) 实施建议

1. 学习对象

小学四年级学生。

2. 预设课时

8课时。

3. 实施要求

(1) 组织策略

以小组为单位进行活动,明确成员分工,能根据制订的活动计划合作进行动画对象制作、摆放、拍摄。活动中,教师组织、引导学生主动发现问题,与同伴合作、讨论并有针对性地解决问题,承担自己职责的同时互帮互助。

(2) 分阶段实施建议

见表4。

表4 "'长大了'定格动画"主题活动分阶段实施建议表

活动阶段	实施建议	创新素养指标	活动方式
准备阶段	学生通过看视频、对比动画等形式,了解定格动画的特点 教师发布"长大了"定格动画主题活动任务 学生明确定格动画主题对象,并进行分组,制订小组合作计划,明确分工	资源利用【C-3-2】 隐喻性【C-2-5】 分享协作【C-1-4】	考察探究
实施阶段	学生小组合作开展总脚本设计,聚焦动画对象成长变化,设计分镜脚本,绘制分镜图,使总脚本与分镜脚本保持一致、连贯 小组成员根据分镜设计,选择合适的材料和工具制作定格动画对象及造型 学生检测制作的定格动画对象和造型是否与分镜设计一致,并及时进行完善	观念践行【C-3-3】 隐喻性【C-2-5】 资源利用【C-3-2】 分享协作【C-1-4】 独创性【C-2-3】 灵活性【C-2-2】 精致性【C-2-4】 反思进取【C-1-5】	设计制作

(续表)

活动阶段	实施建议	创新素养指标	活动方式
实施阶段	根据分镜设计,学生对定格动画对象进行摆放、拍摄,形成定格动画影像 学生围绕"镜头里的定格影像'活'了"这个问题检测动画是否流畅,动画是否呈现对象的成长过程 学生及时发现和分析制作中的问题,提出针对性的建议并进行改进,形成创意物化成果	资源利用【C-3-2】 隐喻性【C-2-5】 分享协作【C-1-4】 独创性【C-2-3】 灵活性【C-2-2】	设计制作
收尾阶段	各小组物化成果展示交流,开展多元评价 学生交流"长大了"定格动画活动中的经验、思考及感受	分享协作【C-1-4】 独创性【C-2-3】	—

五、活动评价

本主题活动评价采用过程性评价与结果性评价相结合方式进行。

（一）过程性评价

小组在合作开展活动中,运用活动手册对制作的动画影像及时进行检测和评价。（见表5）

表5 "'长大了'定格动画"主题活动定格动画影像评价表

镜头里的定格影像是否"活"了? （根据播放效果,在相应的括号里打"√"）	画面流畅(　　) 画面不流畅(　　)
	主题对象呈现成长过程(　　) 主题对象没有呈现成长过程(　　)

（二）结果性评价

采用"自评与组内互评"和小组间"定格动画'热度'投票"相结合方式进行。

"自评与组内互评",由学生和小组成员根据"评价内容"进行评价,将所获的"齐橙橙果"数填入相应的表格中,每项1颗"❀"最低,4颗"❀"最高。（见表6）

表6 "'长大了'定格动画"主题活动小组评价表

评价内容	等级标准				自评	组内互评
	☻	☻☻	☻☻☻	☻☻☻☻		
科学态度	能运用科学方法探究,但缺少耐心,关键信息只收集到1—2个;工具和材料使用未经过思考	能运用科学方法探究,有耐心,能收集到2个以上关键信息;在与组员讨论中能选择合适的工具和材料	能运用科学方法探究,能从不同角度收集多个关键信息;能通过自我分析,科学、正确地选择合适的工具和材料	能运用科学的方法去探究,能从不同角度收集多个关键信息;不仅能科学、正确地选择合适的工具和材料,还能为组内其他成员提供科学的建议		
自理自立	不能提出想法或不能完成自己的任务	不能提出自己的想法,但在组员帮助下,能完成自己的任务	在小组中能简单说出自己的想法,能独立完成自己的任务	在小组中能清楚表达自己的想法,能提出有价值的建议,能独立完成自己的任务,承担自己的责任		
团队合作	小组合作中,不能主动合作	能按要求主动完成自己承担的工作	不仅能完成自己承担的任务,还能帮助同伴解决困难	能及时发现小组合作的问题,想出解决方法,悦纳他人意见,完善自己的任务		
计划制订	没有参与小组方案的制订	能与小组成员合作制订方案,但思考不全面,方案不完整	能与小组成员合作制订方案,能为方案的制订提供有价值的建议	能与小组成员合作制订方案,能为方案的制订提供有价值的建议,能根据发现的问题及时完善方案		

(续表)

评价内容	等级标准				自评	组内互评
	☆	☆☆	☆☆☆	☆☆☆☆		
问题解释	不能根据比较、观察和获得的相关信息提出问题	能够根据比较、观察和获得的相关信息提出关于定格动画的问题	能够根据比较、观察和获得的相关信息提出关于定格动画制作的有价值的问题	能够根据比较、观察和获得的相关信息提出关于定格动画制作的有价值的问题；能通过科学判断和分析，清楚表达自己的理解、看法		
监控反思	不能对自己负责的任务及时进行反思，不能发现实践中的问题，不能承担起自己的责任	能对自己负责的任务及时进行反思，但及时解决问题的能力有限，能承担起自己的责任	能按照活动方案完成自己的任务，及时发现自己的问题并进行改善，能承担起自己的责任	能按照活动方案完成自己的任务，解决过程中发现的问题，能客观、文明、科学地给他人建议，乐于帮助他人解决问题		
创意设计	乐于投入创意设计，但设计缺乏创意或不够科学	能在小组讨论交流中对创意设计提出有价值的建议	能与小组合作，围绕任务科学、合理地创意设计定格动画对象和拍摄影像	能独立进行创意设计，选择合适的对象，设计简单、科学且有意义的创意作品		
工具选择	没有经过思考、比较、分析，匆忙选择工具	能经过思考、比较、分析，科学地选择工具	能经过思考、比较、分析，科学地选择合适的工具	能科学选择合适的工具，根据制作对象变化、制作中发现的问题及时调整工具		

(续表)

评价内容	等级标准				自评	组内互评
	🔥	🔥🔥	🔥🔥🔥	🔥🔥🔥🔥		
物化制作	能与小组合作,基本完成了定格动画的制作,但动画影像播放中出现了5处以上不灵活、不流畅的情况	能与小组合作,完成了定格动画的制作,但动画影像播放中出现了5处以下不灵活、不流畅的情况	能与小组合作,完成定格动画制作,动画影像播放中没有明显的不灵活、不流畅的情况,能做到让"镜头里的定格影像'活'了"	顺利完成作品,实现了让"镜头里的定格影像'活'了",并能通过后期调试、加工等方式形成个性化的物化制作		
成果展示	基本完成物化作品制作,但成果存在明显问题,没有"活",不能进行展示介绍	完成物化作品制作,但展示中存在一些明显问题,影响动画"活"的效果,能在展示中对问题及时分析	完成物化作品制作,能制作出"活"的定格动画,展示顺利,能与大家交流制作中的经验、思考等	完成物化作品制作,能制作出"活"的定格动画,成果展示精彩,有个性化的成果体现,能与大家交流探究活动中的收获与感想		
总评						

小组间定格动画热度投票表(见表7)由各小组成员依据活动任务,基于每组"创意物化成果"进行投票(填写投票表)。汇总投票表,其中票数最高的小组作品为"热度"最高,即获得🔥🔥🔥🔥等级。

表7 "'长大了'定格动画"主题活动热度投票表

热度等级	第几小组	定格动画名	喜欢原因(选填,可从小组物化成果、制作过程中组员的合作、问题解决的科学性、个性化创意、展示交流等角度填写)
🔥🔥🔥🔥			

（续表）

热度等级	第几小组	定格动画名	喜欢原因（选填，可从小组物化成果、制作过程中组员的合作、问题解决的科学性、个性化创意、展示交流等角度填写）
🔥🔥🔥			
🔥🔥			
🔥			

六、学习工具

活动手册，见图3—图8。

图3

图4

图 5

图 6

图 7

图 8

(执笔人:上海市杨浦区齐齐哈尔路第一小学　张丽娜)

10. 上海市杨浦区五角场小学

上海市杨浦区五角场小学积极推进构建"绿茵创智"课程,"乐乐活力"综合实践活动课程是重要组成部分。该课程以校园卡通形象"乐乐"为媒介,旨在激发学生的热情、智力与创造力,即"活力"的核心理念。

学校立足校情,充分考量学生兴趣和需求,设计了两大系列课程内容。系列一为"乐乐热点关注",其主题源于学生日常生活中的热点问题,例如,"我们的校园""杯趣"等;系列二为"乐乐场馆探究",该系列将主题与学校的少先队活动相结合,如,"探秘国歌馆""巧识伪装——走进禁毒博物馆"等。在活动中,学生关注生活中的热点问题,产生探究兴趣,而教师创设真实情境,充分激发他们的好奇心。在好奇心的驱动下,学生产生完成任务、持续探究的内驱力。在合作探究中,学校提倡独立思维、鼓励创意、搭建分享与交流的平台,例如,"我们的校园"主题活动针对一年级新生对校园的好奇,教师创设了"为爸爸妈妈做小导游"的真实情境,引导他们通过观察、比较、讨论等方法,确定校园参观路线,选择自己最喜欢的一两个校园景点介绍给爸爸妈妈。学生在活动中交流发现、表达观点,在评价中获得持续探究的自信,收获探究解答问题的快乐。

学校的综合实践活动课程通过一个个主题活动的开展,逐步达成提升学生创新素养的目标。让学生经历从解决"小问题"到"复杂问题",从完成"单一任务"到"多个任务"的过程,满足好奇心、增强自信、学会分享与协作、明白坚持方能达成目标。在这一过程中,学生的创新人格逐步形成,并在活动中进行创新实践,发展创新思维。

上海市杨浦区五角场小学综合实践活动课程实施方案

一、背景分析

五角场小学以培养"信念坚定,知识广博,乐观向上,志趣高雅,勤劳善为"的新时代"五色"少年为目标,积极打造"绿茵创智"课程体系。"乐乐活力"综合实践活动课程是"绿茵创智"课程体系中的重要组成部分,"乐乐"是学生喜欢的校园卡通人物,"活力"寓意在综合实践活动中,学生充分展现自己的热情、智力、创造力。本课程以学生的兴趣为起点,以真实问题为研究对象,引导学生关注生活,走进场馆、社区,在综合实践活动中积极探究,提升综合素质。

学校现有探究型课程执教教师11位,综合实践活动课程执教教师3位,均为兼职教师,其中有4位年轻教师,其余为中老年教师,都有一定的探究型课程执教经验,能理解主题活动设计,但主题活动设计能力有待提升。目前,学校正处于从探究型课程向综合实践活动课程转型阶段,通过自行设计主题活动和引进区域优质主题活动相结合的方式,推进综合实践活动课程分阶段实施。

二、课程目标

(一)课程总目标

1. 价值体认

通过体验学校各项社会实践和主题活动,初步知晓国情历史,具有坚定的理想信念,展现出对党和国家深厚的情感与责任感;理解并遵守公共空间的秩序,尊重不同的礼仪风俗;初步形成认真完成任务的习惯,科学严谨的研究态度,有主动服从并践行集体决议的意识。

2. 责任担当

勤劳自立,能主动承担家务,完成劳动服务,乐于参加社区服务;参与团队合作,乐于分享,敢于提问并主动寻求解决的方法,为周围有困难的人提供力所能及的帮助;热爱生活,对身边事物充满好奇心和求知欲,能发现生活中的美好,展现积极向上的生活态度。

3. 问题解决

在教师的引导下，观察周围，发现并提出问题，围绕问题获取信息、处理信息，提出自己的想法，形成对问题的初步解释；在解决问题的过程中能及时发现新生成的问题，并思考解决方法。

4. 创意物化

在各类实践活动中运用信息技术，选择合适的方法动手操作，学习、掌握设计和制作的基本技能；在制作过程中能够反复调试或修改形成成果，并能对成果进行展示、汇报；在各类设计、创作中提升审美情趣与艺术修养。

（二）分年段目标

见表1。

表1 五角场小学综合实践活动课程分年段目标表

一级目标	二级目标	学习目标		创新素养指标
		低年段	中高年段	
价值体认 （Z-1）	爱党爱国 （Z-1-1）	通过体验集体活动、场馆活动和主题教育活动，初步知晓少先队历史，为成为一名少先队员而自豪	通过学校组织的各项社会实践活动，了解国情党史，增强民族自豪感和责任感，为自己是中国人而自豪	独立自信 【C-1-3】
	公共观念 （Z-1-2）	认识公共道德和规则，初步形成遵守公共秩序的意识	能够遵守并维护公共生活秩序，参与公共道德的宣传活动 尊重不同的民俗习惯	
	规则意识 （Z-1-3）	了解规则的作用，按要求遵守规则，初步树立规则意识	能在活动中服从并践行集体的决议 树立产权意识，记录资料来源，标注作品作者	
	科学态度 （Z-1-4）	能用符号、颜色、图案等方式如实记录搜集到的信息	能用合适的方式记录收集到的信息，并对信息进行分析、鉴别，弄清真伪按要求用科学方法实践探究，在活动中做到专心细致，迎难而上，坚持完成任务	坚持 【C-1-6】

(续表)

一级目标	二级目标	学习目标		创新素养指标
		低年段	中高年段	
责任担当（Z-2）	自理自立（Z-2-1）	能独立完成日常生活中的一些简单任务	初步形成独立意识,掌握生活的简单技能,在探究中遇到问题能自己寻求方法,完成任务,提升自理自立能力	独立自信【C-1-3】
	主动服务（Z-2-2）	能参与班级的志愿服务活动,初步形成主动服务的意识	积极参与班级、学校、社区服务,形成主动服务意识,有社会责任感和奉献精神	
	团队合作（Z-2-3）	参与团队活动,与伙伴合作、沟通、共同完成任务	积极参与小组合作,能独立完成承担的任务 能表达自己的观点,倾听他人的意见,达成共识	分享协作【C-1-4】
	生活态度（Z-2-4）	对事物充满好奇,乐于参加活动,乐观面对困难	关注周围,热爱生活,积极乐观,遇到困难不退缩,主动想办法解决	好奇心【C-1-1】
问题解决（Z-3）	提问质疑（Z-3-1）	能从生活中发现问题,提出问题,并进行猜测	观察生活,敢于提问、善于质疑,提出不同的观点,并尝试求证	好奇心【C-1-1】独立自信【C-1-3】问题分析【C-3-1】
	计划制订（Z-3-2）	能在老师的指导下解读计划,知道活动步骤	能分解问题,按要求制订计划 能做好时间规划,明确活动步骤	观念践行【C-3-3】
	信息处理（Z-3-3）	能使用观察、实验等方法获取与主题相关的信息,并进行简单的比较分析	能围绕问题多途径收集信息并进行整理、分析、判断,提取有效信息	隐喻性【C-2-5】资源利用【C-3-2】

(续表)

一级目标	二级目标	学习目标		创新素养指标
		低年段	中高年段	
问题解决 (Z-3)	问题解释 (Z-3-4)	根据问题能进行简单的逻辑推理并表达观点	能依据获得的证据进行清晰的逻辑推理,有理有据地解释问题	想象力 【C-1-2】 流畅性 【C-2-1】 独创性 【C-2-3】
	监控反思 (Z-3-5)	能按要求回顾学习过程,说出遇到的困难,并能简单地自我评价	对活动过程和解决问题的过程进行反思和反馈,对自己和他人的学习情况做出评价	反思进取 【C-1-5】
创意物化 (Z-4)	创意设计 (Z-4-1)	能用绘画、符号表达自己的想法	能根据要求,选用合适的方式进行设计,在活动中不断调整自己的设计,使作品有创意	想象力 【C-1-2】 独创性 【C-2-3】
	工具选择 (Z-4-2)	学会用简单的工具进行创作或实践	根据任务要求选择合适的工具进行创意设计和制作	资源利用 【C-3-2】
	物化制作 (Z-4-3)	通过图画、小制作等物化作品,展现自己的创意	能够将创意转化为符合要求的作品,并使其具有实用价值,在活动中不断提升物化制作能力	精致性 【C-2-4】 观念践行 【C-3-3】 问题解决 【C-3-5】
	成果展示 (Z-4-4)	学会展示自己的成果,提升表达能力和自信	能有条理地展示或说明自己的成果	方案评价 【C-3-4】 问题解决 【C-3-5】

三、课程内容

在课程内容的设置上,我们基于校情,从学生兴趣和需求出发,形成两个系列:"乐乐热点关注",主题来自学生生活中的热点;"乐乐场馆探究",主题与学校的少先队活动相结合。

(一)内容安排

见表2。

表2 五角场小学综合实践活动课程内容安排表

年级	学期	乐乐热点关注	活动形式	课时	乐乐场馆探究	活动形式	课时
一年级	上	★我们的校园	考察探究 设计制作	8	★我们的校园	考察探究 设计制作	8
		我们的书包	考察探究 设计制作	6+2 (机动)			
	下	手的秘密	考察探究 设计制作	6			
		※书包减肥记	考察探究 设计制作	5			
		我们的文具盒	考察探究 设计制作	5			
二年级	上	※巧玩层层叠(初级)	考察探究	6			
		小小点心师	考察探究 设计制作 职业体验	5			
		鞋子的学问	考察探究 设计制作	5			
	下	我和蔬菜交朋友	考察探究 设计制作	8	探秘国歌馆	考察探究	8

（续表）

年级	学期	乐乐热点关注	活动形式	课时	乐乐场馆探究	活动形式	课时
三年级	上	玩转沙漏	考察探究 设计制作	8			
		※给发芽的绿豆安个家	考察探究	8			
	下	我是小球迷	考察探究 设计制作 职业体验	5			
		我的零花钱	考察探究 设计制作	5	巧识伪装——走进禁毒博物馆	考察探究	6
四年级	上	※我想用的纸巾	考察探究	6			
		小小营养师	考察探究 设计制作 职业体验	4			
		杯趣	考察探究 设计制作	6			
	下	※巧玩层层叠（高级）	考察探究	5	※小小武术达人炼成记	考察探究 设计制作	6
		我是小裁判	考察探究 设计制作 职业体验	5			
五年级	上	※生活中的购物袋	考察探究	6			
		※小小船儿能量大	考察探究 设计制作	6			
		小小收纳师	考察探究 职业体验	4			
	下	探秘功能性饮料	考察探究 设计制作	8			
		★我的成长手册	考察探究 设计制作	8	★我的成长手册	考察探究 设计制作	8

注：带★的既是热点关注又是场馆探究的内容；带※的为区域引进课程，根据校情、学情进行调整后实施。

（二）内容与目标关联表

见表3。

表3　五角场小学综合实践活动课程内容与目标关联表

学期	活动	价值体认				责任担当				问题解决					创意物化			
		爱党爱国	公共观念	规则意识	科学态度	自理自立	主动服务	团队合作	生活态度	提问质疑	计划制订	信息处理	问题解释	监控反思	创意设计	工具选择	物化制作	成果展示
一上	我们的校园	✓	✓	✓		✓	✓	✓	✓	✓		✓	✓			✓		✓
	我们的书包			✓	✓	✓		✓	✓	✓	✓	✓	✓	✓	✓	✓	✓	✓
一下	手的秘密				✓	✓		✓	✓	✓		✓	✓			✓		✓
	书包减肥记			✓	✓	✓		✓	✓	✓	✓	✓	✓	✓		✓		✓
	我们的文具盒				✓	✓		✓	✓	✓	✓	✓	✓	✓	✓	✓	✓	✓
二上	巧玩层层叠（初级）				✓	✓		✓	✓	✓	✓	✓	✓	✓		✓		✓
	小小点心师			✓	✓	✓		✓	✓	✓	✓	✓	✓	✓	✓	✓	✓	✓
	鞋子的学问				✓	✓		✓	✓	✓	✓	✓	✓	✓		✓		✓
二下	我和蔬菜交朋友				✓	✓		✓	✓	✓	✓	✓	✓	✓		✓		✓
	探秘国歌馆	✓	✓	✓	✓	✓		✓	✓	✓	✓	✓	✓	✓		✓		✓
三上	玩转沙漏				✓	✓		✓	✓	✓	✓	✓	✓	✓	✓	✓	✓	✓
	给发芽的绿豆安个家				✓	✓		✓	✓	✓	✓	✓	✓	✓	✓	✓	✓	✓
三下	我是小球迷			✓	✓	✓		✓	✓	✓	✓	✓	✓	✓		✓		✓
	我的零花钱				✓	✓		✓	✓	✓	✓	✓	✓	✓		✓		✓
	巧识伪装——走进禁毒博物馆	✓	✓	✓	✓	✓		✓	✓	✓	✓	✓	✓	✓		✓		✓
四上	我想用的纸巾				✓	✓	✓	✓	✓	✓	✓	✓	✓	✓	✓	✓	✓	✓
	小小营养师				✓	✓	✓	✓	✓	✓	✓	✓	✓	✓		✓		✓
	杯趣				✓	✓		✓	✓	✓	✓	✓	✓	✓	✓	✓	✓	✓
四下	巧玩层层叠（高级）				✓	✓		✓	✓	✓	✓	✓	✓	✓		✓	✓	✓
	小小武术达人炼成记			✓	✓	✓		✓	✓	✓	✓	✓	✓	✓		✓		✓
	我是小裁判			✓	✓	✓		✓	✓	✓	✓	✓	✓	✓		✓		✓

（续表）

学期	活动	价值体认				责任担当				问题解决					创意物化			
		爱党爱国	公共观念	规则意识	科学态度	自理自立	主动服务	团队合作	生活态度	提问质疑	计划制订	信息处理	问题解释	监控反思	创意设计	工具选择	物化制作	成果展示
五上	生活中的购物袋			✓	✓	✓	✓	✓	✓	✓	✓	✓	✓	✓		✓	✓	
	小小船儿能量大			✓	✓		✓	✓		✓	✓	✓	✓	✓	✓	✓	✓	✓
	小小收纳师			✓	✓	✓	✓	✓	✓	✓	✓	✓	✓	✓		✓	✓	✓
五下	探秘功能性饮料			✓	✓		✓	✓		✓	✓	✓	✓	✓	✓	✓	✓	✓
	我的成长手册	✓	✓	✓	✓	✓	✓	✓	✓	✓	✓	✓	✓	✓	✓	✓	✓	✓

注：表中"✓"为项目目标培养点。

四、课程实施

（一）实施要求

1. 创设真实情境

教师创设真实情境，以任务为驱动，让学生明确任务，发挥问题对学生学习过程的引导作用。年级越低，任务越具体，教师应在各阶段提出明确要求，引导学生有序有效开展探究活动。

2. 课内外相结合

综合实践活动课程的实施，要求学生在真实的情境中通过多种渠道主动地获取知识；强调学生综合运用多方面的知识，解决实际问题；重视实施过程中的合作交流与分享。教师要在课内进行集中指导，并引导学生在课外持续探究。

3. 体现学科融合

在综合实践活动课程实施过程中要凸显跨学科特点，引导学生充分运用各学科知识和能力来分析问题、解决问题。同时，教师应对主题活动中所涉及的各学科知识和学生掌握知识的情况有比较清楚的认识。

（二）实施过程

课程实施要关注学生研究兴趣的激发和培养，注重学生在研究过程中能综合运用已有知识与技能来解决问题的能力，一般包括以下阶段：

1. 准备阶段

教师：出示研究问题和活动任务，帮助学生解读任务，准备好学生的学习工具等。

学生：明确研究的问题和任务，按要求完成分组，知道研究的步骤，明确成果展示的方式，高年级能制订活动计划。

2. 执行阶段

教师：指导学生按步骤和要求展开研究，完成活动任务。活动过程中提供学习支架，全程关注并指导学生的研究进程。

学生：按要求开展探究活动。

3. 收尾阶段

教师：组织好成果展示和交流，指导学生整理资料，完成评价和反思。

学生：按要求进行成果展示和交流，整理学习资料，完成组内自评、互评，对活动进行反思。

（三）教师指导

1. 精心设计主题活动

教师根据学校课程实施方案的要求，结合学生实际情况，设计主题活动，要注意面对不同的学生，选择不同的实施方式，设计不同的要求。综合实践活动课程在实施过程中，会不断生成新的目标、新的问题、新的内容、新的结果，教师要及时发现和引导，并修改和调整活动设计，不断提升实施水平。

2. 创设良好活动环境

教师要充分挖掘校内外的课程资源，发现学生感兴趣的热点问题，创设真实情境，为学生开展实践活动提供良好的条件。在校外活动前要特别做好安全防范教育，使学生既能大胆进行探究活动、人际交往，又能很好地保护自己。

3. 加强探究过程指导

在探究过程中提供学习资源，启发探究思路，鼓励大胆创新；帮助学生解决探究过程中遇到的困难；指导学生写好活动记录，及时记载活动情况，真实记录个人体验；组织学生总结和展示成果。

五、课程评价

（一）评价的原则

1. 注重活动过程的评价

不仅应关注活动结果的评价，更要重视活动过程的评价，对学生探究的每个阶段，包括发现问题、提出问题、制订探究计划、实施与总结、交流和展示等全过程进行评价。真实有效地记录学生学习过程中的情况，及时发现问题，及时反馈与纠正。要重视在评价中反映出学生在态度、价值观、方法、能力等方面的变化和进步。要关注学生能否在问题的提出和解决过程中主动获取知识和运用知识。

2. 注重评价内容的全面性

在进行评价时，既要评价学生发现问题、探究问题和解决问题，收集、处理和利用信息，自我规划、自我管理和自我发展，合作交流和表达等能力；又要评价他们的科学态度、创新精神、团队合作精神、公民意识和社会责任感；还要评价学生各种独特的体验和感悟、个性化的表现等，以达到全面评价的目的。

3. 注重评价主体的多元化

评价者可以是学生、合作小组、教师，也可以是家长或社区有关人员等。学生不仅是评价的对象，也是评价的主体。要将学生的自我评价、相互评价、教师评价、家长评价、社会评价相结合，使评价成为多元主体积极合作和交互的过程。

4. 注重评价的改进和激励功能

通过评价，发现和肯定学生所蕴藏的潜能，找参照点，使学生自觉地调适自己的行为，树立自信心。在评价中，要突出学生能力中的强项，包括他们能做什么和做了什么。要通过各种必要的评价活动，不断激励学生保持探究的热情，真正使评价的过程成为促进学生发展的过程。

（二）评价方式

评价阶段一般包括：活动过程中评价、主题活动评价、主题活动单元评价。

1. 活动过程中评价

注重在探究活动过程中及时评价。指导学生对学习做出判断，肯定进步、找出问题,对学习过程进行反思,更好地把握学习方法。同时,使学生掌握正确的评价方法。

2. 主题活动评价

即主题单元下每个活动结束后的评价。主题活动评价聚焦该活动中要求学生达到的预期学习目标。评价对象可以是学生个人、合作小组。评价形式可以是书面或口头。

3. 主题活动单元评价

即一个单元的主题活动结束后,对学生在单元活动中的总体表现进行评价。每次主题活动的最后一课时,进行主题活动的总结反思,进行单元评价。

六、课程管理与保障

(一) 规则制度

1. 组织保障

综合实践活动课程领导小组:校长担任组长,聘请有关专家担任顾问。小组成员先行学习课程建设相关文件,明确课程理念,研读课程标准,充分把握课程建设内涵,提高校长课程领导力和教师课程执行力。

综合实践活动课程领导小组:规划制订学校综合实践活动课程实施方案,为教师提供专业培训,建设课程教师梯队,协调各部门保障综合实践活动课程的顺利开展。

综合实践活动课程开发小组:指导并审核综合实践活动设计方案,定期组织研讨活动,对教研组和任课教师的工作给予指导。

教导处:协调课务,负责教学过程的管理,参与对教师的评价。

教研组:上传下达课程的相关精神和实施要求,分享课程资源,组织教师开展学习活动,听取教师的需求,创设良好的课程实施环境。

任课教师:为活动的开展做好充分的准备,如,落实场地安排、硬件设备、安全防范等工作;指导学生开展探究活动,帮助学生克服困难,完成任务;关注学生的活动表现,了解学生对课程的需求。

2. 制度保障

学校制订相关的制度,使教师有章可循、有规可依,以保障课程顺利实施,提升课程实施质量。

课程审核制度:在每学期开学前两周提交实践活动主题设计方案,由综合实践活动课程开发小组进行审核。

教学和教研管理制度:由教导处对课程的实施进行全面管理,涉及课堂教学、教研活动、成果展示、学生反馈、教师评价奖励等内容。

(二) 经费保障

加大课程建设的资金投入,确保教师培训、课程开发、学生活动、设备添置等各项工作的顺利开展。

(三) 资源保障

学校建立课程资源库,积累课程资源,并不断挖掘社区教育资源,丰富学校课程资源。引导家庭、社区成员关注学校课程建设,参与学校课程评价,做推进学校课程建设的参与者、监督者。

(执笔人:上海市杨浦区五角场小学　徐　芳、朱利萍)

 案例一

我们的校园

一、主题概述

(一) 主题来源

九月,校园迎来了一年级新生。对他们来说,一切都是新的,校园是新的、伙伴是新的、老师是新的……周围的一切都和幼儿园不一样了。那么小学校园是怎样的?与幼儿园有哪些不同?学生对校园的哪些地方感兴趣?我们以"我们的校园"为主题开展综合实践活动,让一年级的学生快速地了解小学校园,喜欢上小学生活。本次主题活动涉及语文、造型·美术、道德与法治等多个学科的知识和技能的运用。

(二) 研究问题

我们的校园是怎样的?

(三) 活动任务

1. 任务

学校将举行校园开放活动,请你以学校小主人的身份为爸爸妈妈介绍我们的校园。快行动起来,用你们的小眼睛仔细观察,了解校园布局,认识校园新成员,然后和伙伴一起交流,制作一份校园参观路线图,成为一名校园"小导游"。

2. 任务分解

本任务可分为三个子任务(见图1),三个子任务环环相扣,子任务一和子任务二是子任务三的基础。

子任务一:认识新校园

在学前教育、道德与法治课和午会课中,学生已对校园有所了解。在本次活动中,引导学生通过观察、参观、询问等方式知道校园布局。让学生玩一玩"对对碰"游戏,交流校园里有什么,它们在哪里,你是怎么知道的。以此熟悉教室、办公室、专用教室、厕所、操场、卫生室等地方。通过贴一贴位置图,让学生掌握校园布局。在熟悉校园后,通过比较和交流,说一说小学校园和幼儿园的不同之处,让学生能明确认识到小学生活和幼儿园生活有差异,帮助学生尽快了解、适应小学生活。

子任务二:认识新成员

让学生通过说一说、问一问、找一找、画一画、玩一玩等方式来了解自己的伙伴、老师和校园中的其他员工。通过画一画喜欢的伙伴和老师来增进对校园里新成员的认识,帮助学生尽快融入新环境。

子任务三:我是"小导游"

让学生综合运用子任务一和子任务二中了解的信息、习得的知识及能力来绘制校园参观路线图并介绍校园。在介绍时,着重介绍一两个地方或景点。

在完成活动任务的过程中,学生初步感受综合实践活动的完整过程,产生对探究的兴趣;通过观察、交流、比较等方法来了解校园、了解校园生活,初步养成关注周围、关心身边人的良好习惯和探究生活问题的科学态度,提升问题解决、创意物化的能力。

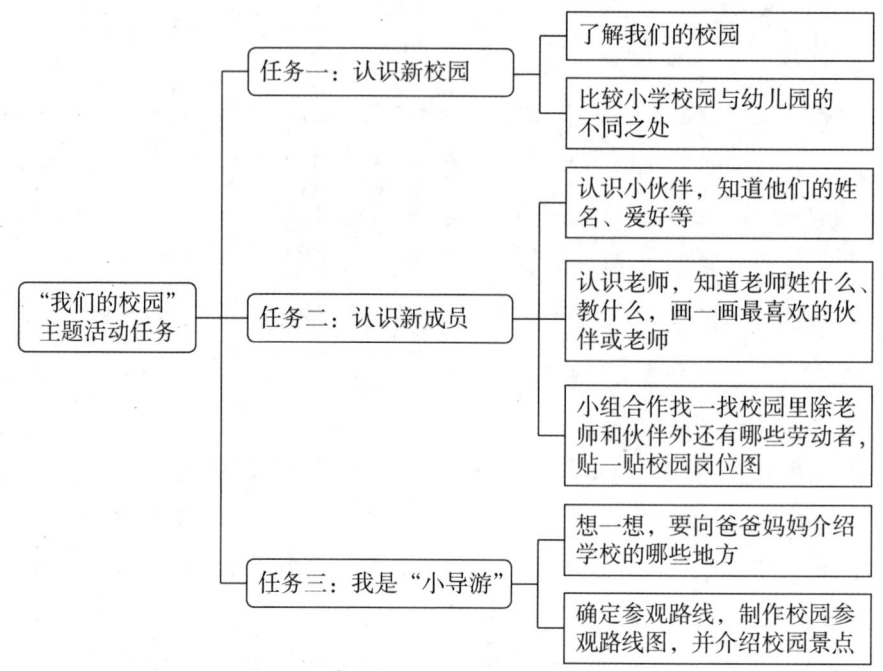

图1 "我们的校园"主题活动任务分解图

（四）学情分析

本次活动面对的是刚入学的一年级学生，他们的研究意识、研究能力薄弱。希望通过该活动，让他们初步体验研究的过程，在教师的指导下，在合作意识、信息获取及处理、创意设计等方面获得一些提升。（见表1）

表1 "我们的校园"主题活动学情分析表

维度	目标指向	已有基础	发展预期
价值体认	科学态度	做事不严谨，难以做到专心仔细、有始有终 缺乏比较的方法，比较时不够全面	能在教师的提醒下，专心仔细地观察校园，了解校园的布局，完成研究任务 能按一定的顺序观察、比较，找到小学校园与幼儿园的不同之处，并进行简单说明
	规则意识	没有按照计划做事的习惯	能根据教师的要求，按照规定的时间完成一个个小任务

（续表）

维度	目标指向	已有基础	发展预期
责任担当	团队合作	没有合作意识	能在教师指导下，组建合作小组，能与组员有商量地进行活动，能按分工完成小任务
责任担当	生活态度	对周围的事物有好奇心和求知欲，但是遇到问题和困难容易放弃	对研究的问题充满好奇心和求知欲，遇到问题和困难时知道要通过自己的努力或寻求教师、伙伴的帮助来解决
问题解决	信息处理	能通过观察、参观、交流获取外界的信息，能读懂一些简单的文字信息和图片信息	在教师的提示下，通过参观、交流、观察获取校园的相关信息，并在教师的指导下，学习对获取的信息进行处理，通过比较，找出两个校园的不同之处
创意物化	创意设计	能使用简单的绘画来表现看到的、想到的事物	能用简单的绘画来表达自己的情感，画出喜欢的伙伴或教师根据要求进行简单的制作，完成校园参观路线图
创意物化	成果展示	能进行简单的口头介绍	能在教师指导下，对制作的成果进行简单的交流，做一次"小导游"介绍校园

（五）创新素养链接

见表2。

表2 "我们的校园"主题活动创新素养行为表征表

维度	创新素养指标	行为表征
创新人格【C-1】	好奇心【C-1-1】	对新的校园充满了好奇，乐于去探究、发现校园里有什么
创新人格【C-1】	分享协作【C-1-4】	能告诉伙伴和老师自己的发现，在伙伴遇到困难时乐于伸出援手帮助
创新人格【C-1】	坚持【C-1-6】	在探究的过程中，遇到困难时愿意想办法，并向伙伴或老师求助，积极解决问题、战胜困难

（续表）

维度	创新素养指标	行为表征
创新思维 【C-2】	灵活性 【C-2-2】	能通过观察、参观、询问等方法来了解校园的相关信息，并选择信息粘贴在活动手册中
	独创性 【C-2-3】	在制作校园参观路线图时按照自己的想法来确定参观路线，选择自己喜欢的景点来介绍
创新实践 【C-3】	资源利用 【C-3-2】	根据研究问题收集信息，并在教师的指导下选择信息完成任务
	问题解决 【C-3-5】	制作校园参观路线图，并选择一两个景点进行交流

二、活动目标

（一）任务目标

在熟悉校园布局的基础上，制作校园参观路线图，做"小导游"，简单介绍校园，并选择一两个地方或景点重点介绍。

（二）学习目标

1. 通过观察、参观、交流、询问等方式认识校园，了解校园的布局。（Z-1-4科学态度、Z-3-3信息处理）【C-3-2资源利用】

2. 通过比较知道小学校园和幼儿园的不同之处。（Z-1-4科学态度、Z-3-3信息处理）【C-2-2灵活性】

3. 通过说一说、问一问、找一找、画一画等方法来了解伙伴、老师和校园中的其他员工。（Z-3-3信息处理、Z-4-1创意设计）【C-2-3独创性、C-3-2资源利用】

4. 积极参与活动，学着与伙伴合作，能按要求完成自己的任务，会倾听他人的介绍，能大胆说出自己的想法。（Z-1-3规则意识、Z-2-3团队合作、Z-2-4生活态度）【C-1-1好奇心、C-1-4分享协作、C-1-6坚持】

三、活动内容

见表3。

表3 "我们的校园"主题活动内容表

子任务(活动)	活动目标	表现标准	建议课时
认识新校园	明确研究的对象——校园,知道研究的问题——小学校园是怎样的,知道成果的展示方式——完成参观路线图,做"小导游"介绍学校(Z-2-4)【C-1-1】 组建合作小组(Z-2-3)【C-1-4】	说出研究的问题和任务要求 进行分组,完成活动手册关于分组的部分	1
	学生玩一玩"对对碰"游戏,交流校园里有什么,它们在哪里,你是怎么知道的。通过游戏和交流,教师将学生观察、询问获取的有关校园的信息进行罗列,指导学生进行整理(Z-3-3)【C-3-2】 根据获取的校园信息,比较小学校园与幼儿园的不同之处(Z-3-3)【C-2-2】	能说出校园的布局 能说出小学校园与幼儿园的不同之处 在教师的指导下进行信息整理,完成活动手册中关于比较校园的部分	2
认识新成员	通过游戏"找朋友"认识小伙伴(应是新伙伴),知道他们的姓名、爱好等。和新认识的伙伴一起做一件事或一起参加一次活动(Z-3-3)【C-3-2】 通过问一问,认识老师(课表上的老师和以外的两位),观察老师并问清老师姓什么、教什么、在哪个办公室;在教师的指导下进行交流(Z-3-3)【C-3-2】 在认识伙伴和老师的基础上,画一画最喜欢的伙伴或老师(Z-4-1)【C-2-3】 小组合作找一找校园里除老师和伙伴外还有哪些员工。完成校园岗位图(Z-2-3、Z-3-3)【C-1-4、C-3-2】	能说出认识了哪些新伙伴 能对应课表说出老师的基本情况(姓什么、在哪个办公室),能说出除课表外的两位老师的情况 完成画像 能说出校园里除老师和伙伴外还有哪些员工,粘贴完成校园岗位图	3
我是"小导游"	能在教师的指导下,制作校园参观路线图,并圈出要介绍的校园景点(Z-4-1)【C-2-3】 小组合作,选择一二个地方或景点简单介绍校园(Z-2-3、Z-4-4)【C-1-4、C-2-3、C-3-5】 在教师指导下,整理活动手册和活动相关资料(Z-1-4) 回顾活动,进行评价,说说自己的收获和遇到的问题(Z-1-4、Z-3-5)	制作校园参观路线图 在小组内,试着选择一两个地方或校园景点进行介绍 能整理活动资料和填写活动手册 能按照要求进行评价,简单说说收获与问题	2

四、活动实施

（一）实施流程

见图2。

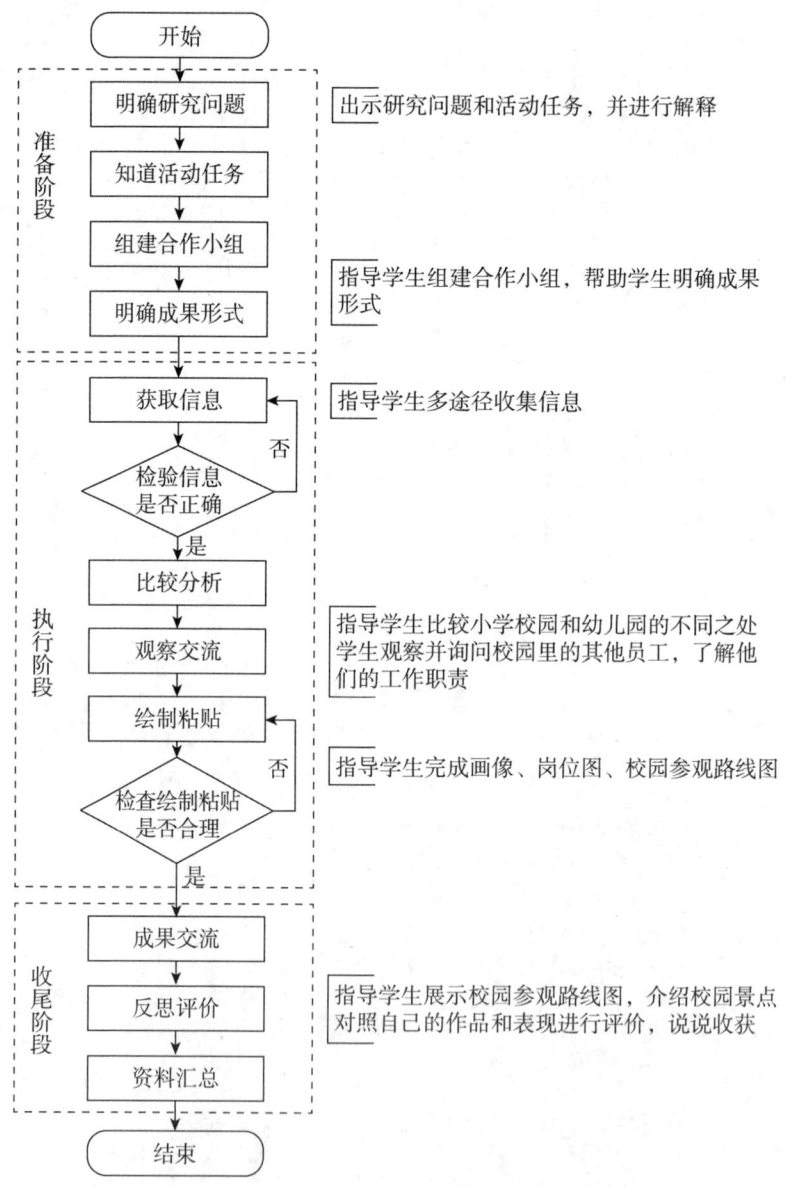

图2 "我们的校园"主题活动实施流程图

（二）实施建议

学习对象：小学一年级新生。

总课时：8课时。

（三）分阶段实施建议

1. 准备阶段

创设情境，提出研究问题，明确任务要求，进行小组分工。鉴于一年级学生的年龄特点，教师应借助图片、视频来创设情境，研究问题、任务要求尽量简洁。分组时人数不宜多，两人一组为宜。

2. 执行阶段

考虑到一年级学生识字不多，用图文形式呈现任务要求，并帮助学生解读。活动中，应关注学生从单独完成任务到合作完成任务的转变，逐步提升规则意识和团队合作意识。还需要明确完成任务的方式，如，看一看校园、问一问老师、说一说不同、画一画伙伴、贴一贴岗位图，让学生能有多种方式可用。

3. 收尾阶段

指导学生介绍校园、回顾活动、用一两句话说说感受。指导学生进行评价，评价时以简单的表现性评价为主，让学生能评、会评。

五、活动评价

评价形式：口头评价和书面评价相结合。

口头评价：在交流活动感受时，说说收获、夸夸伙伴。

书面评价：对照评价内容贴小星星评价。获得9—10颗星为优秀，获得7—8颗星为良好，获得5—6颗星为合格，获得5颗星以下为须努力。（见表4）

表4 "我们的校园"主题活动评价表

评价内容	做到了贴星
1. 我能说出研究问题和活动任务	
2. 我找到了合作伙伴	
3. 我能根据图说出校园的场所或景点，至少三个	
4. 我知道小学校园和幼儿园的不同之处，至少三处	

评价内容	做到了贴星
5. 我又认识了几个新伙伴	
6. 我把最喜欢的伙伴或老师画下来	
7. 我和伙伴合作完成了校园岗位图	
8. 我完成了校园参观路线图	
9. 我能当小导游介绍学校,大家听懂了	
10. 我会填写活动手册并把资料整理好	
活动心情指数(画笑脸) ○　○　○	总计星数

六、学习工具

活动手册,见图3—图12。

图3

准备阶段　明确任务

学校将举行校园开放活动,请你以学校小主人的身份为爸爸妈妈介绍我们的校园。快行动起来,用你们的小眼睛仔细观察,然后和伙伴一起交流,制作一份校园参观路线图,成为一名校园"小导游"。

执行阶段　说一说

想一想、说一说 校园里有什么?它们在哪里?你是怎么知道的?

图 4

执行阶段

问题1:你知道这些地方是哪里吗?想一想,找到标签贴一贴。

图 5

执行阶段　比一比 说一说

问题2:小学校园和幼儿园有哪些不同?小组合作比一比、说一说,然后找出信息贴一贴。

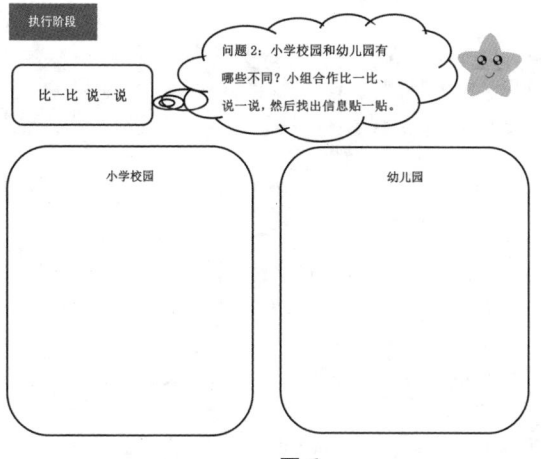

小学校园　　　　幼儿园

图 6

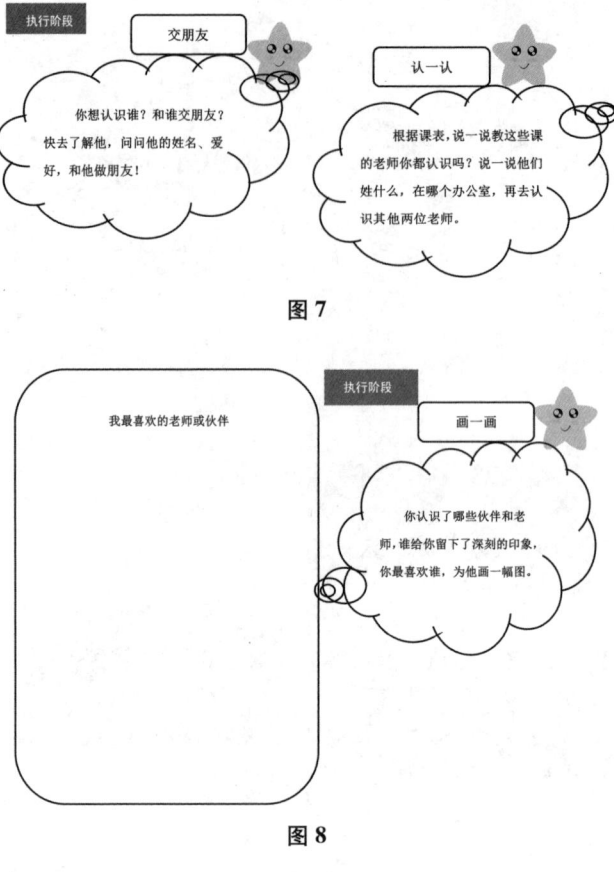

图 7

图 8

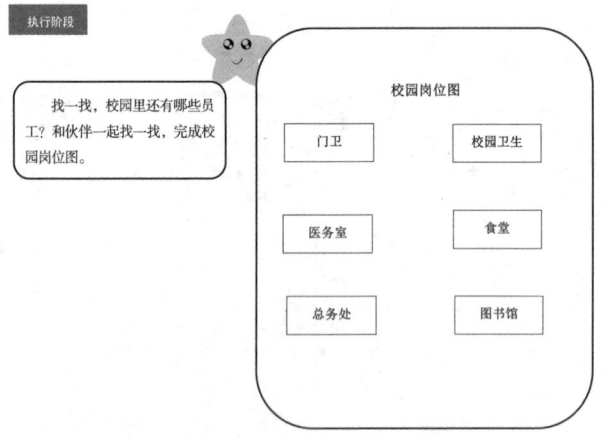

图 9

10. 上海市杨浦区五角场小学

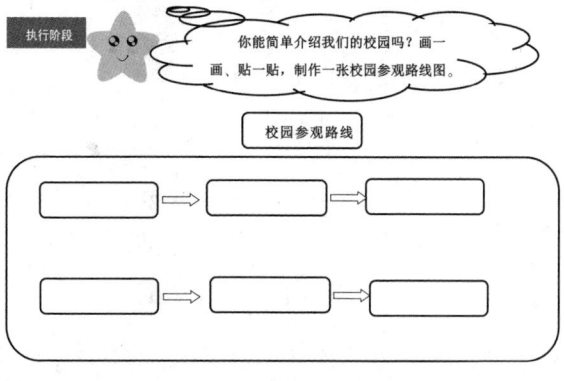

图 10

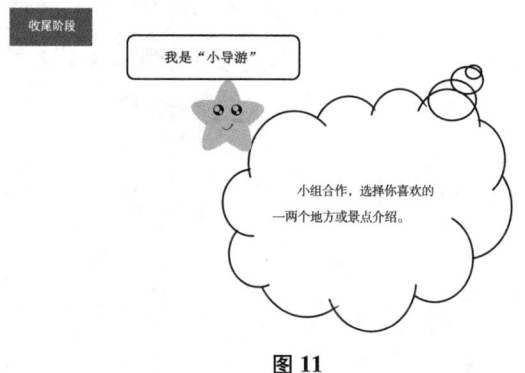

图 11

评价内容	做到了贴星
1. 我能说出研究问题和活动任务	
2. 我找到了合作伙伴	
3. 我能根据图说出校园的场所或景点，至少三个	
4. 我知道小学校园和幼儿园的不同之处，至少三个	
5. 我又认识了几个新伙伴	
6. 我把最喜欢的伙伴或老师画下来	
7. 我和伙伴合作完成了校园岗位图	
8. 我完成了校园参观路线图	
9. 我能当小导游介绍学校，大家听懂了	
10. 我会填写活动手册并把资料整理好	
活动心情指数（画笑脸）	

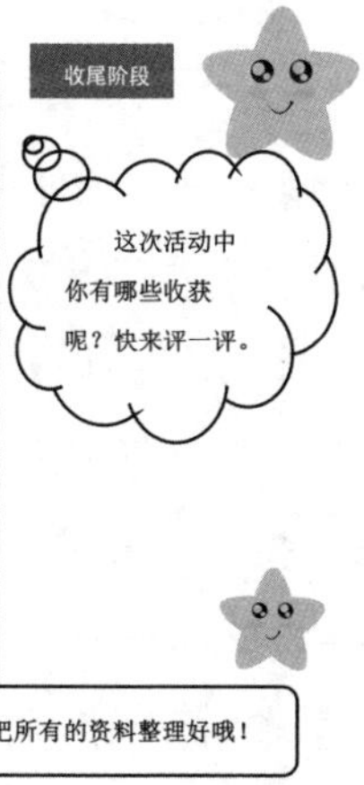

这次活动中你有哪些收获呢？快来评一评。

记得把所有的资料整理好哦！

图 12

（执笔人：上海市杨浦区五角场小学　朱利萍）

 **案例二**

杯趣

一、主题概述

（一）主题来源

学校以"巧思妙想创意设计"为主题的科技周要求四年级学生创意设计一款杯子并展出。请大家积极行动起来，发挥奇思妙想，开展创意设计，为"创意杯图展"做准备。以"杯趣"为主题开展综合实践活动，去了解形形色色的杯子，激发创意的灵感。本主题活动涉及语文、美术、信息科技等多个学科的知识和技能的运用。

（二）研究问题

创意设计一款杯子。

（三）活动任务

1. 任务

学校以"巧思妙想创意设计"为主题的科技周要求四年级学生创意设计一款杯子并展出。请大家积极行动起来，了解杯子的相关信息，制作"杯子使用指南"，并在A4纸上创意设计一款杯子。

2. 任务分解

本任务可分解为三个子任务（见图1），学生需要先收集资料来了解杯子的相关信息，然后对信息进行筛选和处理，知道如何在不同的情境下选择合适的杯子，最后创意设计杯子。子任务一和子任务二是子任务三的基础。

子任务一：了解形形色色的杯子。明确本次活动的主题和活动任务，根据任务组建合作小组；按照任务进行小组分工，制订研究方案；通过各个途径收集资料，了解杯子的种类和功能等相关信息，并对信息进行分类整理。

子任务二：制作"杯子使用指南"。小组合作对收集到的资料进行筛选和处理；从资料中提取有效信息，制作"杯子使用指南"；学生通过抽盲盒随机抽出情境，并根据"杯子使用指南"来选择杯子，以检测学生是否已经掌握了如何选择和使用杯子。

子任务三:创意杯杯乐。在了解杯子种类、功能的基础上,创意设计一款杯子,并进行展示及设计说明。在完成物化成果的制作和展示后,对活动过程进行评价与反思,整理活动资料。

在完成任务的过程中,学生通过资料收集、信息处理、创意设计来提升问题解决、创意物化、团队合作等能力,在活动中感受研究的乐趣。

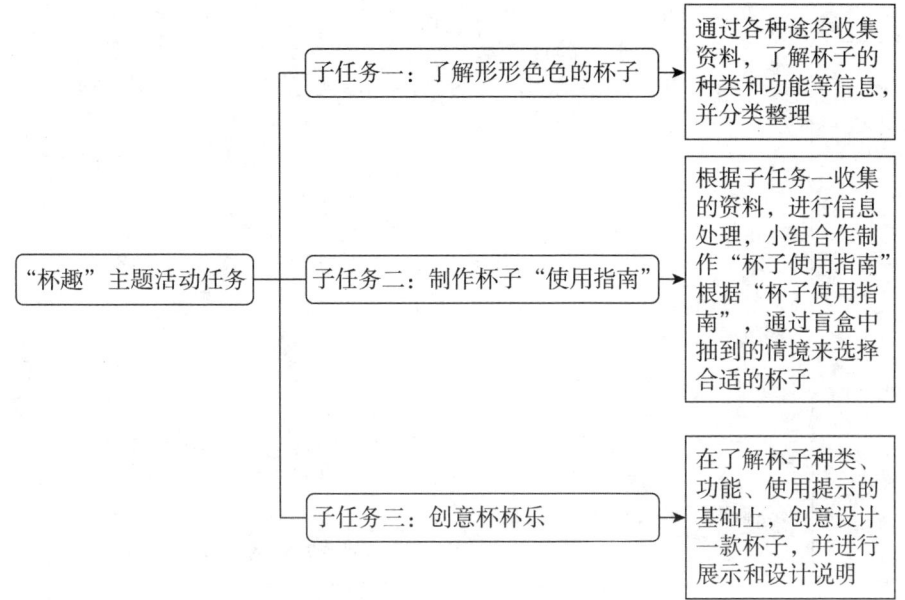

图 1 "杯趣"主题活动任务分解图

（四）学情分析

本活动针对的是四年级的学生,我们根据学生已有的基础和发展预期进行如下学情分析。（见表1）

表 1 "杯趣"主题活动学情分析表

维度	目标指向	已有基础	发展预期
价值体认	规则意识	能根据要求制订计划并按照计划开展活动,完成任务 能接受集体的决定 能标注信息来源,在设计稿中标注设计者	能制订活动计划并按计划开展活动,能根据实际情况来调整计划,以更好地完成任务 能服从集体决定并积极付诸行动 能主动标注资料来源,能主动标注设计者

(续表)

维度	目标指向	已有基础	发展预期
责任担当	生活态度	对研究问题产生兴趣,探究过程中遇到困难能求助老师或伙伴	在活动中始终对研究的问题保有兴趣,在发生困难时能主动寻求解决的方法,坚持完成任务
责任担当	团队合作	乐于在小组活动中分享观点,与伙伴进行互动交流 能根据任务要求进行分工,但分工时缺乏对团队的整体考量	积极与伙伴进行交流,乐于分享自己的观点,愿意听取他人的意见,能为活动提供建设性意见 能根据任务要求和成员的能力进行合理分工,并为伙伴提供支持与帮助
问题解决	信息处理	能围绕问题,按要求获取信息 能处理信息,筛选并汇总与问题相关的信息	能围绕问题,通过网络、书籍等各种途径查找资料,获得杯子的相关信息 能通过筛选、分析、归纳、整理等方法处理信息
问题解决	问题解释	能对问题提出不同的想法,能简单推理问题产生的原因	能对问题提出不同的想法,并敢于质疑,在一定情境下对所选杯子做出合理解释
问题解决	监控反思	能够记录活动中遇到的问题,并寻求解决的方法	能够记录活动中遇到的问题,主动寻求解决的方法,推动后续活动的开展
创意物化	创意设计	能根据要求展开想象,画出设计图纸	能根据要求展开想象,设计图纸,内容贴合主题,具有独创性
创意物化	物化制作	能按照要求进行制作	能对收集的资料进行分析、处理,得出结论,根据结论制作"杯子使用指南" 作品能体现小组合作
创意物化	成果展示	能对作品作简单的展示并说明想法	能将制作的"杯子使用指南"和设计的杯子展示给大家看,并能说清制作依据和设计思路

（五）创新素养链接

见表2。

表2 "杯趣"主题活动创新素养行为表征表

维度	创新素养指标	行为表征
创新人格 【C-1】	独立自信 【C-1-3】	制作"杯子使用指南",创意设计杯子,有独立的思考,能表达自己的见解
	分享协作 【C-1-4】	在小组合作中,组员能承担并完成任务;乐于帮助有困难的组员,分享自己的想法,接纳他人的建议
	坚持 【C-1-6】	能按照小组制订的计划开展活动,遇到问题和困难时,能寻求办法解决困难,坚持完成任务
创新思维 【C-2】	灵活性 【C-2-2】	多途径收集杯子的相关资料,围绕主题处理信息,并根据情况调整设计
	独创性 【C-2-3】	在创意设计时,关注杯子的新颖独特,体现自己独有的想法
	精致性 【C-2-4】	通过不断地改进设计,使设计的杯子趋于完善
创新实践 【C-3】	资源利用 【C-3-2】	围绕研究问题,多途径收集杯子的相关资料,辨识资料的可靠性,分析处理信息,服务于创意设计杯子
	观念践行 【C-3-3】	能根据研究方案,通过交流、分析来完善方案并开展杯子的创意设计活动
	问题解决 【C-3-5】	活动中持续反思与调整,设计出符合要求的"杯子使用指南"和创意杯子

二、活动目标

（一）任务目标

制作"杯子使用指南",并创意设计杯子,介绍设计意图。

（二）学习目标

1. 根据研究问题和活动任务,选择合作伙伴,组建合作小组,制订研究方案;明确自己承担的任务,能为有困难的伙伴提供帮助或主动寻求帮助;能按照要求坚持完成任务。(Z-1-3规则意识、Z-2-3团队合作、Z-2-4生活态度、Z-3-2计划制订)【C-1-4分享协作、C-1-6坚持、C-3-3观念践行】

2. 多途径收集关于杯子的资料,了解杯子的种类和功能,进行分类整理。(Z-3-3信息处理)【C-2-2灵活性、C-3-2资源利用】

3. 提取杯子的相关信息,完成"杯子使用指南"的制作和创意杯子的设计。(Z-3-3信息处理、Z-4-3物化制作)【C-2-2灵活性、C-2-3独创性、C-3-2资源利用、C-3-5问题解决】

4. 能根据不同的情境选择不同的杯子,并做出解释。(Z-3-4问题解释)【C-1-3独立自信、C-3-1问题分析】

三、活动内容

见表3。

表3 "杯趣"主题活动内容表

子任务(活动)	活动目标	表现标准	建议课时
了解形形色色的杯子	明确研究的对象——杯子;知道研究的问题——怎样创意设计杯子;明确任务要求(Z-2-4)【C-1-1】建立合作小组,根据研究问题和任务要求制订研究方案(Z-2-3、Z-3-2)【C-1-4、C-3-3】	说出研究的问题和任务要求 完成活动手册关于分组和方案制订的部分	1
	通过各种途径收集资料,了解杯子的种类和功能(Z-3-3)【C-3-2】 对收集的资料进行整理、筛选,找出与研究问题和活动任务密切相关的内容(Z-3-3)【C-3-2】	能说出资料收集的途径,在组内交流资料,说清资料出处 小组合作对资料进行整理和筛选,对照研究问题和任务,找出有用的信息并填写或粘贴在活动手册中	1

（续表）

子任务（活动）	活动目标	表现标准	建议课时
制作杯子使用指南	将分类的资料进行信息处理，通过分析和筛选提取有效信息，小组合作制作"杯子使用指南"（Z-3-3、Z-4-3）【C-3-2、C-3-5】 玩一玩"抽盲盒"游戏，从盲盒中抽取情境，小组合作说一说应该选择怎样的杯子（Z-3-4）【C-1-3】	能对收集到的杯子相关资料进行处理，结合任务要求提取制作"杯子使用指南"的有效信息 根据提取的信息，小组合作完成"杯子使用指南"的制作 能根据"杯子使用指南"为盲盒中抽取的情境选择合适的杯子，并做出解释 填写活动手册"杯子使用指南"和"抽情境选杯子"部分	2
创意杯杯乐	基于对杯子种类和功能的认识，创意设计杯子，并写出设计思路（Z-2-3、Z-4-1、Z-4-3）【C-1-4、C-2-3、C-2-4】 将设计作品进行展示，并交流设计思路（Z-4-4）【C-3-5】 回顾活动，进行评价，说说自己的收获和遇到的问题。（Z-1-4、Z-3-5）【C-3-4、C-3-5】	能创意设计杯子，并写清设计思路 将作品进行展示，并说清设计思路 能按照要求进行评价，说说收获与问题 整理活动资料	2

四、活动实施

（一）实施流程

见图2。

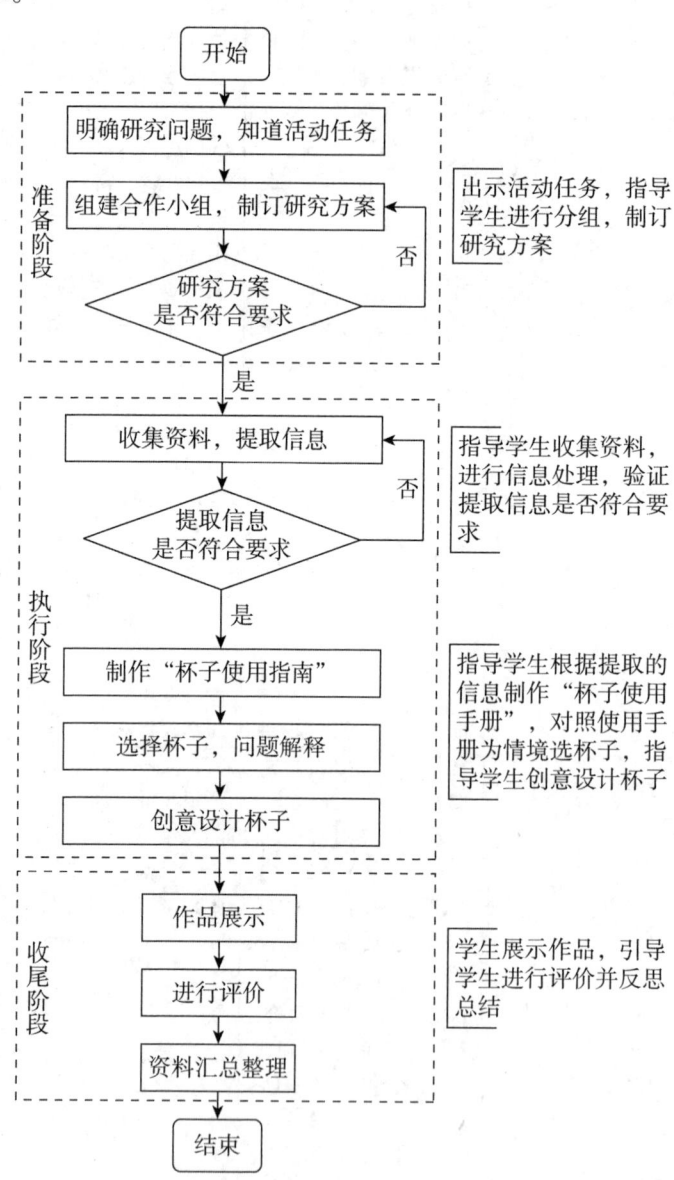

图2 "杯趣"主题活动实施流程图

（二）实施建议

学习对象：四年级学生。

总课时：6课时。

（三）分阶段实施建议

1. 准备阶段

教师要引导学生阅读活动手册，明确研究的主题和活动任务，指导学生组建合作小组，拟定研究方案。组建合作小组时，引导学生根据自身特长与能力来确定分工。

2. 执行阶段

四年级学生已经能够自己通过书籍、网络等查找所需要的资料。教师引导学生根据要求开展资料的收集，指导学生小组合作整理、筛选资料，提取与主题相关的信息。教师还应提醒学生标注信息来源和验证信息的正确性。

在制作"杯子使用指南"时，教师应引导学生从资料中继续提取有效信息完成制作。"杯子使用指南"与"抽情境选杯子"两个活动紧密相关，教师要提醒学生关注它们的关系，以帮助学生对选的杯子是否合适做出解释。

创意设计杯子是基于对杯子种类、功能等深入了解的基础上展开的，教师要引导学生根据实际情况展开想象进行创意设计。

3. 收尾阶段

本阶段主要是设计作品的展示和交流，以及对整个活动的总结评价和资料的整理汇总工作。教师应帮助学生回顾整个活动，就活动的收获和产生的问题进行总结反思。

五、活动评价

本活动通过课堂评价和任务评价两个方面，根据学生在每次活动中的表现和任务完成情况，用学生互评的方式进行评价。

（一）活动评价表

分阶段评价，根据课堂表现评价，确定等第：优秀：24—28☆；良好：20—23☆；合格：15—19☆；须努力：0—14☆。（见表4）

表4 "杯趣"主题活动评价表

评价内容		评价规则				评分
		☆	☆☆	☆☆☆	☆☆☆☆	
准备阶段	规则意识	没有填写完整活动流程	参与填写活动流程，大致知道自己要做些什么	完整填写活动流程，并知道自己所承担的任务	主动参与活动流程的安排，提出关键的意见，主动认领任务	
执行阶段	信息处理	能找到杯子的相关资料	能找到杯子的相关资料，并根据功能分类	能找到杯子的相关资料，并根据功能分类，整理、筛选出与任务有关的资料	能找到杯子的相关资料，并根据功能进行分类，整理、筛选出与任务有关的资料，并标注重要信息	
	创意设计	能设计一款杯子	能根据收集的资料设计杯子	能根据收集的资料设计杯子，并写出创意	能根据收集的资料设计杯子，设计的杯子有独创性，并写清创意	
	物化制作	能根据收集的资料和伙伴一起制订"杯子使用指南"	能根据收集的资料和伙伴一起制订"杯子使用指南"，在活动中承担任务	能根据收集的资料和伙伴一起制订"杯子使用指南"，在活动中承担任务，并给伙伴提供建议	能根据收集的资料和伙伴一起制订"杯子使用指南"，在活动中承担任务，并给伙伴提供建议与帮助	
	监控反思	能在制作时发现小组遇到的问题，但无法解决	在制作遇到问题时，能根据教师提供的方法解决问题	在制作遇到问题时，能主动思考解决方法或主动寻求教师的帮助，直到解决问题	在制作遇到问题时，能主动思考，找到合适的方法，并解决问题	
	问题解释	能在"抽情境选杯子"环节发现问题	能在"抽情境选杯子"环节发现问题，提出问题	能在"抽情境选杯子"环节发现问题，提出问题，对为什么选择这款杯子做出解释	能在"抽情境选杯子"环节发现问题，提出问题，对为什么选择这款杯子做出清晰完整的解释	

（续表）

评价内容		评价规则				评分
		☆	☆☆	☆☆☆	☆☆☆☆	
收尾阶段	成果展示	能将资料汇总，但不完整	能将资料完整汇总	能将资料完整汇总，且分类整理	能将资料完整汇总，过程记录清晰无遗漏	
	团队合作	能够参与部分活动	能够参与每一个活动	能够主动完成自己的任务	能够主动完成自己承担的任务，在活动中能主动帮助团队成员	
总评						

（二）评价实施建议

使用活动评价表，每完成一个活动，就进行一次评价。

每次评价建议教师选择不同层面的学生进行示范评价，帮助学生树立客观评价的意识。

在准备阶段出示评价表，帮助学生进一步明确活动的任务。

六、学习工具

活动手册，见图3—图12。

图3　　　　　　图4

准备阶段

各小组根据活动任务制定研究方案，写清楚任务分工和负责人。

子任务一：分工_____

　　　　　负责人_____

子任务二：分工_____

　　　　　负责人_____

子任务三：分工_____

　　　　　负责人_____

评一评

评价内容	评价规则		
	☆	☆☆	☆☆☆
准备阶段 规则意识/生活态度	没有填写完整活动流程	完整填写了活动流程，知道自己要做些什么	参与活动流程填写，并知道自己承担的任务	主动参与活动流程的安排，提出关键的意见，且主动认领了任务

图 5

准备阶段

杯子的家族非常庞大，种类繁多，功能也各不相同，请大家从书籍、网络等不同途径查找资料，完成资料的收集。

要求：

1. 小组合作收集关于杯子的资料。

2. 请在资料上标注来源。

3. 图、文、影像等形式都可以。

图 6

执行阶段

请以小组为单位对你们收集的资料进行整理和分类，完成下面的表格：

按功能分	按材质分	按结构分
水杯	玻璃杯	单层杯

图 7

执行阶段

杯子千千万，用法各不同，请以小组为单位选择至少四种杯子，罗列它们的优缺点、用法和注意事项，制作"杯子使用指南"。

杯子使用指南

杯子名称	优点	缺点	使用场景

图 8

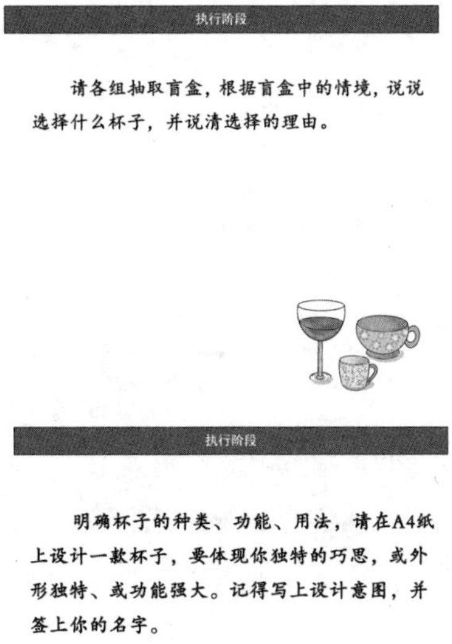

执行阶段
请各组抽取盲盒，根据盲盒中的情境，说说选择什么杯子，并说清选择的理由。
执行阶段
明确杯子的种类、功能、用法，请在A4纸上设计一款杯子，要体现你独特的巧思，或外形独特、或功能强大。记得写上设计意图，并签上你的名字。

图 9

执行阶段
设计图粘贴处

图 10

收尾阶段
你们设计的杯子是怎样的？快快展示你的设计，并说出你的创意！

图 11

收尾阶段

本次活动接近尾声，请各小组完成所有评价后整理资料上交！

评价内容		评价规则			
		☆	☆☆	☆☆☆	☆☆☆☆
执行阶段	信息处理	能找到杯子相关的资料	能找到杯子相关的资料，并根据种类和功能进行分类	能找到杯子相关的资料，并根据种类和功能进行分类，整理，筛选出与任务有关的资料	能找到杯子相关的资料，并根据种类和功能进行分类，整理，筛选出与任务有关的资料，并标注重要信息
	创意设计	能设计一款杯子	能根据收集的资料设计杯子	能根据收集的资料设计杯子，并写出创意	能根据收集的资料设计杯子，并写清创意，设计的杯子有独创性
	物化制作	能根据搜集的资料和队员一起制订“杯子使用指南”	能根据搜集的资料和队员一起制订“杯子使用指南”，在活动中承担任务	能根据搜集的资料和队员一起制订“杯子使用指南”，在活动中承担任务，并给队员提供建议	能根据搜集的资料和队员一起制订“杯子使用指南”，在活动中承担任务，并给队员提供建议与帮助
	监控反思	能在制作时发现自己小组产生的问题但无法解决这些问题	在制作发生问题时，能根据老师提供的方法解决问题	在制作发生问题时，能主动思考解决方法或主动寻求老师的帮助，直到问题解决	在制作发生问题时，能主动思考，找到合适的方法，并解决问题
	问题解释	能在“抽情境选杯子”环节发现问题	能在“抽情境选杯子”环节发现问题，提出问题	能在“抽情境选杯子”环节发现问题，提出问题，对为什么选择这款杯子作出解释	能在“抽情境选杯子”环节发现问题，提出问题，对为什么选择这款杯子作出清晰完整的解释
收尾阶段	成果展示	能将资料汇总，但资料有缺损不完整	能将资料汇总完整	能将资料汇总，且分类整理完整	能将资料汇总，资料完整，过程记录清晰无遗漏
	团队合作	能够参与部分活动	能够参与每一个活动	能够主动完成每一个活动	能够主动完成自己承担的任务，在活动中能主动帮助团队成员

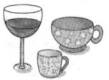

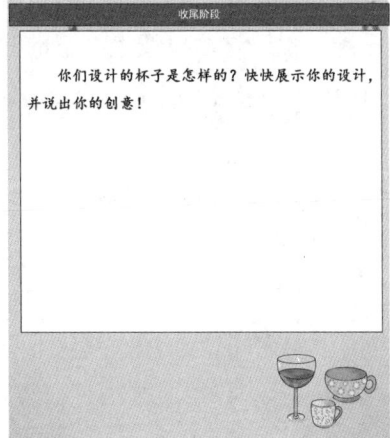

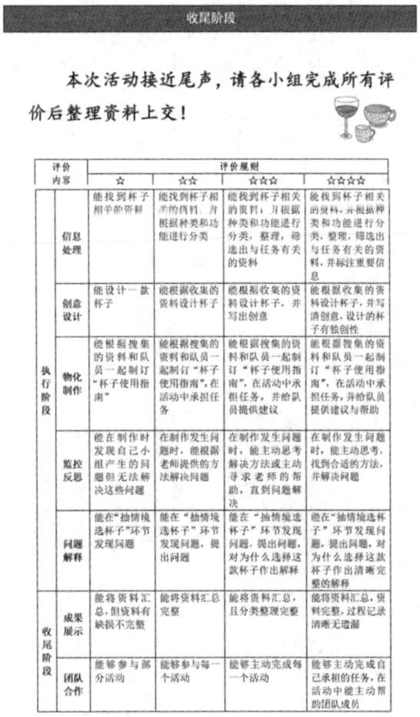

图 12

（执笔人：上海市杨浦区五角场小学　朱利萍）

11. 上海市杨浦区控江二村小学

上海市杨浦区控江二村小学坚持"五育"并举,融合发展,立足"学会做人,学会求知,学会创造"育人目标。学校综合实践活动遵循课程实施要求,打通个体与自我、自然、社会。营造相互联结、和谐共存的学习空间,构建走向融合与创生的学习新形态。

"融合"是指:融生活,营造关联学生经验、现实生活和社会实践的学习场景,鼓励学生关注真实世界、认识真实世界,尝试运用所学知识解决真实问题;融学科,开展主题化、项目式学习等综合性教学活动,通过跨学科整合、跨区域设计,学生体验自主学习、深入探究、合作实践的乐趣;融技术,通过线上线下的深度融合,发挥活动的开放性、资源的多元性、学习模式的综合性等方面优势,充分满足学生多样化学习需求。

"创生"体现在:知识创学,在真实的问题中,运用知识、建构知识,用尊重逻辑的态度看待问题,进而关注知识间的内在关联,将所学的知识结构化。如,在"巧玩层层叠"活动中,学生在搭建和拆除过程中不断获得前后知识之间的关联,学会整体思考。思维创新,在开放的学习氛围中发现问题(突出好奇心,充满想象力),在真实的情境中提升分析与解决问题的能力(强调思维的灵活性、独创性、流畅性、精致性),学会充分利用资源在坚持探究中(关注独立自信、分享协作)形成成果并持续改进(观念践行、隐喻性、反思进取)。如,在"小小电影人"活动中,学生迁移学科知识与技能,尝试创意设计匹配人物性格和时代特征的造型,持续探究运用多媒体技术让平面照片变成符合故事发展逻辑的微动画。

上海市杨浦区控江二村小学综合实践活动课程实施方案

一、背景分析

上海市杨浦区控江二村小学创办于1953年,是上海改革开放后市级层面的26所老中心校之一,是上海市一期课改、二期课改的实验校,也是杨浦区集团化办学最早的核心校之一。

学校确立"守正出新,润泽童心"的办学理念,在"学会做人,学会求知,学会创造"育人目标的引领下,深化小学生"创新素养"培育的特色建设,建构以学生为本、以学生综合素质为导向、以真实问题为出发点,体现传统与创新融合、规范与多元并举、自主与合作共生的综合实践活动课程体系,主要由两大系列构成。

"识博文化之旅"系列。挖掘学生在学习生活、社会生活或在与大自然的接触中具有教育意义的活动主题,使学生获得关于自我、社会、自然的真实体验,培育学生对历史文化的感受力、对中华优秀传统文化的认同感,培养对党、国家、民族的感情,增强民族自信心与自豪感。

"小小研究之旅"系列。以小学生创新素养培育为抓手,开展主题式、项目式综合性实践活动。基于生活实践,加强知识学习与学生经验、现实生活、社会实践之间的联系,聚焦小学生的学习、生活感受,创设真实情境,开展人文素养与科学素养并重的综合实践探索。

二、课程目标

（一）总目标

1. 价值体认

通过学校传统文化活动、场馆活动和五年成长活动,获得有积极意义的价值体验。理解并遵守在家、在校、在社会公共空间的基本行为规范,初步形成集体思想、组织观念,为自己是中国人感到自豪。

2. 责任担当

培养自己的事情自己做的独立意识和行动能力;培养愿意参与学校服务活

动,提升服务学校的行动能力;初步形成探究社区问题的意识,愿意参与社区服务;初步形成对自我、学校、社区负责任的态度和社会公德意识;初步具备法治观念。

3. 问题解决

能主动关注自然、社会、生活中的现象,愿意持续思考并提出有价值的问题,学会运用科学方法开展研究。能主动运用所学知识理解与解决问题,并基于证据做出解释,形成基本符合规范的问题解释或其他形式的物化成果。

4. 创意物化

学会生活中常规20种工具的使用方法,运用一定的操作技能解决生活中的问题,将想法或创意付诸实践。通过设计、制作和不断改进较为复杂的制品,培养实践创新意识和审美意识,提高创意实践能力。通过信息技术的学习和运用,提高利用信息技术进行分析和解决问题的能力以及数字化产品的设计与制作能力。

(二) 分年段目标

课程总目标分解为低年段、中年段和高年段目标。(见表1)

表1 控二小学综合实践活动课程分年段目标表

一级目标	二级目标	学习目标			创新素养指标
		低年段	中年段	高年段	
价值体认(Z-1)	爱党爱国(Z-1-1)	知道中华优秀传统文化中的一些人物、故事、物品 知道中国共产党是伟大的党	知道并喜爱中华优秀传统文化中的一些人物、故事、物品,主动学习党史、国史	热爱中华优秀传统文化中的一些人物、故事、物品,形成对党的朴素情感,为自己是中国人感到自豪	
	公共观念(Z-1-2)	遵守在校、在家基本行为准则	遵守在校和在家礼仪 理解并遵守博物馆、公园等公共空间的基本准则	理解并遵守博物馆、公园等公共空间的基本行为准则 知晓不同的待人接物的习俗,并自觉遵守公序良俗	

(续表)

一级目标	二级目标	学习目标			创新素养指标
		低年段	中年段	高年段	
价值体认(Z-1)	规则意识(Z-1-3)	知道从书籍中、身边找到所需材料 按计划操作 知道自己是集体的一分子	知道获取资料,能记录获取途径 参与制订操作计划 知道自己与集体的关系	养成按计划做事的习惯 能较详尽地记录资料的获取途径和来源,有初步知识产权意识 愿意为集体出力,维护集体荣誉	坚持【C-1-6】
	科学态度(Z-1-4)	根据观察和已有知识经验说出自己的想法 遇到困难能努力克服	根据已有条件,通过已有的知识经验进行判断得出结论 能主动说出判断依据和大致的思考过程	根据已有条件,进行判断,保持严谨的态度,对做出事物的客观判断说出判断依据和相对完整的思考过程 遇到困难、问题能努力克服、排解,坚持不懈,有始有终	好奇心【C-1-1】
责任担当(Z-2)	自理自立(Z-2-1)	自己的事情自己做,包括观察物品、制作物品	根据已有生活经验做出猜想说出1—2个有依据的猜想	活动中遇到事务性问题能自己想办法处理 活动中遇到研究问题能自觉主动找方法验证猜想	
	主动服务(Z-2-2)	有帮助他人的意识和热情	有帮助他人的热情和必备能力	有帮助他人、社区等不同人群的意识和综合能力	

（续表）

一级目标	二级目标	学习目标			创新素养指标
		低年段	中年段	高年段	
责任担当（Z-2）	团队合作（Z-2-3）	愿意和别人一起完成任务	有团队合作完成任务的意识，能与队友分享想法，完成任务	能主动与他人合作，根据自己能力有商量地完成任务 能为小组提出建设性意见，并付诸行动	分享协作【C-1-4】
	生活态度（Z-2-4）	能感兴趣并开心地投入到学习和活动中，愿意做	以积极的态度面对问题，能接受别人的想法，乐于做	活动中能适时地调整自己的想法，积极主动解决问题，坚持做	独立自信【C-1-3】
问题解决（Z-3）	提问质疑（Z-3-1）	能通过观察、思考提出生活中的问题	明确探究的问题，通过思考、实践、再思考、提出疑问，尝试求证	从若干个问题中找到感兴趣、值得探究的问题 准确完整地说出选择理由	灵活性【C-2-2】
	计划制订（Z-3-2）	按照要求完成操作过程，知道要求并一步地操作	按照要求设计部分计划，并完成操作 说出计划中的内容，按要求完成操作	能严格按照要求制订计划或者调整计划 按步骤完成操作，说出计划内容	问题分析【C-3-1】
	信息处理（Z-3-3）	按照单一分类标准进行材料的整理，找出与问题相关的资料	按照分类标准，将可靠的材料进行整理，归纳出与问题相关的资料	根据研究问题，将实物、文字、图形等资料进行分析、归纳、整理 较完整说出整理、梳理的过程和方法	隐喻性【C-2-5】

（续表）

一级目标	二级目标	学习目标			创新素养指标
		低年段	中年段	高年段	
问题解决（Z-3）	问题解释（Z-3-4）	能对问题提出不同想法,自己面对问题有想一想的意愿	思考前阶段的活动,有从中总结经验的意识,主动说出1—2个不同想法	会根据现有结论,反过来分析思考并提出疑问 有提出再研究的意向 能做出相对严谨的解释	流畅性【C-2-1】
	监控反思（Z-3-5）	愿意对自己做出的行为、说出的话语再想一想	用多种方法寻找解决问题相关的依据,不断证明自己的想法	用多种方法和途径寻找与解决问题相关的证据 不断发现问题、解决问题,反复验证证据的科学性	反思进取【C-1-5】 精致性【C-2-4】
创意物化（Z-4）	创意设计（Z-4-1）	能有自己的想法,愿意将想法说一说、画一画、写一写	能按照事前的设想和要求进行简单的绘图、记录、制作活动	能小组讨论制订设计方案 能及时调整和优化设计中的问题 愿意求变求异	想象力【C-1-2】 独创性【C-2-3】
	工具选择（Z-4-2）	会使用3种左右常用工具,如：剪刀、直尺、胶棒	会使用5—10种常用工具	会使用20种左右常用工具 能根据要求自主选择工具,并尝试学习使用,以解决活动中问题	资源利用【C-3-2】
	物化制作（Z-4-3）	能按照老师的要求完成制作全过程	能根据活动流程、要求,选取工具完成制作	能利用常见物品、工具和软件技术,完成各类作品的制作和修改	观念践行【C-3-3】

（续表）

一级目标	二级目标	学习目标			创新素养指标
		低年段	中年段	高年段	
创意物化（Z-4）	成果展示（Z-4-4）	说出与探究问题有关联的真实情况	能发现知识间的关联性，说出个人观点或团队思考过程	发现知识间的关联性 形成个人或团队观点 总结客观的结论，展示物化的成果	问题解决【C-3-5】

三、课程内容

综合实践活动课程聚焦真实问题，强调学科整合，注重探究合作，着力激发创新活力。课程内容包括"识博文化之旅"和"小小研究之旅"。

（一）选择原则

1. 识博文化之旅系列遵循的原则

继承传统。将中华优秀传统文化与仪式教育相结合，与各类实践活动相结合，融入校园文化品牌建设，让优秀传统文化在日常学习生活中不断渗透，入心入魂。

兼顾时代。回应新时代学生的发展需求，梳理各类场馆研学教育活动，探索实践传统文化课程，切实设计符合时代要求的综合实践活动，使活动形式与内涵顺应时代发展。

2. 小小研究之旅系列遵循的原则

高度融合。问题聚焦真实情境，贴合生活，激励学生为解决问题进行团队合作和跨学科知识的融合。每项活动强调知识的整合、调整与应用，突出创新，强化高阶思维的培养，增强活动向外延展的力量。

回归生活。秉承问题来源于生活，回归生活的学习理念，项目进程中开展查阅文献、实地探访、专家进校、调查访谈等，为学生提供学习、观察、提问、反思、讨论、创作和物化制作的机会，增加贴合生活的多维度体验，从而建立生活关联，解决真实问题。

（二）内容结构

1. 识博文化之旅

将中华优秀传统文化与学校特色相结合，结合时代要求，衔接古今，细分为"识博研学"和"五年成长"两个板块。通过室外考察、走访调查、研学旅行等，综合各学科知识，探寻中华优秀传统文化的新时代内涵和现代表达形式。

"识博研学"实践活动：以年级组为单位，开展实践体验活动。"识博研学"博物馆分为必修场馆和选修场馆。必修场馆包括校外实践基地，如"中国武术博物馆""上海院士风采馆"等，定期带领学生参观实践。选修场馆离学校较远，主要以亲子活动、假日小队等形式，由学生选择性地开展参观实践活动。

"五年成长"实践活动：以学生五年学校生活成长关键点为契机，以培育和弘扬中华优秀传统文化为重点，结合各年级仪式教育、传统节日主题活动，强调综合活动的规范性、综合活动的时代性、综合活动的探索性，倡导人人是主角，个个都精彩的育人观。

2. 小小研究之旅

以探究实践为主要方式开展教学活动，充分体现出学校科创特色。关注自然、社会、生活中的现象，以学生的体验为主，形成了每年级两个主题综合活动，将问题转化为有价值的研究课题，学会运用科学方法开展研究。

两个系列的实施内容详见表2。

表2 控江二村小学综合实践活动课程各年级实施内容表

学期	识博文化之旅	活动方式	小小研究之旅	活动方式
一上	研学：国歌展示馆	博物馆参观	"画"说汉字	设计制作
一上	成长：我的一天	团队教育	搭建校园场景	考察探究 设计制作
一下	研学：上海昆虫博物馆	博物馆参观	纸飞机的奥秘	考察探究 设计制作
一下			百变火柴棒	设计制作

（续表）

学期	识博文化之旅	活动方式	小小研究之旅	活动方式
二上	研学:中国武术博物馆	考察探究 社会服务	巧玩层层叠	考察探究 设计制作
			探寻纸支架	考察探究 设计制作
二下	研学:上海科技馆	考察探究 设计制作	鸡蛋保卫战	考察探究 设计制作
	成长:争章嘉年华	团队教育	*生活中的购物袋	考察探究
三上	研学:上海中医药博物馆	考察探究 社会服务	小小造船师	设计制作 职业体验
			有趣的食物链	考察探究
三下	研学:上海中国航海博物馆	考察探究 设计制作	*为发芽的绿豆安个家	考察探究 设计制作
	成长:十岁成长礼	团队教育 社会服务	探秘昆虫世界	考察探究 设计制作
四上	研学:上海市历史博物馆	考察探究 社会服务	多座位跷跷板	设计制作
			*打弹子	考察探究 设计制作
四下	研学:上海自然博物馆	考察探究 设计制作	小小发明家	考察探究 职业体验
	成长:我爱我家	团队教育	*我想用的纸巾纸	考察探究
五上	研学:上海院士风采馆	考察探究 社会服务	小小电影人	设计制作 职业体验
五下	研学:中国印刷博物馆	考察探究	*班级历史	考察探究 设计制作
	成长:我的毕业季	团队教育 社会服务		

注:1. 综合实践活动每学期16—18课时。

2. "识博研学"每学期4课时,不同年级开展一个主题;"五年成长"每学年4课时,不同年级开展一个主题;"小小研究之旅"每个学期开展1—2个主题,低年级一般2个主题,每个主题4—6课时,中高年级1—2个主题,每个主题8—12课时。

3. *为区域引入主题设计,需根据学校要求进行调整后再实施,其余为学校自主开发的内容。

（三）内容与目标关联表

见表3。

表3　控二小学综合实践活动课程内容与目标关联表

学期	学习内容	价值体认				责任担当				问题解决					创意物化			
		爱党爱国	公共观念	规则意识	科学态度	自理自立	主动服务	团队合作	生活态度	提问质疑	计划制订	信息处理	问题解释	监控反思	创意设计	工具选择	物化制作	成果展示
一上	国歌展示馆	✓	✓						✓	✓								✓
	我的一天		✓	✓		✓	✓			✓			✓			✓		✓
	"画"说汉字	✓		✓				✓		✓			✓			✓		
	搭建校园场景		✓	✓									✓					✓
一下	上海昆虫博物馆		✓	✓		✓		✓		✓	✓				✓			
	纸飞机的奥秘			✓			✓			✓			✓	✓				
	百变火柴棒			✓			✓											✓
二上	中国武术博物馆	✓	✓					✓			✓	✓						✓
	巧玩层层叠			✓			✓						✓		✓			✓
	探寻纸支架					✓				✓			✓	✓	✓			✓
二下	上海科技馆		✓	✓		✓					✓		✓					
	争章嘉年华	✓																
	鸡蛋保卫战			✓				✓	✓			✓			✓	✓		
	生活中的购物袋				✓													✓

（续表）

学期	学习内容	价值体认				责任担当				问题解决					创意物化			
		爱党爱国	公共观念	规则意识	科学态度	自理自立	主动服务	团队合作	生活态度	提问质疑	计划制订	信息处理	问题解释	监控反思	创意设计	工具选择	物化制作	成果展示
三上	上海中医药博物馆	✓	✓				✓		✓	✓				✓			✓	
	小小造船师	✓				✓					✓	✓			✓		✓	✓
	有趣的食物链		✓		✓			✓		✓			✓				✓	
三下	上海中国航海博物馆		✓		✓			✓				✓			✓			
	十岁成长礼	✓	✓			✓	✓					✓						✓
	为发芽的绿豆安个家			✓		✓	✓				✓		✓				✓	
	探秘昆虫世界			✓					✓	✓	✓						✓	
四上	上海市历史博物馆	✓				✓		✓				✓						✓
	多座位跷跷板		✓	✓				✓			✓	✓			✓	✓	✓	
	打弹子			✓			✓			✓		✓	✓	✓			✓	
四下	上海自然博物馆		✓	✓				✓			✓	✓		✓		✓		
	我爱我家		✓				✓	✓			✓			✓				✓
	小小发明家	✓						✓		✓	✓		✓		✓			
	我想用的纸巾纸				✓		✓			✓		✓				✓		
五上	上海院士风采馆	✓		✓		✓	✓				✓							✓
	小小电影人	✓	✓		✓		✓			✓			✓			✓	✓	
五下	中国印刷博物馆	✓				✓					✓		✓					✓
	我的毕业季		✓	✓		✓				✓								✓
	班级历史			✓		✓					✓				✓		✓	✓

四、课程实施

(一) 设计要求

学校基于学生发展的实际需求设计活动主题,并选择相应的活动方式。既有帮助一年级学生更好地适应校园生活的主题活动,也有基于学生兴趣与生活经验的考察探究,还有走出校园的社会服务主题活动。同时,鼓励学生动手动脑进行创意设计,物化制作,在职业体验活动中感受工匠精神。

(二) 实施要求

1. 准备阶段

教师:根据研究的问题,对学习材料和学生情况进行分析,确定研究任务,明确需达成的最终目标,进行研究过程的整体设计,准备好学生的学习工具等。

学生:明确研究的问题,按要求完成任务,知道研究的步骤,知晓活动规则和评价基本指标,明确最终成果展示的方式。

2. 执行阶段

教师:指导学生按步骤和设计好的支架(情境支架、问题支架、策略支架、评价支架等)营造持续研究的氛围,指导学生完成研究。

学生:读懂学习活动手册,按照要求有序开展探究活动,能持续保持学习、探索、制作的热情。

3. 收尾阶段

教师:给予成果展示的外部支持,收齐过程性学习资料,完成评价。

学生:按要求进行成果展示,上交所有学习资料,完成组内评价。

4. 成果交流方式

模型、小报、节目表演、研讨会、答辩会、演讲会、展览会等。教师尽可能为学生的学习成果展示提供多样的平台,打造无边界的学习环境,以鼓励学生主动参与,并通过集思广益,进一步完善、延展学生的设想,激励学生不断超越自我,使展示活动成为下一个研究的起点。

五、课程评价

综合实践活动评价采用过程性与结果性相结合的方式,坚持评价的导向性、发展性、多样性原则。

（一）评价原则

1. 一致性原则

以发展核心素养为导向，紧紧围绕课程目标，根据课程内容，制订评价指标，保持与目标的一致性。课程目标、活动目标、课时目标，三者贯通一致，将综合实践活动课程培养目标落实落地。

2. 发展性原则

重视学生在实践活动中的学习态度与动态过程，肯定学生在实践过程中的进步。用发展的角度评测真实表现，正确对待活动中的困难与挫折。面对问题鼓励学生不断改进提高，过程性记录是评价的重要手段。

3. 多样性原则

制订与目标匹配的评价机制，观测活动前、活动中、活动后的表现，贯穿学习始终。发挥教师、家长和学生多元主体评价作用，依据学生年龄特点制订循序渐进的评价目标。将过程性评价与结果性评价相结合，重视质性评价。

（二）评价方式

1. 遵循发展规律

通过对学生成长过程的观察、记录、分析，促进学校及教师把握学生的成长规律，了解学生的个性与特长，不断激发学生的潜能。如，对学生作品进行深入分析和研究，挖掘其背后蕴藏的思想、创意。

2. 做好过程记录

指导学生分类整理，筛选有代表性的活动记录、典型事实材料以及其他有关资料，编排、汇总、归档，形成每一个学生的综合实践活动档案。同时，收集相关事实材料，如，活动现场照片、作品、研究报告、实践单位证明等。

3. 重视质性评价

结合学生成长手册，每学期末，教师要依据课程目标和档案，结合学生平时活动情况，对学生综合素质发展水平进行科学分析，写出综合实践活动情况的评语，引导学生扬长避短，明确努力方向。

六、课程管理与保障

（一）组织保障

建立务实有效的课程开发、实施与管理机构,明确责任,有序推进学校综合实践活动课程方案的实施。(见图1)

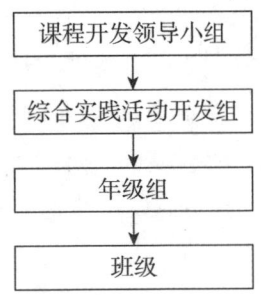

图1 控江二村小学综合实践活动课程管理结构图

1. 课程开发领导小组

全面负责领导课程的开展,制订课程实施方案,协调各方面工作,整合多方教育力量,监控和评价课程和各类人员的工作,为学校开设课程提供各种保障。

2. 综合实践活动开发组

是学校实施课程管理的职能部门,负责制订具体的课程计划和组织课程的日常运作,检查各年级的课程实施情况,收集相关资料和数据,对学生进行学习方法指导,聘请和组织校内外专家,把具体的工作要求布置给年级组。

3. 年级组

是活动组织管理的重要环节,在整个综合活动实施中起着组织、协调和监控作用。它根据学校综合实践活动行动方案的统一安排,具体落实本年级的学生活动实施计划,布置各阶段工作的具体要求,及时发现和解决出现的问题,规范学生的实践活动等。

4. 班主任和指导教师

负责对学生的组织实施和管理指导工作,随时了解学生活动进展情况,帮助学生解决各种问题和困难,关注学生在课程实施中的态度和表现,调动学生积极投入课程,负责与家长沟通联系、通报情况等。

（二）制度保障

学校进一步推进完善国家课程校本化的相关制度,如"课程审核制度""教学管理制度""教研活动管理制度",保障课程教学质量。进一步完善综合实践活动课程的管理制度,保证综合实践活动开发与实施的质量,促进学生个性发展与教师专业成长。

1. 课程资源的管理

重视资料积累,提供共享便利。综合实践活动课程内容的开放性为学生主动探究、自主参与和师生合作探求新知识提供了广阔的空间。师生在实践学习中所获取的信息、采用的方法策略、得到的体验和取得的成果,对于本人和他人都具有宝贵的启示、借鉴作用。将这些资料积累起来,成为师生共享利用的学习资源,是学校进行综合实践活动课程建设的重要基础。

2. 研修活动的管理

综合实践活动开发组是各学科教师代表汇集一起,发挥集体智慧,提高实践活动教学水平和教学效益的教学研究组织,是学校综合实践活动教学管理系统的重要组成部分。因此,综合实践活动课程的教研组建设应该更加注重实效,强化教研组建设的常规管理,每次教研活动做到时间排定、人员固定、内容确定、方法选定,以提高活动实效。教研活动让教师有所得益,不断提高教师对课程的实施能力。

（三）师资保障

加强教师队伍建设,积极引进人才;加强教师校本培训,促进教师专业成长。开发学校资源,利用学校科学教育特色、教师特长,以及学校场地、设备和设施,建立综合实践活动课程的资源库;开发社区、社会资源,学校建立一支外聘指导教师队伍,建立共建基地;开发家长资源,发挥家长特长、专业技能、经验和能力,充实学校综合实践活动课程指导力量,帮助学生开展多样的实践活动。

（四）经费保障

综合实践活动不能仅依靠课内的35分钟,要建立综合实践活动的学习场域,为学生学习创造良好的学习环境。专用教室必须有专人管理,有管理制度。管理员要管理到位,配齐所需用品。学生要遵守制度,才能在创意活动室里、在老师的指导下,用好各种仪器设备和多种材料,开展自由的科学实验和有趣的设计制作。另外，综合实践活动涉及的知识面广、学科门类多，学校图书馆、电脑房、实验室、资料室等要为师生提供优质服务。学校一方面要努力增加投入，另一方面可以与附近的高等院校、图书馆合作，请他们支持关心学生的综合实践活动，帮助解决困难，为师生提供丰富资源，搭建师生共同学习的广阔平台。

（执笔人：上海市杨浦区控江二村小学　楼蓓芳、应　鸣）

案例一

巧玩层层叠

一、主题概述

（一）主题来源

层层叠是一款深受学生喜爱的益智积木玩具。本活动以同学生活中发现的问题"用什么方法拆除和搭建，可以让层层叠站得稳"为研究点，关联科学、数学、信息技术等学科。

（二）研究问题

用什么方法拆除和搭建，可以让层层叠站得稳？

（三）活动任务

1. 任务

用48块木条搭建"高楼"，然后拆除除最高层外的任意8块木块，再在最高层搭建，要求"高楼"依旧站得稳。

2. 任务分解

该活动任务可分解为三个子任务。（见图1）

子任务一：建"高楼"。用48块木条在3分钟内搭建"高楼"，让它站得直而稳。

子任务二：拆"高楼"。拆除"高楼"中除最高层外的任意8块木块，让它保持站得稳。

子任务三：再建"高楼"。将已经拆除的8块木块在最高层搭建，让它站得稳。

三个子任务是前后关联的,前面任务完成的好坏直接影响到后面任务的实施效果。因此,在完成任务的过程中,要引导学生学会分享协作,更全面地观察和思考,反思并归纳出一些保持平衡的方法,不断坚持尝试,最终完成任务。

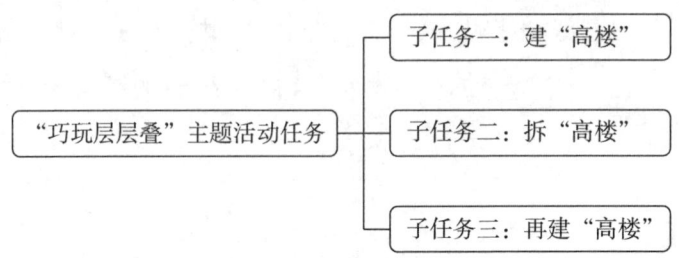

图 1 "巧玩层层叠"主题活动任务分解图

(四) 学情分析

本活动项目针对二年级学生,将综合实践活动中的价值体认、责任担当、问题解决、创意物化四个核心目标,细化为六个二级目标,并对学生的已有基础和发展预期进行分析。(见表1)

表 1 "巧玩层层叠"主题活动学情分析表

维度	目标指向	已有基础	发展预期
价值体认	规则意识	知道遵守学校和班级的基本规则	能遵守活动和小组规则 听从共同指令,按步骤做事
	科学态度	愿意通过观察说出自己的想法	根据观察说出思考后的想法 遇到困难也能坚持
责任担当	团队合作	有团队合作完成任务的习惯和意识,按要求完成任务	能主动与他人合作,根据自己能力和兴趣接受任务并完成
问题解决	提问质疑	愿意提出生活中或学习中的问题	能仔细观察,发现问题并经过思考后再提出问题 对他人提出的问题,愿意追问或提出自己想法
	问题解释	愿意结合自己生活和学习经验,说出自己对问题的想法	通过观察发现两个事物之间的相同点和不同点,得出自己的结论 从他人分享中找到方法,尝试实践并得出结论

(续表)

维度	目标指向	已有基础	发展预期
创意物化	成果展示	能模仿着进行简单的制作活动	能按要求通过思考后进行设计与制作(本活动中的拆除与搭建)

（五）创新素养链接

见表2。

表2 "巧玩层层叠"主题活动创新素养行为表征表

维度	创新素养指标	行为表征
创新人格【C-1】	分享协作【C-1-4】	在小组合作中能主动承担并完成任务,他人有困难时愿意帮助,愿意分享自己的想法、接纳他人意见
创新人格【C-1】	坚持【C-1-6】	能依据活动手册,按要求完成,面对困难与挑战时,及时调整方法,坚持不懈、不退缩
创新思维【C-2】	灵活性【C-2-2】	搭建过程中愿意尝试不同方法,根据情况适时调整自己的想法
创新思维【C-2】	独创性【C-2-3】	在搭建与拆除"高楼"过程中,提出与他人不同的想法
创新实践【C-3】	问题分析【C-3-1】	能调动搭建与拆除"高楼"相关的生活与学习的经验与知识,明确各问题之间关系
创新实践【C-3】	问题解决【C-3-5】	能够通过实践和反思,找到搭建与拆除"高楼"保持平衡的方法

二、活动目标

（一）任务目标

搭建一栋站得稳的"高楼"。

（二）学习目标

1. 能按照任务要求与操作步骤,完成搭建与拆除的任务。(Z-1-3 规则意

识)【C-1-6坚持】

2. 通过观察、记录、动手实践发现物体的重心,找到保持平衡的方法。(Z-1-4科学态度、Z-3-1提问质疑、Z-3-4问题解释)【C-2-2灵活性、C-2-3独创性、C-3-1问题分析、C-3-5问题解决】

3. 能与伙伴分享协作,积极主动充满乐趣地共同完成所有活动。(Z-2-3团队合作、Z-4-4成果展示)【C-1-4分享协作】

三、活动内容

见表3。

表3 "巧玩层层叠"主题活动内容表

子任务活动	活动目标	表现标准	建议课时
搭建"高楼"	了解什么是层层叠及它的游戏规则(Z-1-3) 根据活动要求小组分工,明确自己的职责 找到让"高楼"站得直而稳的方法	说出层层叠的游戏规则1—2条 知道自己在小组里的任务和职责 说出1—2个搭建的好方法	1
拆除"高楼"	按要求,小组合作完成任务二——拆除(Z-2-3)【C-1-4】 观察、记录、动手实践发现物体的重心,找到保持平衡的几种方法(Z-1-4、Z-3-1、Z-3-4)【C-2-2、C-2-3、C-3-1、C-3-5】	按要求快速搭建,能说出搭"高楼"站得稳的1种方法 按要求拆除,能说出拆除"高楼"站得稳的1种方法	1—2
再建"高楼"	按要求,小组合作完成任务三——再搭建【C-1-6】 能较客观地评价自己和伙伴的活动表现,并完成评价单(Z-4-4)	完成拆除8块木条后再往上搭的最终任务,填写完整任务单 愿意接受他人的建议,主动填写学习评价单	1

四、活动实施

（一）实施流程

见图2。

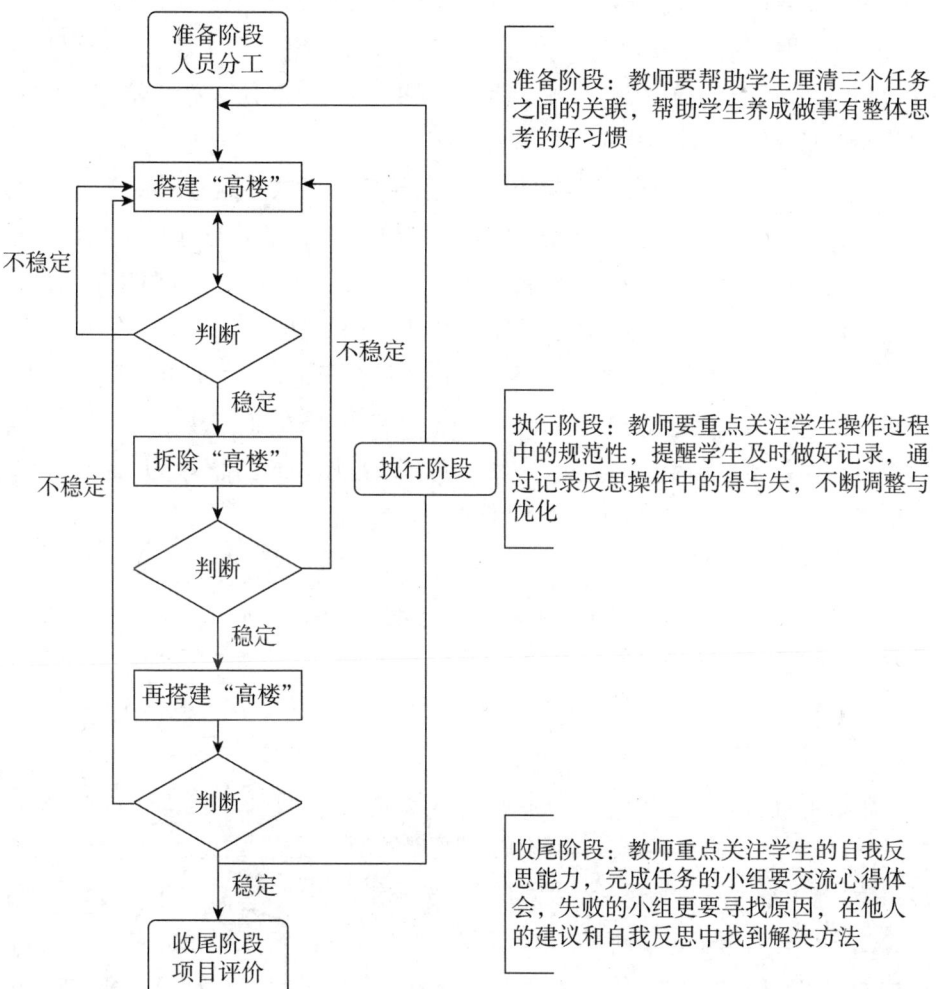

图2 "巧玩层层叠"主题活动实施流程图

（二）实施建议

1. 学习对象

小学二年级学生。

2. 预设课时

4课时。

3. 实施要求

(1) 任务一

唤醒已有经验，激发兴趣。观看层层叠的游戏视频，激发学生已有认知和活动兴趣。同时，由学生在玩层层叠时发现的问题，引出活动主题——巧玩层层叠，凸显"巧玩"方法的重要性。邀请玩过层层叠的学生，分享游戏规则，为后续团队合作完成任务做好铺垫。

认清各项任务，完成分工。发布总任务、子任务以及小组分工要求，让学生分析各任务之间的关联，为整体思考此活动做好准备。提醒学生阅读搭建的具体要求，根据自己的个人特点，选择适合的岗位，允许有一次人员调整。在尽量尊重学生意愿和合理要求的前提下，完成小组分工。

尝试搭建"高楼"，总结方法。第一项任务是在规定时间里搭建，重点关注学生执行任务中的规则意识和团结合作状态。搭建并不难，但是要做到"站立得直而稳"，如何检验直和稳，考验学生观察力和调动以往经验的能力。同时，第一项活动规则意识的培养，为后两项任务顺利达成做了铺垫。

(2) 任务二

尝试整体思考。第二项任务的重点是在第一项搭建"高楼"的任务基础上，按要求拆除规定的8根木条，让"高楼"依旧站立得稳。三项任务看似独立，却有密切的关联性，搭建的稳定性会直接影响拆楼的效果，而拆楼的效果又会影响继续往上搭建的效果。

坚持记录找方法。活动难度明显加大，它要求小组在已搭好的"高楼"结构中，通过科学严谨的观察分析、猜测质疑、发现问题并反思，最终找到拆除木条并能保持平衡的各种巧妙方法。根据二年级学生年龄特点，我们降低活动难度，将任务二再分解为两步走。同时，为了帮助学生养成先思考后操作的习惯，活动采用按步骤实践记录和视频拍摄相结合的方式，通过提问猜测、坚持记录、动手实践，回看记录再调整与修改，找到本组问题所在，通过持续观察思考寻找到保持平衡的巧妙方法。

(3) 任务三

学会总结方法。第三项任务，最终再将拆除的8根木条，放到"高楼"顶层完成任务。在前期已有方法的基础上，有的组能很快完成任务，有的组则小事不断,影响他们的活动效果。如果学生自己能反思发现问题,就留出时间让学生说出问题所在以及如何调整合作方式,以提高再搭建的效率。

客观做出评价。本活动收尾阶段是对活动的总结和评价。首先,总结个人参加活动的得与失,并不是所有小组都能完成此项任务,成功的小组分享经验,失败的小组总结经验,也可以申请再来一次实践。其次,每个人根据本活动设定的学习目标——对照自己的达成度,对自己和伙伴做出评价,真实而客观的评价也是实践活动的一部分。

五、活动评价

本活动采用过程性评价和结果性评价相结合的方式,最终评选出最具特色的"高楼",胜出者获得一枚"创客章"。评价表在收尾阶段,包括学生自评和伙伴互评。(见表4)

表4 "巧玩层层叠"主题活动评价表

评价维度	评价标准				评价	
	★	★★	★★★	★★★★	自评	互评
规则意识	没有按照操作步骤和要求,失败两次以上	没有完全按照操作步骤和要求,失败两次	会按照操作步骤和要求完成三项任务,失败过一次	严格按照操作步骤和要求完成三项任务,没有失败		
科学态度	愿意反复操作,但是不善于总结问题	在他人帮助下总结问题,愿意失败后再实践	及时总结失败经验,遇到困难也能坚持	仔细观察和思考后再操作		
团队合作	无法完全融入小组合作,没有完成任务	合作与动手操作中遇到很多问题,没有完成所有任务	团队合作,遇到困难能克服,完成任务	团队合作,非常开心顺利地完成所有活动		
提问质疑	无法观察得到有效信息并记录	不能完全根据观察所得进行完整记录	能根据观察所得进行完整记录	能实事求是地根据观察所得诚实记录		

（续表）

评价维度	评价标准				评价	
	★	★★	★★★	★★★★	自评	互评
问题解释	没有发现保持“高楼”平衡的方法	努力观察、记录、动手操作，但并没有发现保持“高楼”平衡的方法	通过观察、记录、动手操作发现1个保持“高楼”平衡的方法	通过观察、记录、动手操作发现2个及以上保持“高楼”平衡的方法		
成果展示	失败过，只完成一项任务	失败过，只完成两项任务	失败一次，但完成搭建与拆除三项任务	一次完成三项任务		
我想说： 在本次综合实践活动中共得到（　　）颗星！						

六、学习工具

活动手册，见图3—图10。

叮，工程队任务书来啦！

亲爱的未来城市建设者们：

城市建设的发展离不开建设者们的智慧、勤劳、合作。让我们从小练好本领，现在有一项重要的任务，考验每一位未来城市建设者们的基本功，你愿意接下这份任务书吗？

请
跟
我
来！

发布任务：用48块木条搭建“高楼”，拆除除最高层外的任意8块木块，再往最高层搭建，“高楼”依旧站得稳。

要想顺利完成此项任务可不简单，送你以下三个智慧锦囊：

1.遵守规则放第一，团队合作很重要，赶快组建你的工程团队吧！

2.睁大眼睛仔细观察，动手操作细心耐心，找到方法很关键哦！

3.你要相信团队中每个人都很重要，不要怕失败，但要总结经验呀！

图3

寻找伙伴，建立工程小组，完成小组成员信息表。

小组人员分工表

小组名称：

小组成员

记录员：（　　）观察员：（　　）

操作员：（　　）（　　）汇报员：（　　）

记录员任务：按照学习单，真实记录下动手操作全过程。

观察员任务：仔细观察“高楼”状态，用平板电脑拍摄搭建和拆除的过程。

操作员任务：严格遵守要求规范操作，与观察员及时沟通。

汇报员任务：收集组员想法，代表小组将发现的方法归纳并汇报。

图4

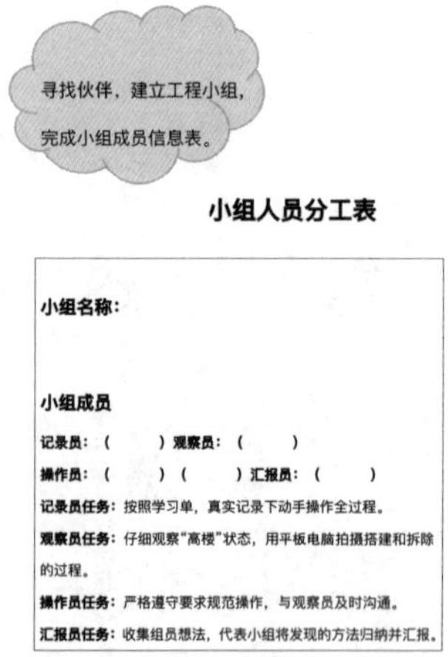

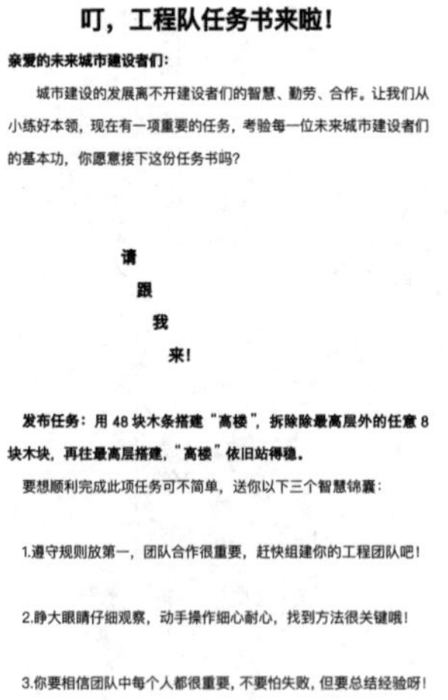

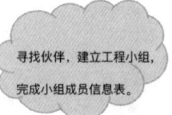

11. 上海市杨浦区控江二村小学

任务一： 用48块木块搭建"高楼"，让它站得直而稳。

小组分工要求：
观察员：（ ）
操作员：（ ）（ ）（ ）
观察员任务：观察搭建全过程，搭建完毕，举旗示意。
操作员任务：严格按照搭建要求实施"高楼"搭建。

搭建要求：
1. 3个人合作一起完成搭建，人人参与。
2. 请严格按照以下示意图完成"高楼"搭建。（颜色忽略）
3. 搭建的"高楼"要直而稳。

图 5

"高楼"搭建完成检测单

检测内容	已达成（打☆）	未达成（打△）
是否成形		
是否"直"		
是否"稳"		
是否在3分钟内完成		

"高楼"搭建完毕，是否符合要求呢？请检测一下。

挑战：
搭建时间：3分钟内（ ）3分钟外（ ）
搭建"高楼"让它站得直而稳的方法（语言或文字交流）：
_____

图 6

记录

根据小组决定，填上拆除的号码，在成功或失败上打√

第一个拆除	（ ）号	成功（ ）	失败（ ）
第二个拆除	（ ）号	成功（ ）	失败（ ）
第三个拆除	（ ）号	成功（ ）	失败（ ）
第四个拆除	（ ）号	成功（ ）	失败（ ）

本次（ ）小组最终拆除计划，成功（ ）失败（ ）

失败的小组请再调整你们的数据或者操作方法，再来一次吧！

成功的小组请继续完成拆除第二步。

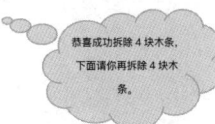
恭喜成功拆除4块木条，下面请你再拆除4块木条。

图 7

恭喜你！

任务二： 拆除除最高层的任意8块木块，让"高楼"依旧站得稳。

请仔细阅读拆楼要求：
1. 不能拆除最高层的木条。
2. 请操作员用一只手完成一根木条的拆除，拆除过程中不能扶"高楼"。
3. 记录员做好木条跟踪记录，导致"高楼"倒塌的木条不能计算在内。

友情提醒：观察员做好全程拍摄

讨论
请把你们决定拆除的4个号码编号写下来：
（ ），（ ），（ ），（ ）
选择这4个号码的原因是：
_____

图 8

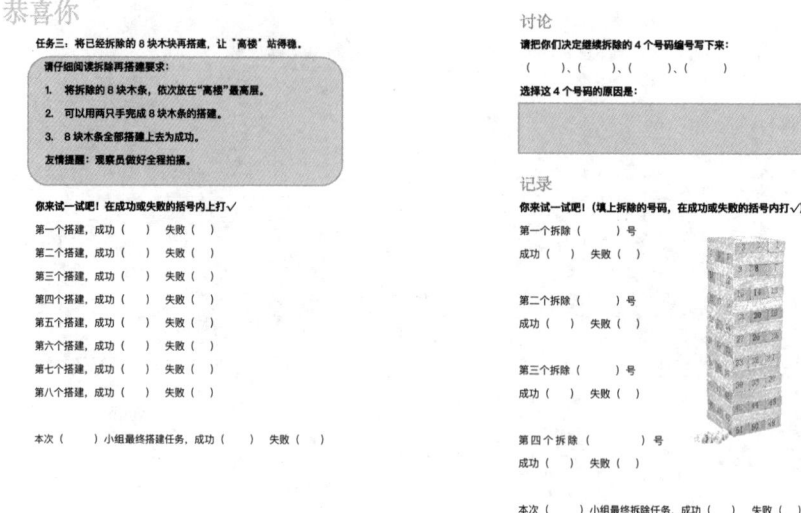

图 9　　　　　　　　　　　　　图 10

（执笔人：上海市杨浦区控江二村小学　应　鸣）

 案例二

小小电影人

一、主题概述

（一）主题来源

中国优秀传统文学里有很多耳熟能详的经典故事，例如：《花木兰》《孔融让梨》等。我们以"能不能让传统故事拥有新的展现形式，让更多的人喜欢并牢记"这一真实问题为出发点，关联语文、美术、音乐、科学与技术、信息技术等学科，完成制作一部时长不超过两分钟的定格微型动画。

（二）研究问题

如何将中华经典小故事变成一部时长不超过两分钟的定格微型动画？

（三）活动任务

1. 任务

校园艺术节即将开幕，各小组选择一则中华经典小故事，例如：《花木兰》《精忠报国》《孔融让梨》等，通过将故事改编剧本、设计人物造型、制作人偶、拍摄定格动画等系列任务，合作完成一部时长不超过两分钟的定格微型动画。

2. 任务分解

该活动任务可分解为六个子任务。（见图1）

子任务一：编写剧本。将一则经典小故事，改编成看得懂、演得出的小剧本。

子任务二：设计造型。设计符合人物性格和时代特征的人物造型和场景。

子任务三：制作人物。制作人偶，并按照剧本要求能做出各种灵活的动作。

子任务四：制作动画。用手机或平板电脑完成定格动画的完整拍摄。

子任务五：尝试配音。运用配音和拟音，让无声微动画变成有声微动画。

子任务六：设计海报。设计一张海报，更好地宣传本组制作的定格微动画。

六个子任务之间有明确的前后关联和递进关系，前面任务完成的好坏直接影响到后面任务的效果。在完成任务过程中，要求学生采用分享协作的方式完成所有任务。每项任务都有一定难度，要求学生坚持不懈找到问题并不断调整方法来解决。

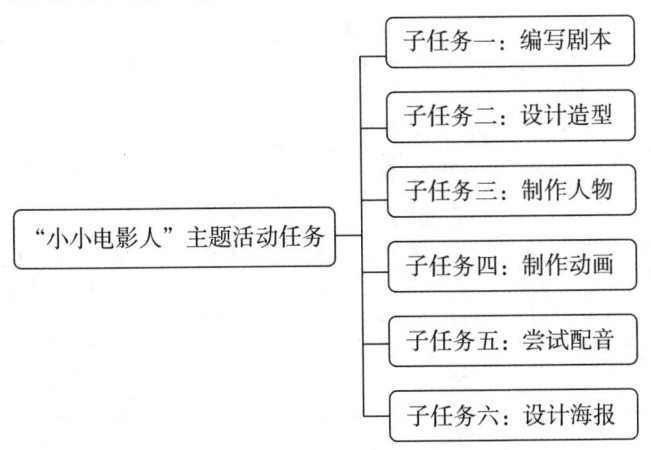

图1 "小小电影人"主题活动任务分解图

（四）学情分析

本综合活动项目针对五年级学生，我们从价值体认、责任担当、问题解决、创意物化四个方面对学生的已有基础和发展预期进行分析。（见表1）

表1 "小小电影人"主题活动学情分析表

维度	目标指向	已有基础	发展预期
价值体认	爱党爱国	知道并喜爱中华优秀传统文化中的一些人物、故事、物品	熟悉并热爱中华优秀传统文化中的一些人物、故事、物品，为自己是中国人感到自豪
	规则意识	愿意参与制订操作计划，知道获取资料，要记录获取途径	养成按计划做事的习惯，能较详尽地记录资料获取途径和来源，具有初步产权意识
责任担当	自理自立	知道自己的事情自己完成，会提出自己的疑问	解决问题的过程中能独立思考，遇到问题愿意自己去努力解决
	团队合作	有团队合作完成任务的意识，能与伙伴分享想法，完成任务	能主动与他人合作，根据自己能力完成任务，为小组提出建设性意见
	生活态度	积极接受别人的建议	活动中能适时地调整自己的想法，积极主动解决问题
问题解决	计划制订	能熟知研究前需制订研究步骤，看得懂所有步骤，不随意更改	根据任务要求制订活动计划，严格按照计划步骤执行，活动收尾提出修改建议
	信息处理	能从指定的途径中获取信息，提取所需信息，做好记录	能通过书籍、网络等途径找到相关信息，并能提取和编辑关键信息做好记录
	提问质疑	能发现问题，并提出自己的问题	能发现实践过程中的问题，并能提出自己的想法，付诸实践
	问题解释	能根据问题表达自己的想法	能够通过反思和实践，形成符合预期要求的合理解释

（续表）

维度	目标指向	已有基础	发展预期
创意物化	创意设计	能按照活动手册的要求进行简单的绘图、记录、制作活动	能参加小组讨论制订设计方案，能及时调整和优化设计中的问题
	工具选择	会使用指定的工具	能根据要求自己选择工具，并尝试学习和使用
	物化制作	能根据活动流程、要求，选取工具完成制作	充分利用软件技术，完成数字产品的制作和修改
	成果展示	能按照要求较完整地表达自己的想法和观点	能用文字、图画相结合的方式表达自己的想法和观点，并富有情感地完整表述

（五）创新素养链接

见表2。

表2 "小小电影人"主题活动创新素养行为表征表

维度	创新素养指标	行为表征
创新人格【C-1】	想象力【C-1-2】	能够在不同事物之间建立联系，如，根据文字想象人物或物品造型等
	独立自信【C-1-3】	对问题或观点有独立思考的过程，并敢于表达
	分享协作【C-1-4】	在小组合作中能主动承担并完成任务，他人有困难时愿意帮助，愿意分享自己的想法，接纳他人意见
	坚持【C-1-6】	能依据活动手册，按要求完成所承担的任务，面对困难与挑战时，不断调整方法，坚持不懈、不退缩
创新思维【C-2】	流畅性【C-2-1】	能围绕研究中的问题进行发散思考，分析归纳后提出解决的方法，并将想法变成行动
	灵活性【C-2-2】	创作过程中愿意尝试不同方法，根据情况适时调整自己的想法
	独创性【C-2-3】	在创作剧本、人物和制作动画过程中，能提出与他人不同的想法

（续表）

维度	创新素养指标	行为表征
创新实践【C-3】	问题分析【C-3-1】	能调动剧本创作、人物绘制、动画制作相关的生活与学习经验与知识，厘清各问题之间关系，分解问题
	资源利用【C-3-2】	能够围绕问题，从不同途径收集信息，辨识信息可靠性，整理与问题有关的内容，服务于问题解决
	观念践行【C-3-3】	能够基于设计方案，按照活动流程用实践验证方案的可行性
	问题解决【C-3-5】	能够通过持续实践和反思，最终完成一部时长不超过两分钟的定格微型动画

二、活动目标

（一）任务目标

制作一部时长不超过两分钟的定格微型动画。

（二）学习目标

1. 成立小组，以合作的形式阅读书籍，并筛选出准备改编的中华经典小故事。(Z-2-1自理自立、Z-3-2计划制订、Z-1-3规则意识)【C-3-3观念践行、C-3-2资源利用】

2. 根据制订的计划，学会将故事改编成剧本，了解人物性格，设计匹配的造型，学习制作人偶。(Z-3-3信息处理、Z-4-1创意设计)【C-2-2灵活性、C-2-3独创性、C-1-2想象力】

3. 了解手机拍摄连续动作的要点，尝试拍摄、修正，并能根据剧本需求，寻找身边各类物品来创造性地完成配音。(Z-3-1提问质疑、Z-3-4问题解释、Z-4-2工具选择)【C-3-1问题分析、C-3-5问题解决、C-2-1流畅性】

4. 能听取多方意见，学会不断优化、调整，敢于充分表达观点，做好活动手册的完整记录。(Z-2-3团队合作、Z-2-4生活态度)【C-1-4分享协作、C-1-6坚持】

5. 能用图文并茂的方式，合作设计一份体现微动画特点的宣传海报，撰写海报宣传语。(Z-4-1创意设计、Z-4-3物化制作)【C-1-4分享协作、

C-2-3独创性、C-1-2想象力】

6. 能充满感情地介绍本组作品,为他组提出建设性的意见,为能参与完成这项任务感到骄傲。(Z-1-1爱党爱国、Z-4-4成果展示)【C-1-3独立自信】

三、活动内容

见表3。

表3 "小小电影人"主题活动内容表

子任务活动	活动目标	表现标准	课时
编写剧本	收集故事,完成阅读和筛选,最终确定故事(Z-2-1)【C-3-2】 制订计划,明确剧本包含的基本要素(Z-3-2、Z-1-3) 合作研讨,分析人物和故事情节,完成改编【C-3-3】	选择并确定本组要改编的1则故事 学习并知晓剧本包含的3个基本要素,尝试写出分场景剧本	3
设计造型	查找资料,了解人物性格和历史背景进行构图设计(Z-3-3、Z-4-1) 能听取多方意见,会不断比较分析,从而优化、调整造型【C-2-2、C-3-1】	了解故事背景和人物性格特点,构思完成1张草图 按照组内分工要求,完成1—2个人物或1个场景造型的设计	2
制作人偶	用不同材料的组合、拼搭完成人偶的制作(Z-4-2) 在比较中不断调整材料和组合,提高人、物造型的灵活度【C-2-2、C-2-3、C-1-2】	采用科学与技术课学过的方法,制作1—2个人偶 让这1—2个人偶按照剧本灵活完成所有动作	2

（续表）

子任务活动	活动目标	表现标准	课时
拍摄动画	自学材料并交流,知晓定格动画制作流程和步骤 分工合作,能用手机或平板电脑完成每个分镜头拍摄(Z-2-3)【C-1-4】 展示交流,能发现问题并提出修改意见(Z-3-1、Z-3-4)【C-3-1、C-3-5】 有精益求精的信念(Z-2-4)【C-1-6】	明确定格动画的制作流程和步骤 完成1组微动画照片拍摄并导入 让静止的照片动起来,完成简单剪辑	4
模拟配音	收集可配音的材料,完成配音角色分工任务(Z-2-3)【C-1-4】 创造性运用生活物品,完成人、物的配音和音效(Z-4-2)【C-2-1】	根据配音要求研究人或物的声音特点 按照人物特点完成1个角色或1—2个物品的配音工作	2
设计海报	自学材料,了解海报的特点和种类 采用图文结合的形式,手绘或用软件制作海报,听取他人意见调整并修改(Z-4-1、Z-4-3)【C-1-4、C-2-3、C-1-2】 大胆富有感情地介绍海报,为自己的作品感到骄傲(Z-1-1、Z-4-4)【C-1-3】	知道海报的特点、种类 手绘或用软件设计海报的1个部分或者撰写1条宣传语	3

四、活动实施

（一）实施流程

见图2。

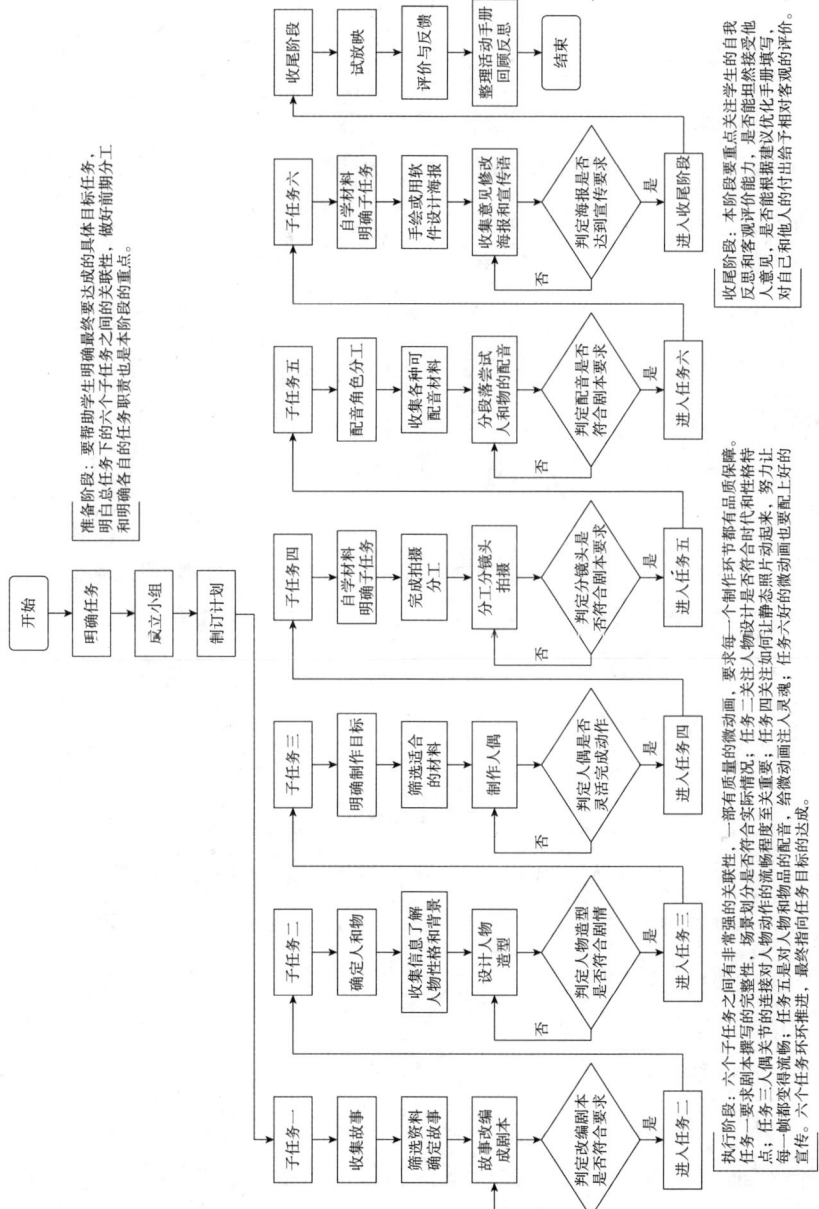

图 2 "小小电影人"主题活动实施流程图

(二) 实施建议

1. 学习对象

小学五年级学生。

2. 预设课时

16课时。

3. 实施要求

(1) 任务一

每个人发挥自己的长处,为制作做好前期准备,仔细阅读故事,深刻理解故事中的人物所展现出的优秀品质,帮助自己更好地理解人物,丰富剧本语言和动作。

(2) 任务二

根据剧本的需要,通过查阅资料,获取相关图片和文字信息。在造型规律的基础上,尝试添加、调整符合人物历史背景的设计元素,如,不同朝代、角色、性别差异和不同年龄的容貌、发型差异以及服装样式、色彩、纹样的差异等,也可以与当下学生喜闻乐见的动漫人物结合,表现出夸张的人物特征。

(3) 任务三

根据造型设计的画稿,将人偶的肢体进行拆解,这些拆解和连接,必须符合造型设计的意图和动作设计要求。在人偶"演员"(也就是制作好的人偶)表演之前,设计师必须熟悉剧情和走场路线,掌握人物的性格和人偶的造型特点,并事先做好排练准备,确保后期拍摄中人物的动作更加准确生动。

(4) 任务四

团队目标明确,根据时间线制订活动内容,在规定时间里合作完成一个个制作小目标,体现计划性与严谨性。拍摄中,学生一定会遇到很多困难,要鼓励学生主动找各学科老师咨询,特别是寻求信息技术老师的帮助。团队成员要清晰地说出自己的困惑,找到问题并尝试解决。

(5) 任务五

根据组内每个学生的声音特征、模仿能力等,分配角色,进行配音与旁白。在寻找身边物品配音的环节,可激发学生的兴趣,让他们利用课余时间,在家中、身边寻找合适的物品,培养学生反复试错的意识和不怕重做的精神,以及帮助他人共同进步的协作能力。

(6) 任务六

活动项目尾声,鼓励学生带着欣赏的眼光和更高的要求看待每一份凝聚团队智慧的微动画,提出建设性的建议,帮助他人优化作品。鼓励学生尝试以跨组或跨班级合作、申请外援、找小帮手等方式,进行更深入的交流和学习。

五、活动评价

"小小电影人"采用过程性评价与阶段性评价相结合的评价方式。通过活动评价表将自我评价、同伴评价与教师评价三个方面相结合,以设定的活动目标为基准,对整个学习过程进行评价。(见表4)

表4 "小小电影人"学生活动评价表

维度	评价指标	星级	评价标准	自评	互评
价值体认	爱党爱国	☆	不太理解中华优秀传统文化		
		☆☆	比较喜欢中华优秀传统文化,不太自信		
		☆☆☆	喜欢中华优秀传统文化,比较自信		
		☆☆☆☆	热爱中华优秀传统文化,充满自信		
	规则意识	☆	完全不能按计划做事,没有及时记录资料出处的习惯		
		☆☆	不太会按计划做事,能记录资料的获取途径和来源,但不够完整		
		☆☆☆	基本按计划做事,能及时记录资料的获取途径和来源,知道知识产权		
		☆☆☆☆	按计划做事,能详尽记录资料的获取途径和来源,有知识产权意识		
责任担当	自理自立	☆	对完成自己承担的任务和能力缺乏自信		
		☆☆	在他人帮助下完成任务,有提出想法的意识		
		☆☆☆	知道自己的事情自己完成,能提出自己的想法		
		☆☆☆☆	解决问题时能独立思考,明确自己的事情自己完成		

（续表）

维度	评价指标	星级	评价标准	自评	互评
责任担当	团队合作	☆	不太愿意与他人合作		
		☆☆	与伙伴协作与讨论时存在一定困难		
		☆☆☆	愿意与伙伴参与协作与讨论		
		☆☆☆☆	总能与伙伴愉快地协作与讨论		
	生活态度	☆	害怕改变和新的尝试		
		☆☆	在他人鼓励下，愿意尝试和修改		
		☆☆☆	有愿意尝试、不断试错的勇气		
		☆☆☆☆	有积极进取、敢作敢为，不怕试错的主动性和能力		
问题解决	计划制订	☆	无法参与方案制订		
		☆☆	按照制作步骤完成有一定困难		
		☆☆☆	能参与活动计划的制订，大部分情况下按照制作步骤完成任务		
		☆☆☆☆	能按照活动计划、制作步骤完成任务		
	信息处理	☆	获取信息正确率和完整性较差		
		☆☆	获取信息有一定困难，记录内容不够完整		
		☆☆☆	会按要求获取信息，按要求做记录		
		☆☆☆☆	能多途径获取信息，提取所需信息，做好记录		
	提问质疑	☆	不善于、不愿意提问、表达		
		☆☆	提问与表达有一定困难		
		☆☆☆	能听取他人建议完善自己的表达		
		☆☆☆☆	能在活动中适时提出自己的思考与表达		
	问题解释	☆	没有分析问题的习惯		
		☆☆	分析问题有一定困难		
		☆☆☆	能根据事实说出自己的理解		
		☆☆☆☆	能根据事实客观分析问题		

(续表)

维度	评价指标	星级	评价标准	自评	互评
创意物化	创意设计	☆	绘画能力较弱,也不愿意反复练习		
		☆☆	绘画设计存在一定困难		
		☆☆☆	能按照素材进行很好临摹,并做出一点改变		
		☆☆☆☆	能根据自己的理解对设计进行改变		
	工具选择	☆	不会主动使用和操作		
		☆☆	在他人帮助下,学习使用工具,操作不太熟练		
		☆☆☆	能根据要求找工具,跟着别人学习使用方法		
		☆☆☆☆	能根据要求自己选择工具,尝试学习和使用		
	物化制作	☆	动手制作能力比较弱		
		☆☆	在创意制作中没什么头绪,有一定困难		
		☆☆☆	能听取他人建议,不断完善自己的制作		
		☆☆☆☆	能很自如地将自己的想法、创意融入作品制作		
	成果展示	☆	不敢也不善于表达		
		☆☆	小组作品还不够完善,语言表达存在一些问题		
		☆☆☆	能图文结合,代表小组较完整地表达		
		☆☆☆☆	能图文并茂、情感充沛、完整地表达小组的观点		

我想说

在本次综合实践活动中共得到( )颗星

六、学习工具

活动手册，见图3—图16。

设计邀请函

亲爱的各位小设计师：

　　欢迎你参加本次校园艺术设计邀请赛，欢迎每一位欣赏美、热爱美的朋友加入我们的设计团队。

　　本次设计任务是如何将一个中华经典小故事编成一部时长不超过两分钟的微型动画片，让我校更多的学生喜欢。

请
　　跟
　　　我
　　　　来!

要想顺利完成此项任务可不简单，送你们以下三个智慧锦囊：

1. 遵守规则故事第一，团队合作很重要，赶快组建你的设计团队吧！

2. 根据需求定方案，活动准备不可少，找到解决问题方法至关重要！

3. 实践操作多询问，总结经验多尝试，珍惜每一次的自我反思！

图 3

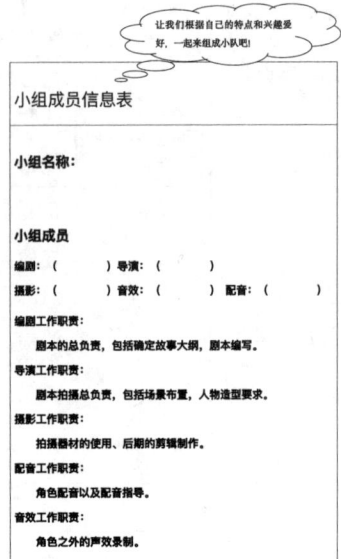

图 4

如何将一则经典小故事，改编成看得懂、演得出的小剧本？

我们选的故事是（　　），这个故事体现出主人公（　　）品质。你可以选用"机智""勇敢""勤学""孝敬""善良"这些词，或者其他词。

学习资料1见附页

阅读后思考：剧本中包含哪些重要部分？
*
*
*

试着和小组成员一起，将《西门豹治邺》"调查情况"这一部分的内容编写成剧本吧！

```
西门豹治邺
时间：
地点：
人物：

西门豹：
```

图 5

图 6

怎样设计人物造型和场景

人物形象设计要求：
1. 人物外貌特征鲜明，服装、形象与剧情与时代相符。
2. 制作多个角度的面部头像，便于配合剧情发展的需要。
3. 根据剧情增加相应的道具和场景，丰富画面层次。

人物形象草稿图

人物姓名：_____
性格特色：_____
人物造型：

图 7

人物姓名：_____
性格特色：_____
人物造型：

人物姓名：_____
性格特色：_____
人物造型：

图 8

道具、场景草稿图

道具：_____
道具造型：

场景：_____
场景：

图 9

如何制作人偶？
小组成员一同讨论、合作，尽可能详细地记录在下面吧！

制作人偶分工表

序号	人偶的制作		参与人员分工
1	角色	拷贝	
		裁剪	
		固定	
2	角色	拷贝	
		裁剪	
		固定	
3	角色	拷贝	
		裁剪	
		固定	
4	其他		

制作中遇到的问题：_____

图 10

我们尝试这样解决：_____
_____

制作材料：

制作步骤：

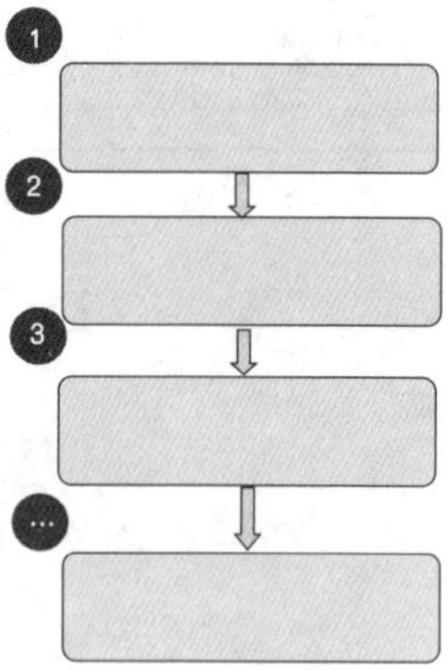

① ▢
② ▢
③ ▢
… ▢

图 11

怎样完成定格动画的完整拍摄？

微动画拍摄记录单

为了更好了解拍摄过程中发生的问题，大家齐心协力动脑筋解决这些棘手的问题，请拍摄负责人和团队成员一起做好记录，总结自己的得与失。

定格动画拍摄分工表

项目	器材、设备	人员分工
拍摄制作	手机（教师提供）影视剪辑制作软件	导演 摄影
动作	角色人偶	角色动作
布景和灯光	道具 灯光	

注：小组可以根据自己的实际操作情况，自行补充执行环节、器材、设备等。

图 12

定格动画拍摄日志

拍摄时间	参与人员	发现的问题	解决方法	备注

图 13

怎样让无声微动画变成有声微动画？

我们发现一部生动有趣的动画片，除了人物基本对话、行为动作，还可以有（_____）。

增添的设计构想：

1. 旁白：

2. 音效：

配音与音效记录表

序号	声画合一		设备、音效素材	人员分工
第一幕	人物音轨 背景音乐音轨 音效模拟	角色		
第二幕	人物音轨 背景音乐音轨 音效模拟	角色		
第三幕	人物音轨 背景音乐音轨 音效模拟	角色		

图 14

怎样让更多人喜欢我们的动画片？

宣传常用的方法是海报，对海报你知道多少呢？

(1) 海报的特点：

(2) 海报的种类：

......

海报制作分工表

序号	海报制作		参与人员	活动感想
1	画面部分	排版、整体设计		
2		人物造型		
3		色彩		
4	文字部分	标题、主创名单		

《　　》动画片宣传策划书

策划人：
宣传形式：
宣传内容计划书：（可以用树状图、思维导图等形式显示流程）
宣传内容展示效果：（图、文、视频皆可）

图 15　　　　　　　　　　　　　图 16

（执笔人：上海市杨浦区控江二村小学　应　鸣、施　韵）

12. 上海市杨浦区打虎山路第一小学

  打虎山路第一小学的综合实践活动课程是学校"摇篮"系列课程的重要一环,旨在实现"明礼立志、健康尚美、爱思乐创"的学生发展目标。学校特别重视发展学生的兴趣爱好,通过将学生置于真实问题的情境中,促进他们学习知识、解决问题,并在此过程中培育创新精神和合作能力。

  结合学生创新素养的培育目标,学校根据不同年段学生的身心特点和认知水平,精心规划了不同系列的课程,分为"摇篮礼志少年"系列和"摇篮科创少年"系列,分别对应以场馆资源为基础的社会实践类课程和以真实情境为背景解决问题的活动课程。例如:一年级的"奇妙的海洋世界"主题活动课程,学生在上海海洋水族馆中实地观察、探索和讨论,完成了一幅幅生动的海洋画作品;在四年级的"我是巧手'小鲁班'"主题活动中,学生充分发挥创意,小组合作,设计并制作出了独一无二的笔筒,在实践中学习了本领。在适当的引导下,学生结合生活实际,提出问题,分析问题情境,并联系相关经验和知识,深入思考和探索问题。在完成任务的过程中,学生学会了与同伴合作,积极分享自己的想法。

  为了全面评价综合实践活动课程,学校建立了一套较为完善且形式多样的评价体系,不仅重视结果性评价,更关注过程性评价。评价主体也是多元的,结合学生自评、互评以及教师评价,对学生进行综合性的评估,特别关注对学生创新实践能力和问题解决能力的培养。

上海市杨浦区打虎山路第一小学综合实践活动课程实施方案

一、背景分析

(一) 课程概况

学校综合实践活动课程是学校"摇篮"系列课程的一个组成部分。该课程面向学校"明礼立志、健康尚美、爱思乐创"的学生发展目标,充分关注学生兴趣,引导学生在真实的问题情境中学习知识、解决问题,培养学生的创新精神、合作能力。它分为"摇篮礼志少年"和"摇篮科创少年"两个系列。两个系列的课程分年级设置,其中针对一年级学生,基于幼小衔接的要求,专门开设了"自理我最棒"主题活动,作为学校幼小衔接的学习准备期课程的一个补充。

(二) 师资情况

学校综合实践活动课程教研组共35位教师,学历都是本科,均为兼职教师,来自语文、数学、体育、科技等多门学科。大部分教师已有多年经验,对于课程的设计和实施较为熟练。有5位教师作为教研组的核心成员,具备一定的主题设计能力。其中还有多位老师参加过区级以上教学比赛,有较强的教学业务能力。这些为综合实践活动课程的实施与开展打下了良好的师资基础。

(三) 资源情况

1. 学校资源

学校内可用资源丰富,包括"摇篮"图书馆、科技教室、美术教室、音乐教室、计算机房、雏鹰之家、"摇篮"农庄、"摇篮"广播室等专用教室及配套设施。

2. 家长资源

学生家长也是课程资源的重要来源。家长来自各行各业,他们所从事的工作、接触的资源各不相同,可以发展为课程资源来源。学校特有的"爸爸课堂"历史已久,积累了很多的家长资源,加以整合和梳理,也可以发挥效用。

3. 社区及场馆资源

学校所在社区和学生居住地所在社区的各种相关资源,还有学校周边的场馆资源,如,四平街道图书馆、和平公园、上海博物馆、上海自然博物馆、同济大学、复旦大学等,也可以有效地利用。

二、课程目标

(一) 总目标

1. 价值体认

通过参与学校组织的各项社会实践活动,获得有积极意义的价值体验;理解并遵守公共空间的基本行为规范,初步形成集体意识;养成认真完成任务的习惯,培养科学严谨的态度。

2. 责任担当

能主动承担一些家务,完成学校的劳动服务,自理自立,向周围有困难的人提供力所能及的帮助;敢于提问并主动寻求解决的方法;能在团队中主动参与小组合作,主动参与交流和分享。

3. 问题解决

在教师的引导下,结合学校和家庭生活中的真实情境,发现并提出问题,收集所需要的信息并进行加工处理,从而形成对问题的解释;在解决问题的过程中能及时发现新生成的问题,思考解决方法并及时调整研究的方法。

4. 创意物化

能在各类实践活动中运用简单、常见的信息技术,选择合适的方法动手操作,初步掌握设计和制作的基本技能,从而呈现一定的研究成果。在制作过程中能够反复调试或修改直至成果完成,并能对成果进行展示、汇报。

(二) 分年段目标

见表1。

表1 打虎山路第一小学综合实践活动课程分年段目标表

一级目标	二级目标	学习目标		创新素养指标
		低年段	中高年段	
价值体认（Z-1）	爱党爱国（Z-1-1）	通过体验集体活动、场馆活动和主题教育活动，初步知晓少先队历史，为能成为一名少先队员而骄傲	通过学校各项社会实践活动，初步知晓国情历史，热爱党、热爱祖国，为自己是中国人感到骄傲	
	公共观念（Z-1-2）	在社会考察活动中，不大声喧哗，不随意奔跑，听从工作人员的安排	在社会考察活动中，能主动遵守公共空间的秩序，能及时指出并帮助同伴改正不遵守秩序的行为	
	规则意识（Z-1-3）	能在集体中完成分配到的任务 按照教师指定的计划，完成研究 能在教师的提示下，在收集信息时标注来源	能服从并践行集体的决议 能按计划完成，知道要调整活动时需先修改计划 采纳他人观点意见时能如实标注，能主动为自己的成果署名	独立自信【C-1-3】
	科学态度（Z-1-4）	在教师指导下，能如实记录	在获取信息的过程中，能自觉检验信息的正确性、科学性 在研究活动中，能如实地、较完整地记录	坚持【C-1-6】

（续表）

一级目标	二级目标	学习目标		创新素养指标
		低年段	中高年段	
责任担当（Z-2）	自理自立（Z-2-1）	能整理好自己的学习用品 能独立地完成组内分配的任务，有自立的意识	能主动承担一些家务劳动；在活动中能整理、汇总好自己的学习工具 能根据自己的能力自主选择组内的任务并完成	独立自信【C-1-3】
	主动服务（Z-2-2）	能主动关心同学和家庭成员，当他们有困难时能主动帮助	能主动为周围（家庭、学校及社区）有困难的人提供力所能及的帮助	
	团队合作（Z-2-3）	在小组活动中敢于说出自己的想法 乐于接受他人提出的建议	在小组合作中能主动分享自己的观点与成果，能听取他人的意见根据任务的需求进行分工，在完成任务的过程中帮助有困难的同伴	分享协作【C-1-4】
	生活态度（Z-2-4）	在各种活动中有好奇心，快乐地进行活动	在各种活动中有求知欲，在遇到困难时能主动寻求解决的方法	好奇心【C-1-1】

(续表)

一级目标	二级目标	学习目标		创新素养指标
		低年段	中高年段	
问题解决（Z-3）	提问质疑（Z-3-1）	在教师引导下,围绕学习的主题或问题,尝试进行合理的猜测	围绕活动的主题,及时发现并提出问题 有依据地进行猜测,提出假设,并说明假设依据	好奇心【C-1-1】 独立自信【C-1-3】 问题分析【C-3-1】
	计划制订（Z-3-2）	能在教师的帮助下知道研究的问题并读懂教师制订的计划	能澄清并分解问题,按要求制订计划	观念践行【C-3-3】
	信息处理（Z-3-3）	能在教师提供的资料（实物、文字或图片）中通过观察、实验、阅读获取与研究内容相关的信息 能在教师的指导下,按要求分析信息	能够围绕问题,通过多种途径获取信息 能运用筛选、比较、分类等方法分析信息	隐喻性【C-2-5】 灵活性【C-2-2】 资源利用【C-3-2】
	问题解释（Z-3-4）	能使用归纳好的信息简单地说明自己对问题的解释	通过整理归纳,总结与问题相关的观点或想法,形成对问题的解释 能对问题的解释说明分析的理由或推理的原因	独创性【C-2-3】 隐喻性【C-2-5】
	监控反思（Z-3-5）	能在教师的指导下回顾整个活动 能说出活动中遇到的问题	能在活动结束阶段反思整理整个活动过程中的成果和问题 在活动中,能及时发现问题,思考解决问题的方法并调整后续的活动	反思进取【C-1-5】

（续表）

一级目标	二级目标	学习目标		创新素养指标
		低年段	中高年段	
创意物化（Z-4）	创意设计（Z-4-1）	在教师指导下，围绕研究的主题或问题，尝试用图画、简单文字描述来进行设计和说明	能根据确定的方式，设计研究成果 设计的内容能体现对研究问题的思考，且具有自己小组的特色	独创性【C-2-3】 想象力【C-1-2】
	工具选择（Z-4-2）	能用教师指定的工具或形式来表达自己的想法	能选择合适的方法来表达研究或物化的成果	隐喻性【C-2-5】 灵活性【C-2-2】
	物化制作（Z-4-3）	尝试根据设计，来进行简单制作	能按设计稿进行制作 在制作的过程中能反复调试，修改，直至完成 在调整或修改时会先修改设计	精致性【C-2-4】 观念践行【C-3-3】 问题解决【C-3-5】
	成果展示（Z-4-4）	用教师制订的方式对研究内容的过程和结果进行表达	能作简单的展示、说明或汇报	流畅性【C-2-1】 方案评价【C-3-4】

三、课程内容

（一）内容选取原则

1. 自主性原则

在选取课程内容时，要充分考虑学生的发展需求，尊重学生的自主选择。开展需求调研，开设课程选择先导课，指导学生自主、合理地选择课程，培育兴趣，发挥特长。教师要引导学生围绕主题，选择合适的角度切入，根据学生情况设定活动的目标任务，充分发挥学生自主性。

2. 实践性原则

综合实践活动课程强调学生亲身经历各项活动,在"动手""实验""探究""设计""创作""反思"的过程中进行"体验""体悟""体认"。因此,在选取课程内容时,要充分考虑到课程的特点,选取能够让学生在实践中学习、在实践中有收获的内容。

3. 开放性原则

在选取课程内容时,将校内、校外资源相结合,由校内延伸到校外,充分利用学校周边资源。教师要鼓励学生基于自身已有经验和兴趣专长,打破学科界限,选择综合性活动内容,实现跨领域、跨学科学习。

4. 整合性原则

内容要结合学生的年龄和个性特点,以促进学生的综合素质发展为核心,充分且均衡地考虑学生与自然、学生与他人以及学生与自我这三个方面的内容。在选取课程内容时,要关注对自然的探索;要关注与同伴的合作与交流以及与社会的联系;要关注学生在科技、艺术、道德等多方面能力培养的内在整合,使课程形成一个有机整体,使学生在实践中更好地理解和应用所学知识,形成跨学科的思维方式。

5. 连续性原则

选取内容时,要基于学生可持续发展的要求,根据学生的年龄、认知水平和兴趣爱好,从长远考虑,设计长短期相结合、循序渐进的主题活动。从简单到复杂、从基础到应用,使活动内容具有递进性,引导学生在不断深入的实践中逐步掌握知识和技能,促进学生综合素质的可持续发展。此外,还要处理好学期之间、学年之间、学段之间的有机衔接和联系,构建科学合理的活动主题序列。

（二）内容结构

见图 1。

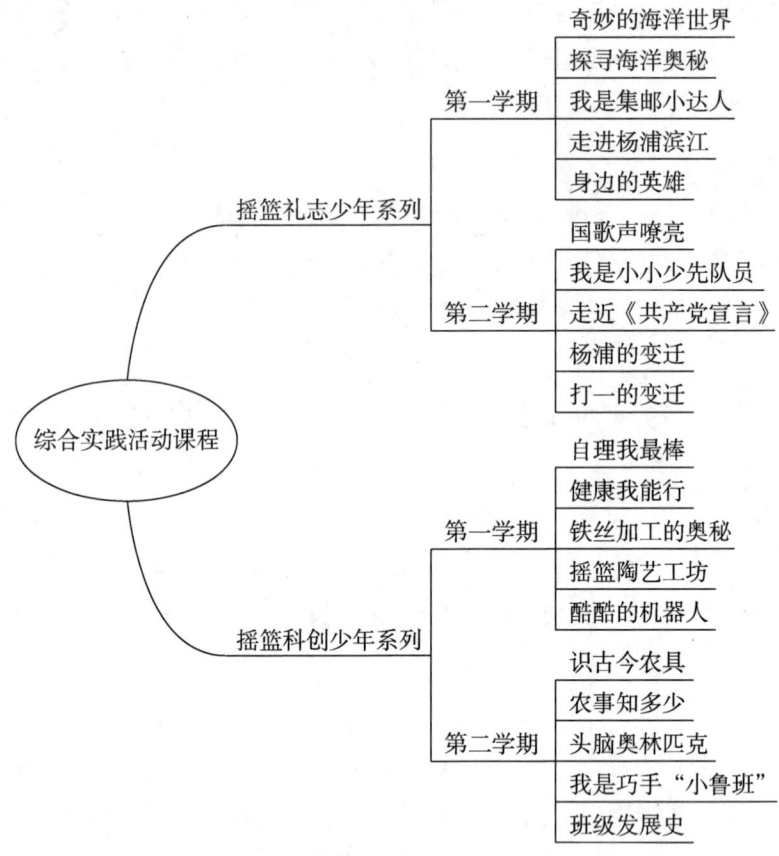

图 1　打虎山路第一小学综合实践活动课程内容结构图

（三）具体内容安排

见表2。

表2　打虎山路第一小学综合实践活动课程内容安排表

年级	学期	摇篮礼志少年系列		课时	摇篮科创少年系列	课时
		主题	场馆资源		主题	
一年级	第一学期	奇妙的海洋世界	上海海洋生物科普馆、上海海昌海洋公园、上海海洋水族馆	6 机动2	自理我最棒	6 机动2
	第二学期	国歌声嘹亮	国歌展示馆	6 机动2	识古今农具	6 机动2
二年级	第一学期	探寻海洋奥秘	上海海洋生物科普馆、上海海昌海洋公园、上海海洋水族馆	6 机动2	健康我能行	6 机动2
	第二学期	我是小小少先队员	国歌展示馆	6 机动2	知农事多少	6 机动2
三年级	第一学期	我是集邮小达人	上海邮政博物馆、附近学校集邮场馆	8	铁丝加工的奥秘	8
	第二学期	走进《共产党宣言》	《共产党宣言》展示馆	7 机动1	头脑OM	6 机动2
四年级	第一学期	走进杨浦滨江	杨浦区滨江人民城市建设规划展示馆	8	摇篮陶艺工坊	6 机动2
	第二学期	杨浦的变迁	杨浦区城市规划展示馆、杨浦图书馆、上海市杨浦区档案馆	8	我是巧手"小鲁班"	6 机动2

（续表）

年级	学期	摇篮礼志少年系列		课时	摇篮科创少年系列	课时
		主题	场馆资源		主题	
五年级	第一学期	身边的英雄	刘湛恩烈士故居红色文化主题馆、中共一大纪念馆	7 机动 1	酷酷的机器人	7 机动 1
	第二学期	打一的变迁	打一小学图书馆及附近相关场馆资源	8	班级发展史	7 机动 1

四、课程实施

（一）课程设计要求

第一，学校根据《中小学综合实践活动课程指导纲要》的要求，自主设计具有自主性、实践性、开放性的主题内容，校本化实施课程。

第二，在确定课程内容时，学校要从整体上把握课程的大方向，明确课程的目标和主题；了解学生的特点和发展需求；选择并组织合适的课程内容；充分整合并提供丰富的资源，力求活动形式的多样化；还要制订合适的课程评价体系。

第三，设计每个主题的活动时，要遵循课程纲要和学校课程方案的要求，同时也要适合学生的年龄和发展水平，具有可操作性。

第四，教师要在学校整体性课程设计的基础上，根据自身的特点及学生的学情，对相关内容进行调整，以便更好地适应不同学生的发展需求。

（二）课程实施要求

1. 实施方式

综合实践活动课程每学期共 16—18 个课时，其中"摇篮礼志少年"系列每学期 8—10 个课时，采取分散实施的方式，由校内知识性学习和校外场馆体验学习两个部分组成。"摇篮科创少年"系列每学期 6—8 个课时，采取集中实施的方式，引导学生由真实情境下的问题切入，在完成任务、解决问题的过程中学习知识。

2. 实施流程

综合实践活动课程每一个主题的实施都需要经历准备、执行、收尾三个阶

段,实施流程如下。(见图 2)

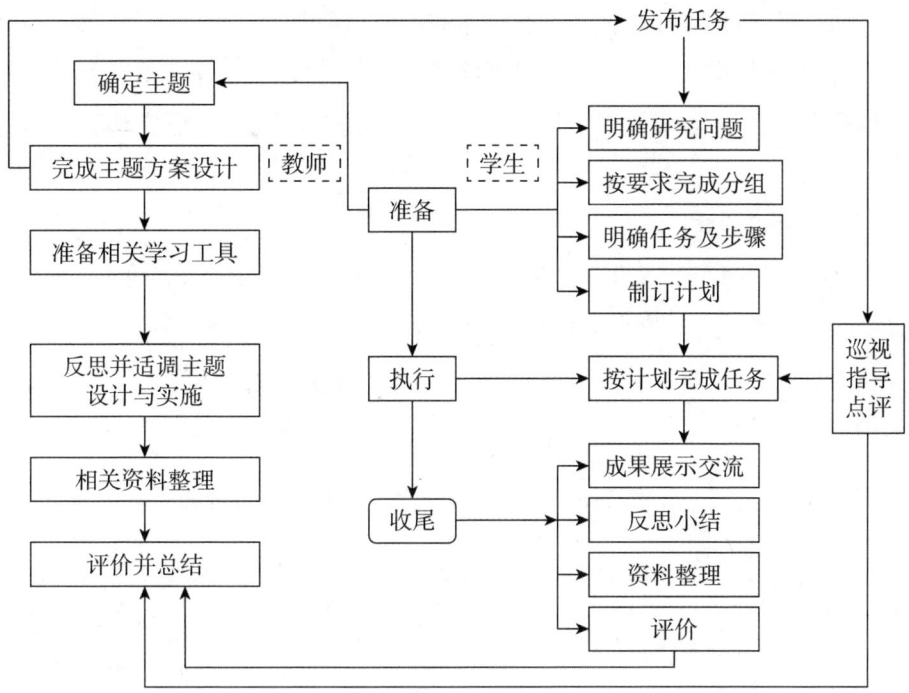

图 2　打虎山路第一小学综合实践活动课程实施流程图

3. 实施建议

第一,对于场馆类课程,实施课程前须与场馆进行沟通,明确入馆时间等事项,并将馆内活动的具体要求向学生进行说明,确保馆内活动有序进行。

第二,课程实施过程中要注意使用合适的方法,如:小组评比、奖章奖励、口头表扬等,启发学生、鼓励学生、调动学生积极性。

第三,教师要对学生的表现进行及时评价,帮助他们反思和改进。

第四,课程实施后,教师要及时总结和反思,并对主题设计方案进行调整,以便后续更好地开展活动。

五、课程评价

(一) 评价原则

1. 过程评价原则。不仅要关注结果,更要重视过程,要对学生发现问题、提出问题、探究实施、总结表达、交流展示全过程进行评价。

2. 全面评价原则。除了实践、团队合作和表达能力的评价,还要评价学生的科学态度、创新精神等,对学生的学习情况做出全面评价。

3. 评价主体多元化原则。评价者除了教师,还有学生。学生既是评价的对象,也是评价的主体,要使评价成为学生学会反思、发现自我、欣赏他人的有效手段。

(二) 评价方法

1. 学生自评和互评。每个主题活动的收尾阶段,学生以小组为单位,在教师的指导下,根据每个主题的评价表进行自评和互评。(见表3)

2. 教师评价。教师参考学生自评和互评的结果,结合学生平时的表现,完成"老师的话"和"综合评价"栏,对学生进行综合定性评价和等级评价。(见表3)

表3 打虎山路第一小学综合实践活动课程学生评价表

课程科目_____ 班级_____ 姓名_____

评价项目（根据具体的活动进行设计）	评价内容（与活动目标保持一致）	评价等级							
		自我评价				小组评价			
		A	B	C	D	A	B	C	D
老师的话		综合评价								

六、课程保障

（一）组织保障

学校成立课程发展委员会，形成课程管理网络。由校长室牵头，书记共同参与，教导处规划，综合实践活动课程核心成员参与各年段主题活动的设计。综合实践活动课程教师执教，班主任、副班主任、家长志愿者共同参与，有效提升综合实践活动课程的实效。

（二）资源保障

1. 师资保障

学校建立教师分层分类专业发展平台，聘请专家顾问定期指导，努力打造"德高业精"的教师团队。同时，构建全方位、立体式、系统化的培训课程，依托"中高团队"合作坊的形式，为本校教师提供快速成长的平台，助力青年教师团队的整体发展。

2. 场地保障

学校在物理设施、学习资源、技术环境、情感支撑和文化营造等维度上，对空间功能进行整体再构，让学校空间最大限度地满足不同学生的发展需要。构建文化、艺术、生态、科创四大主题数字博物馆，形成学习资源库，满足学生个性化、多样化的需求。加强校家社联动，拓宽校外活动场地资源。

3. 经费保障

学校课程涉及的市、区立项的研究项目，由相关部门提供经费保障。硬件设施配备向区教育局申请专项拨款。

（三）制度保障

学校以课题项目研究为抓手，形成由校长室牵头、科研室把关、学科组参与的"三维一体"的团队，细化管理机制，注重课题项目的分步管理，确保每个课题全程跟踪管理。

1. 课程管理流程

第一，校长室和教导处在区教研室的指导下，组织学校综合实践活动课程实施方案的撰写，并根据每学期学校的实际情况进行调整。教导处组建综合实践活动课程实施队伍。

第二,校长室对教师的主题实施方案进行审核,教导处组织对方案的修订。(见表4)

表4 打虎山路第一小学综合实践活动课程主题实施方案申请表

主题方案名称	
主题内容	内容包含:主题概述、学习目标、学习内容、实施建议、学习评价 可附页
方案调整意见	打虎山路第一小学课程部 _____年_____月_____日
学校审核意见	打虎山路第一小学校长室 _____年_____月_____日

第三,结合区定期的教研活动,课程教研组组织教师定期学习,包括:《中小学综合实践活动课程指导纲要》、学校综合实践活动课程实施方案、主题活动设计的要求等。

第四,由学校负责排课、总务处负责提供项目活动经费、教导处负责安排课程时间,保障课程顺利实施。

第五,在各位教师、学生、家长志愿者的配合支持下开展课程。

2. 课程审核制度

学校组建课程审核小组,确立合理、规范的审核制度,以确保课程的有序开展。课程审核小组由教育集团代表、学校领导、家长代表、专业课程开发人员及教师等人员组成,按照以下流程进行审核。

第一,课程申报。课程设计者或教师向课程审核小组提交综合实践活动课程的课程方案、教学大纲、教学计划等相关材料。

第二,初审。课程审核小组对提交的材料进行初步审查,评估课程设计的合理性、教学方法的有效性以及资源的充足性等。

第三,专家指导及审核。审核小组组织相关专家进行现场审核、指导,观摩教学过程,与学生和教师进行交流,了解课程的实际情况。

第四,反馈与改进。审核小组向课程设计者或教师反馈审核意见,指出存在的问题和不足,并提出改进建议。课程设计者或教师根据反馈意见进行课程调整和完善。

第五,复审与批准。课程设计者或教师完成课程改进后,提交复审。如复审通过,则课程获得批准并正式实施。如复审不通过,则再次反馈和改进,进行下一次的复审,直至审核通过方可正式实施。(见图3)

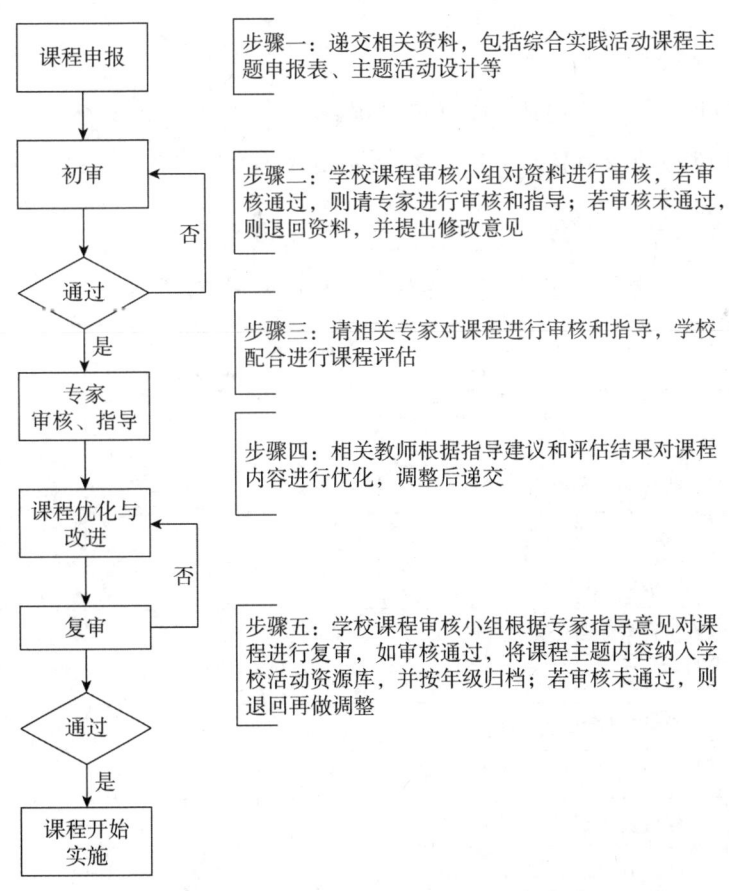

图3　打虎山路第一小学综合实践活动课程审核流程图

3. 课程教研制度

学校为综合实践活动课程教研提供必要的支持和保障,包括提供教研场地和设备等,安排专门的时间进行教研活动,鼓励教师参加相关培训和学术交流。具体如下。

学校层面。在课程开展前期,应组织相关培训,让教师对课程的特点及开展方式等有比较清楚的了解。在课程设计和实施过程中出现了任何问题,应及时组织会议商讨解决办法,及时对课程做出调整。

教研组层面。教研组长做好上传下达的工作,参加区教研活动,学习有关要求后,在课程教研活动中传达相关要求,做好培训。同时,在确定教研主题时,应有整体意识和针对性,围绕一个主题开展系列教研活动,帮助教师在教研中提升素养。

4. 教学管理制度

(1) 教师教学评价

对教师的评价主要包括计划完成情况、备课情况、学生反馈效果、工作态度等。评价的形式主要有备课记录检查、活动巡视、听课、学生座谈会、学习成果展示等。(见表5)

表5 打虎山路第一小学综合实践活动课程教师评价表

课程名称		教师姓名		
具体指标	评分标准		自我评价	学校评价
课程目标 (10分)	符合学校总体目标(4分)			
	体现跨学科教学(3分)			
	从学生出发(3分)			
课程内容 (10分)	吸引学生(3分)			
	符合学生身心发展(3分)			
	有意义、有价值(4分)			
课程实施 (20分)	学生积极参与(10分)			
	适时对学生有效指导(10分)			
课程效果 (10分)	综合能力提高(5分)			
	课程开发能力提高(5分)			
总体评价(自我评价分+学校评价)				

(2) 课程评价

学校成立综合实践活动课程评价小组,从主题设计、课程实施、教学满意率、学习成效和资源共享等方面对课程进行评价。(见表6)

表6　打虎山路第一小学综合实践活动课程评价表

课程名称						评价
评价指标	☆☆☆☆☆	☆☆☆☆	☆☆☆	☆☆	☆	
主题设计	目标适切 主题鲜明,有创新性	目标适切 主题鲜明	目标适切 主题明确	目标较适切 主题较明确	有活动目标 有主题	
课程实施	活动设计合理,方案具体	活动设计合理,形成方案	活动设计合理	活动设计较合理	有活动设计	
教学满意率	90%以上	80%以上	70%以上	60%以上	50%以上	
学习成效	显著(区级以上获奖)	优良(区级获奖)	良好(有作品展示)	较好	一般	
资源共享	课程在区内有影响	在校内有较大影响	课程在校内有影响	课程能在校内共享	课程能在备课组共享	
总评	(　　)星级科目					

(执笔人:上海市杨浦区打虎山路第一小学　倪　虹、付梁琴)

案例一

奇妙的海洋世界

一、主题概述

海洋是地球上最大的生命摇篮,孕育了无数神奇而独特的生物。本次活动以"奇妙的海洋世界"为主题,旨在通过参观上海海洋水族馆,让一年级学生近距离接触海洋生物,了解海洋生态的多样性,提高学生对海洋探索的兴趣。

(一) 主题来源

一年级学生对海洋有强烈的好奇心和探索欲。结合学校秋游计划,我们以

"奇妙的海洋世界"为主题,通过组织学生参观上海海洋水族馆,设计一系列富有教育意义的趣味性实践活动。

(二) 研究问题

如果你是海洋水族馆的讲解员,你想向前来参观的小朋友介绍哪种海洋生物?

(三) 活动任务

1. 任务

学校要制作关于上海海洋水族馆的介绍视频,向全校招募小小讲解员。学生参观上海海洋水族馆,两两合作。选择一种海洋生物,通过参观收集关于这种海洋生物的信息,在教师提供的铅画纸上,制作一张海洋生物信息卡。信息卡在班级中展示,自己介绍这种海洋生物。我们将评选展示活动中表现最好的小朋友作为学校小小讲解员。

2. 任务分解

根据研究的问题,形成本主题的四个子任务。(见图1)

子任务一:选择海洋生物。通过观看视频、交流讨论,简单了解上海海洋水族馆,并思考、交流自己最感兴趣的海洋生物。

子任务二:收集信息。通过实地观察,深入了解该种海洋生物。在活动手册上简单画一画不同种类的海洋生物,具体描述自己最感兴趣的内容。

子任务三:制作信息卡。在铅画纸上画一画最感兴趣的那种海洋生物,写上该生物的名称。

子任务四:展示交流。交流展示信息卡,并进行相互评价。

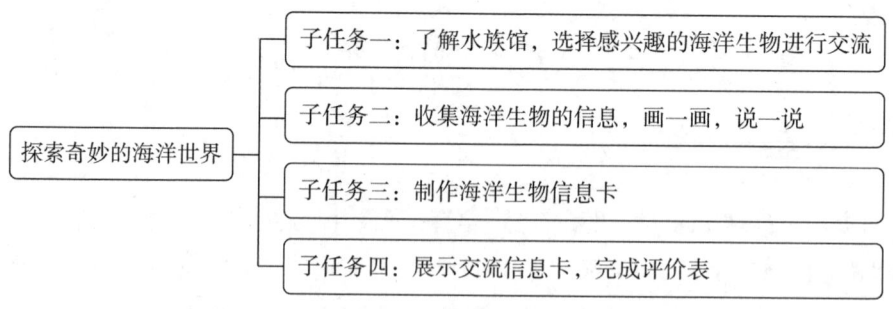

图1 "奇妙的海洋世界"主题活动任务分解图

(四) 学情分析

一年级学生具备了一定的观察和表达能力,能够在教师的引导下,对周围事物进行简单的记录、绘制和交流。同时,他们对海洋生物有了解,但不深入。此外,动手能力尚在发展阶段,团队协作能力有待提高。

根据本次活动任务,我们分析了学生已有的学习基础,预估了学生参与活动后所能达到的发展预期。具体分析如下。(见表1)

表1 "奇妙的海洋世界"主题活动学情分析表

维度	目标指向	已有基础	发展预期
问题解决	信息处理	获取事物表层信息	学会整理、比较、筛选收集到的信息资料
创意物化	物化制作	能用简单线条表达想法	学会观察比较,关注事物特征,重点通过绘图等方式表达探究过程
	成果展示	能简单介绍自己的作品内容	能通过小组合作,将制作成果进行展示、汇报
责任担当	团队合作	能完成各自的任务	能完成各自的任务,并能在教师的指导下较好地团队协作
	生活态度	对学习有兴趣,有强烈的求知欲和好奇心	对海洋生物产生好奇心,并培养起保护环境的责任感
价值体认	规则意识	理解并遵守一些基本的规则和秩序	在小组内有序活动,分工合作
	展示交流	能够用简单的语言做口头介绍	学会运用图片、文字等多种方式,详细清晰地介绍自己的思考和体会

（五）创新素养链接

见表2。

表2 "奇妙的海洋世界"主题活动创新素养行为表征表

维度	创新素养指标	行为表征
创新人格【C-1】	好奇心【C-1-1】	在参观过程中，对海洋生物保持好奇心
	分享协作【C-1-4】	积极分享，接纳意见，共同完成信息卡，展现出良好的团队协作精神
创新思维【C-2】	灵活性【C-2-2】	能接受多种形式的知识，从不同的角度用好已知海洋信息，完善自己的信息卡
	精致性【C-2-4】	在信息卡制作的过程中不断调整、补充、改进，使作品趋于完善
创新实践【C-3】	资源利用【C-3-2】	能充分利用场馆提供的资源，以服务于自己的观察和探究需求
	问题解决【C-3-5】	将想法和创意付诸实践，通过绘画、文字记录等方式表达自己对海洋生物和生态环境的认识和感受

二、活动目标

（一）任务目标

两人一组，简单画一画、写一写最感兴趣的海洋生物，制作信息卡，并展示交流。

（二）学习目标

1. 学会尊重他人观点，遵守团队规则，并主动承担自己的角色任务。（Z-2-3团队合作、Z-1-3规则意识）【C-1-4分享协作】

2. 通过参观上海海洋水族馆，了解海洋生物，保持好奇心，并培养对自然的敬畏之心和保护环境的责任感。（Z-2-4生活态度、Z-3-3信息处理）【C-1-1好奇心、C-3-2资源利用】

3. 在活动中分工合作，画一画最感兴趣的海洋生物。（Z-4-3物化制

作)【C-2-2灵活性、C-2-4精致性】

4. 能对作品做简单的展示交流与评价。(Z-4-4成果展示)【C-3-5问题解决】

三、活动内容

见表3。

表3 "奇妙的海洋世界"主题活动内容表

子任务(活动)	活动目标	表现标准	课时
选择海洋生物	激发对海洋世界的好奇与兴趣(Z-2-4)【C-1-1】 了解活动流程和注意事项并进行分组交流(Z-1-3)【C-1-4】	了解活动流程和注意事项,组建小组、明确分工和选择海洋生物	总课时1 学校1
收集信息	小组分工合作,有序参观上海海洋水族馆,实地观察并简单记录最感兴趣的海洋生物信息(Z-1-3、Z-4-3)【C-2-2、C-3-2、C-3-5】 在实地活动中强化团队协作能力(Z-2-3)【C-1-4】	通过实地观察,深入了解海洋生物,提高学生的观察力和动手能力	总课时3 场馆3
制作信息卡	两两合作,完善信息卡(Z-2-3)【C-2-4】	完善信息卡	总课时1 场馆1
展示交流	分享信息卡、学习收获和感想,点评其他小组的成果,相互学习(Z-4-4)【C-3-5】	各组交流展示活动成果,相互评价	总课时1 学校1

四、活动实施

（一）实施流程

见图2。

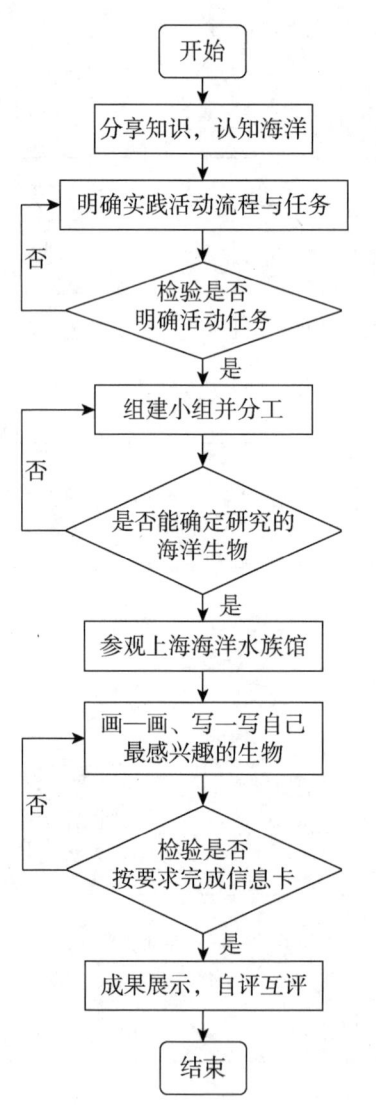

图2 "奇妙的海洋世界"主题活动实施流程图

（二）实施建议

1. 学习对象

小学一年级学生。

2. 预设课时

3课时（学校活动）+3课时（场馆活动）+2课时（机动）。

3. 组织策略

两人一组进行活动，确保每位学生都参与活动。

教师全程引导，确保活动顺利进行。

4. 分阶段实施建议

见表4。

表4 "奇妙的海洋世界"主题活动分阶段实施建议表

阶段名称	活动名称	活动设计	
		活动过程	实施建议
准备阶段	选择海洋生物（1课时）	观看：上海海洋水族馆的介绍视频 交流：对上海海洋水族馆的了解，以及想要了解的海洋生物 展示："奇妙的海洋世界"活动任务 简述：参观的安全规则和注意事项 活动：组建小组，明确成员和分工 讨论：选择一种最感兴趣的海洋生物	在组建小组时，教师要注意平衡成员的能力水平 通过资料展示，学生了解海洋水族馆中的生物种类，教师要引导学生尽量多地选择不同的海洋生物来研究记录
执行阶段	收集信息（3课时）	参观：上海海洋水族馆 记录：各小组选择一个感兴趣的目标进行细致观察和简单记录	教师要引导学生有序参观，注意安全和纪律 在活动中，教师要多拍海洋生物的照片以便后续学生记录
	制作信息卡（1课时）	活动：完成信息卡（统一打印A4卡纸，通过画一画动物外形特征、写一写名称等方式完善信息卡）	鼓励学生细致观察并记录，为后续的交流展示积累素材

（续表）

阶段名称	活动名称	活动设计	
		活动过程	实施建议
收尾阶段	展示交流 （1课时）	交流：信息卡 学生评价：自评并反思自己在活动中的表现，分享收获和需要改进的地方 展示：校园门厅张贴各组绘制的特色信息卡，并安排小小解说员，给观看学生介绍	教师确保每个学生都有机会发言 鼓励学生积极参与评价和反思，提升自我认知和表达能力

（三）实施要求

1. 学生

了解参观安全规则和注意事项，并严格遵守场馆的安全规定。学生积极合作，共同完成活动任务。在最后的交流展示阶段，学生积极展示小组的探究成果。

2. 老师

活动前，进行动员教育；活动中，引导学生积极、有序参与活动；最后，组织学生分享交流、总结反思。

五、活动评价

本活动采取生评、师评相结合的方式，详见表5、表6。

表5 "奇妙的海洋世界"主题活动教师评价表

评价内容	1分	2分	3分	4分	评分
信息获取	收集信息零散，未能有效筛选有用信息	收集、筛选信息不够充分全面	收集、筛选信息较为充分全面	收集、筛选信息充分全面	
设计制作	观察记录不完整，制作粗糙	作品呈现简单	作品呈现符合基本要求	作品呈现全面、有创意	
展示交流	没有分享参观体验	能够分享参观体验	能展示和分享观察成果	能条理清晰地展示和分享观察成果	
总分					

表6 "奇妙的海洋世界"主题活动学生自评表

评价内容	1分	2分	3分	4分	评分
团队合作	参与度低	能够参与	与伙伴合作较为默契	积极参与,合作愉快	
规则意识	没有遵守规则	有遵守规则意识,但不能完全遵守	基本能遵守规则	完全遵守规则	
总分					

六、学习工具

"奇妙的海洋世界"活动手册(即信息卡)和简单的绘图工具,见图3—图7。

图3

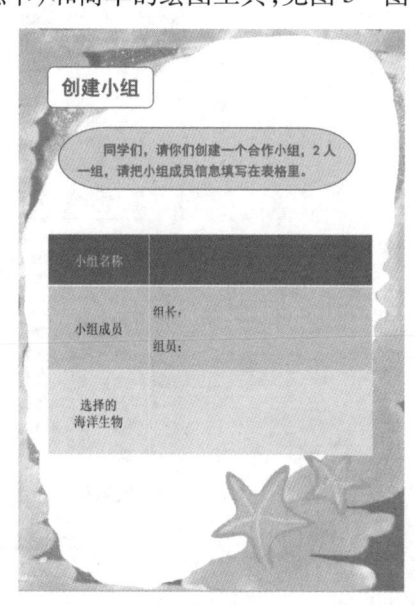

图4

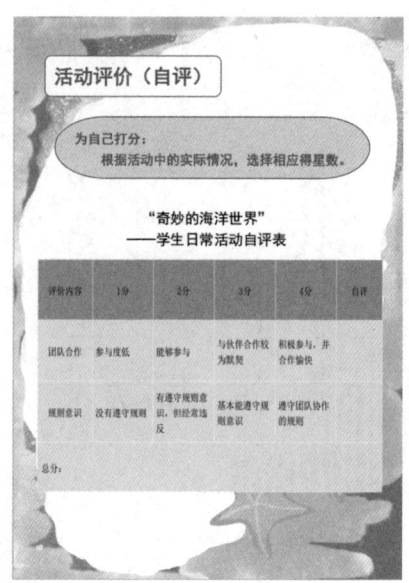

图 5　　　　　　　　　　　　图 6

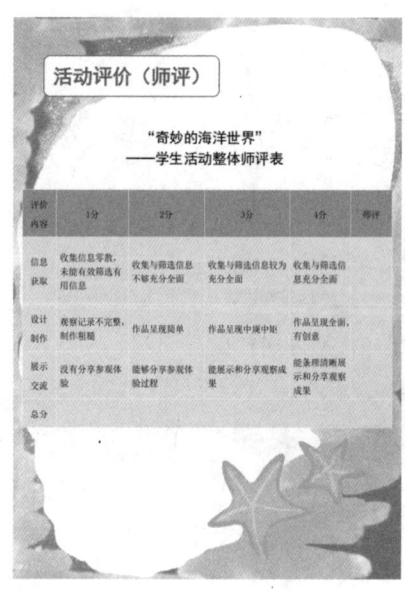

图 7

（执笔人：上海市杨浦区打虎山路第一小学　张婧懿）

 案例二

我是巧手"小鲁班"

一、主题概述

（一）主题来源

我国木工技艺是劳动人民智慧和汗水的结晶,独具特色,具有丰富的文化底蕴。"我是巧手'小鲁班'"课程是学校在挖掘四平社区木工资源的基础上,设计的创意木工制作课程。课程旨在通过体验木工制作活动,培养学生的动手能力、创新思维和团队合作精神。课程通过木工工具的使用、木材的选择与加工、作品设计与制作等多个环节,让学生在动手操作中感受木工技艺的魅力,培养学生对木工技艺的热爱,使其更自觉地保护和传承木工技艺。本活动要综合运用语文、数学、美术等学科的知识技能,主要活动方式为考察探究与设计制作。

（二）研究问题

如何运用木工技艺,设计制作一个笔筒?

（三）活动任务

1. 任务

学校要举办艺术节,学校木工坊将开展"我是巧手'小鲁班'"活动,请学生运用木工技艺,设计制作一个美观又实用的笔筒。制作好的作品交给老师,在艺术节闭幕式上,向优秀作品作者颁发奖状。

2. 任务分解

此次活动任务由下列四个子任务构成。（见图1）

子任务一:观察笔筒。通过实物、视频、图片观察将要制作的笔筒,了解要用到的工具(锯子、尺、铅笔、木工胶、砂纸等)、材料(木片等),全面认识制作一个笔筒的流程。

子任务二:设计笔筒。观察、测量常见笔筒的尺寸,讨论并完成笔筒初步设计稿。小组交流,美化方案。通过观看视频和现场观摩,学习切割、打磨、绘图等方法的功能及用法。学习并体验使用锯子、尺工具进行基本图形的切割。

子任务三:制作笔筒。组内分工,对木板进行切割、加工,完成笔筒的初步制

作。打磨完成后,进行美化。

子任务四:展示交流。测试笔筒功能,各小组交流成果,从尺寸合适、安全实用、外形美观三个维度进行评比。

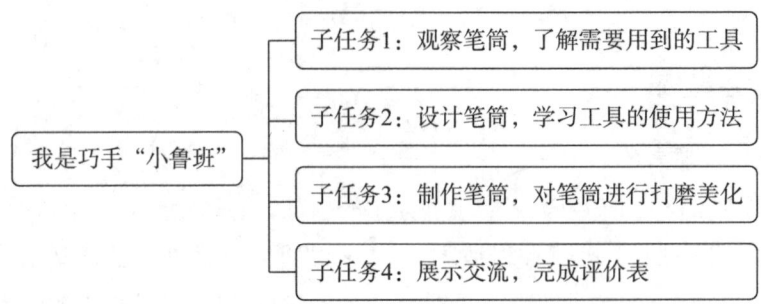

图1 "我是巧手'小鲁班'"主题活动任务分解图

(四)学情分析

见表1。

表1 "我是巧手'小鲁班'"主题活动学情分析表

维度	目标指向	已有基础	发展预期
价值体认	爱党爱国	对中国传统文化充满好奇,乐于参与相关的学习和体验活动	了解传统木工技艺,激发对传统木工技艺的兴趣和喜爱
问题解决	提问质疑	能敢于提出自己疑惑的问题	主动提出生活和学习中遇到的问题,主动探寻和思考,有解决问题的意识
责任担当	团队合作	能够在小组活动中互相帮助,完成任务	能够独立完成自己的任务;意见不一致时能够沟通协商
创意物化	创意设计	能在设计过程中表达自己的想法	能在了解木工技艺知识的基础上,设计造型独特的笔筒
	工具选择	能安全使用尺子、剪刀等工具进行制作	学会使用木工工具,能够选择合适的工具和材料进行设计和制作,并能自觉、安全地使用工具
	物化制作	初步掌握测量、绘画等手工制作的能力	学习切割、打磨等技能,完成笔筒的制作

（五）创新素养链接

见表2。

表2 "我是巧手小'鲁班'"主题活动创新素养行为表征表

维度	创新素养指标	行为表征
创新人格 【C-1】	好奇心 【C-1-1】	保持对木工技艺的好奇，敢于提出问题，乐于对问题展开探索
	分享协作 【C-1-4】	在小组合作设计和制作笔筒时，能积极参与、完成任务；小组成员有困难时愿意帮助；能积极分享自己的想法，接纳他人的意见
创新思维 【C-2】	精致性 【C-2-4】	在设计和制作笔筒时，能根据情况进行调整、改进，使想法更完善
创新实践 【C-3】	问题解决 【C-3-5】	能够运用活动手册，完成符合要求的笔筒

二、活动目标

（一）任务目标

在学习木工知识和技艺后，能使用工具，通过小组合作，设计并制作创意笔筒。

（二）学习目标

1. 体验木工制作，设计并制作创意笔筒，提高动手能力和实践能力。(Z-4-1创意设计、Z-4-3物化制作)【C-2-4精致性、C-3-5问题解决】

2. 在参与体验木工制作的过程中，养成乐于思考的好习惯。(Z-3-1提问质疑)【C-2-4精致性】

3. 学会主动与他人合作，共同完成任务，增强团队合作意识，提高沟通能力。(Z-2-3团队合作、Z-4-4成果展示)【C-1-4分享协作】

4. 在参与课程的过程中，加深对木工文化的了解，提高对木工技艺的兴趣。(Z-1-1爱党爱国)【C-1-1好奇心】

5. 能够安全、正确地使用工具，养成较好的整理物品的习惯。(Z-4-2工具选择)【C-3-5问题解决】

三、活动内容

见表3。

表3 "我是巧手小'鲁班'"主题活动内容表

子任务(活动)	活动目标	表现标准	建议课时
观察笔筒	基于木工知识和技艺,观察将要制作的笔筒,知道需要用的工具、材料,提高对木工技艺的兴趣(Z-1-1)【C-1-1】	能够说出需要的工具和材料 完成活动手册中的"木工知识知多少"学习单,符合要求	1
设计笔筒	基于对木工工具的了解,完成笔筒的设计稿,养成较好的整理物品的习惯(Z-4-1)【C-3-5】	小组合作,按照要求完成活动手册中笔筒设计稿部分	1
制作笔筒	小组合作,选择合适的工具,完成笔筒的制作(Z-4-2、Z-4-3)【C-3-5】 学会主动与他人合作,共同完成任务,增强团队合作意识,提高沟通能力(Z-2-3)【C-1-4】 在参与体验木工制作的过程中,养成乐于思考的好习惯(Z-3-1)【C-2-4】	小组分工合作,根据设计稿,选择合适的工具,按照要求完成笔筒的制作,并进行美化	1
展示交流	在班级展示作品,从尺寸合适、安全实用、外形美观三个维度进行评价(Z-4-4)【C-1-4】	能将笔筒的设计理念进行阐述,结合他人的意见进行思考	1

四、活动实施

（一）实施流程

见图2。

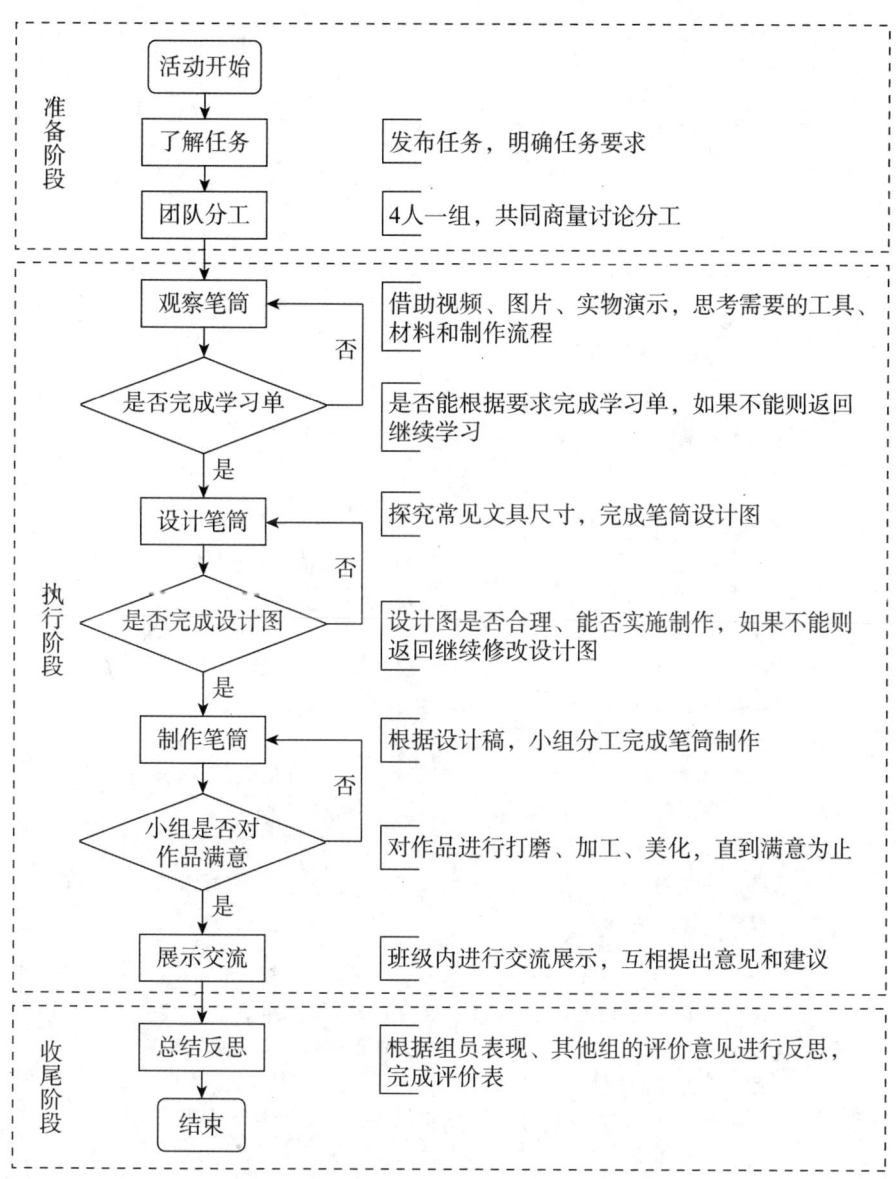

图2 "我是巧手小'鲁班'"主题活动实施流程图

(二) 实施建议

1. 活动对象

小学四年级学生。

2. 活动课时

6课时+2课时（机动）。

3. 实施要求

分阶段实施。

见表4。

表4 "我是巧手小'鲁班'"主题活动分阶段实施建议表

阶段名称	阶段目标	实施要求	课时
准备阶段	了解任务内容 了解任务的基本步骤 组建小组并分工	教师组织好学生分组，确保每个小组都有完成任务的能力 提前准备好所需的材料和工具，确保每个学生都有足够的材料和合适的工具来完成任务	1
执行阶段	设计并制作创意笔筒，提高动手能力和实践操作能力 在参与体验木工制作的过程中，养成乐于思考的好习惯 学会主动与他人合作，共同完成任务，增强团队合作意识，提高沟通能力 在参与课程的过程中，加深对木工文化的了解，提高对木工技艺的兴趣 能够安全正确地使用工具，养成较好的整理物品的习惯	教师在学生操作过程中要多巡视，发现不当操作及时纠正 在完成作品后，教师应组织班级展示交流，引导各小组阐述笔筒的设计理念，从尺寸合适、安全实用、外形美观三个维度进行评比，结合他人的评价进行反思、修改	4
收尾阶段	运用评价表进行小组自评和反思 评价其他小组的作品，在评价中相互学习	在完成作品后，组织学生以小组为单位进行作品的展示和评价，并分享心得体会 根据评价给小组作品打分，评选出班级的优秀作品并展示 教师要引导学生的作品评选方向	1

五、活动评价

（一）学习方式

探究性学习、合作性学习。

（二）评价内容

1. 过程评价

教师在活动过程中，观察学生在活动过程中的主动探究、团队合作表现，给予及时的指导和鼓励。

2. 小组评价

引导学生总结经验和教训，提出改进建议。

3. 评价表

见表5。

表5 "我是巧手小'鲁班'"主题活动评价表

一级目标	二级目标维度	☆☆☆☆	☆☆☆	☆☆	☆	自评	他评	总评
创意物化	创意设计	能根据设计稿制作笔筒，或及时调整设计稿，作品有创意	能基本按照设计稿进行制作，作品有创意	没有按照设计稿进行制作，但有创意	没有绘制设计稿，没有体现创意			
	工具选择	能在制作中安全合理使用工具，设计时合理选择并使用材料	能在制作中安全使用工具，设计时能选择合适的材料	基本能使用工具，在教师指导下选择合适的材料进行设计	使用工具不规范，设计时没有选择合适的材料			
	物化制作	笔筒表面打磨光滑，实用美观，有个人特色	笔筒表面打磨光滑，实用美观，无个人特色	笔筒表面打磨不太美观，无个人特色	笔筒打磨不太光滑，不美观，无个人特色			

六、学习工具

活动手册,见图 3—图 6。

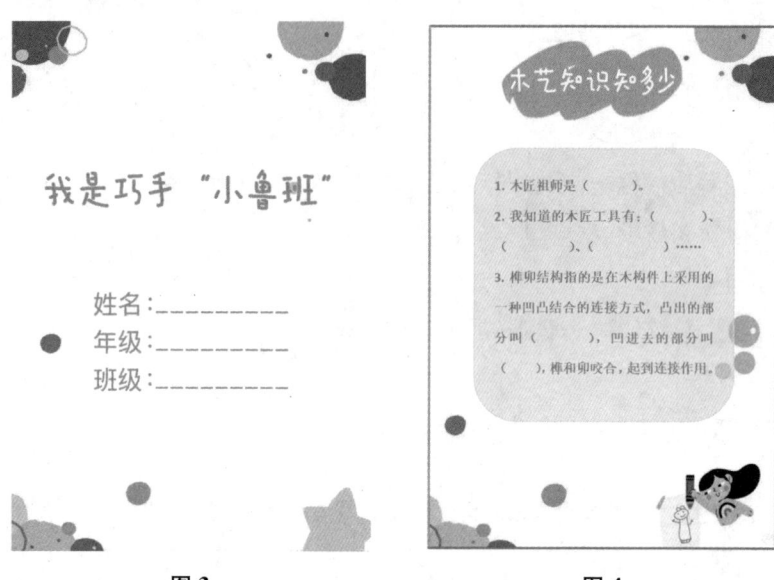

图 3　　　　　　　　图 4

图 5　　　　　　　　图 6

(执笔人:上海市杨浦区打虎山路第一小学　付梁琴、陈中杰)

13. 上海理工大学附属小学

上海理工大学附属小学秉承"不一样的生命,一样的精彩成长"的办学理念,通过精彩生活、精彩设计、精彩旅程三大板块,系统实施综合实践活动课程,累积了34项主题综合实践活动案例,覆盖生活技能、科学探索、艺术创造和社会服务等领域。

"不一样的生命,一样的精彩成长",是学生的共同基础。学校致力于教育公平,为每位学生搭建展示创新才能的平台,鼓励跨学科学习、自主探索和实践积累。学校倡导学生通过实践、尝试和表达,在亲身实践中掌握知识和技能,从而培养独立性和自主性。

"不一样的生命,一样的精彩成长",旨在实现个性发展。学校注重个性化教育,发掘并培养每个学生的独特潜能,使他们的成长各具风采。课程内容密切贴近学生生活实际,创设真实情境,以提升解决实际问题的能力。学校采用过程性评价,关注学生的参与度、合作精神、问题解决能力和操作技能,并通过评级体系,激励学生追求卓越与创新。学生将在分工合作的过程中,完成个人任务、发现自我价值、实现个性化成长,与集体共同进步。

上海理工大学附属小学综合实践活动课程实施方案

一、背景分析

上海理工大学附属小学前身为杨浦区长白二村小学,创办于1953年。2007年依托上海理工大学办学,更名为"上海理工大学附属小学"。学校以"不一样的生命,一样的精彩成长"为办学理念,力求顺应每个学生的天性,构建温暖平等的师生关系，正视差异、鼓励质疑、鼓励探索、鼓励表达，帮助学生发现自己的兴趣点，为每个学生提供个性化发展的学习平台，让学习真实发生，让层出不穷的创造力成就生命的精彩。

上海理工大学附属小学综合实践活动以促进学生全面发展为核心，立足核心素养，整合课程资源，构建结构严谨的综合主题实践活动课程体系，以"精彩生活、精彩设计、精彩旅程"三个板块的课程，激发学生参与的兴趣，丰富学生的经历和情感，使学生能够顺应天性、发展个性、激发灵性，在创中学、做中学，焕发出自己的光彩。

学校围绕"志远、健康、乐群、创新"毕业生形象，依托上海理工大学的优势与特色，充分利用高校及各类社会资源，建设综合实践活动课程。目前，有综合实践活动课程专职教师2人，并配备了一支由数学、英语学科教师组成的兼职教师队伍。因兼职教师流动性大，综合实践活动教师队伍较不稳定。

我校学生来自周边各个社区，由于家庭文化背景、家长育儿方式、入学前学习经历等多方面的不同，学生情况差异较大。有些学生是"零起点"，有些学生在学前已经接受过各种知识学习、能力训练。在制订课程实施方案时，要充分考虑学生差异，基于"零起点"的要求构建课程框架、落实课程目标、设计课程内容。

二、课程目标

（一）总目标

1. 价值体认

通过亲历和参与少先队活动、场馆活动和主题教育活动，参观爱国主义教育基地等，让学生获得有积极意义的价值体验，理解并遵守公共空间的基本行为规范，初步形成集体思想、组织观念，培养对中国共产党的朴素感情，为自己是中国人感到自豪。

2. 责任担当

让学生围绕日常生活开展服务活动，能处理生活中的基本事务，初步养成自理能力、自立精神、热爱生活的态度，具有积极参与学校和社区活动的意愿。

3. 问题解决

学生能在教师的引导下，结合学校、家庭生活中的现象，发现并提出自己感兴趣的问题。能将问题转化为研究小课题,体验课题研究的过程与方法,提出自己的想法,形成对问题的初步解释。

4. 创意物化

通过动手操作实践,学生初步掌握手工设计与制作的基本技能,学会运用信息技术,设计并制作有一定创意的数字作品。学会运用常见、简单的信息技术解决实际问题,服务学习和生活。

(二) 分年段目标

课程总目标分解为低年段、中高年段目标。(见表1)

表1 上海理工大学附属小学综合实践活动课程分年段目标表

一级目标	二级目标	学习目标		创新素养指标
		低年段	中高年段	
价值体认(Z-1)	爱国爱党(Z-1-1)	认识国旗、队旗,会唱国歌、队歌	尊重中华优秀传统文化,了解中国共产党的历史和光荣传统 具有文化自信,能学习和弘扬中华优秀传统文化和社会主义先进文化	独立自信【C-1-3】
	公共观念(Z-1-2)	遵守课堂纪律,适应学校生活,讲文明、懂礼貌	在公共场合中自觉遵守行为规范,保持环境卫生、有序排队、不大声喧哗 能尊重文化的多样性和差异性	流畅性【C-2-1】
	规则意识(Z-1-3)	说清完成任务的步骤,根据步骤完成工作 记录资料来源 为自己的成果署名	制订计划,按计划完成任务 根据成果形式和完成的内容,按提示署名	观念践行【C-3-3】
	科学态度(Z-1-4)	按要求按步骤进行活动 用规定的符号,如实记录 按要求规范操作每一个环节 核对收集到的信息,采集证据,说出想法	按要求多次实践,关联各种信息,综合分析,支持自己的判断,得出结论	隐喻性【C-2-5】

（续表）

一级目标	二级目标	学习目标		创新素养指标
		低年段	中高年段	
责任担当（Z-2）	自理自立（Z-2-1）	独立完成日常生活中的基本事务,如,穿衣、洗漱、整理床铺、打扫卫生等	能处理一些涉及社会互动的生活事务,如,乘坐公共交通、安排个人时间、参与家务分工等 有计划地进行学习和工作	独立自信【C-1-3】
	主动服务（Z-2-2）	关注身边同学或家人的需求,主动做一些力所能及的事情	积极参与团队协作,乐于帮助伙伴共同完成任务 理解并关心他人的感受,在别人伤心、困惑时给予安慰和鼓励	分享协作【C-1-4】
	团队合作（Z-2-3）	与伙伴一起完成任务；在教师指导下,独立完成工作；小组讨论时,不打断伙伴说话 遇到问题,寻求他人帮助；按时完成自己承担的工作；小组讨论时,说出与他人不同的想法	帮助伙伴时,耐心讲解,让伙伴听懂 团队在分工上达成一致,完成任务 综合大家的想法,进行调整,形成集体的观点	灵活性【C-2-2】
	生活态度（Z-2-4）	对日常生活充满兴趣,愿意探索周围的环境 喜欢提问,敢于表达 愿意与他人分享成功的喜悦并保持努力	在遇到困难时,能够保持冷静,会寻求帮助并尝试多种解决方案,勇敢尝试新的挑战	坚持【C-1-6】独创性【C-2-3】

(续表)

一级目标	二级目标	学习目标		创新素养指标
		低年段	中高年段	
问题解决（Z-3）	提问质疑（Z-3-1）	在一定情境中提出问题，说出猜测	根据信息，提出疑问，说出猜测 分析活动情况，有针对性地提出问题，有理由地说出推测	好奇心 【C-1-1】
	计划制订（Z-3-2）	在教师指导下，说清楚完成任务的步骤，按步骤完成任务	根据要求，制订计划，按计划完成 发现问题及时调整，做好记录	问题分析 【C-3-1】
	信息处理（Z-3-3）	在家长帮助下收集图片或实物资料 读懂简短的文字资料，说出自己的发现	运用信息技术收集资料，读懂资料内容，筛选出有用的信息 围绕问题从不同途径收集资料，筛选提取有用信息，进行概括	分享协作 【C-1-4】 资源利用 【C-3-2】
	问题解释（Z-3-4）	根据问题，结合经验，提出合理的假设与初步判断	根据信息，有依据地说出推断的结果 将找到的线索联系起来，说出自己的推理过程和判断的结果	独立自信 【C-1-3】
	监控反思（Z-3-5）	制订简单可行的学习、生活小目标，并尝试按照计划执行	在完成任务的过程中发现问题，对简单问题进行自我检查和初步修正 任务完成后主动反思，发现在执行计划中的问题，并有针对性地提出改进方案	反思进取 【C-1-5】 精致性 【C-2-4】

(续表)

一级目标	二级目标	学习目标		创新素养指标
		低年段	中高年段	
创意物化（Z-4）	创意设计（Z-4-1）	在教师指导下,说出设想 在教师指导下,根据设想进行设计,标明关键信息	完成方案或产品的设计,把制作中发现的问题在设计稿上标明,根据问题进行调整	方案评价【C-3-4】
	工具选择（Z-4-2）	认识尺、剪刀等常用工具,了解这些工具的基本用途	掌握各种工具的使用方法和适用场景 对比分析不同工具的特点,根据具体的创意设计或制作任务,选择合适的工具	观念践行【C-3-3】
	物化制作（Z-4-3）	根据设想进行制作,体验设计到制作的过程	根据设计完成制作,发现过程中的问题,根据问题进行调整,直至完成任务	想象力【C-1-2】流畅性【C-2-1】问题解决【C-3-5】
	成果展示（Z-4-4）	把想法说完整,让他人听清楚 用文字、数字等方式进行表达	说清楚想法,让他人听明白;完整地说出活动过程和活动感受 用PPT、小报等形式辅助自己对问题的解释 用自己的方式展现活动的成果,用文字写下活动过程或收获	独立自信【C-1-3】流畅性【C-2-1】

三、课程建设及内容

（一）课程内容

1. 选取原则

（1）满足成长需求

以发展学生兴趣为导向,根据学生的兴趣爱好和特长,选择富有吸引力的活动内容，设定符合实际水平的目标任务，鼓励学生积极参与活动。在课程开展过程中，及时发现学生在实践中自然生发的有探究价值的问题，引导学生将这些问题与活动主题紧密结合，拓展活动内涵、优化活动内容，确保每项学习活动都能呼应学生的真实需求，促进其全面发展。

（2）注重实践体验

从实践出发，围绕生活技能、科学探索、艺术创造、社会服务等多个领域设置内容。鼓励学生动手做、亲自尝试，通过实践来掌握知识、技能和方法。打破学科界限，选择综合性活动内容，为学生自主活动留出余地，允许并鼓励他们在试错中积累经验，形成解决问题的策略和方法。

（3）面向真实生活

从学生的直接经验出发，选择与学生生活密切相关的话题或项目，让学生在解决实际问题中学习知识、应用所学。创设或利用真实的情境，让学生在模拟或真实的环境中完成任务，提高他们在实际生活、工作中解决问题的能力。

2. 内容结构

学校综合实践活动课程由精彩生活、精彩设计、精彩旅程三个板块组成。每个板块设置若干项目内容，每个项目均从价值体认、责任担当、问题解决和创意物化四个维度确定相应的水平等级，并给出修习年级建议。

精彩生活板块旨在满足学生的成长需求，注重实践体验，并面向真实生活。通过这个板块，学生能将学习与日常生活紧密结合，提升生活技能和自理能力。

精彩设计板块鼓励学生发挥创造力，通过艺术设计活动来表达自己，同时学习科学探索和技术创新。

精彩旅程板块让学生通过参观博物馆、科技馆等场馆，体验不同的文化和环境，学习社会服务和团队合作。

3. 内容安排

见表2。

表2 上海理工大学附属小学综合实践活动课程内容安排表

年级	学期	板块	项目名称	课时
一	一	精彩生活	我的新朋友	4
一	二	精彩生活	我家的冰箱	8
一	一	精彩生活	纸蜻蜓	4
一	二	精彩生活	水果宝宝"病了"	8
二	一	精彩生活	我的书包	4
二	一	精彩生活	纸鞭炮	3
二	一	精彩生活	溶化的泡沫塑料餐盒	3
二	二	精彩生活	绿意成长-种子计划	8
二	二	精彩生活	开心动物园	4
二	二	精彩生活	我会照顾它	4
三	一	精彩生活	零食世界	12
四	二	精彩生活	电视广告	8
五	二	精彩生活	生活中的卫生纸	12
一	一	精彩设计	我的名片	4
二	二	精彩设计	白纸大力士	4
三	二	精彩设计	小球,小球,停下来	8
三	二	精彩设计	学校明信片	6
三	二	精彩设计	15分钟美食地图	8
四	一	精彩设计	纸绳拖重	5
四	一	精彩设计	滑坡小车	9
四	二	精彩设计	纸桥承重	9
五	一	精彩设计	学校文创设计	6
五	二	精彩设计	班级"历史"	10

（续表）

年级	学期	板块	项目名称	课时
一	一	精彩旅程	寻找螺旋（上海自然博物馆）	8
一	一	精彩旅程	我和郑和下西洋（上海航海博物馆）	8
二	一	精彩旅程	植物生长的秘密（上海共青国家森林公园）	9
二	一	精彩旅程	寻找比恐龙更早出现的动物（上海自然博物馆）	11
三	一	精彩旅程	没有阳光的深海有动物吗？（同济大学深海探索馆）	11
三	二	精彩旅程	发光生物（上海自然博物馆）	20
四	一	精彩旅程	船（上海中国航海博物馆）	20
四	一	精彩旅程	小小路线设计师（上海科技馆）	11
五	一	精彩旅程	寻访上理工（上海理工大学）	11
五	一	精彩旅程	丝丝上海情（上海博物馆等）	11

上表中的活动是学校已有的资源列表，每学期根据课时安排选择部分活动实施。

四、课程实施

（一）课程实施要求

1. 实施模型

课程实施分准备、执行、收尾三个阶段，教师和学生在不同阶段有不同要求。主要通过小组合作、动手实践的方式落实创新素养。根据不同的活动目标和内容，在实施过程中，可选择不同的方式实施。（见表3）

表3　上海理工大学附属小学综合实践活动课程实施方式表

阶段	实施方式			
	社会服务	考察探究	职业体验	设计制作
准备	明确服务对象与需要 制订服务活动计划	发现并提出问题	选择或设计职业情境	选择活动材料和工具

（续表）

阶段	实施方式			
	社会服务	考察探究	职业体验	设计制作
执行	开展服务行动	提出假设—选择方法—研制工具 获取证据 提出解释	实际岗位演练	创意设计 动手制作
收尾	反思服务经历 分享活动经验	交流、评价探究成果 反思和改进	总结、反思和交流经历过程 概括提炼经验	交流展示成果或作品 反思与改进

2. 实施建议

综合实践活动课程实施方式是相对的,在活动实施过程中可以有所侧重,以某种方式为主,兼顾其他方式;也可以整合实施,互相渗透,融会贯通;还可以通过班团队活动、博物馆参观等形式开展。课程旨在让学生亲身经历各项活动,在探究、设计、服务、体验的过程中,发展实践创新能力。

（二）课程设计要求

学校综合实践活动课程设计包括活动设计和活动手册。教师应当基于该年级学生已有水平,依据具体目标、表现标准进行整体设计,递交学校德育处审核。在设计综合实践活动课程时,教师应充分考虑《义务教育课程方案（2022年版）》中对小学一年级学生入学适应期的要求,以及小学学段开展主题式活动的相关指导。课程内容应采用以儿童为主体的探究性、体验式学习方式,尊重学生的个体差异,提供个别化的指导和帮助。同时,课程应以主题式活动为载体,通过跨学科整合,让学生在多学科融合中进行综合实践,强调学生的体验感受和实际操作,培养学生的综合能力。课程设计要具有自主性、实践性、开放性和整合性,通过社会服务、考察探究、职业体验、设计制作等多种活动方式,促进学生与自然、他人和社会以及自我的关系发展,确保活动内容的连续性和递进性,以实现学生综合素质的持续提升。设计应体现每次活动的具体任务和学生活动的时间。设计可预留一定空间,以便根据学生生成性问题,适当调整活动过程或具体任务,以适应探究进程,充分尊重学生自主学习需求。如,需要集中实施,教师设计可合并课时。

五、课程评价

（一）评价原则

课程评价旨在全面、公正、客观地反映每个学生在实践活动中的成长与进步，突出学生主体地位。课程评价注重实践过程与实际成果相结合，促进学生全面发展。

1. 关注学生发展

以学生为主体，关注学生在活动过程中的进步和潜能激发，激励学生更好地成长。

2. 关注活动过程

评价活动的全过程，考查学生在活动中的参与程度、合作态度、问题解决能力以及实际操作技能。

3. 关注多元主体

评价主体不限于教师，还应该包括学生、伙伴、家长等。评价内容应涵盖知识技能、情感态度、价值观等多个维度。

（二）评价方式

教师在活动刚启动时，通过评价前置让学生知晓整个活动的具体任务、评价方式和标准。

依据学生任务的完成过程和结果，由伙伴和教师共同评价，并记录在"活动手册"的评价栏中。

以主题活动为单位，在"活动手册"中记录评价结果。分别以四星、三星、两星、一星表示优秀、良好、及格、须努力四个等第。

（三）评价建议

教师在实施综合实践活动课程评价时，应在活动前明确活动的具体任务和评价标准，让学生对目标有清晰的认知。在活动过程中，教师应关注学生的表现，包括参与度、合作态度和问题解决能力，而不只是结果。教师应鼓励伙伴互评、自我评价和家长评价，以实现评价的多元化。教师要记录学生的表现，并在活动结束后及时反馈，帮助学生认识自己的学习进展。最后，教师应将评价结果记录在"活动手册"中，直观评价学生的表现。

学生在参与综合实践活动时，应积极投入，保持对学习的热情和积极性，这是评价过程中非常重要的一部分。学生应学会自我评价,反思自己在活动中的表现,包括参与度、合作态度和解决问题的能力。学生应积极参与伙伴互评,通过观察和评价他人,提升自己的批判性思维和同理心。学生还应与家长沟通活动内容和评价标准,邀请家长参与评价,以获得家庭的支持和反馈。学生应根据评价标准设定个人目标,明确自己努力的方向,并在活动中努力实现这些目标。学生应记录自己在活动中的表现和所获得的评价,自我监控学习进度,并根据反馈调整学习策略。

六、保障措施

（一）管理架构与职能

学校建立了以校长领衔、德育处具体负责、其他部门协调配合的综合实践活动课程管理网络。（见图1）

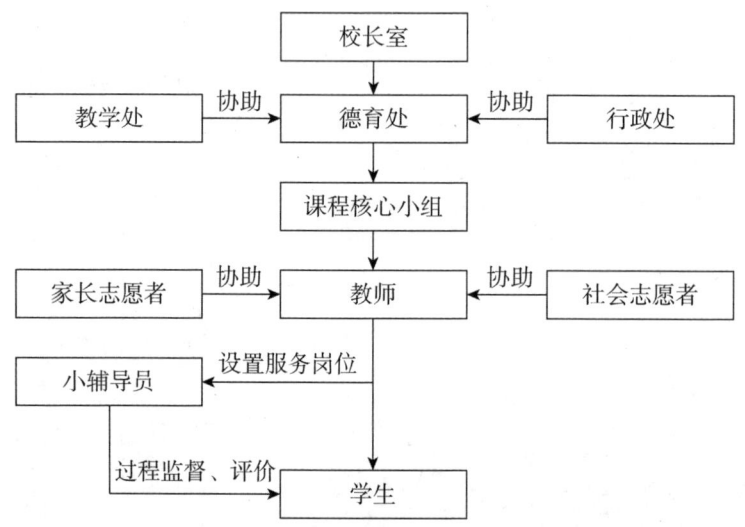

图1 上海理工大学附属小学综合实践活动课程管理网络图

校长室负责对综合实践活动课程的全面规划,根据学校课程计划编制"上海理工大学附属小学综合实践活动课程实施方案",形成课程目标序列、课程内容,明确课程实施和评价要求。德育处对课程的执行情况进行监督、管理和评估,与课程核心小组共同拟定课程研究方向。课程核心小组依据研究方向确定教研主题和内容,挖掘各类资源,如,场馆、高校、志愿者等,开发学生活动内容;指导教师设计和实施活动,策划组织学生问题库、学生讲坛等活动。教师根据课程要求设计、实施主题活动。在综合实践活动实施过程中,可根据需要结合高年级"小辅导员日"设置"小辅导员"服务岗位来共同参与,对学生活动过程监督和评价,一般需提早两周向德育处提出申请。

（二）申报审核制度

教师可从学生问题库中选取学生兴趣度高、可行性强,或学生在生活与学习活动中遇到的问题,进行活动设计。完成设计后递交学校德育处审核。学校德育处依据学校综合实践活动课程实施方案的有关要求进行审核,审核通过后,准予实施。审核内容如下。

1. 活动设计有具体的目标,有对应的表现标准,基本要素齐全。

2. 活动设计符合该年级的学情,有具体的指导措施,有可操作性。

3. 学生活动手册符合学生已有认知基础和生活经验,有明确的任务和要求、完整的实施过程和指导性语言、评价量表等要素。

考虑到学生能力不断发展,所有综合实践活动课程设计,必须在实施3年后重新审核。（见图2）

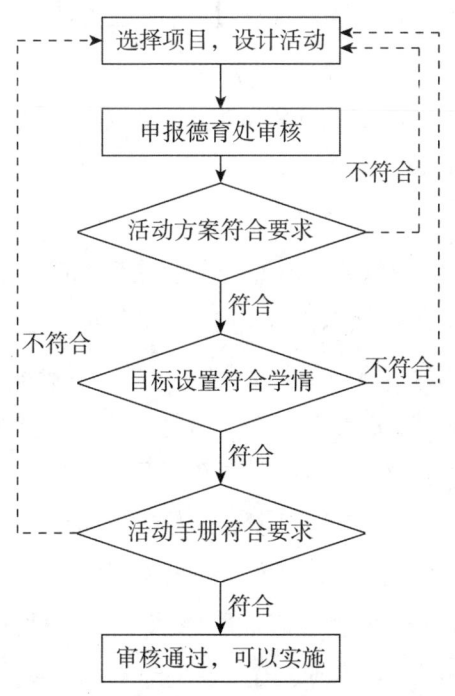

图2　上海理工大学附属小学综合实践活动课程申报审核流程图

(三) 教师研训制度

1. 专业培训

学校基于教师实际需求,尽可能利用校内外资源,提供相关的专业培训。每学期尽可能选送青年教师参与区级探究课程、综合实践活动课程培训,帮助教师转变观念、提升课程开发与实施能力,落实育人价值,切实提高课程开发能力。

2. 专业引领

主题活动的开发与实施是学校综合实践活动课程推广的重中之重。综合实践活动课程对于绝大部分教师来说是全新的领域,要在多个层面上加强"专业引领"。依托区教研员、集团课程共享中心、学校骨干教师,为本校教师搭建快速成长的平台。利用校内外教学研究资源支持教师的工作,积极为教师与专家的交流搭建平台。及时分享与推广教师的经验。

3. 开展教研

教研活动是课程有效实施的有力保障。综合实践活动课程教师多为兼职,教研组以学年为单位。教育部《中小学综合实践活动课程指导纲要》、学校《综合实践活动课程实施方案》作为必修内容,帮助教师了解课程性质、熟悉课程目标和实施要求。以年级为单位进行设计案例解析,让教师能够明确活动的实施流程、教师的指导点和学生活动手册的使用要点。将学生活动过程和成果作为案例进行分析,分享教师经验,获得共鸣。

4. 教师评价

为了全面提高教师的教育教学质量,学校实施系统的教师评价机制。这一机制旨在通过多维度的评价,促进教师的专业成长和教学实践的优化。教师评价不仅是为了衡量教师的教学效果,更是为了激励教师不断学习和进步,提升其在综合实践活动课程中的专业素养和教学能力而设置的。评价内容涵盖教师的专业知识、教学技能、课程开发与实施能力、学生反馈、同行评价以及自我反思等方面。采用形成性和总结性评价相结合的方式,通过观察、问卷、访谈、教学日志分析等多种方法,全面了解教师的教学表现和专业发展情况。评价结果及时反馈给教师,帮助其认识自身的优势和不足,明确改进方向。学校为教师提供必要的支持,帮助其根据评价结果自我提升。这包括提供进一步的专业培训、搭建交流平台、鼓励教师参与教育研究等。

(执笔人:上海理工大学附属小学　马妍菲、郑若盈)

 案例一

寻找比恐龙更早出现的动物

一、主题概述

(一) 主题来源

在"寻找比恐龙更早出现的动物"的探索之旅中,学生将有机会深入上海自然博物馆,去揭开史前生物的神秘面纱。

本活动融合了生物学、地质学的知识,学生在活动中既能了解到比恐龙更早的动物,又能通过实地考察、信息收集和小组合作,提升研究能力、创新思维和表达能力,使学习变得更加有趣而富有成效。

(二) 研究问题

有比恐龙更早出现的动物吗?

(三) 活动任务

1. 任务

学生初步阅读上海自然博物馆展品提示,判断信息与问题的关联性,选取有用的信息记录在活动手册中。根据上海自然博物馆中陈列的史前动物,发挥家长之力,通过书籍、网络进一步收集相关的信息,贴在活动手册中。最终完成寻找比恐龙更早出现的动物活动手册,并交流分享。

2. 任务分解

该任务分解为三个子任务(见图1),它们是递进关系。

子任务一:有和无的猜想。确定小组成员并明确分工,学生根据活动主题和任务厘清问题,明确活动要求。

子任务二:寻找中的喜悦。在参观过程中收集、阅读信息,对信息进行分类和判断,寻找有用的信息。

子任务三:分享收获。整理活动资料,完成活动手册,与其他同学交流分享。

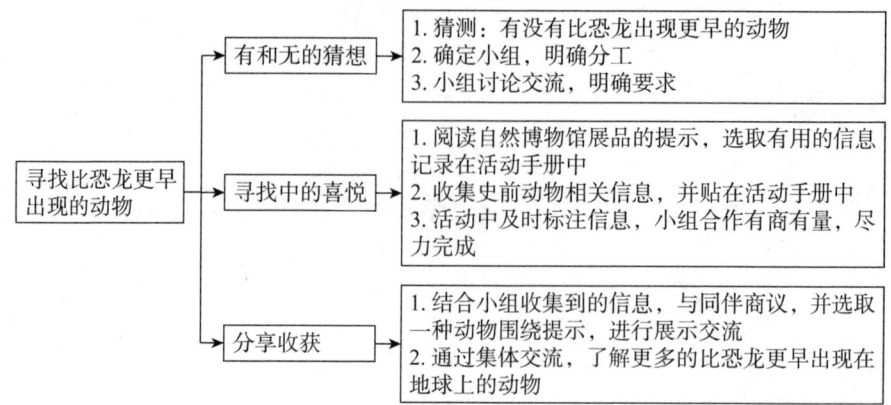

图1 "寻找比恐龙更早出现的动物"主题活动任务分解图

（四）学情分析

我们根据该主题与学校培养目标之间的关联,分析了小学二年级的学生以下目标指向的已有基础和活动后的发展预期。（见表1）

表1 "寻找比恐龙更早出现的动物"主题活动学情分析表

维度	目标指向	已有基础	发展预期
价值体认	公共观念	体验集体活动,知道公共场所的参观规范	集体参观上海自然博物馆,能在教师的提醒下遵守公共场所的参观规范
	规则意识	能说清完成任务的步骤,能在教师的指导下为自己的成果署名	在教师指导下能标注信息来源,并在制作的活动手册中署名
	科学态度	能根据收集到的信息说出想法	在教师的引导下核对收集到的信息,采集证据、说出想法
责任担当	主动服务	当家人或伙伴产生困难时能够提供力所能及的帮助	在集体活动中积极参与团队协作,乐于帮助伙伴共同完成任务
	团队合作	有与伙伴合作完成任务的经历,知道要按分工完成自己的任务	在合作完成任务的过程中,能主动根据分工按时完成自己承担的工作
问题解决	信息处理	能够围绕任务,充分收集与利用不同来源的信息与资源,尝试自主分析、判断信息、提出观点	在伙伴帮助下收集图片或实物资料,读懂简短的文字资料,说出自己的发现
创意物化	成果展示	能对整理后的活动成果作简单的展示、汇报	说清想法,让他人听明白,完整地说出活动过程和活动感受

（五）创新素养链接

本主题活动着重从以下方面培养学生的创新素养。（见表2）

表2 "寻找比恐龙更早出现的动物"主题活动创新素养行为表征表

维度	创新素养指标	行为表征
创新人格 【C-1】	独立自信 【C-1-3】	对收集到的信息进行整理并完成活动手册，对手册内容有独立思考，敢于表达自己的想法
	分享协作 【C-1-4】	在合作中能主动按时完成自己承担的任务，伙伴有困难时愿意帮助，能分享自己的想法，接纳他人的意见
创新思维 【C-2】	灵活性 【C-2-2】	能接受多种形式的信息，从不同角度解读与使用信息，适时地调整自己的想法
创新实践 【C-3】	资源利用 【C-3-2】	能围绕问题，从不同途径收集信息与资源，辨识它们的可靠性、整理、筛选、分析信息，完成活动手册

二、活动目标

（一）任务目标

通过完成"寻找比恐龙更早出现的动物"小组活动，了解一些比恐龙更早出现在地球上的动物，提升对大自然和动物进化的认识。

（二）学习目标

1. 通过初步阅读上海自然博物馆展品的信息，判断信息与问题的关联性，选取有用的信息，记录在活动手册中。（Z-1-2公共观念、Z-1-3规则意识、Z-3-3信息处理）【C-3-2资源利用】

2. 根据上海自然博物馆中陈列的史前动物，借助家长之力，通过书籍、网络进一步收集相关的信息，贴在活动手册中。（Z-3-3信息处理）【C-2-2灵活性】

3. 学习标注收集到的信息的出处，知道这是对他人知识产权的尊重。（Z-1-3规则意识）

4. 结合小组收集到的信息，与伙伴商议，选取一种动物，进行展示交流。（Z-1-4科学态度、Z-2-3团队合作）【C-1-4分享协作】

5. 能够与伙伴一起找到比恐龙更早出现在地球上的动物,遇到问题能够有商有量,尽力完成。(Z-2-2 主动服务)

三、活动内容

见表3。

表3 "寻找比恐龙更早出现的动物"主题活动内容表

子任务(活动)	活动目标	表现标准	建议课时
有和无的猜想	结合自己的经验,围绕"有没有比恐龙出现得更早的动物"进行猜测(Z-1-4) 组建合作小组,对自己的伙伴提出合作要求(Z-1-3) 通过讨论交流,明确主题活动的要求(Z-2-3)【C-1-4】	能对问题进行猜测并说出理由 找到合作伙伴,能说出小组成员和具体分工 能说出本主题活动的任务和要求	学校2
寻找的喜悦	通过初步阅读上海自然博物馆展品的信息,判断信息与问题的关联性,选取有用的信息,记录在活动手册中(Z-3-3)【C-3-2】 根据上海自然博物馆中陈列的史前动物,借助家长之力,通过书籍、网络进一步收集相关的信息,贴在活动手册中(Z-3-3)【C-2-2】 学习标注收集到的信息的出处,知道这是对他人知识产权的尊重(Z-1-4) 能与同伴一起找到比恐龙更早出现在地球上的动物,遇到事情两人能够有商有量、尽力完成(Z-2-2)	知道恐龙生活的时代,并能找到两种比恐龙更早出现在地球上的动物 围绕问题收集资料,注明资料来源 结合问题,通过阅读分析,能够提取出有用的信息,作出判断 两人一起按照要求及时完成任务	学校3 场馆4
分享收获	了解比恐龙更早出现在地球上的动物(Z-3-3)【C-3-2】 结合小组收集到的信息,与伙伴商议,选取一种动物,进行展示交流(Z-2-3)【C-1-4】	能够站在讲台前,介绍一种比恐龙更早出现的动物 对他人的介绍进行点评	学校2

四、活动实施

（一）实施流程

见图2。

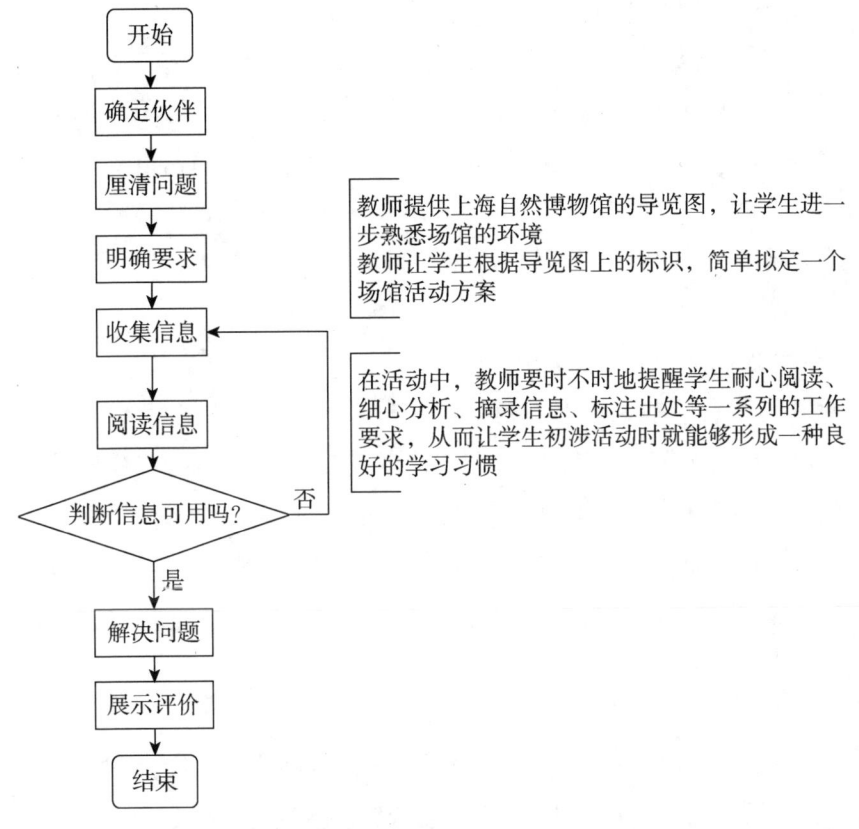

图2 "寻找比恐龙更早出现的动物"主题活动实施流程图

（二）实施建议

1. 学习对象

小学二年级学生。

2. 预设课时

校内7课时+校外4课时。

3. 实施要求

根据预设课时，以小组为单位在第7—8周完成该主题活动。

(1) 准备阶段：明确任务，指导分工

学生课堂学习恐龙时代的知识，组建合作小组，并提出自己的问题，为实地考察做好准备。教师要详细介绍活动流程和评价标准，为学生提供必要的背景知识，并指导他们如何分工合作。场馆方面，上海自然博物馆将提供导览图和安全须知，帮助师生了解场馆布局，并确保活动期间的安全。

(2) 执行阶段：获取信息，监督进程

学生在上海自然博物馆中根据导览图和活动手册的提示，积极寻找比恐龙更早的动物，记录下相关信息。他们还要利用书籍和网络资源，进一步深入了解这些动物。教师在现场指导学生如何阅读展品说明和记录信息，同时监督学生的安全。场馆提供导览服务和特别展览，帮助学生更有效地找到所需信息，增加学习的深度和广度。

(3) 收尾阶段：展示总结，引导评价

学生整理在博物馆和其他渠道收集到的信息，准备成果展示，包括口头报告和展示板。他们还要进行自我评价，反思在活动中的表现和学习收获。教师指导学生如何进行有效的成果展示，并根据学生的表现提供反馈，强调学习过程和成果。场馆收集师生的反馈，改进后续的教育活动，并提供后续的学习资源，支持学生持续学习。

五、活动评价

评价先进行小组内互评和小组间互评，再由教师综合评价。评价不仅关注结果，更重视学生在活动过程中的参与度、合作精神和学习态度。

（一）小组内互评

每个小组成员根据自己在活动中的观察和体验，对伙伴的表现进行评价。这包括伙伴在信息收集和记录、问题讨论和解决中的参与程度，以及他们如何标注信息来源。互评的目的是让学生反思自己在团队中的角色，认识到合作的重要性，并从伙伴那里获得直接的反馈。

（二）小组间互评

观察其他小组的展示交流，根据展示的内容、表达的清晰度、创新性以及小组的互动情况进行评价。这种互评旨在培养学生的批判性思维和同理心，同时也鼓励他们从其他小组的展示中学习经验。

（三）教师综合评价

教师将基于小组自评和互评结果，结合活动手册记录的详细程度、信息的准确性和展示的准备情况，进行综合评价。教师的评价更全面和深入，不仅考虑学生的知识掌握情况，还会关注他们的学习策略、创新能力和表达能力等。

六、学习工具

活动手册，见图3—图11。

图 3

图 4

你和你的同伴

1. 写下你和同伴的姓名。
2. 对同伴提一个要求，并签上你的名字。

结伴同行		
姓名	同伴要求	签名

学习要求

1. 制订一个"寻找比恐龙更早出现的动物"的活动方案。
2. 在上海自然博物馆中至少找到2种比恐龙更早出现的动物，记录它们的信息，说明比恐龙早出现的理由。
3. 通过书籍、网络进一步了解这两种动物，并介绍给大家。
4. 无论从哪里找到的信息都要注明来源。
5. 活动手册上的字要认真书写。
6. 遇到困难不轻易放弃，努力想办法解决。
7. 活动中注意安全，文明参观。

图 5

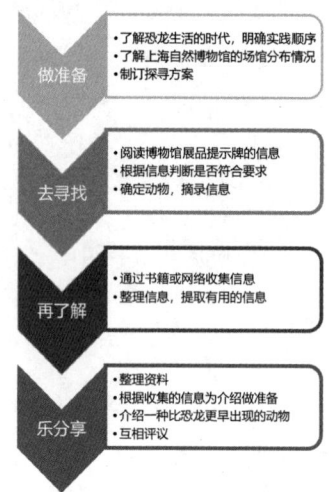

图 6

寻找地球上比恐龙更早出现的动物

活动要求

1. 寻找地点仅限于上海自然博物馆内。
2. 每个小组寻找到两种及以上的比恐龙更早出现的动物。
3. 根据史前动物卡的要求做好信息收集工作。
4. 在史前动物卡的下方注明信息来源，以及完成任务的人员姓名。

图 7

史前动物卡

动物名称：

生活时期：

简单介绍：

它比恐龙出现得早的理由：

上述信息摘自：

信息摘录人：

图片绘制人：

图 8

进一步了解这两种动物

从博物馆回来后，可以上网收集与这两种动物有关的信息，加深对它们的了解，记住给资料注明来源。

```
┌─────────────────────┐
│                     │
│      资料粘贴处      │
│                     │
│                     │
│                     │
│                     │
│                     │
└─────────────────────┘
```

向大家介绍一下你们寻找到的动物

可以参考以下问题，结合之前收集到的信息做好交流准备

1. 你们找到的动物是什么？
2. 它早于恐龙出现在地球上的理由是什么？
3. 它生活在什么时期？
4. 它生活时期的环境怎样？
5. 它是什么样子的？

评一评

请一组根据你们的介绍，按要求在括号里打钩。

1. 每句话都能让大家听见（ ）
2. 找到的两种动物都早于恐龙（ ）
3. 对这两种动物有了简单的了解（ ）

评价小组签名：

图 9   图 10

上图由上海理工大学附属小学2015届7班刘高仰同学绘制

图 11

（执笔人：上海理工大学附属小学　郑若盈）

 案例二

15 分钟美味地图

一、主题概述

（一）主题来源

"15 分钟美味地图"是由上海理工大学附属小学为三年级学生设计的综合性实践活动。该活动结合了中国少年先锋队上海市工作委员会（上海市少工委）推出的"15 分钟幸福圈"活动，旨在整合社区资源，拓宽学生实践空间。活动以"美食"为切入点，引导学生走出校园，探索社区美食文化。涉及的学科包括地理学（绘制地图）、数学（统计调查）、社会学（社区文化调查）和美术（手绘设计）等。活动主要采用小组合作的方式进行，学生要了解手绘地图的基本要素，通过问卷调查收集数据，最终完成手绘地图的制作。

（二）研究主题

以"如何设计一张 A4 纸大小的手绘美味地图，介绍学校周边最受学生欢迎的美食"为研究主题。要求学生不仅要了解地图制作的基本知识，还要通过实际调查来确定哪些美食店最受学生欢迎。该活动将学生的真实生活情境——学校周边的社区环境作为学习场景，让学生在实际生活中寻找和探索，将学习与生活紧密结合，提高学生的解决问题能力和生活实践能力。

（三）活动任务

1. 任务

本主题活动要求学生以小组为单位，设计并制作一张手绘美味地图，地图要覆盖指定区域，并标记出最受学生欢迎的 10 家美食店。

2. 任务分解

该任务分解为四个子任务（见图 1），这些子任务层层递进，最终完成美味地图的绘制与介绍。

子任务一：向美味出发。确定小组成员并明确分工，学生根据活动主题和任务厘清问题，明确活动要求。

子任务二：寻找美味。确定调查对象，设计调查问卷，发放并回收问卷，整理

分析调查情况。

子任务三:美图美味。通过小组合作,按照要求完成美食地图的设计。

子任务四:美味出炉。完成绘制美食地图并与其他小组交流分享。

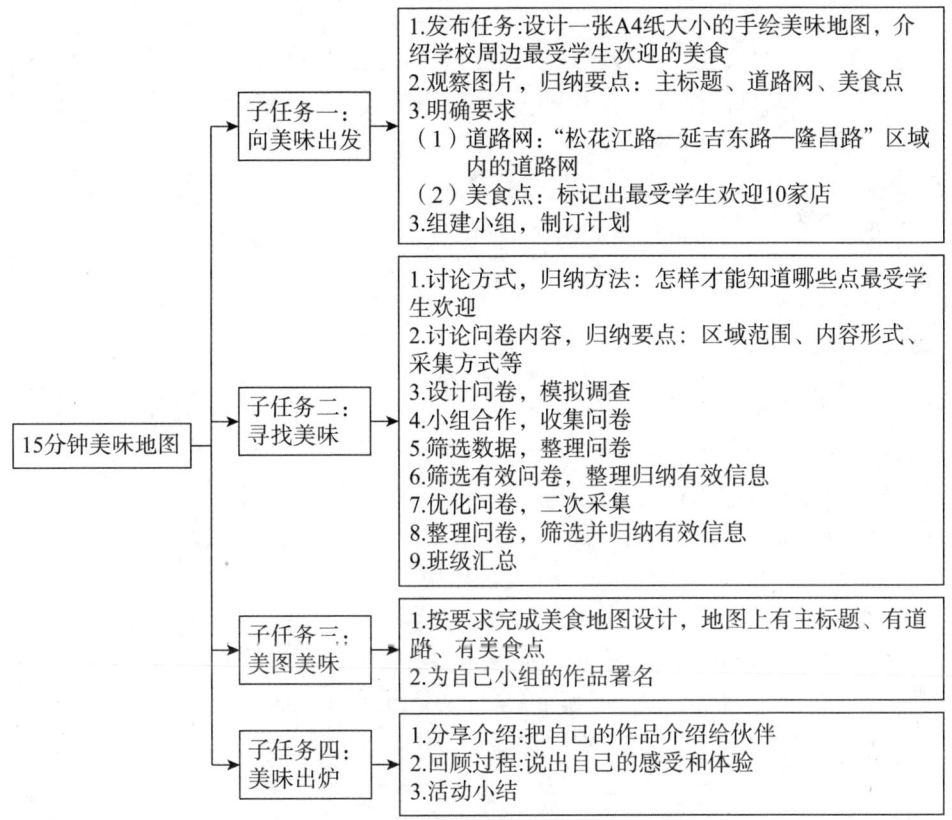

图1 "15分钟美味地图"任务分解图

(四)学情分析

根据该主题与学校培养目标之间的关联,我们分析了三年级学生的已有基础和本次活动后的发展预期。(见表1)

表1 "15分钟美味地图"主题活动学情分析表

维度	目标指向	已有基础	发展预期
价值体认	规则意识	按要求开展活动	根据要求完成地图制作,并为自己的作品署名

(续表)

维度	目标指向	已有基础	发展预期
责任担当	团队合作	与伙伴合作完成任务,分享自己的想法	在小组合作的过程中,能完成自己的工作,接纳别人的想法
	生活态度	对身边事物的充满好奇	走出学校,主动探索社区环境
问题解决	计划制订	在教师的指导下,说出任务的步骤	在教师的指导下,制订任务的步骤
	信息处理	在教师的指导下,用问卷收集信息,说出自己的发现	利用调查问卷收集信息,整理并分析问卷数据,筛选有用信息
	问题解释	在教师的指导下,发现活动中问题	发现活动中的问题,想办法解决
创意物化	创意设计	说出自己的设想,根据想法进行设计	根据要求,完成地图的设计,在地图中标记道路网、美食点等信息
	成果展示	展示自己(小组)的作品	展示成功,介绍自己的想法,让伙伴听明白

(五) 创新素养要点

本主题活动着重从以下方面培养学生的创新素养。(见表2)

表2 "15分钟美味地图"主题活动创新素养表征表

维度	创新素养指标	行为表征
创新人格【C-1】	好奇心【C-1-1】	保持对学校周边环境的好奇,乐于围绕问题开展探索
	独立自信【C-1-3】	对收集到的信息进行整理并完成活动手册,能独立思考,敢于表达自己的想法
	分享协作【C-1-4】	在合作中能主动按时完成自己承担的任务,伙伴有困难时愿意帮助,能分享自己的想法,接纳他人的意见
创新思维【C-2】	灵活性【C-2-2】	能接受多种形式的信息,从不同角度解读与使用信息,适时地调整自己的想法
创新实践【C-3】	资源利用【C-3-2】	能够围绕问题,从不同途径收集信息与资源,辨识信息与资源的可靠性,整理、筛选并分析信息,整理完成活动手册

二、活动目标

（一）任务目标

小组合作完成15分钟美味地图的绘制，知道社区生活圈的环境，激发学生对社区的热爱。

（二）学习目标

1. 知道任务内容和要求，了解手绘美食地图的三大要素。(Z-3-2 计划制订)

2. 估计完成任务所需的步骤，根据步骤制订计划，按计划完成任务。(Z-1-3规则意识)【C-2-2 灵活性】

3. 根据任务要求，设计调查问卷，了解最受学生欢迎的美食店。(Z-3-3 信息处理、Z-2-4 生活态度)【C-1-1 好奇心】

4. 小组合作完成问卷发放和回收工作，筛选有用信息，确定需要在地图中标记的美食点。(Z-3-3 信息处理)【C-3-2 资源利用】

5. 按要求完成美食地图设计，地图上有主标题、道路、美食点，为自己小组的作品署名。(Z-3-4 问题解释、Z-4-1 创意设计、Z-4-4 成果展示)【C-1-3 独立自信】

6. 在活动中，与伙伴配合，按要求、按时完成自己承担的任务，耐心听取伙伴的想法。(Z-2-3 团队合作)【C-1-4 分享协作】

三、活动内容

见表3。

表3 "15分钟美味地图"主题活动内容

子任务(活动)	活动目标	表现标准	建议课时
向美味出发	知道完成15分钟美味地图制作的任务内容和要求,了解手绘美食地图的三大要素(Z-3-2) 估计完成任务所需的步骤,制订项目计划(Z-1-3)【C-2-2】 组建合作小组,明确分工和要求(Z-1-3)	能说出完成15分钟美味地图制作的任务内容和要求,能说出手绘美食地图的三大要素 能根据完成任务的大致步骤,制订项目计划 能说出合作小组成员和具体分工	校内1
寻找美味	根据任务要求,设计调查问卷,了解最受学生欢迎的美食店(Z-2-4)【C-1-1】 根据要求,选择调查对象发放问卷,小组合作开展调查,并及时回收问卷(Z-3-3) 能筛选出有效问卷,运用学过的方法统计(Z-3-3)	设计调查问卷的要素符合要求,问题与主题相关 选择调查对象发放问卷,并及时回收问卷,清点数量 根据筛选出有效问卷,进行班级数据汇总得到汇总结果	校内2 校外1
美图美味	按要求完成美食地图设计。地图上有主标题、道路、美食点,为自己小组的作品署名(Z-3-4、Z-4-1、Z-4-4)【C-1-3】	按时完成美食地图设计 设计地图上有主标题、有道路、有美食点,标记清晰 能比较清晰地布局和呈现信息	校内2 校外1
美味出炉	根据要求,把自己的作品介绍给伙伴(Z-2-3)【C-1-4】 回顾整个活动的过程,说出自己的感受和体验【C-1-3】 能对活动情况进行小结(Z-3-3)	能把自己的作品介绍给伙伴 回顾活动过程,说出自己的感受和体验 能对活动情况进行小结,谈自己的收获	校内1

四、活动实施

（一）实施流程

见图2。

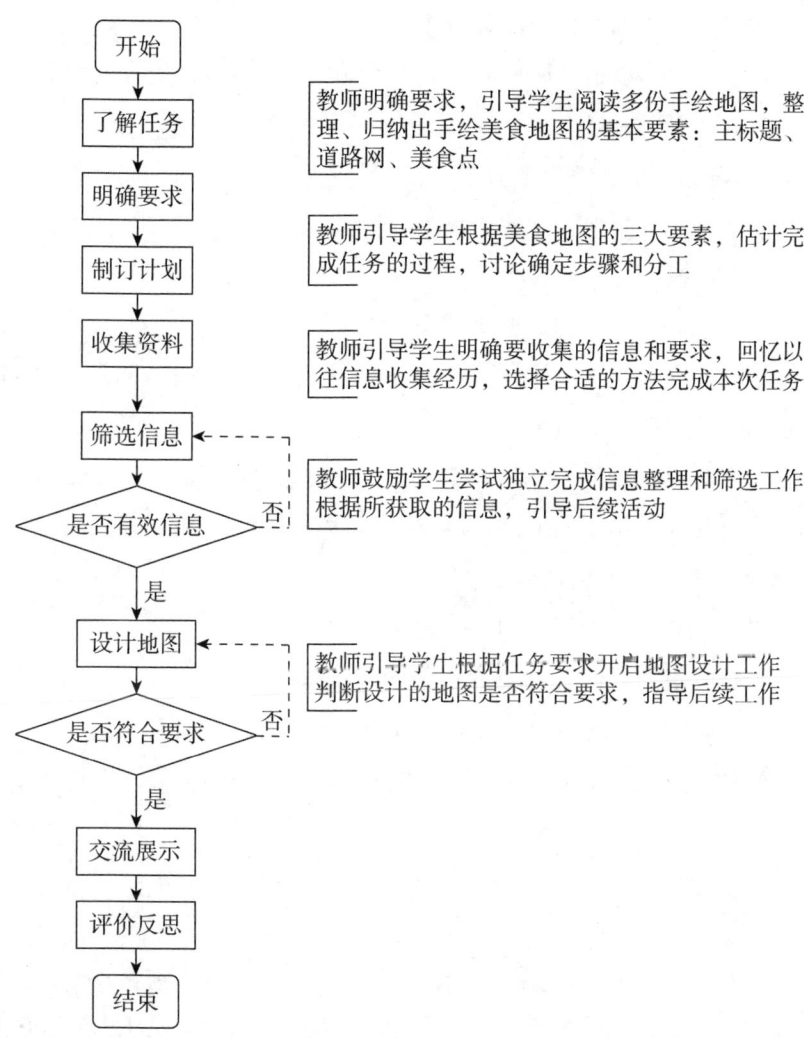

图2 "15分钟美味地图"主题活动实施流程图

（二）实施建议

1. 学习对象

小学三年级学生。

2. 预设课时

校内6课时,校外2课时。

3. 实施要求

根据预设课时,以小组为单位拟在第6—7周完成该主题活动。

(1) 准备阶段:明确任务,指导分工

学生要组建合作小组并明确各自的角色和分工,初步讨论和估计完成任务所需的步骤,为制订项目计划做准备。教师在这一阶段负责发布任务、解释活动背景和目的,确保学生理解任务要求,并引导学生讨论,帮助他们认识手绘地图的基本要素。场馆方面则需要准备必要的材料,如A4纸和绘画工具,并为小组讨论和计划制订提供适宜的场所。

(2) 执行阶段:获取信息,监督进程

学生设计调查问卷,确保问卷能够有效收集所需信息,发放问卷,收集数据,进行初步的筛选和整理。教师的职责是监督学生的问卷设计和发放过程,确保数据的有效性,并提供必要的指导,帮助学生解决在问卷调查过程中遇到的问题。场馆需要与社区建立联系,为学生提供实地考察和问卷调查的机会,以便他们完成问卷的发放和数据收集。

(3) 收尾阶段:展示总结,引导评价

学生根据收集的数据完成美食地图的设计,并在地图上标记道路网和美食点,同时准备如何向同学介绍自己的作品,并进行反思。教师应指导学生完成地图设计,确保设计符合要求,并根据学生的表现进行评价,提供积极的反馈和建议。

五、活动评价

该课程从规则意识、问题解决、创意物化等多方面对小组活动情况进行评价。该课程主要采用小组自评的方式,评价指标的部分内容采用过程性评价、部分内容则在任务结束后评价。评价以激励为主,教师根据总分确定学生获得的等第。四星:总分≥13分;三星:总分8—12分;二星:总分4—7分;一星:总分≤3分。(见表4)

表4 "15分钟美味地图"主题活动评价表

评价指标		评价标准			评分
		1分	2分	3分	
价值体认	规则意识	地图上没有署名	在教师的提醒下,在地图上署名	地图上有小组成员的署名	
问题解决	计划制订	无法估计完成任务所需的步骤,或只想到了一个步骤	在教师的提示下,估计出了一些步骤	估计的步骤与实际经历的步骤基本一致	
	信息处理	在教师的帮助下,完成了问卷发放和回收工作	在教师的帮助下,完成问卷发放和回收工作,回收到8份有效问卷	完成问卷发放、回收工作,回收到至少15份有效问卷	
	监控反思	没有发现设计或问卷中存在的问题	在教师的提示下,发现设计或问卷中存在的问题,想办法解决	发现了设计或问卷中的问题,并想办法解决了	
创意物化	创意设计	没有完成地图的设计	完成地图设计,但有小部分内容与要求不符	完成地图设计,符合要求	
总评					

六、学习工具

活动手册，见图3—图9。

任务发布

设计一张A4纸大小的手绘美味地图，介绍学校周边最受学生欢迎的美食。

要求：
- 地图范围：松花江路—延吉东路—隆昌路。
- 地图尺寸：A4纸大小。
- 包含美食地图基本要素。
- 标记出最受学生欢迎的10家店。

美味小提示

美食地图的基本要素是什么？

看看这些手绘美食地图。你发现它们有什么共同点？美食地图的关键基本就藏在里面哦！

图3

组建小组

请你们组建一个合作小组，小组人员不得超过5人，并把小组成员信息填在下面的表格里。

小组名称：

组长：

组员：

制订计划

完成这个任务，需要经历哪些步骤呢？把你们想到的按先后顺序写下来！

序号	任务计划表
	步骤内容

图4

收集资料

想一想：
- 哪些店可以上榜？
- 收集资料可以用哪些好办法呢？
- 收集过程中，要记录哪些信息呢？

问卷粘贴区

图5

数据记录

通过调查，把你收集到的数据记录下来吧！

数据记录表

序号	年级	推荐店铺	特色

图6

数据汇总

最受学生欢迎的美食店铺TOP10

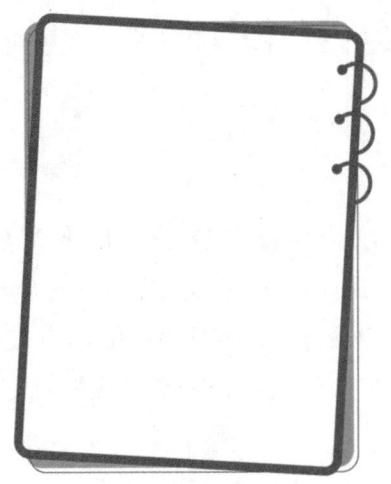

图7

设计地图

图8

活动评价

活动已近尾声，请根据评价表，自己或团队表现与要求相符的打"√"。

团队评价表	
内容	自评
完成活动手册填写，按时上交	
整理并汇总收集到的所有数据	
完成手绘美食地图	

个人评价表	
内容	自评
能根据计划书，认真完成自己的任务	
能简单介绍小组采集信息的过程	
组内成员意见有分歧时，想办法解决，尊重小组最终达成的意见	

图9

（执笔人：上海理工大学附属小学　郑若盈）

14. 上海市杨浦区复旦科技园小学

复旦科技园小学秉承"点亮生命之光"的办学理念，围绕立德树人的根本任务，以发展创新素养为目标，通过有效整合课程资源，构建彰显生态教育理念和育人价值的综合实践活动课程体系。学校以自我成长、自然探究、社会理解三个板块为架构，下设自我认识、自然探索、社会实践等九个子领域，形成内在关联、层层递进的课程体系。

学校深度挖掘、高效利用新江湾城湿地这一优质在地资源，并联合高校、社区等力量，从儿童视角设计开发了一系列与生态紧密相关的课程主题。我们鼓励学生多角度、多途径获取信息，从科学立场解析信息、分析问题，与生活实际相勾连，进行自主的设计、实践、改进，并通过反思和实践去解决问题。提升学生基于问题的创新实践能力，促进创新思维的发展和创新人格的形成。在"'杏'会有你"主题活动中，学生通过收集不同的树叶，学会辨识银杏，并制作银杏叶软陶徽章、创作银杏叶艺术画，在学校生态月活动中展示物化成果。在"天然除污剂"主题活动中，学生在真实情境中提出问题，深入湿地，寻找天然除污原料植物。对自己和他人的实验方案进行合理的判断和评价，提出改进意见，最终制作并选出除污能力最强的天然除污剂。

创新不仅依靠知识的积累，更要求在实践中不断尝试与突破。复旦科技园小学的综合实践活动课程，旨在通过真实的学习情境，激发学生的探索欲望，促进跨学科知识的综合运用，让学生能够在实践中学习、在创新中成长，全面提高综合实践素质。

上海市杨浦区复旦科技园小学综合实践活动课程实施方案

一、背景分析

(一) 办学理念

复旦科技园小学全面贯彻党的教育方针,依据课程方案和指导纲要,围绕"点亮生命之光"的办学理念,坚持教育与生产劳动、社会实践相结合,引导学生深入理解和践行社会主义核心价值观,全面提高学生的综合实践素质,促进全面发展。以人与自然和谐共处为价值取向拓展生态认知,依托湿地资源,建设以"生态"为特质的学校文化,将生态理念延伸至学校课程建设。

(二) 课程状况

以创新精神和实践能力培养为核心,结合学校课程基础,形成适应社会发展、符合学生个性及创造力的课程体系。开展以学生为主体,以实践性、自主性、创造性、趣味性和非学科性为特征的综合实践活动。丰富活动内容、创新活动方式,使学生接触自然、社会,综合运用所学知识,促进全面发展。

(三) 教研组情况

在自主报名、学校遴选、组长推荐的基础上,来自不同学科背景的教师组成了综合实践活动教研组,通过跨学科的协作,共同推动课程发展。专职教师的加入进一步优化了人员结构。

二、课程目标

(一) 总目标

以学生为主体,凸显学校生态教育办学特色,基于校本特色架构主题,从儿童视角设计内容,使学生具有价值体认、责任担当、问题解决、创意物化方面的意识和能力。

1. 价值体认

通过亲历和参与少先队活动、场馆活动和主题教育活动,参观爱国主义教育基地等,使学生提升社会认知水平,获得积极的价值体验。

让学生理解并遵守公共空间的基本行为规范,初步形成集体思想、组织观念,培养社会交往能力;培养对中国共产党的朴素感情,为自己是中国人感到自豪。

走进湿地,让学生关心自然环境,增进对自然的了解与认识,自主探究自然问题,具有环保意识,理解人与自然的内在联系,培养自然关怀。

2. 责任担当

让学生围绕日常生活开展服务活动,积极参与"锋蜜"志愿服务和公益活动,有积极参与学校和社区生活的意愿,促进自我管理和自我发展,培养社会责任感和公民意识。

通过家务劳动、社会实践等活动,提升学生的自我认识,能处理生活中的基本事务,初步养成自理能力、自立精神、热爱生活的态度,发展社会实践能力和劳动技能。

3. 问题解决

学生能在教师的引导下,通过观察、调研、合作讨论等方式,增进社会交往。引导他们关注学校、家庭生活中的现象,形成自主收集和处理信息的能力,获得亲身参与的积极体验与丰富经验,发展社会实践能力。

让学生发现并提出自己感兴趣的自然问题、社会问题和自我问题,并转化为研究课题,体验课题研究的过程与方法,形成对问题的初步解释,发展自我管理和探究问题的能力,养成科学研究的正确态度。

4. 创意物化

让学生通过动手操作,初步掌握设计与制作的基本技能,能利用大自然中的生态元素创意完成作品,提升社会认知,端正劳动态度,形成良好的劳动习惯,养成负责的生活态度。

让学生学会运用信息技术,运用相关软件工具,将创意物化。通过设计构思、素材收集、编辑制作有创意的数字作品,提高他们的创意设计和编辑制作能力。

培养学生运用常见、简单的信息技术解决实际问题的能力,提升学习与生活的品质;锻炼自主学习能力,激发创造力和艺术潜能;养成良好的生活习惯和时间管理能力,加强自我管理,更好地服务于学习和生活。

（二）各年段目标

课程总目标分解为低年段、中高年段目标。（见表1）

表1 复旦科技园小学综合实践活动分年段目标表

一级目标	二级目标	学习目标		创新素养指标
		低年段目标	中高年段目标	
价值体认（Z-1）	爱党爱国（Z-1-1）	通过参与集体游戏、参观校园场馆及爱国主义教育活动，为自己是中国人而感到自豪	通过实地考察、角色扮演等形式，学习国情历史，理解并认同公民的责任与义务，展现出责任担当和爱国情怀	独立自信【C-1-3】
	公共观念（Z-1-2）	初步认识并尝试遵守学校和公共场所的基本行为规范，了解不同的礼仪和习俗	深化对公共空间行为规范的理解，参与多元文化研究等具有学校特色的项目，展现出对多元文化的包容与尊重	流畅性【C-2-1】
	规则意识（Z-1-3）	初步体验按计划行事，逐步养成按时完成任务的良好习惯；学会尊重他人意见；初步形成集体意识和组织观念	独立或合作制订详细的活动计划和时间表；学会在团队中发挥个人优势，共同解决问题，形成团队合力	分享协作【C-1-4】
	科学态度（Z-1-4）	参与趣味性的科学小实验和探究活动，学习提出问题、观察现象、记录数据，养成有始有终的好习惯	独立或分组设计实验方案，验证自己的假设；学会在遇到困难时保持冷静，积极寻求解决方案，确保项目的顺利完成	独创性【C-2-3】问题分析【C-3-1】问题解决【C-3-5】

（续表）

一级目标	二级目标	学习目标		创新素养指标
		低年段目标	中高年段目标	
责任担当（Z-2）	自理自立（Z-2-1）	初步学会处理个人日常生活中的简单事务，逐步养成自己的事情自己做的良好习惯	学会较复杂的生活技能；参与社区服务、社会实践等活动，在实践中锻炼社交能力和解决问题的能力	独立自信【C-1-3】反思进取【C-1-5】
	主动服务（Z-2-2）	学会主动观察周围人的需要，尝试提供简单的帮助；学习如何与新同学建立友谊，相互关心和支持	加强对身边人和事的关心；了解社区需求，并为社区提供力所能及的帮助，展现出社会责任感	坚持【C-1-6】
	团队合作（Z-2-3）	学会倾听他人意见，并在教师的引导下进行简单的协商与讨论，乐于分享自己的成果和初步想法	组织团队成员进行协商讨论，能够积极听取并综合多方意见，分享自己的见解与成果，促进知识共享与相互启发	分享协作【C-1-4】灵活性【C-2-2】
	生活态度（Z-2-4）	对身边事物产生初步的好奇心和求知欲，培养以积极的态度面对学习中的挑战，并在遇到小困难时尝试独立解决	培养对身边事物的广泛好奇心和强烈求知欲，在面对挑战时，能运用所学知识和技能积极寻找解决方案	好奇心【C-1-1】独创性【C-2-3】

（续表）

一级目标	二级目标	学习目标		创新素养指标
		低年段目标	中高年段目标	
问题解决（Z-3）	提问质疑（Z-3-1）	学会初步观察生活，发现简单的问题，并能就自己的发现提出疑问	从生活中敏锐地捕捉问题，并做出合理的假设；学会质疑和分析，通过实地考察、实验操作等多种方式，求证自己的假设	好奇心【C-1-1】想象力【C-1-2】问题分析【C-3-1】
	计划制订（Z-3-2）	学会识别并简单描述遇到的问题；在教师的帮助下，初步接触并制订简单的活动计划，学习如何安排时间和资源	学习独立制订行动计划，并设计相应的应对策略，以确保计划的顺利执行和问题的解决	问题分析【C-3-1】观念践行【C-3-3】
	信息处理（Z-3-3）	学会围绕感兴趣的问题，尝试从多种渠道收集信息，并能对收集到的信息进行初步的整理和分享	围绕研究主题，有效筛选和整合信息，形成自己的见解，并能够结合所学知识和实践经验，对观点进行论证和阐述	灵活性【C-2-2】隐喻性【C-2-5】资源利用【C-3-2】
	问题解释（Z-3-4）	尝试在教师的引导下，通过观察、讨论等方法，寻找与问题相关的线索，形成对问题的初步认识	独立或合作对信息的真实性和有效性进行评估，推理问题产生的原因，形成条理清晰的解释	反思进取【C-1-5】方案评价【C-3-4】问题解决【C-3-5】
	监控反思（Z-3-5）	能在教师的帮助下，发现并解决一些基本的问题；学会及时寻求帮助，确保活动顺利进行	发现活动中的关键问题，分析问题产生的原因，并通过有效反馈，及时分析问题、解决问题	方案评价【C-3-4】

（续表）

一级目标	二级目标	学习目标		创新素养指标
		低年段目标	中高年段目标	
创意物化（Z-4）	创意设计（Z-4-1）	尝试提出初步的创意构想，设计出简单而有趣的作品，展现出对创新的兴趣和潜能	提出具有新意的构想，综合考虑材料的环保性、技术的可行性以及作品的实用性，展现出创新思维和能力	流畅性【C-2-1】独创性【C-2-3】
	工具选择（Z-4-2）	初步认识并了解几种常见工具的基本特点和用途，能够在教师的指导下，选择合适的工具尝试使用	能够独立分析活动需求，自主选择并灵活运用合适的工具进行创意设计或制作，适时调整工具的选择和使用方法	精致性【C-2-4】资源利用【C-3-2】
	物化制作（Z-4-3）	参与制作简单的作品，在教师的帮助下对设计进行简单调整，努力将创意设计转化为符合基本要求的实物	能够自主进行创意设计，独立或合作制作较为复杂的作品；通过多次检验，细致地调整设计细节	分享协作【C-1-4】灵活性【C-2-2】
	成果展示（Z-4-4）	清晰地表达设计思路、制作过程以及作品的特点，体验成功的喜悦，并学会倾听他人的反馈	条理清晰、逻辑严密地阐述自己的设计理念，并主动进行交流互动，接受他人的意见和建议，不断完善自己的作品	反思进取【C-1-5】资源利用【C-3-2】方案评价【C-3-4】

三、课程内容

（一）内容选取原则

1. 生活化原则

我们挖掘在地资源，充分利用城市最后一片"绿肺"，通过观察、记录和思考，形成对自然与自我的深刻理解,锻炼自我管理和自我发展的能力。充分利用高校、社区、家长等资源,开展志愿服务、社会实践等活动。

结合专题教育开展活动。结合少先队活动、仪式教育、优秀传统文化教育、国家安全教育、心理健康教育、校园文化活动等,设计富有生态特色的综合实践活动。

2. 综合性原则

精选校本课程资源。我们结合生态特色,在"湿地家园""与植物密语""心情红绿灯""职业启蒙"等校本课程中,精选活动内容,进行设计加工,整合成综合实践活动课程选题。在"探究型课程学习包"中选取具有代表性、符合时代发展的内容,结合学校特色进行筛选,根据课程纲要再具体设计。

3. 实践性原则

基于学生的视角。我们始终以学生为主体,鼓励学生积极参与课程内容的选择过程,提出见解和建议;更加贴近他们的生活和经验,培养主动性和创新精神,促进全面发展。

捕捉社会热点。以重大时事、热点问题为研究内容,让学生通过对社会热点的研究,学习项目的设计,更快地融入社会、关注社会,并能够从更广的角度思考解决问题的能力。

(二) 内容结构

学校综合活动课程充分利用在地资源,整合优化原有的课程基础,凸显学校生态特色,以价值体认、责任担当、问题解决、创意物化为目标体系架构,在自我成长、自然探究、社会理解三个维度,分设了自我认识、自我管理、自我发展,自然认识、自然探索、自然关怀,社会认知、社会实践、社会交往三种形式,形成内在关联,构建综合实践活动课程体系。(见图1、表2)

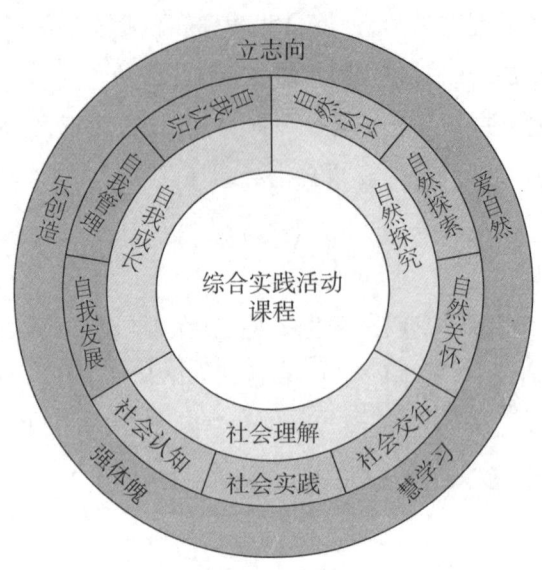

图1 复旦科技园小学综合实践活动课程结构

1. 自我成长

选取与学生学习、生活相关的真实情境,设计引导学生深入认识自我、提升自我管理和自我发展能力的相关活动。通过活动了解自我特点、优势与不足,建立自我认同。学习时间管理、情绪管理、财务管理等生活技能。鼓励设定目标、培养兴趣、提升综合素质。活动形式以主题班会、实践活动、小组分享为主。

2. 自然探究

从大自然中选取主题与内容,设计一系列能激发对自然的兴趣和热爱、增强探索自然和关心自然能力的活动。采取考察探究、试验操作、设计制作、项目式学习等活动形式。了解动植物、气候、环境等自然知识。学习观察、实验、记录等科学探究方法。培养尊重自然、保护环境的意识。

3. 社会理解

关注社会生活、人际交往,设计了解社会规则、提升社会实践和社会交往能力的相关活动。通过社会实践、职业体验、场馆考察等形式,了解社会规则、职业分工、文化传承等。参与志愿服务、社区服务,体验社会生活。培养沟通合作、解决冲突等技能。

表2 复旦科技园小学综合实践活动课程内容表

学期	维度		
	自我成长	自然探究	社会理解
一年级上	我是小学生啦! (4课时)	"杏"会有你 (4课时)	我的新朋友 (4课时)
一年级下	我爱我家 (4课时)	神奇动物在哪里 (6课时)	遵守规则从我做起 (4课时)
二年级上	时间去哪儿了 (4课时)	小小气象主播员 (4课时)	博物馆奇妙旅 (6课时)
二年级下	玩转课间大活动 (4课时)	自然笔记湿地行 (6课时)	社区我的家 (6课时)
三年级上	我是"光盘"王 (4课时)	天然除污剂 (6课时)	除草小精灵 (6课时)
三年级下	童年好"十"光 (4课时)	绿色生态小调查 (6课时)	风筝义卖嘉年华 (6课时)
四年级上	我是情绪小主人 (4课时)	如果让我当林长 (6课时)	来一场厕所革命 (6课时)
四年级下	管好我的小金库 (4课时)	大自然的调色盘 (6课时)	小小"锋蜜"在行动 (6课时)
五年级上	男孩和女孩 (6课时)	固碳马拉松 (6课时)	AI! YES OR NO? (6课时)
五年级下	给母校的礼物 (6课时)	"零碳先锋"辩论赛 (6课时)	长大了,我就成了…… (6课时)
实施路径	集中+分散		

四、课程实施

(一)设计要求

1. 整体构思,制订方案

综合实践活动课程有很强的灵活性,要因地制宜、因时制宜,充分利用各种教育资源,充分关注学生发展需求、社会发展需求,把综合实践活动与专题教育、场馆考察、湿地寻访、设计制作、实验探究、社会服务等联系起来,制订出详细、全面、切实可行的课程实施方案。

2. 挖掘资源,关注需求

充分发挥校本特色,依托新江湾生态湿地的资源优势,通过实地探访、亲身体验等形式,增强学生的环保意识和自然情怀。结合学生生活实际与年龄特点,关注一年级零基础的学段特点,采用由浅入深、逐步递进的方式,使学生逐步掌握基本技能和知识,为后续的创新素养培养奠定基础。

3. 创新方式,多元实践

创新活动方式,探索多元化实践。学生可以基于自身兴趣,通过选择研究主题、参与社会服务、动手设计制作和体验职业角色等活动,主动获取知识,提升实践能力。结合学校特色活动,强调反思、交流与合作。发挥信息技术在活动中的支持作用。

(二) 实施原则

1. 关注核心素养,聚焦能力培养

基于"自然、开放、共生"的生态课堂核心要素,设定实践能力、创新能力、团队协作能力和问题解决能力等具体目标,结合学生年龄特点制订课程内容,着力发展核心素养,培养创新人格、创新思维和创新实践。

2. 深化跨学科整合,实施项目化学习

选取具有代表性和实践意义的跨学科主题,推动不同学科间的有机融合。引导学生围绕主题展开项目化学习,运用学科知识和综合能力来解决问题,建立起更加完整和系统的知识体系,培养跨学科创新思维和综合运用知识的能力。

3. 丰富实践体验,强化知识应用

实践是综合实践活动课程的核心。创设丰富多样的实践活动,鼓励学生从自身成长出发选择活动主题,践行价值信念,在亲身参与中感受知识的力量。通过实践活动加深对理论知识的理解和记忆,提高解决问题的能力。

4. 引导深入探究,激发创新思维

引导学生从日常学习生活、社会生活或与大自然的接触中发现有教育意义的活动主题,从而获得关于自我、社会、自然的真实体验,建立学习与生活的有机联系。鼓励学生主动发现问题并解决问题,培养创新思维和探究精神。

5. 强化团队协作,提升综合能力

充分肯定学生活动方式和问题解决策略的多样性,形成规则意识,鼓励学生进行自我评价、合作交流和经验分享。通过组织小组合作、搭建交流平台,提升学生的沟通能力和团队合作意识。

(三) 实施建议

1. 加强学习,提高认识

组织教师认真学习课程指导纲要及研究性学习的有关材料,用科学的理论指导教学实践。鼓励教师在活动中不断反思,获得实践经验,积极参加各级教研活动,吸取兄弟学校经验,更好地实施课程。

2. 注重过程,有效指导

增加学生亲身体验的机会,加强创新实践,培养创新人格,发展创新思维。引导学生制订研究计划、记录活动经过、撰写调查报告。有针对性地进行指导、督促,将教师的有效指导和学生自主选择、主动实践有机结合起来。

3. 搭建平台,分享展示

主动搭建平台,鼓励师生展示自己的实践成果和创新作品。组织定期的校内展示会、分享会或竞赛活动,激发学生的创新实践热情。推荐优秀课程成果参与更高层次的交流展示活动,激励更多教师投身课程实践与研究。

五、课程评价

综合实践活动的评价通过观察、记录和描述学生在活动过程中的表现,以此作为评价的基础。坚持评价的方向性、指导性、客观性、公正性等原则,通过评价让学生感受自我成长,促进自我反思,享受成功的喜悦。

1. 注重过程,坚持原则

坚持学生成长导向,聚焦学生获得结果和体验的过程,通过对过程的观察、记录、分析,把握学生成长规律,了解个性与特长,不断激发潜能,为更好地促进学生成长提供依据。

2. 尊重多元,激发热情

鼓励并尊重个性化的自我表达,引导学生进行自我评价、相互评价。挖掘学生作品背后蕴藏的思想、创意,杜绝随意打分和简单排名等做法。通过评价促进学习情感、激发学习热情，使学生在学习过程中不断获得成功的体验和学习的快乐。

3. 做好记录，形成档案

客观记录学生参与活动的具体情况，及时填写活动记录单，并收集相关事实材料。整理、遴选有代表性的活动记录、典型事实材料，编排、汇总、归档，形成学生的综合实践活动档案袋。

4. 重视反思，激励成长

发挥评价的指导功能，调动学生的认识和情感因素，激励学生自觉记录活动过程，参与对问题的讨论、对成果的分享，鼓励学生主动审视自己的优势和不足，逐步完善行动、拓宽视野。

六、课程管理

（一）实施管理和内容审核

1. 加强对课程情况的督查

构建由学校领导层、教研组、教师组成的课程管理体系，依据《学校课程实施方案》《"双新""双减"背景下学校教学管理制度汇编》，明确各级职责，加强管理，确保课程的系统化、规范化。

2. 建立课程审核机制

依据《复旦科技园小学课程审核制度》，遵循"创新内容，实践导向，动态发展"的目标，对课程内容进行审核与评估，确保课程设计的科学性和合理性。

（二）教师培训与教研指导

1. 构建系统培训体系

依据《复旦科技园小学教研管理制度》，建立常态化的教师培训机制。着重增强教师的跨学科知识融合能力、活动设计与执行能力，以及课程资源的有效开发与利用能力。

2. 完善日常教研机制

积极寻求专家的建议与指导，参与区域联动教研等活动，与其他学校分享经验、交流成果。倡导并开展教师间的深度交流与互助，共同探索解决方案。

(三) 支持体系建设与保障

1. 网络资源开发

主动携手区域教研,共同开发并维护高质量的网络资源库。鼓励师生积极参与课程资源开发,发挥主体性作用和创造力。定期整理教学一线的成功案例与经验,实现教学资源的动态更新与积累。

2. 硬件配套与利用

积极寻求与校外活动场所的合作,建立稳定的资源协调与共享机制。充分利用实验室、专用教室等教学设施,优化资源配置。开发高校、社区、实践基地等社会资源、自然资源支持课程建设。

3. 保障措施

合理规划经费使用,重点支持课程资源开发、教师培训以及专题研究等项目。建立规范化的安全管理制度和管理措施,增强安全意识,加强安全教育。

(执笔人:上海市杨浦区复旦科技园小学 郑 瑾)

案例一

"杏"会有你

一、主题概述

(一) 主题来源

每到入秋,学校一年级教室外的银杏树逐渐变黄,总能吸引许多学生的目光,由此我们确定了"'杏'会有你"这个主题。学生在教师的引导下,研究"银杏叶的外形是怎样的"这一问题,体验提出问题、分析解决、动手实践的过程,初步了解植物的一些习性,提升实地观察、创意制作和职业体悟等素养。本活动要综合运用语文、科学与技术、劳动、造型·美术等学科的知识技能。主要的活动方式为考察探究、设计制作和职业体验。

(二) 研究问题

银杏叶的外形是怎样的?

（三）活动任务

1. 任务

在每年11月的学校生态月活动中,一年级的学生会进行一次以银杏叶为主题的班级艺术画展。该活动的任务是通过收集不同的树叶,学会辨识银杏叶,制作银杏叶软陶徽章、创作银杏叶艺术画,展示自己的成果。

2. 任务分解

该活动任务由下列四个子任务构成。(见图1)

子任务一:找找银杏叶。走访校园的操场、下沉式广场、果园等植物较多的地方,通过清扫落叶感受季节的变化,初步体悟学校清洁人员的辛苦,并收集包含银杏叶在内的各种树叶。

子任务二:认认银杏叶。通过观察和比较,认识银杏叶的外形特点,初步了解银杏叶颜色在不同季节的变化。制作软陶银杏叶徽章,进一步深入探索银杏叶的特征,提升观察能力和动手制作的能力。

子任务三:画画银杏叶。利用亲自采集的银杏叶,开展多元创作,完成一幅银杏叶的艺术画,提升创意能力。

子任务四:讲讲银杏叶。举办"'杏'会有你"班级小画展,分享介绍作品,并开展交流。

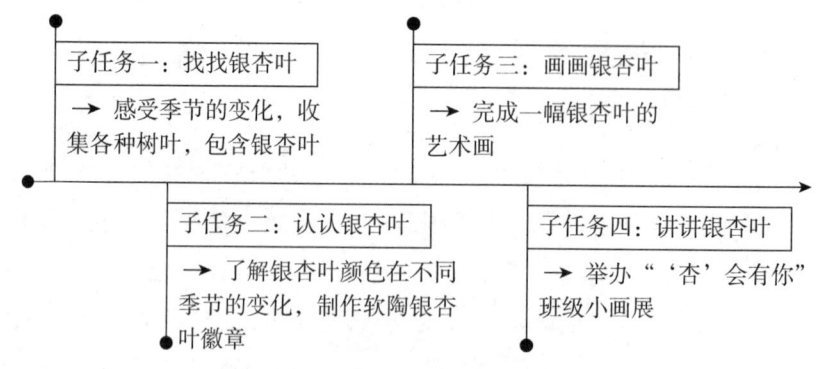

图1 "'杏'会有你"主题活动任务分解图

（四）学情分析

根据该活动与学校培养目标之间的关联,我们分析了一年级学生在以下强关联目标维度的已有基础和本次活动后的发展预期。(见表1)

表1 "'杏'会有你"主题活动学情分析表

维度	目标指向	已有基础	发展预期
价值体认	规则意识	知道遵守课堂纪律	能在教师的指导下开展活动,在与同学的互动中互相帮助、体谅谦让,能轮流发言、有序体验
问题解决	提问质疑	对身边的事物好奇	通过教师的鼓励和引导,提出自己在生活中发现的问题,并懂得要通过不断学习来解决这些问题
	问题解释	能够在教师和伙伴的帮助下,解决较简单的问题	能主动探寻解决问题的方法,能将想到的方法与伙伴分享并实践验证
责任担当	自理自立	在活动中承担责任,协商讨论,互帮互助	通过教师的引导,经过自己的体验,感受他人劳动成果的不易
	生活态度	有把事情做好的想法,但是遇到困难容易退缩或不容易坚持	养成自己的事情自己做的习惯,在完成后获得满足感与成就感
创意物化	创意设计	有很多创意	能通过观察教师的示范,自己反复尝试,创作出有创意的艺术作品
	成果展示	愿意分享自己的作品	展示自己的作品,并试着用简短的话语来描述自己的创作过程和设计想法

（五）创新素养链接

本主题活动着重从以下方面培养学生的创新素养。（见表2）

表2 "'杏'会有你"主题活动创新素养行为表征表

维度	创新素养指标	行为表征
创新人格 【C-1】	想象力 【C-1-2】	学生能充分运用素材，创作一份银杏叶画
	分享协作 【C-1-4】	学生能进行积极、有意义的点评，在制作过程中互相帮助
创新思维 【C-2】	流畅性 【C-2-1】	学生能通过学习，知道银杏叶的特征，并通过制作银杏叶软陶徽章表现自己对银杏叶的了解
	独创性 【C-2-3】	学生能在模仿的基础上，学习创作，做一份独具特色的银杏叶拼贴画或拓印画
创新实践 【C-3】	方案评价 【C-3-4】	学生能用礼貌的语言表达对他人的评价
	问题解决 【C-3-5】	学生能成功参加银杏主题的生态月班级小画展

二、活动目标

（一）任务目标

收集并了解银杏叶，制作银杏叶画，举办学校生态月小画展。

（二）学习目标

1. 通过观看视频资料、听教师讲解及实地寻找银杏叶，能初步了解银杏叶的特性；通过观察，识别并收集银杏叶，提升观察力和问题解决能力。（Z-3-4问题解释、Z-1-4科学态度）【C-2-1流畅性】

2. 通过小组成员间的轮流发言和观察，学习有序讨论的方法及如何分享个人见解，增强团队合作意识和沟通能力。（Z-2-3团队合作、Z-1-3规则意识）【C-1-4分享协作、C-3-4方案评价】

3. 在收集银杏叶的过程中，了解落叶的处理方式，如，分类、清理等，形成尊重自然、珍惜资源以及尊重他人劳动成果的意识，形成社会责任感和环保意识。（Z-2-2主动服务）

4. 自主设计举办与银杏叶相关的画展,通过分享展示自己的作品,将创意转化为实际成果,提高创新思维和艺术表达能力,同时学会欣赏和尊重他人的创作。(Z-4-1创意设计、Z-3-5监控反思、Z-4-3物化制作、Z-4-4成果展示)【C-1-2想象力、C-2-3独创性、C-3-5问题解决】

三、活动内容

见表3。

表3 "'杏'会有你"主题活动内容表

子任务(活动)	活动目标	表现标准	建议课时
找找银杏叶	完成教师指定区域的落叶清扫,初步感受清洁人员工作的辛苦(Z-1-3) 完成树叶的收集,并为银杏叶分类(Z-2-2)	参与清扫,使指定区域的落叶基本扫除 在扫出的落叶中,收集不同植物叶片,粘贴在记录页上	1
认认银杏叶	辨识银杏叶,能说出银杏叶的主要特征,发现不同树叶的区别,感受来自大自然的多样美 模仿银杏叶外形,制作一枚软陶银杏叶徽章,提升手工技能【C-2-1、C-2-3】	能说出银杏叶的基本形状 观察银杏叶,模仿外形捏制软陶银杏叶徽章	1
画画银杏叶	设计银杏叶画,能完成一幅富有创意的银杏叶拼贴画或拓印画,提高艺术实践能力和创造能力(Z-4-1、Z-4-3)【C-1-2】 对作品改进,使银杏叶画更加美观,愿意在与伙伴的交流中汲取经验、精益求精【C-1-4】(Z-3-5)	根据教师指导,学习创作,制作一份银杏叶拼贴画或拓印画 与伙伴交流作品,发现需要改进的地方,进行改进	1
讲讲银杏叶	参观小画展,与伙伴分享交流各自的作品,提高语言表达能力(Z-2-3、Z-4-4、Z-3-4)【C-3-4】 在观看的过程中,能有序观展,找到他人作品的闪光点,提高艺术鉴赏和审美能力(Z-1-4)【C-3-5】	与伙伴介绍自己的作品主题,分享创作过程 观看作品时做到安静、有序,找到他人作品的优点并做简单记录	1

四、活动实施

（一）实施流程

见图2。

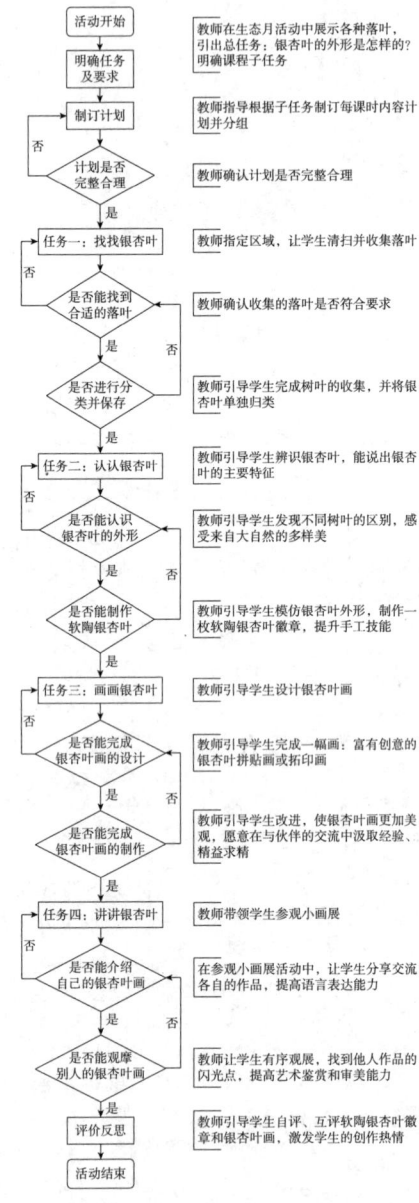

图2 "'杏'会有你"主题活动实施流程图

（二）实施建议

1. 学习对象

小学一年级学生。

2. 预设课时

4课时。

3. 实施要求

根据预设课时，以小组为单位分阶段实施，具体建议见表4。

表4 "'杏'会有你"主题活动分阶段实施建议表

阶段名称	阶段目标	实施建议
准备阶段	了解活动任务，知道要利用银杏叶举办学校生态月画展 了解如何清扫落叶，感受清洁工作人员的辛苦，并收集各种树叶	建议课时：1课时（找找银杏叶） 介绍生态月一年级的活动要求 指导学生学会使用工具，完成指定区域的清扫，并收集各种落叶1—2片
执行阶段	能辨识银杏叶，知道银杏叶的外形特征，初步知道一些银杏的信息 能模仿银杏叶的外形，制作软陶银杏叶徽章 能设计银杏叶画 能与同学交流并改进银杏叶画，完成作品	建议课时：2课时 第一课时：认认银杏叶 引导学生通过观察和比较，对银杏叶的外形有初步的了解，能说出它有着扇形的形状，知道一些银杏的信息 尝试使用软陶来捏出一个银杏叶造型的徽章 第二课时：画画银杏叶 讲解示范拼贴画和拓印的方法，鼓励学生尝试使用拼贴或拓印的方式，创作一幅银杏叶画，完成初步设计 引导学生开展交流，能找到要改进的地方，进一步完善设计，最终完成银杏叶画作品
收尾阶段	分享介绍自己的作品 有序观展，找到他人作品的闪光点	建议课时：1课时（银杏的印记） 组织学生介绍自己的作品，分享创作历程 组织学生举办银杏叶小画展，要求学生点评1—2名同学的作品，发现这些作品值得学习的地方

五、活动评价

本活动结合过程性评价和结果性评价,学生观察伙伴主动探究、分享表达、团队合作的情况,根据要求进行自评与互评。(见表5)

表5 "'杏'会有你"主题活动评价表

评价维度	评价内容	评价标准			达成请打"√"	
		☆	☆☆	☆☆☆	自评	他评
价值体认	知道集体活动的规则,能遵守	达成需帮助	基本达成	完全达成		
	环保意识有提高,并能通过作品传递环保意识					
责任担当	有环境保护、尊重他人作品的意识					
问题解决	能够在教师的要求和指导下,体验落叶清扫,有序完成相应任务					
	乐于分享自己的作品,能够积极地点评他人的作品					
创意物化	能根据银杏叶的外形特征,制作软陶徽章					
	能自行设计并创作银杏叶拼贴画或拓印画					
综合评价	自评			他评		

六、学习工具

活动手册,见图 3—图 7。

图 3

图 4

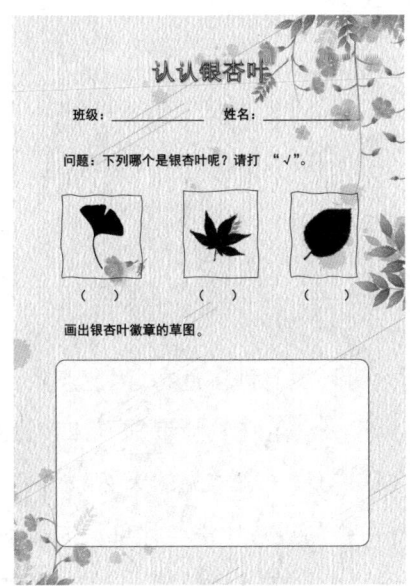

图 5

图 6

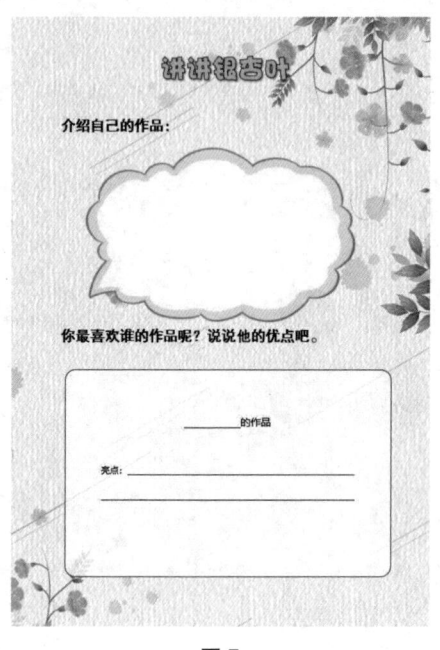

图 7

（执笔人：上海市杨浦区复旦科技园小学　陆忞骏）

 案例二

天然除污剂

一、主题概述

（一）主题来源

在生态月的活动中，学生发现工业除污剂对环境有许多危害，因此产生了制作环保且清洁力强的天然除污剂的想法。三年级学生在教师带领下，四人为一组，体验提出问题、分析解决、动手实践的过程，初步了解常见的天然除污剂，并探寻合适的材料，在教师指导下进行制作，并对作品进行比拼与评价。本活动要综合运用科学与技术、劳动、造型·美术、语文等学科的知识技能，主要的活动方式为考察探究和设计制作。

(二) 研究问题

怎样研制清洁力强又环保的天然除污剂？

(三) 活动任务

1. 任务

在学校的生态月活动中，三年级同学 4 人为一组，根据学校提供的材料（见表1），分组制作清洁力强又环保的天然除污剂。该活动通过了解、寻找、利用湿地中的天然植物，制作并比拼出最好的除污能力强又环保的天然除污剂，评选"劳动小能手"，在生态月活动中开展交流。

表1 "天然除污剂"制作材料表

名称	规格	功能
名片卡纸	14.85 cm×21 cm	制作天然除污剂植物档案小名片
无患子	50 克	制作天然除污剂的原料
皂角粉	125 克	制作天然除污剂的原料
电热炉	14×14×6 cm	加热天然除污剂的器具
小锅子	10×10×8 cm	制作天然除污剂的器具
过滤网	直径 7 cm	过滤杂质的工具
瓶子	200 mL	盛放天然除污剂的容器

2. 任务分解

本活动由以下四个子任务组成。（见图1）

子任务一：除污剂小调查。从生活中的除污剂引入，展示普通除污剂对环境的危害，引出天然除污剂，拓展家庭除污小知识。

子任务二：除污剂大搜寻。借助在地资源，在湿地寻找制作天然除污剂的原料，录制除污剂原料的介绍词，制作档案小名片，与同伴展示、分享、交流。

子任务三：除污剂小制作。分组合作探究，使用电磁炉与小锅子，将从湿地中采集到的无患子果实制作成天然清洁剂。

子任务四：除污剂小比拼。分享制作经验，并分组测试制作的除污剂，用除污剂擦拭桌面，评选"劳动小能手"。

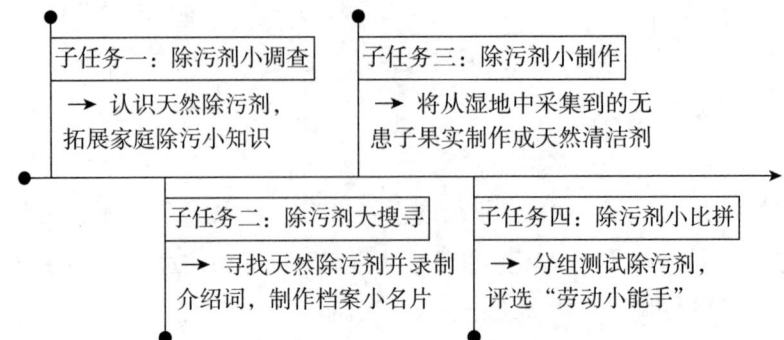

图 1 "天然除污剂"主题活动任务分解图

（四）学情分析

根据该活动与学校培养目标之间的关联,我们分析了三年级学生在以下强关联目标维度的已有基础和活动后的发展预期。（见表2）

表 2 "天然除污剂"主题活动学情分析表

维度	目标指向	已有基础	发展预期
价值体认	规则意识	知道遵守课堂纪律	能在教师的指导下开展活动,在与同学的互动中互相帮助、体谅谦让,能轮流发言、有序体验
问题解决	提问质疑	对身边的事物好奇	通过教师的鼓励和引导,提出自己在生活中发现的问题,并懂得要通过不断学习来解决这些问题
	问题解释	能在教师和伙伴的帮助下,解决较简单的问题	能主动探寻解决问题的方法,将想到的方法与伙伴分享并实践验证
责任担当	团队合作	在活动中承担责任,协商讨论,互帮互助	通过教师的引导和自己的体验,感受到他人劳动成果的不易
	生活态度	有要把事情做好的想法,但是遇到困难容易退缩或不容易坚持	养成自己的事情自己做的习惯,在完成后获得满足感与成就感

（续表）

维度	目标指向	已有基础	发展预期
创意物化	创意设计	对制作天然除污剂原料植物档案小名片有自己的创意	能通过观察教师的示范，结合自己的反复尝试，创作出有意义的作品
	成果展示	能够主动分享自己的作品	展示作品，能讲解创作过程与设计方法，比拼出最好的作品

（五）创新素养链接

本主题活动着重从以下方面培养学生的创新素养。（见表3）

表3 "天然除污剂"主题活动创新素养行为表征表

维度	创新素养指标	行为表征
创新人格【C-1】	好奇心【C-1-1】	学生能够根据课程的引导，对除污剂产生好奇，并进一步了解
	分享协作【C-1-4】	学生能以小组形式完成天然除污剂原料的搜寻及成品的制作
创新思维【C-2】	流畅性【C-2-1】	学生能通过学习、分析、归纳认识天然除污剂，并能自主制作天然除污剂
创新实践【C-3】	问题分析【C-3-1】	学生能分析活动研究问题，知道解决问题的条件与要求，并能运用相关经验或者知识解决问题
	方案评价【C-3-4】	学生能对自己和他人制作天然除污剂的方案进行合理的评价，找出优缺点，并能提出改进意见
	问题解决【C-3-5】	学生能够通过反思和实践，成功制作符合预期要求的天然除污剂

二、活动目标

（一）任务目标

完成天然除污剂的制作并进行除污效果的比较，选出效果最好的天然除污剂。

（二）学习目标

1. 通过观看资料、听教师讲解等方式，初步了解生活中常见的除污剂和天然除污剂，提高分析问题的能力。(Z-3-4 问题解释)【C-3-1 问题分析】

2. 通过观察、分析，识别可用于制作天然除污剂的植物，了解其特性，增强对自然的好奇心。【C-1-1 好奇心】

3. 通过小组实地搜寻活动，寻找可用于制作天然除污剂的植物，并在教师指导下研究、制作天然除污剂，提升团队意识与沟通能力。通过组内讨论、分组测试、投票评选出性能最好的作品，强化交流能力与表达能力。(Z-2-3 团队合作、Z-1-3 规则意识、Z-1-4 科学态度)【C-2-1 流畅性】

4. 通过了解工业除污剂对环境的危害，产生对环保问题的关注，倡导绿色生活理念。(Z-2-4 生活态度)

5. 通过制作天然除污剂、评选劳动小能手，提高劳动热情，增强自信心和荣誉感。通过制作并展示植物档案小名片，提升信息交流和表达能力。(Z-4-3 物化制作)【C-3-4 方案评价】

6. 通过制作天然清洁剂，自评清洁效果，将环保的理念践行于生活实际。(Z-4-1 创意设计、Z-4-4 成果展示)

三、活动内容

见表4。

表4 "天然除污剂"主题活动内容表

子任务(活动)	活动目标	表现标准	建议课时
除污剂小调查	识别生活中的除污剂(厨房、洗手间、洗衣房) 了解工业除污剂对环境的危害(Z-2-4) 认识"天然除污剂"并进行介绍【C-1-1】 拓展家庭除污剂小知识	能够说出不同场景下常用除污剂的名称 描述工业除污剂对环境至少两种具体的危害 能说出一种天然除污剂特性或用途 总结三条关于安全使用家庭除污剂的注意事项	1

(续表)

子任务(活动)	活动目标	表现标准	建议课时
除污剂大搜寻	借助在地资源在湿地寻找天然除污剂原料 录制天然除污剂原料植物的介绍词(Z-2-3、Z-4-3) 制作一张档案小名片(Z-4-1)	独立或协作采集两种符合要求的天然除污剂的原料 结合植物特性,录制天然除污剂原料植物介绍视频 设计制作天然除污剂档案小名片,并能互相展示、分享、交流	2
除污剂小制作	能将从湿地中采集到的无患子果实制作成天然清洁剂(Z-4-3、Z-1-4)【C-2-1、C-3-1】	分组合作探究,利用电磁炉与锅具,能够根据所收集到的原材料,小组合作完成天然除污剂的制作	2
除污剂小比拼	学生分享制作经验(Z-4-4) 测试实践成果的有效性(Z-1-3) 推选劳动实践典型范例(Z-3-4)【C-3-4】	能用实物或视频展示,并说明自制清洁剂等内容的方法、过程 进行分组测试,利用除污剂擦拭桌面 参与并评选出小组内最佳成员,并在班级中共同评选出劳动小能手	1

四、活动实施

（一）实施流程

见图2。

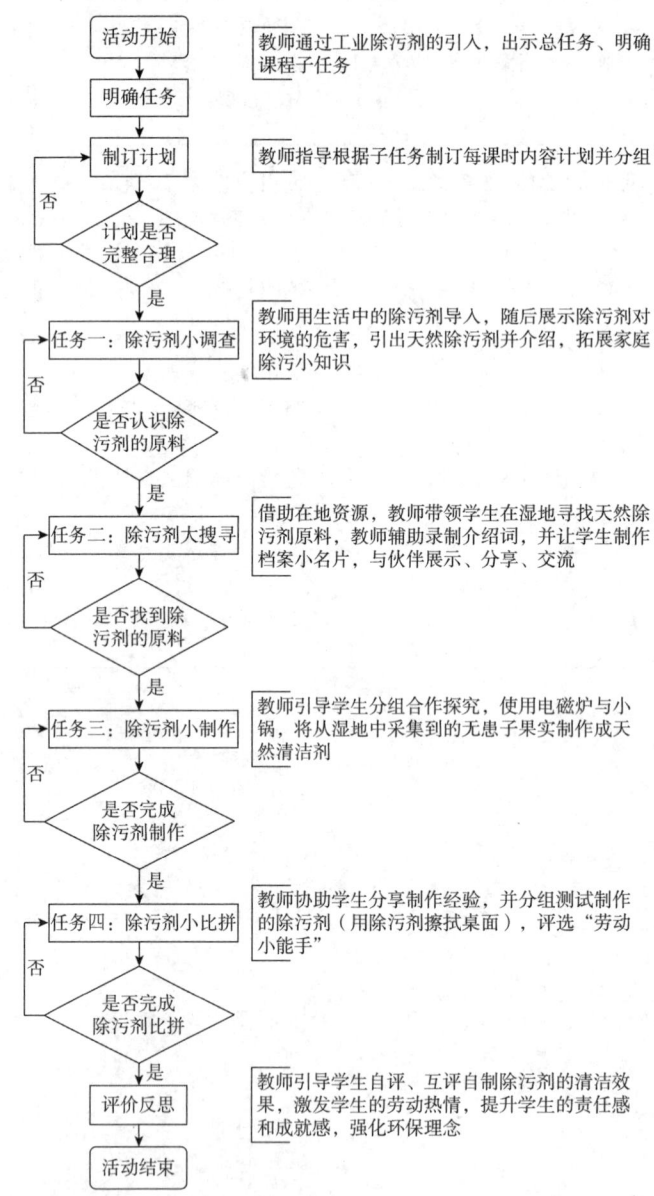

图2 "天然除污剂"主题活动实施流程图

(二) 实施建议

1. 学习对象

小学三年级学生。

2. 预设课时

6课时。

3. 实施要求

根据预设课时，以小组为单位分阶段实施。（见表5）

表5 "天然除污剂"主题活动分阶段实施要求表

	阶段目标	实施要求
准备阶段	了解研究目的：怎么制作清洁力强又环保的天然除污剂 明确4课时的课时任务，并分组	建议课时：1课时 简要介绍课程内容、任务：除污剂小调查、除污剂大搜寻、除污剂小制作、除污剂小比拼 进行分组：4人一组
执行阶段	了解研究问题，明确研究目的 运用观察、分析的方法，了解除污剂的种类及其使用环境，通过讨论和展示，深入理解天然除污剂的环保优势 提升对环保问题的关注，形成使用环保产品的意识，倡导绿色生活理念 明确任务要求	建议课时：4课时 第一课时：除污剂小调查 提出学校将举办生态月，在选题过程中发现除污剂是生活必备品但对环境有害，因此组织研究、制作天然除污剂 介绍天然除污剂（皂角、无患子、瓜蒌） 拓展家庭除污剂小知识（柠檬汁、淘米水、草木灰） 明确除污剂大搜寻的任务要求
	能够识别湿地中的天然除污剂原料，并了解其特性 通过实地搜寻，提高观察能力和团队合作能力 学会如何制作并展示植物档案小名片，提升信息交流和表达能力 激发对自然环境的兴趣和探索精神，培养尊重自然、保护环境的责任感	第二课时：除污剂大搜寻 再次明确除污剂大搜寻的任务要求：在湿地寻找天然除污剂原料（皂角、无患子、瓜蒌），并了解植物的信息 在湿地寻找天然除污剂 在平板电脑上自助查询、研究寻找到天然除污剂信息 录制天然除污剂原料植物介绍词，制作一张档案小名片，与伙伴展示、分享、交流

（续表）

	阶段目标	实施要求
执行阶段	掌握制作天然除污剂的基本方法，了解无患子果实的清洁功效 通过分组合作探究，提高实验操作能力、团队协作能力和问题解决能力	第三课时：天然除污剂小制作 分组使用科技教室内的电磁炉与小锅，将采集到的无患子果实制作成天然除污剂
	增强科学素养，树立环保理念，体验科学探究的乐趣，提升创新精神和实践能力	第四课时：除污剂大比拼 分组进行测试，用天然除污剂擦拭桌面，比拼清洁力最佳、使用最方便的天然除污剂，并评出"劳动小能手" 根据小组合作情况、作品成效投票选出"最佳小组"
收尾阶段	互相学习，分享经验 激发劳动热情，培养责任感和成就感。强化环保理念，加深环保意识	建议课时：1课时 分享制作经验 自评、互评自制天然除污剂的清洁效果；自主总结活动的收获，教师总结

五、活动评价

本活动结合过程性评价和结果性评价两个维度进行，观察伙伴主动探究、分享表达、团队合作的情况，根据要求进行自评与互评。（见表6）

表6 "天然除污剂"主题活动评价表

评价维度	评价内容	评价标准			达成打"√"	
		☆	☆☆	☆☆☆	自评	他评
价值体认	知道日常使用的除污剂对环境有害	达成需帮助	基本达成	完全达成		
	知道天然除污剂的环保优势					
责任担当	有环境保护的意识					
	有节约资源、尊重他人劳动成果的意识					
问题解决	能简单说出几种天然除污剂					
	知道制作的天然除污剂的主要步骤					
创意物化	通过自己的采集、制作,成功完成天然除污剂					
	使用天然除污剂成品进行桌面清洁小比拼					
综合评价	自评		他评			

六、学习工具

活动手册，见图3—图7。

图 3

图 4

图 5

图 6

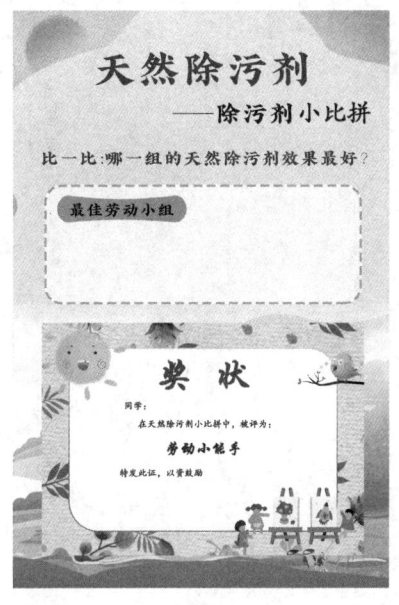

图 7

(执笔人:上海市杨浦区复旦科技园小学 钟 忆、李牧童)